工商管理经典译丛 市场营销系列

Business Administration Classics·marketing

广告、促销与整合营销传播

Integrated Advertising, Promotion, and Marketing Communications

第8版

Eighth Edition

[美] 肯尼思·克洛（Kenneth E. Clow）
唐纳德·巴克（Donald Baack）
著

王艳 等
译

蒋晶
校

中国人民大学出版社
·北京·

工商管理经典译丛·市场营销系列

出版说明

随着我国市场经济的不断深化，市场营销在企业中的地位日益突出，高素质的市场营销人才也成为企业的迫切需要。中国人民大学出版社早在 1998 年就开始组织策划“工商管理经典译丛·市场营销系列”丛书，这是国内第一套引进版市场营销类丛书，一经推出，便受到国内营销学界和企业界的普遍欢迎。

本丛书站在当代营销学教育的前沿，总结国际上营销学的最新理论和实践发展的成果，所选图书均为营销学界有影响的专家学者所著，被世界各国（地区）的高校师生和企业界人士所广泛使用。在内容上，涵盖了营销管理的各个重要领域，既注意与国内营销学相关课程配套，又兼顾企业营销的实际需要。

市场营销学是实践性很强的应用学科，随着我国企业营销实践的日渐深入和营销学教育的快速发展，本丛书也不断更新版本，增加新的内容，形成了今天呈现在读者面前的这一较为完善的体系。今后，随着营销学的发展和实践的积累，本丛书还将进行补充和更新。

在本丛书选择和论证过程中，我们得到了国内营销学界著名专家学者的大力支持和帮助，原我社策划编辑闻洁女士在早期的总体策划中付出了大量的心血，谨在此致以崇高的敬意和衷心的感谢。最后，还要特别感谢为本丛书提供版权的培生教育出版集团、约翰威立公司、麦格劳-希尔教育出版公司、圣智学习出版公司等国际著名出版公司。

希望本丛书对推动我国营销人才的培养和企业营销能力的提升持续发挥应有的作用。

中国人民大学出版社

译者序

随着中国市场经济和国际化进程不断推进，以及近20年来以互联网为基础的数字经济的蓬勃发展，中国市场的营销实践发生了巨大的变化，帮助中国学生了解国际营销学领域的前言理论和思想有至关重要的意义。广告、促销和整合营销传播作为营销不可或缺的组成部分，近年来发生了许多变化，整合营销传播的重要性逐渐凸显，新型的营销渠道（如手机短信、用户评论、社交媒体等）和创新的营销形式（如蜂鸣营销和隐形营销等）层出不穷。克洛和巴克的《广告、促销与整合营销传播》（第8版）将这些内容纳入其中，进行了系统的分析和阐述。

这是一本帮助学生学习和理解广告、促销和整合营销传播等营销知识，提升学生解决相关实践问题能力的重要教学用书。其最大亮点是，从提升学生实践能力的角度出发，为学生提供了将概念应用到现实生活中的机会，这一版相较于之前的版本进一步丰富了帮助学生理解和实践的练习和资料，包括最新的案例故事、批判性思维练习、作者的博客资料（blogclowbaack. net）、“创意角”练习等。学生可以通过实际的案例资料和练习来深入理解概念和理论，理解其在营销实践中的具体应用。希望这本书能让营销专业学生、研究者以及从业人员更好地理解整合营销传播理论，更好地进行整合营销传播实践，同时提高营销沟通技能与素养，以适应日新月异的商业与营销环境。因篇幅所限，本书注释放在网上，读者可登录中国人民大学出版社网站（www. crup. com. cn）查阅或下载。

参与本书翻译工作的人员有王艳、张侠丹、王婕和王笑然，其中王艳负责第1～6章，张侠丹负责第8～10章，王婕负责第11～13章，王笑然负责第7、14、15章。中国人民大学商学院市场营销系蒋晶副教授负责全书的审核和校译工作。本书的翻译得到许多朋友的帮助，在此深表感谢。最后，要特别感谢一直支持和关心我的家人。在书稿的翻译过程中，他们给予我无私的支持，他们是我最坚强的后盾。

由于译者水平有限，翻译中难免存在不足和错误，恳请广大读者批评指正。

王　艳

前言

广告、促销和传播仍然是市场营销不可或缺的组成部分。对于市场营销专业的学生来说，了解公司如何有效地与现有客户和潜在客户进行沟通和互动，可以为掌握高效的营销技巧打下基础。同时，这将有助于读者在其营销职业生涯中取得成功。

如果学生并非市场营销专业，请考虑一下他们周围的市场营销传播活动。他们将要工作的公司或组织都需要进行产品或服务的营销。若想了解营销传播是如何发展的，需要掌握许多有价值的知识。这些知识有助于他们了解公司的市场营销部门人员所使用的方法，同时也可以提供更好的信息来帮助他们成为更明智的消费者。

我们不断改进《广告、促销与整合营销传播》这本书，一部分原因是想帮助学生更好地理解整合营销传播的重要性，以及它们是如何生产和传播的。在我们撰写第 1 版时，大部分营销传播教学用书主要关注广告。然而，正如学生们从日常经验和大学课程中所知道的那样，营销传播包含更多内容。它包括促销活动，如优惠券、价格折扣和有奖竞赛等。目前营销已经扩展到社交媒体、互联网博客、客户产品评论、手机短信以及其他形式，如蜂鸣营销和隐形营销等。这些渠道成为有效接触消费者的重要环节。因此，企业非常有必要将这些方式整合成清晰的营销信息和声音，让客户看到和听到。

我们以最能帮助学生理解整合营销传播的方式编写了本书和其他材料。学生需要将概念应用到现实生活中的机会。这有助于他们理解和记住这些概念。因此，我们编写了不同的章末材料来帮助他们练习使用这些概念。这些材料包括复习题、批判性思维练习、学生项目。

第 8 版新增内容

- **越来越重视社交媒体。**广告和促销活动中发展最迅速的就是社交媒体的使用。这一版扩展了该领域的内容，重点关注公司使用社交媒体进行营销的方法，以及如何将其与其他传播策略相结合。
- **更新数字媒体相关章节。**数字媒体，特别是移动设备已经改变了公司销售产品的方式。相关章节融入了新近的行业信息。我们扩展了移动营销的内容，企业在此类营销活动中投入极大。
- **新的开篇故事。**这一版许多开篇故事是新的，使得本书保持更新并符合当前趋势。
- **更新的例子。**这一版增加了一些关于营销传播原则的新实例以丰富企业的相关信息。复习题和批判性思维练习可以帮助学生理解和应用每章涉及的知识点。

- **活跃的博客。**作者持续维护其博客（blogclowbaack. net），每周在博客上发布新闻文章、视频和使用本书的人感兴趣的内容。这个博客的目的是提供与本书相关的实时信息。这些博客内容可用来加强课堂学习效果，或用来布置个人作业或小组作业。

整合学习包

我们设计了如下内容，旨在帮助学生更好地学习书中知识。广告和营销传播是有趣且令人愉快的主题，新增内容也是为了让学习更具互动性、更加有趣。

- **导入性开篇故事。**每章开始都有一个与将要呈现的主题相关的小故事。这些故事大多讲述的是企业的成功案例，其产品也往往是学生熟悉的，例如奥利奥饼干和瘦身特餐。这一版引入了许多新故事，包括雀巢、丝芙兰和麦当劳早餐，同时保留了第 7 版的故事，包括 Wholly Guacamole、Zehnder Communications、好奇纸尿裤和州际电池公司。我们通过讲故事向学生介绍相应章节涉及的主要概念。
- **国际市场营销问题。**一些人去过其他国家，会与世界各地的学生互动。这一部分聚焦国际化问题。此外，每章的末尾都有“国际启示”一节。
- **复习题和批判性思维练习。**每章结束时设计了练习来帮助学生理解和应用所学概念。这些练习旨在挑战学生的思维，鼓励他们深入钻研。要想知道学生是否真正学会了一个概念或理论，最好的方法就是让他们把它应用到不同的情境中去，复习题和批判性思维练习就是为了帮助学生将知识应用到广泛的市场营销情境中而设计的。
- **创意角。**大多数学生都希望有机会发挥他们的创造力。因此，我们推出了一项名为“创意角”的新练习，要求学生设计广告或其他与营销相关的内容。这一练习旨在帮助学生认识到他们的创造力比自己预想的要强。本书作者肯尼思·克劳曾经教过一些自认为毫无创造力的学生，然而这些学生也能够设计出获得 ADDY 奖的广告。ADDY 是由美国广告联盟（American Advertising Federation，AAF）赞助的学生比赛的奖项。

目 录

P A R T 1

第1篇 整合营销传播的基础

P A R T 3

第3篇 数字营销和另类营销

P A R T 4

第4篇 整合营销传播促销工具

第 1 篇

整合营销传播的基础

第1章

整合营销传播

本章目标

本章旨在回答如下问题：

- 传播是如何发生的？
- 整合营销传播项目是什么？
- 行业的发展趋势如何影响营销传播？
- 整合营销传播项目包含哪些组成部分？
- 全球整合营销的含义是什么？

本章概要

广告和营销正面临快速变化的局面。伴随传统媒体受众人数的减少，以及互联网和社交媒体使用率的提高，一种新的市场秩序正在形成。媒介形式的多样化意味着有效的广告和促销需要的远不止制作精良的商业广告。广告和营销早已不再局限于简单的独立广告牌，而是扩展到复杂的、多种语言的全球网站。因此，企业接触到潜在消费者的渠道不断增多，与此同时，替代方法不断增加且越来越受欢迎。

面对复杂的营销环境，公司持续寻求能够被用户知晓的方法。市场营销专家认为，公司的传播内容应该表达清晰的观点，应该让消费者了解公司业务的本质以及其产品和服务能够为消费者带来的好处。然而，大量的广告和促销渠道，加上众多公司采用海量信息轰炸潜在客户，使得传播这项任务更具挑战性。在这种情形下，一些广告商和公司开始采用本章所介绍的创新方法。

瘦身特餐

如何让消费者相信相同的产品应该以不同的方式看待？随着消费者的理念不断升级，瘦身特餐（Lean Cuisine）的营销人员面临这一挑战。该公司通过建立有效的营销传播来解决这一问题。

瘦身特餐的市场营销部门意识到"节食"这个词逐渐被消费者抛弃。瘦身特餐的品牌总监克里斯·弗洛拉（Chris Flora）指出："我们缺乏品牌灵魂。为了在这个市场上继续发展下去，我们必须找到品牌的灵魂。"他提出："我们要与消费者建立真正的联系。"

建立有效的营销传播需要多方面的努力，包括新产品开发、新的市场信息和与其他公司的合作。雀巢、康尼格拉（ConAgra）、家乐氏（Kellogg's）、通用磨坊（General Mills）联合发起了一项为期三年、耗资 3 000 万美元的名为"冷冻，食品保持新鲜的方法"的形象宣传活动。许多消费者错误地认为新鲜食品要优于冷冻食品，该活动就是要说服消费者，冷冻食品同样美味和健康。这项宣传活动将食物的冷冻过程描述为"大自然的暂停键"。同时，公司开发了新产品，包括甜辣韩国风味牛肉、佛蒙特州白色切达干酪通心粉、石榴鸡以及其他打着"市场餐"、"令人垂涎"、"舒适"与"最受欢迎"等标签的食物。

然而，最重要的一步是向消费者灌输瘦身特餐的新观念。因此，公司发起了一项名为"称一称"的社交媒体宣传活动，试图改变人们对体重的重要性的看法。广告的设计旨在建立消费者与产品的更深入的情感联系，其中一则广告名为"感受你的非凡"。

产品标签也发生了变化，强调消费者偏好有机、高蛋白、无谷蛋白和非转基因产品的趋势。公司的网站指出，产品是"新鲜制造、简单冷冻"，这一声明旨在强调整个行业发出的信息。

这种有效的营销传播的每一个要素都试图改变消费者对长期以来品牌名称中包含"瘦身"一词的产品的看法，指出美国食品药品监督管理局给出的产品标准中，"瘦身"一词的意思是每单位食品中脂肪含量不超过 10 克。时间会证明这种方法能否在瞬息万变的市场中取得成功。[1]

瘦身特餐的营销传播活动突出了本章将要介绍的许多主题，包括如何使用传播过程来接触消费者，以及如何打破广告乱象。该案例说明了整合传播途径的重要性，公司管理者必须了解当前的广告和促销趋势才能取得成功。

1.1　传播的本质

传播（communication）包括传递、接收和处理信息。当一个人、一个群体或一个组织发送一条信息，接收者（另一个人或群体）理解信息时，就会发生传播。图 1－1 所示的传播模型显示了信息从一个人传递到另一个人的路径。[2]

传播是广告或营销活动的重要组成部分。假设你正打算去炸鸡店，在这个传播模型中，**发送者**（sender）包括肯德基、福来鸡（Chick-fil-A）、Popeye's、Church's Chicken、Bojangles 和 Raising Cain's Chicken Fingers。这些公司都试图吸引消费者的注意

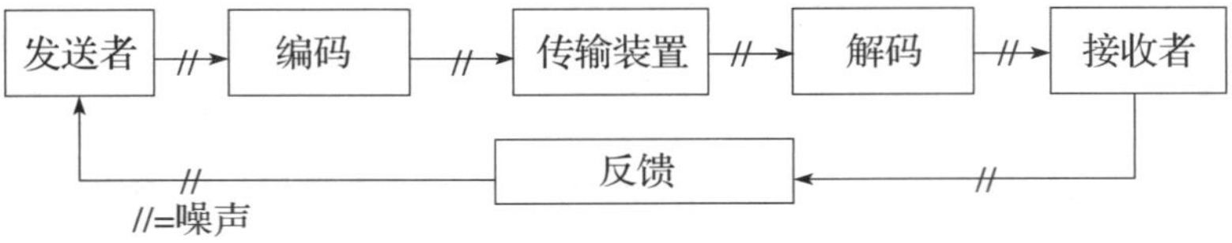

图 1－1　传播过程

力。其中大多数公司会雇用广告公司，也有些公司使用自己的内部团队。

编码（encoding）是形成语言和非语言的线索的过程。在营销领域，负责设计广告的人会把公司的想法或观点转化成可以吸引消费者注意力的信息。商业广告由各种媒体如电视、杂志和广告牌上的线索组成。信息也可在公司的网站或社交媒体网页上被编码。

信息通过不同的**传输装置**（transmission device）传递给受众。营销传播借助不同的渠道和媒介实现。渠道可能是播放广告的电视台、刊登优惠券的周日报纸、网页或者脸书页面。

解码（decoding）发生在信息传递至一个或更多的接收者的感官时。一些消费者同时听到和看到电视广告，一些消费者握着（触觉）一张优惠券细看（视觉）。消费者甚至可以闻到传播的信息——杂志中附赠的香水小样既可以吸引消费者购买杂志，也成功地为香水做了广告；饥饿的人对食品广告和相关信息更加关注。

当消费者即**接收者**（receiver）能够准确解码或理解发送者想要表达的信息时，这项营销传播活动就是高质量的。

福来鸡通过社交媒体进行传播的方法是整合线上和线下广告渠道来建立消费者忠诚。[3] 福来鸡的首要目的是获取消费者。ClickHere 互动战略部门主管约翰·基勒（John Keehler）称："我们曾目睹一个品牌犯下错误，该品牌聚集了一批粉丝，却无法与这些人互动。"而福来鸡实现了粉丝在多样化的社交媒体平台（包括脸书、推特、Instagram、Tumblr 和 YouTube）的互动。每当新店开业，营销人员就在多个社交媒体平台发布公告，让粉丝参与到开业的盛大活动中来。

社交媒体信息可以与线下广告和促销相结合。福来鸡每年 7 月举办"奶牛鉴赏节"，鼓励消费者装扮成奶牛，并把照片发布在脸书和 Instagram 上，或拍视频发在 YouTube 上。在福来鸡的电视和广告牌广告中，奶牛督促大家"多吃鸡肉"。不同营销渠道均采用相同的宣传语和主题，给消费者传递一致的品牌信息，品牌的存在感不断增强。

在传播过程中，**反馈**（feedback）以接收者回复发送者的形式出现。在营销传播中，反馈包括咨询、投诉、质疑、光顾商店、购买、点击博客或网站。

噪声（noise）指任何使信息的含义扭曲或信息被打断的事物，出现在营销传播的各个阶段。**混乱**（clutter）是影响营销传播的一种最常见的噪声。图 1－2 列举了影响广告信息的噪声的示例。

营销专业人员关注传播过程中的各个方面，以确保每个受众都能获取一致的信息，确保信息不受噪声和混乱的干扰。营销团队寻求实现的共同目标包括扩大市场份额、增加销售额和提高品牌忠诚度。请注意，与消费者和其他企业沟通不仅仅需要有吸引力的广告。一个高效的传播项目必须整合所有的营销活动。下一节将描述整合营销传播的本质。

- 在播放电视广告的时候接打电话。
- 开车时听广播。
- 盯着杂志广告上的性感模特，而忽略了广告信息和品牌。
- 仅看报纸上感兴趣的文章。
- 驾车途经广告牌的时候，与其他乘客聊天。
- 鼠标晃过互联网广告却没有注意到。
- 被社交媒体上弹出的广告打扰。
- 忽视推特上不相关的推文。
- 被本地企业发放的宣传单冒犯。

图 1－2　传播噪声举例

1.2　整合营销传播概述

传播模型为广告和营销项目提供了基础。**整合营销传播**（integrated marketing communication，IMC）是指将公司所有的营销传播工具、渠道和资源协调和整合成一个无缝的计划，以最大限度地影响消费者和其他利益相关者。该项目涵盖公司所有的 B2B、市场渠道、以客户为中心和内部导向的传播活动。[4]

在进一步研究整合营销传播项目之前，先介绍一下市场营销的传统框架。**营销组合**（marketing mix）——价格、产品、渠道和促销——代表了起始点。多年来，有观点认为促销活动包括广告、促销和个人销售。如今促销活动已经扩展，包括数字营销、社交媒体和另类营销等传播方式，还包括数据库营销、直复营销、人员推销、赞助和公共关系等（参见图 1－3）。

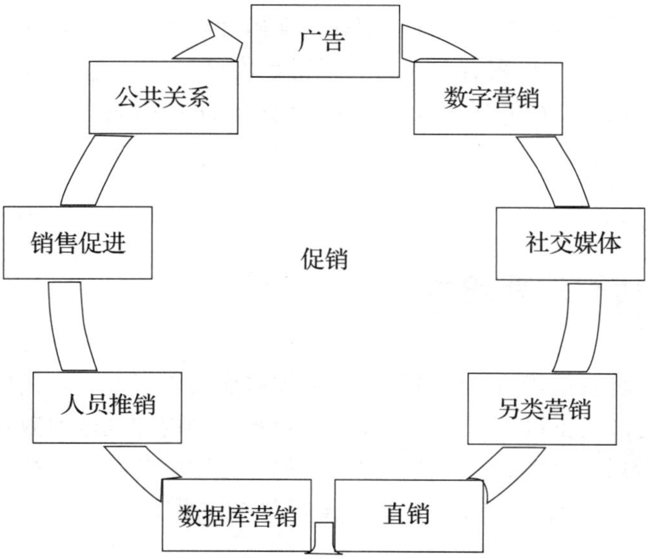

图 1－3　促销的构成

一个完整的整合营销传播计划包括营销组合的各个要素：产品、价格、渠道和促销。尽管本书主要涉及促销部分，为了表达完整的概念，营销组合的其他要素也会纳入该计划。

一个整合营销传播计划

战略营销计划是整合营销传播的基础。该计划协调营销组合的各个组成部分，以确保传递给消费者和其他相关者的信息是一致的。图 1－4 列举了完成一个营销计划的步骤。

· 现状分析	· 制定营销战略
· SWOT 分析	· 制定营销战术
· 确定营销目标	· 实施计划
· 确定目标市场	· 绩效评估

图 1－4　营销计划的步骤

首先，现状分析包括对公司当前市场状况的调查。接下来，营销人员会通过 SWOT 分析来研究组织内外部环境的要素。SWOT 分析确定了公司内部的优势和劣势，以及外部环境中存在的营销机会和威胁。

通过确定营销目标可以为营销活动确立一个方向，如更高的销售额、市场份额的扩大、新的竞争地位、期望的消费者行为（如到访店铺或购买等）。营销目标和关键目标市场是相匹配的。同时了解二者有助于公司领导制定有效的整合营销传播计划。

基于营销目标和目标市场，营销团队制定出营销战略。这些战略应用于营销组合的各个组成部分以及市场定位、市场细分和品牌建设。营销战术指导日常工作以支持营销战略。营销计划的最后两个步骤包括说明如何实施计划和明确绩效评估的方法。

战略营销计划的各个步骤有助于将公司的所有活动统一起来。当公司领导和营销专家合作制定公司整体的传播方案时，战略营销计划的各个步骤可以为他们提供指导。

1.3　营销传播的新趋势

很多因素会影响营销传播。财务压力会使那些雇用第三方广告代理商的公司的领导意识到，他们不可能为营销项目支付无尽的现金流。国内和全球的激烈竞争迫使管理者审核他们的传播计划，以确保营销活动是高效的。互联网和新兴的社交媒体趋势影响着营销信息以及公司与消费者和其他企业沟通的方式。图 1－5 指出了影响营销传播的重要趋势。

- 强调问责制和可测量的结果
- 数字化竞技场的爆炸式发展
- 媒体平台整合
- 渠道权力的转化
- 全球化竞争的加剧
- 增加品牌的平等性
- 强调客户参与

图 1-5　影响营销传播的趋势

强调问责制和可测量的结果

公司领导期望广告代理商制作出有形的成果（可以测量的成果）。他们在促销活动上的支出很谨慎。不论是优惠券促销、比赛、社交媒体项目还是广告宣传活动，都应该对销售额、市场份额、品牌知名度、客户忠诚或其他可被观察的结果产生可以测量的效果。

在首席执行官（CEO）、首席财务官（CFO）和首席营销官（CMO）的共同推动下，公司对问责制和可测量结果日益重视。天联广告公司（BBDO Worldwide）首席战略官马丁·斯特劳（Martyn Straw）表示，企业高管和业主不太愿意将现金投入电视广告和光鲜亮丽的广告，这些广告的成本不断上升，但效果似乎越来越差。

许多公司已经用数字、社交和另类传播广告取代 30 秒的电视广告。斯特劳建议，营销不应该被看作一种支出，而应看作一种投资，在这种投资中，促销资金可以产生销售和利润。巧妙的数字营销技术可以为消费者创造品牌体验，而非无情感寄托的购买行为。[5]

数字媒体的整合

基于互联网的营销沟通包括独立的网页广告以及交互的网页、博客、社交媒体网络。智能手机、平板电脑和短信系统创造了一个新的局面，甚至一种新的语言。

许多公司削减了传统媒体的开支，转而投向数字媒体。宝洁、美国电话电报公司（AT&T）、强生、卡夫食品和丰田汽车均削减了电视广告开支，增加了对数字和社交媒体营销的投资。金宝汤公司（Campbell's Soup）甚至将数字媒体的开支翻倍，达到媒体总预算的 40%。[6] 通用汽车公司的一位高管指出："70%购买新汽车或卡车的消费者会在网上搜索信息。"[7] 消费者购买其他产品也是这样。

社交媒体和互联网为消费者提供了获取关于公司、产品和品牌的大量信息的途径。消费者之间相互交流，给出正面和负面的评价。这些信息几乎瞬间就传播出去。数字营销已经成为企业必做的事情，而不是选择性的行为。为了取得成功，营销人员试图让所有现有的和潜在的消费者都参与到品牌活动中来。

宝洁在推出封面女郎（CoverGirl）品牌的"星球大战"限量版化妆品时，利用 Snapchat 和地理定位广告技术来拉动店内销售。通过 Snapchat，宝洁在全美 868 家

Ulta 门店周围安装了地理位置过滤器。当消费者在 Ulta 门店周围指定的区域内向 Snapchat 上传照片或视频时，一个标记了品牌名称的覆盖层或滤镜会被放在帖子的顶部。浏览该照片或视频的人能看到“星球大战”限量版封面女郎化妆品系列和附近一家 Ulta 商店的位置。这种数字化的营销方式使宝洁公司能够将注意力集中在 Ulta 商店附近的消费者身上，而这些消费者很有可能对“星球大战”限量版封面女郎化妆品感兴趣。[8]

媒体平台整合

如今消费者每天平均花费 5 小时 16 分钟看台式电脑、平板电脑、手机等，如果加上看电视的时间（每天会花费 4 小时 31 分钟），消费者每天在屏幕前的时间超过 10 小时。[9] 了解消费者在日常生活中使用各种设备的习惯对于营销人员来说十分重要，通过研究这些习惯，营销人员可以设计出触及消费者的更高效的方法。Flamingo Research 和 Ipsos OTX 最近的研究确定了消费者实现多媒体交互的四种方式（如图 1－6 所示）。[10]

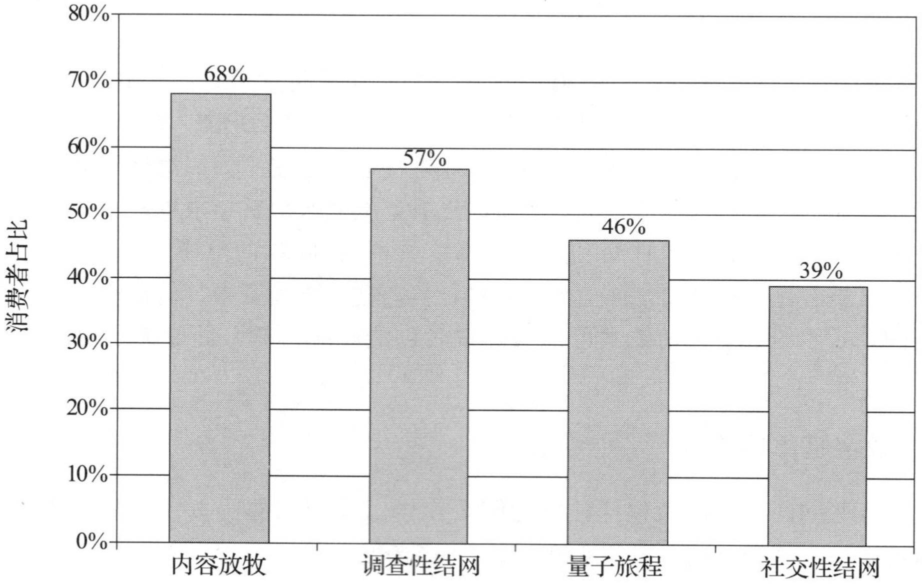

图 1－6　消费者实现多媒体交互的路径

内容放牧（content grazing）指消费者同时使用两种或两种以上设备来访问不相关的内容。比如，一个人在看电视的同时给一个朋友发短信，他的行为就是内容放牧。调查性结网（investigative spider-webbing）指消费者同时使用多种设备搜索或调查某一特定的内容，例如一个人在观看足球比赛的同时在电脑或手机上搜索不同球员的统计数据。量子旅程（quantum journey）指消费者依次使用不同设备完成共同的任务，例如消费者正寻找一家中国餐厅，他首先使用电脑确定区域内的一家餐厅，然后使用手机浏览餐厅的评价信息，最后使用地图应用定位餐厅位置或点菜。第四种路径是社交性结网（social spider-webbing），指消费者在不同设备上分享内容与信息。例如，消费者使用电脑在脸书上发布照片，同时发送短信让朋友去查看。

营销人员意识到如今的消费者会采用多种方式使用不同的设备，单个电视广告或横幅广告可能会被消费者忽视。广告公司试图通过平板电脑和手机等多个渠道寻找吸引消费者的方法。企业只有在所有形式的媒体平台上传播同样的广告和信息，才能够增加被消费者看到听到和接受的机会。

渠道权力的转化

营销渠道包括：生产商或制造商将商品出售给各类批发商或中间商，它们再把商品出售给零售商，零售商最终把商品销售给消费者。技术进步逐渐改变了渠道各成员的权力水平。

零售商通过货架空间和购买数据来决定在货架上放置哪些品牌产品，并以此来维护自己的渠道权力。通过结账的扫码仪收集的数据，零售商可以知道哪些品牌产品正在售出。许多零售商将这一数据分享给供应商，要求它们确保商店货架上的货物充足。大型零售商的规模和实力使制造商和供应商别无选择，只能听从它们的指令。

与此同时，随着互联网的发展以及传播方式的多样化，部分渠道权力转移到消费者身上。[11] 消费者在互联网上获取产品和服务的信息并购买。互联网驱动的销售以惊人的速度增长。根据弗雷斯特研究公司（Forrester Research）的研究，美国在线零售总额已经从 2013 年的 2 620 亿美元增长到 2017 年的 3 700 亿美元。[12]

消费者与品牌的关系也发生了改变。消费者拥有了更大的权力。在社交媒体上不满意的顾客可以向庞大的受众讲述糟糕的消费经历，而这些受众很难原谅商家的错误。在购买某品牌产品产生负面体验之后，57%的消费者表示不会继续购买该品牌产品，40%的消费者可能会告诉其他人不要购买该品牌产品。[13] 消费者之前对该品牌产品的积极态度很快被忘记。

该原则同样适用于 B2B 购买行为。在 B2B 购买行为中，买方代表着某一组织或企业，当卖方没有完全兑现承诺时，它们同样会利用社交媒体抱怨这一负面的购买体验。因此，类似的渠道权力转移也出现在 B2B 购买活动中。

幸运的是，消费环境并不是完全消极的。50%的消费者会分享其与品牌的积极体验。消费者要购买某产品时，通常会询问亲戚朋友的意见。约 70%的消费者表示，朋友和家人是他们获取各类品牌信息的主要来源。[14]

理解渠道权力的转化十分重要。营销人员知道他们不能仅仅依靠大众媒体广告，他们必须整合各类社交媒体，并让消费者参与到品牌活动中来。

全球化竞争的加剧

通信技术的进步使得市场竞争不仅仅发生在某条街上的企业之间——它可能发生在相距 1 万英里的企业之间。消费者渴望高质量和低价格。他们仅购买最优性价比的产品，不考虑该产品的供应商在什么地方。物流系统的发展使得消费者在几天之内购买到来自世界各地的产品成为可能。

多力多滋（Doritos）的营销团队意识到，新的通信技术和社交媒体让世界变得更小。消费者环球旅行，互相沟通交流。因此，多力多滋推出了其第一个全球营销活动，通过更新产品包装和商标在全球 37 个国家提供一致的产品外观。在这之前，多力多滋在全球共推出 25 种包装设计，并在不同的国家采用不同的营销方式。这项全球营销活动名为“大胆行动”，包括在美国、墨西哥、英国、加拿大、西班牙和土耳其等国的数字和电视广告，以及其他数字和社交媒体活动。这项全球营销活动提供了一个连接世界各地粉丝的渠道，为品牌创造了一个连贯的故事情节，同时为多个国家的多力多滋品牌设计了相同的产品外观。如今，多力多滋仍然是世界上最大的玉米饼/玉米片品牌，占全球 39%的市场份额。[15]

增加品牌的平等性

许多产品提供的产品效用几乎相同。当消费者相信不同品牌的产品提供相同的属性集时，**品牌平等性**（brand parity）就产生了。当品牌平等性发生时，在购物时消费者会从一组品牌中进行选择，而不是选择一个特定的品牌。[16] 品牌平等性意味着质量问题变得不那么重要，因为消费者感知到品牌之间只存在细微的差别。因此，其他因素如价格、是否有货或促销手段会影响购买决策。最终结果是消费者的品牌忠诚度稳步下降。[17] 当消费者认为某一特定品牌没有明显的优势时，他们会更轻易地转换品牌。为解决这一问题，营销人员试图说服消费者他们公司的品牌是与众不同的，即其品牌的产品在某个重要的方面表现卓越或与众不同。

强调客户参与

被消费者视为处于大致相同水平的品牌的数目不断增加，这一问题引起营销人员的重视。为建立消费者忠诚，营销人员试图在每一个**接触点**（contact point）都让消费者与品牌互动起来。与消费者的接触点指消费者与公司互动或获取额外信息的地方。消费者互动项目通常利用数字和社交媒体，并已成为整合营销的一部分。

与消费者的有效接触建立了双向沟通。互动可以通过为消费者提供激励和给予其理由来建立。然而，消费者要想从这些营销活动中获益，必须对品牌做出情感承诺，并体验到自信、正直、自豪和激情。[18] 反过来，品牌必须兑现承诺，并为消费者提供继续与公司保持互动的理由。

整合营销传播的作用

本节描述的趋势已经迫使营销人员的思维模式发生转变，他们意识到整合所有的营销传播方式，包括数字媒体和社交媒体，是成功的关键。Zehnder Communications 是一家广告代理商，它在博客上发布了整合营销有效且必要的五个原因（见图 1-7）。该公司表示：“整合营销结合了多种推广策略，可以在消费者购买活动的每个阶段最有效地触及品牌的关键受众。”[19]

有效的整合营销传播确保品牌的目标受众在所有传统媒体和新媒体渠道上都能接收到一致的信息。营销活动的每一部分都应该遵循那个最初指导创意开发

- 跨渠道战略和信息的统一
- 优化时间安排
- 连接更多的消费者
- 创造更有意义的结论
- 使影响最大化

图 1-7 整合营销成功的五个原因

过程的特定策略。整合营销传播能够最大限度地简化消费者从认知到购买的过程，使独立的营销活动组成部分的效果翻倍。大多数品牌都试图吸引更多的受众。整合营销传播能够同时或者逐渐将受众与品牌联系起来。

整合营销传播能够整合多种渠道的数据从而得出更有意义的结论。营销团队会测量营销活动的各个独立组成部分的效果，以及各个独具特色的渠道的业绩水平，虽然这些要素的效果应该在整个营销活动的范畴内加以分析。这使得品牌经理能够识别出最有效的渠道和营销活动中最能够使目标受众产生共鸣的部分。这些结论使营销活动的效果最大化。

1.4 整合营销传播的组成部分和内容设计

图1-8展示了本书介绍的整合营销传播方法。如图所示，整合营销传播项目的基础包括对公司形象、买方以及买方所在市场的仔细分析和研究。广告及营销组合的其他要素的设计和实施均应以此为基础。位于金字塔顶端的集成工具帮助公司的营销团队确保整合营销传播计划的所有组成部分均是一致和有效的。

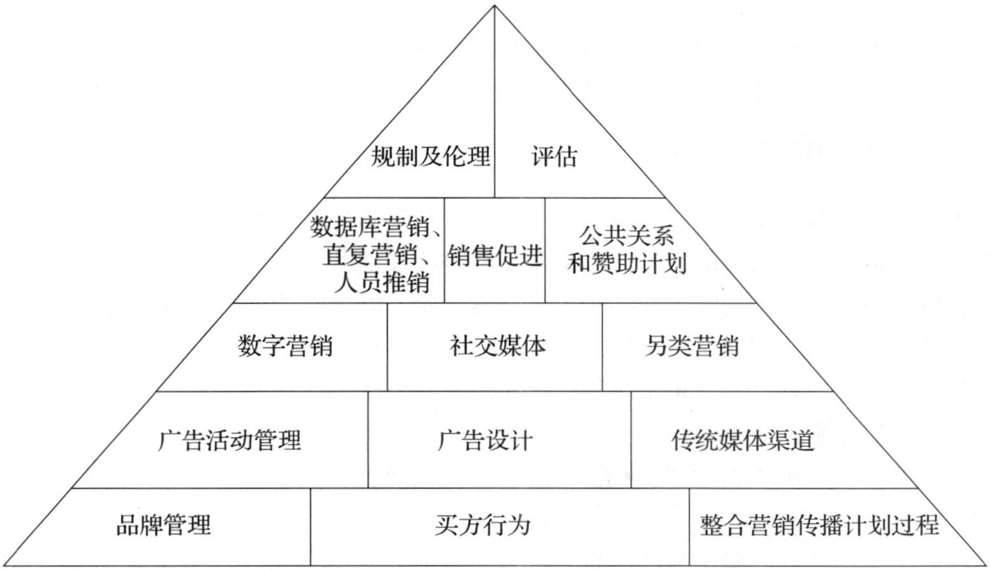

图1-8 整合营销传播概览

整合营销传播的基础

本书的第1篇搭建了整合营销传播项目的基础。其中，第2章探讨了企业形象与品牌管理的要素。强化公司的品牌形象可以帮助公司回答“我是谁，我想要传递什么信息”的问题。品牌推广包括产品包装和商标开发，确保包装和商标与其他营销信息传递相同的观点。

第3章描述了买方行为。消费者的购买过程阐释了消费者是如何做出决策的。营销人员识别消费者的购买动机以及影响购买决策的因素，进而通过设计整合营销传播项目来影响消费者的思考过程。这一章也分析 B2B 的买方行为。通过接触 B2B 业务相关的采购经理和其他决策者来发现可行的 B2B 营销机会，往往对公司的成功起着至关重要的作用。

第 4 章介绍了整合营销传播计划的编制过程。这包括识别全部的目标市场，尤其是零售和 B2B 市场，然后设定高质量的传播目标。当制定好预算以及所有要选用的媒体渠道后，整合营销传播计划即编制完成。

广告

本书的第 2 篇介绍了广告的相关问题。第 5 章介绍了广告宣传管理以及重点的广告活动，包括广告代理公司的选择。广告宣传管理明确了公司的行动方向。第 5 章还阐述了丰富的广告理论以及评估广告效果的原则。广告理论是广告设计的基础。

第 6 章首先介绍了有效的信息编制策略涉及的要素；然后介绍了公司可以使用的多种多样的广告诉求，包括恐惧、幽默、音乐和理性方法等；接下来讨论了广告中使用的执行框架的类型，执行框架提供了构建实际商业广告的方法；最后探讨了广告中代言人的雇佣问题。

第 7 章介绍了传统媒体渠道，包括电视、广播、户外广告、杂志和报纸，以及各类媒体渠道的优缺点，还介绍了媒体策划者和媒体采购者所扮演的角色。

数字营销和另类营销

本书的第 3 篇介绍了获取潜在消费者的数字营销和另类营销方法。第 8 章介绍数字营销活动，数字营销的目的是整合电子商务项目与互动营销的最新趋势。本章展示了在线广告的方法。消费者的线上活动一般从搜索开始，因此，关于搜索引擎优化的概念将在第 8 章讨论。由于智能手机的普及，本章也将探讨移动广告的新趋势。

近年来，社交媒体的使用呈爆炸式增长。第 9 章的主题即社交媒体。尽管脸书仍是领先的社交媒体平台，但其他的社交媒体平台也对零售市场和 B2B 市场产生一定的影响。第 9 章介绍了社交媒体发展的最新趋势以及企业如何利用这些平台来推动品牌互动。

除了传统网络、互联网和社交媒体之外，还有许多其他的传播渠道。第 10 章的标题为“另类营销”，描述了诸如口碑营销、游击营销、植入式广告、品牌化娱乐和生活方式营销等方法。本章还解释了品牌社区的内涵。

销售的构成

整合营销传播金字塔的下一层由数据库营销、直复营销、人员推销、销售促进、公共关系和赞助等组成。这些工作均有助于刺激销售额增长。当营销经理仔细设计从开始到销售的所有步骤时，公司就可以将这些活动整合起来。广告中呈现的信息可以通过这些传播促销方式得到强化。

第 11 章阐述了数据库营销、直复营销和人员推销策略。本章介绍了有效的数据收集和分析方法。获得的数据信息可以用来策划数据驱动的营销活动，包括特许经营、常客计划、客户关系管理（CRM）系统以及人员推销活动。人员推销既包括与零售客户的联系，也包括与企业客户的联系。

第 12 章介绍销售促进，描述了消费者促销和贸易促销。贸易促销包括贸易激励、合作广告、货位费用以及其他有助于制造商或渠道成员通过分销渠道推销产品的促销和折扣。消费者促销针对的是最终用户，其形式包括优惠券、竞赛、赠品、返现、折扣、免费样品以及降价。

第 13 章探讨以积极的方式与消费者进行沟通的公关项目。公关项目包括强化宣传正面事件、处理负面事件。营销团队利用公关工作帮助赞助商取得最大的影响。

整合

整合营销传播金字塔的最后一层是集成工具，该工具用来确保公司有效地服务于所有客户。第 14 章介绍了广告和促销相关的法律法规，阐述了营销传播中出现的伦理问题。

最后，第 15 章阐述了整合营销传播项目的评估方法。评估过程始于促销活动之前，持续到活动结束之后的项目后评价。这些评估会产生有价值的信息，可用于在营销宣传活动开展之前和开展期间进行修正。促销活动的评估过程将活动的各个部分联系起来，并驱动整个整合营销传播过程。完整的整合营销传播需要在计划和评估过程之间建立明确的联系。

1.5 国际启示

美国广告公司出现的趋势在国际舞台上同样存在。在整合营销传播概念的基础上，国际化的传播项目被称为“全球整合营销传播”（globally integrated marketing communication，GIMC）。[20] 该项目的目标仍然是协调各平台的营销工作。由于目标市场存在更大的国家和文化差异，全球整合营销传播项目面临更大的挑战。

跨国公司可以选择两种营销战略。一种是**标准化**（standardization）战略，即公司在不同的国家出售统一的产品、传播统一的信息。该策略能够在产品生产中产生规模经济效益，同时利用促销宣传主题来打造全球化产品。可以使用不同的语言，但基本的营销信息应该保持一致。

另一种是**本土化**（adaptation）战略，即为特定国家设计符合本国特色的产品和营销宣传信息。例如，公司在墨西哥市场销售产品的方式不同于其在意大利、印度或澳大利亚使用的方法。

标准化战略可能更容易被采用，但全球整合营销传播的原则既可以用于标准化战略，也可以用于本土化战略。[21] 为了降低成本，公司在各个国家均应仔细协调营销工作。即使采用本土化战略，来自不同国家的营销人员也应该相互学习。这样一来，国家和地区之间会产生协同效应。更重要的是，学习效应会在各个国家和地区之间出现。

捷豹全球品牌总监阿德里安·霍尔马克（Adrian Hallmark）评论称："对太多奢侈品消费者来说，他们仅仅认识捷豹品牌，却没有将其和现在所处的时代相关联。"为了恢复品牌的标志性地位，捷豹的营销团队发起了一项由伦敦广告公司 Spark 44 设计的全球化广告宣传活动。美国捷豹官网、脸书和 YouTube 率先发布一则 30 秒的电视广告的完整版本（时长 45 秒）。随后捷豹在美国、奥地利、西班牙、法国、德国、意大利、俄罗斯、韩国、日本、澳大利亚和南非发布了印刷广告、数字广告和户外广告。捷豹还在美国 18 个城市举办路演活动，鼓励潜在消费者试驾捷豹汽车。广告宣传均是针对每个国家的特点特别定制的，主题是"你有生命力吗"，该主题被用于不同形式的广告中。[22]

复习题

1. 定义传播，并回答它是如何在营销和商业活动中发挥关键作用的。
2. 传播模型的组成部分有哪些？
3. 在营销传播中，谁是典型的发送者？谁是接收者？
4. 列举市场信息的传输装置，包括人工的和非人工的。
5. 定义混乱。列举营销传播中"混乱"的形式。
6. 定义整合营销传播（IMC）。
7. 营销组合的四个部分是什么？
8. 撰写营销计划包括哪些步骤？
9. 本章中哪些市场趋势可以用来解释整合营销传播计划日益重要？
10. 数字媒体的使用如何影响营销传播？
11. 列举并描述消费者实现多媒体交互的四种路径。
12. 什么是渠道权力？过去的几十年里它发生了哪些变化？
13. 品牌平等性是什么？它与成功的营销工作有哪些联系？
14. 解释整合营销在新的营销趋势中的作用。
15. 接触点是什么？营销人员如何将接触点与客户参与联系起来？
16. 根据本书的阐述，整合营销传播项目的组成部分有哪些？
17. 全球整合营销传播是什么？为什么它对跨国企业很重要？
18. 全球整合营销传播项目中的标准化战略和本土化战略的区别是什么？

批判性思维练习

讨论题

1. 为了改变消费者对冷冻食品的认知，瘦身特餐采取了多方面的措施。访问该公司的网站，并评估其提供的营销信息。该公司是否能够说服你重新思考你对各种产品的看法？该公司的做法是否奏效，或者你是否仍然认为瘦身特餐只是一种"节食"食品？解释你的答案。

2. Tempur-Pedic 床垫的营销主管被要求在公司的下一个整合营销传播项目中强调床垫有助于改善睡眠质量。由于该营销活动强调的是一个消费者看不到摸不着的产品属性，讨论主管在传播过程中的每一步可能遇到的问题。分析噪声或混乱会如何影响传播过程。

3. 在电视播放广告期间你通常做什么？你每天看电视广告的时间多长？你会看什么样的广告？向 5 个人问同样的问题，并总结人们在广告播放期间通常从事什么类型的活动。

4. 描述消费者实现多媒体交互的四种路径。哪个最能描述你的多媒体交互行为？解释原因。

5. 过去十年社交媒体的使用快速增长。讨论你个人的社交媒体使用经历。你使用过哪些社交媒体平台？为什么选择这些平台？你如何使用社交媒体？

6. 信息技术和传播手段的进步如何加速商品和服务的全球化竞争？全球化竞争反过来是如何影响品牌平等性、客户参与和渠道权力的变化的？举例说明你的想法。

7. 品牌平等性已经成为企业面临的一个主要问题。列举你认为品牌已经不再重要的三个产品品类。为什么品牌不重要？列举品牌仍很重要的三个产品品类。在每个产品类别中，你主要购买哪个或哪些品牌？为什么？

8. 一家汽车轮胎制造商的营销主管被要求整合公司的全球营销计划。该主管应该采用标准化战略还是本土化战略？公司如何确保其营销项目在多个目标市场有效整合？

学生项目

创意角

Red Robin Gourmet 汉堡包公司的主管决定在你的学校附近开一家餐厅。你被其选为营销实习生，工作是帮助成立这家餐厅。请为校报准备一则广告，发布餐厅将在学校附近盛大开业的消息。接下来，讨论 Red Robin Gourmet 可使用的社交媒体平台，以及每种平台触及本校学生的效果如何，并据此撰写一篇报告，在报告中通过截图的方式来对公司社交媒体页面进行举例说明。

| 第2章 |

品牌管理

本章目标

本章旨在回答如下问题：

- 品牌形象如何影响消费者、其他企业和公司自身?
- 品牌和品牌名称有哪些类型?
- 有效商标的特征有哪些?
- 识别、创建、重塑或改变一个品牌形象包含哪些要素?
- 如何开发、建立和维持品牌，从而建立品牌价值并抵御品牌平等性的观念?
- 影响自有品牌的最新趋势有哪些?
- 产品包装和标签如何在国内和国外支撑整合营销传播项目的成功?
- 如何在国际市场上管理品牌?

本章概要

品牌（brand）是作为产品、产品线或公司的名称的单词、术语或短语。品牌形象管理是整合营销传播计划成功的关键。一个企业的**品牌形象**（brand image）反映了消费者和企业对整个组织以及其个别产品或产品线的感受。广告、消费者促销、贸易促销、人员推销、公司主页和其他营销活动均会影响消费者认知。强大的品牌是商品或服务的主要优势。相反，当品牌形象受损时，企业销售收入和利润会大幅下降，重建或重振品牌形象将变得十分困难。

营销团队努力了解公司整体品牌形象和旗下单一品牌的优势，以此来与消费者和企业客户建立牢固的联系。整合营销传播的强大基础是公司形象和品牌的分析与消费者和企业客户的行为评估结合起来。根据分析和评估结果，营销人员为任何可能购买公司产品的消费者传播一致有效的信息。有时，这一过程还包括重塑或调整品牌所传递的形象。

本章的第一部分介绍了管理企业品牌形象所涉及的内容，包括企业名称和商标。第二部分介绍了如何开发和推广各种形式的品牌名称，对品牌资产和品牌平等性也做了介绍。最后，评估了包装和标签，这是任何营销传播计划都包含的两项内容。本章还介绍了商业伦理和国际化相关问题。

达美乐品牌形象变革

达美乐比萨这一品牌已经有几十年的历史。在这期间，公司经历了增长、成功、出现问题和努力提升组织形象的过程。过去十年，公司创造了新的产品追踪系统，以在订单被接收、比萨饼烘烤和交付时及时通知客户。之后，迎合更复杂的用户需求的新产品被开发出来，然而公司仍坚持消费者不能自主增减 Artisan 系列产品的配料。[1]

遗憾的是，这些改变并没有带来公司领导期望的销售额和利润的爆发式增长。营销团队意识到一个新趋势，更多的消费者选择自取比萨而不是快递递送。于是，一些店铺为等候自取比萨的顾客设置了电视大屏和专属座位，打造了一个消费者可以及时看到所订比萨饼或其他外带食物是如何被打包在一起的区域。该方法与赛百味（Subway）采用的方法类似。

为了强调这些新的运营方法，公司的名称同样做了改变，从“达美乐比萨”（Domino's Pizza）改为简单的“达美乐”（Domino's）。正如公司首席营销官罗素·韦纳（Russell Weiner）所说，“现在我们的菜单不仅仅包括比萨饼，因此我们不仅仅是一家比萨店。”三明治和其他菜品不断加入达美乐的菜单，验证了罗素的说法。同时，公司的商标也做了简化，移除了品牌名称，仅保留原始的红色、白色和蓝色多米诺骨牌。[2]

与其他营销工作一样，品牌名称和产品线的变更是与公司的整合营销传播项目巧妙结合在一起的，包括与社交媒体信息相匹配的广告宣传。未来一年将证明这些工作是否能够取得成功。

2.1　公司和品牌形象

公司或品牌形象阐释了公司代表的含义以及它是如何被市场认识的。不论是好事达保险公司（Allstate Insurance）的“好助手”形象，还是州立农业保险公司（State Farm Insurance）的“好邻居”形象，在客户和消费者心目中打造特定的形象是形象管理的目标。保险公司经常通过强调有帮助、安全性和保险性来打造成功的形象品牌。

消费者如何看待公司形象比公司员工如何看待更重要。公司品牌名称，如美国银行（Bank of America）、丰田、卡夫亨氏（Kraft Heinz）和英国石油公司（British Petroleum，BP）在客户和消费者心中留下了深刻印象。尽管消费者对品牌形象的认知因人而异，但是公众的整体认知决定了品牌的整体形象，这一形象可能是正面的也可能是负面的。

独立品牌也是这样。一些公司，如卡夫亨氏，经营多个品牌的产品。公司名称“卡夫亨氏”与公司的独立品牌共同打造公司的形象和身份，如 Oscar Mayer、麦斯威尔（Maxwell House）、绅士（Planters）和 Velveeta。一些公司仅创立了一个品牌，公司的形象和所有产品的品牌形象是一致的。因此，本章涉及的多个概念既可以应用于如卡夫亨氏这样的公司旗下的多产品品牌，也可以应用于如州立农业保险公司、好事达保险公司或沃尔玛这样的公司品牌。

品牌形象的组成部分

品牌形象包括看不见摸不到的无形要素（见图 2－1）。消费者与公司或品牌互动时就会遇到这些要素。餐饮行业一项研究表明，品牌形象的要素中最重要的是公司产品和服务的质量；其次是公司在出现问题时为自己的产品和服务提供支持的意愿；最后是消费者对公司如何通过友好的、有益的或专业的方式处理与消费者的关系的认知。[3]

有形要素	无形要素
• 销售的产品或服务	• 公司人事
• 销售产品的零售网点	— 理想
• 广告	— 信念
• 营销传播	— 实施
• 品牌名称和商标	• 环境政策
• 包装和标签	• 公司文化
• 从业人员	• 国家位置
	• 媒体报道

图 2－1　品牌形象的要素

负面报道会玷污品牌形象或损害消费者对公司或品牌形象的认知。例如，金融机构的名誉受损，如美国银行被指责误导投资者；丰田汽车因质量控制问题而名誉受损；达美乐因 2010 年客户的评价不佳而名誉受损。[4] 每个组织都会采取许多措施来使自己的品牌形象变得更加积极。

特定的品牌形象包含一组独有的特征。汽车制造商如保时捷、马自达、丰田、福特或通用汽车的公司品牌形象主要基于：车辆评估；是外国企业还是本土企业；消费者对公司广告的评价和对当地经销商的反应。公司形象通常包括消费者对公司员工的评价。事实上，当地雪佛兰经销商的汽车修理工很有可能成为塑造消费者对通用汽车的看法的主要因素。

过去，沃尔玛曾因员工不满、外国工厂的工作条件欠佳以及在其他国家的贿赂指控而受到批评。为了提升品牌形象，沃尔玛营销团队发起了一场耗资数百万美元的主题为"美国成功故事"的宣传活动。在这次全国性的宣传活动中，顾客、商店员工和卡车司机分享了有关沃尔玛的故事和温暖的感受。[5] 该活动试图通过展示沃尔玛积极的方面来向公众展示公司的另一面。

强大的品牌形象会同时为公司带来有形的和无形的好处。公司管理层需要花费大量的时间和精力来建立和维护积极的品牌形象。公司希望广告代理商能够利用公司强大的品牌形象优势来设计营销活动。消费者和组织均能从声誉卓著的知名公司那里获益。

品牌形象的作用——消费者视角

从消费者的视角（或者企业客户的视角）来看，品牌形象能够提供多重功能，具体如图 2－2 所列。一个知名的品牌可以更有力地保障产品满足消费者的期望。在加利福尼亚州圣克鲁斯购买的可口可乐或百事可乐和在英国利物浦或马来西亚吉隆坡购买的味道是完全一样的。Bed Bath & Beyond 的线上渠道销售的产品和其在加利福尼亚州或新泽西州的线下零售商店销售的产品是完全一样的。

- 为消费者做出购买决策提供信心。
- 当买方仅有有限的经验或没有购买经验时，为消费者购买产品提供担保。
- 减少消费者制定购买决策时的搜索时间。
- 为消费者的购买行为提供心理强化和社会接受。

图 2－2　品牌形象：给消费者带来的好处

当消费者选择其没有购买经验的产品或服务时，品牌所带来的有力保障就会产生价值。以度假的家庭为例。一个家庭正在巴西度假，通常该家庭不会选择假日酒店（Holiday Inn），但这个熟悉的品牌名称使该酒店成为一个低风险的选择。消费者通常认为从熟悉的公司购买产品或服务比从不熟悉的公司购买更“安全”。选择住在一家不熟悉的酒店比住在一家知名度高的酒店让人觉得风险更大。

购买熟悉的公司的产品或服务能够减少搜索时间、节省精力。一个忠实于福特品牌的个人消费者或企业消费者在购买新车时会比没有忠诚度的消费者花费更少的时间。同样的道理也适用于购买低成本商品，如日用品或办公用品。

购买熟悉品牌的产品或服务能够带来心理强化和社会接受。心理强化来源于消费者认为自己做出了明智的选择以及其对商品或服务会有良好的表现充满信心。社会接受来源于消费者相信其他购买了该品牌的人也会支持他的选择，包括购买相同品牌产品的家人和朋友。

Interbrand 每年发布全球前 100 最佳品牌排行榜。该排行榜不包含提供多产品和品牌组合的公司，如宝洁。此外，维萨等私有公司以及沃尔玛等在不同国家以不同名称运营的公司不包含在排行榜内。该排行榜仅列出了以一个品牌名称提供产品的公司。根据这些标准，Interbrand 将苹果评为全球最大的企业品牌，其次是谷歌和可口可乐。[6] 图 2－3 列出了排名前十的品牌以及相应的品牌价值。

排名	公司	品牌价值（10 亿美元）
1	苹果	170.30
2	谷歌	120.30
3	可口可乐	78.40
4	微软	67.70
5	IBM	65.10
6	丰田	49.10
7	三星	45.30
8	通用电气	42.30
9	麦当劳	39.80
10	亚马逊	38.00

图 2－3　全球十大最佳品牌

品牌形象的作用——公司视角

从公司的视角来看，美誉度高的品牌形象会带来许多好处（如图2-4所示）。一个高品质的品牌形象可以为新产品和新服务的开发奠定基础。当产品的潜在消费者熟悉品牌名称和形象时，新产品的引入就会更加容易。品牌的长期忠诚顾客愿意尝试新产品，并将其对该品牌的信任和信念传递给新产品。最近，品牌联盟不断出现，即两家公司利用双方的品牌优势来开发和营销一款同时拥有两个品牌特色的新产品（如欧仕派（Old Spice）和海飞丝的品牌联盟）。

- 将消费者的积极感受延伸至新产品
- 收取更高的价格或费用的能力
- 顾客忠诚带来更频繁的购买
- 正面的口碑支持
- 更高层级的渠道权力
- 吸引高素质员工的能力
- 获得金融观察师和分析师的更有利的评级

图2-4　品牌形象：给公司带来的好处

许多顾客相信“一分价钱一分货”，将高质量与高价格联系起来。强大的品牌形象使得公司可以为产品和服务制定更高的价格，从而提高利润率和利润总额。

拥有良好品牌形象的公司拥有更多的忠实顾客，这些顾客购买产品的频率更高。忠实顾客不会在其他公司提供折扣、促销和类似的优惠时而选择购买替代产品。

顾客忠诚度的提高带来更加正面的口碑支持。正面的评价会增加销售额并吸引新顾客。与其他形式的广告或促销方式相比，消费者和企业买家更相信个人推荐。

顾客积极的态度会产生对品牌更高的忠诚度，从而为品牌带来更大的渠道权力。零售商会囤积顾客看好的品牌产品，并不断寻找能够吸引顾客进入商店的新品牌。因此，在向零售商推销时，拥有良好形象的品牌或产品拥有控制权和渠道权力。

吸引高素质的员工是拥有占据主导地位的品牌形象的另一个优势。求职者更愿意在声誉良好的公司就职，这进一步降低了公司的招聘和选拔成本。西南航空公司（Southwest Airlines）给人留下“一个好的工作场所”的形象，这一形象为其招聘工作带来了帮助。拥有高素质员工的企业的员工流失率会大大降低。

良好的品牌声誉会使华尔街分析师和其他金融机构对公司做出有利的评级，有助于公司筹集资金。同时，针对声誉良好的公司，立法机构和政府机构通常采取更加同情的态度，国会议员可能不太愿意采取有损该企业利益的行动，监管机构的成员不太可能相信关于该公司不当行为的谣言。

2.2　品牌名称和品牌类型

品牌名称为公司运营提供了一致的宣传语。莱斯康公司（Lexicon）总裁兼创始人戴维·普莱克（David Placek）说："品牌是公司与客户关系的基石。它树立了一种态度和基调，是品牌个性化的第一步。"[7] 品牌名称根据其实际意义、隐含意义或想象意义可以分为四种类型（见图 2－5）。[8]

- 显性名称：直接揭示公司是做什么的。
- 隐性名称：包含表明公司业务的可识别的词语或词语的一部分。
- 概念化名称：抓住公司提供的产品的本质。
- 突破性名称：呈现一些独特的、令人难忘的东西。

图 2－5　品牌名称的类型

显性名称包括美国航空公司（American Airlines）、麦斯威尔和美国宝马摩托车（BMW Motorcycles USA）。隐性名称包括联邦快递（FedEx）和家得宝（Home Depot）。概念化名称则采用另外一种命名方式，例如谷歌、推特和卡卡圈坊（Krispy Kreme）。"谷歌"这个名字让人联想到一个可以找到无数物品的地方，"卡卡圈坊"让人想起含有美味奶油的糖果。三星、纳贝斯克（Nabisco）和锐步（Reebok）是突破性名称的例子。

营销前两类（显性名称和隐性名称）品牌产品应该会更容易，因为消费者更容易回忆起品牌名称，而前两类名称恰好指出了公司所提供的产品或服务的类型。另外两类（概念化名称和突破性名称）品牌产品需要付出更大的营销努力，以确保消费者将品牌与其所提供的产品联系起来。图 2－6 介绍了一些知名品牌的命名背景。

- 谷歌——该名称最开始指一个关于搜索引擎搜索信息方式的笑话。"googol"这个词的意思是 10 的 100 次方。
- 乐高——"Lego"是丹麦短语"leg godt"和拉丁语单词"lego"的组合。"leg godt"的意思是玩得开心，"lego"的意思是我拼在一起。
- 锐步——"Reebok"是"rhebok"的另一种拼法，其含义是一种非洲羚羊。
- Skype——最初的名字是"sky-peer-to-peer"（意思是天空-点对点），后改为"skyper"，最终改为"skype"。
- 威瑞森——"Verizon"是拉丁语单词"veritas"和"horizon"的组合。"veritas"的意思是真理，"horizon"的意思是地平线。
- 大众汽车——"Volkswagen"指的是一辆可搭载 2 名成人和 3 名儿童、时速可达 62 英里的汽车。其字面含义是"人民的车"。
- 雅虎——"Yahoo"一词来自乔纳森·斯威夫特（Jonathan Swift）撰写的《格列佛游记》（*Gulliver's Travels*）。"Yahoo"指的是一种令人厌恶的肮脏生物，酷似尼安德特人。雅虎创始人杨致远和大卫·费罗认为自己是"Yahoo"。

图 2－6　一些独特的品牌名称的来源

开发一个品牌名称会在公司内引发极大的激情和兴趣。例如，卡夫亨氏给其新的高速增长的休闲食品业务命名，收到来自全球约 1 000 名员工提交的 1 700 多个名称。最终选中概念化名称"亿滋"（Mondelez），它是拉丁语单词"monde"和"delez"的组合，"monde"的意思是世界，"delez"表示美味。该品牌名称符合公司的宗旨，即让今天变得更美味。[9]

品牌名称能创造历史，它们拥有自己的个性。品牌发展的一个趋势是为品牌设计一个拟人化的形象。品牌所展示的一些关键人类特质包括客户同理心、像人一样说话和行动以及赋予个人力量。

品牌对购买行为的强大影响力意味着营销人员在做出品牌决策时应该深思熟虑。图 2－7 指出了品牌的几种类型。

- 家族品牌：一组相关产品使用一个品牌名称进行销售。
- 品牌延伸：在与核心产品无关的产品或服务上使用已确立的品牌名称。
- 侧翼品牌：开发同品类的另一种新品牌。
- 联合品牌：在一次营销活动中同时使用两个品牌。
- 成分品牌：在某产品品牌上植入其成分的品牌。
- 合作品牌：两个或更多品牌合资开发一种新产品或服务。
- 互补品牌：把两个互补产品的品牌放在一起共同营销。
- 自有品牌：由组织销售的专有品牌，并且仅在该组织的销售点内销售该产品。

图 2－7　品牌的类型

家族品牌

许多品牌拥有自己的家谱。**家族品牌**（family brand）指公司以一个品牌名称提供一系列或一组产品。金宝汤公司的品牌同时应用于汤类产品和其他蔬菜产品。消费者看到金宝汤的品牌就会对产品产生关联认知，即认为其现有产品和任何添加或修改的产品线产品（如健康精选汤）具有同等的质量水平。只要新产品和原产品处在同一产品类别内，关于产品质量等的关联认知就会产生。当新增的产品与品牌的核心产品品类不相关时，顾客忠诚的转移就不会那么容易发生。

品牌延伸

品牌延伸（brand extension）指在新产品或服务上使用已建立的品牌名称。品牌延伸产品可能与品牌核心产品不相关。耐克已成功地将其品牌延伸到服装线。百得（Black & Decker）成功地将其品牌延伸到新型电动工具，但在将品牌延伸到小型厨房电器方面不太成功。

侧翼品牌

与品牌延伸不同，**侧翼品牌**（flanker brand）指一个公司为与其现有品牌同类别的产品或服务开发一个新品牌。宝洁主要的洗衣液品牌是洗好（Cheer）和汰渍。多年来，宝洁陆续推出了许多其他品牌，如时代（Era）、卓夫特（Dreft）和格尼（Gain）（见图 2－8）。宝洁营销团队创建侧翼品牌的目的是吸引一个品牌所无法触及的目标市场客户。侧翼品牌帮助公司完善产品线，取得更大的市场份额。同时，侧翼品牌还为其竞争对手进入市场设置了壁垒。

沐浴露和香皂	织物洗涤和柔顺产品	洗发产品
• 象牙（Ivory）	• Bounce	• 袋鼠（Aussie）
• 玉兰油	• 洗好	• 海飞丝
• 欧仕派	• 当妮（Downy）	• 伊卡璐
• 舒肤佳	• 卓夫特	• 潘婷
• Secret	• 时代	
	• 纺必适除菌消毒液（Febreze）	
	• 盖恩	
	• 汰渍	

图 2－8　宝洁公司销售的部分品牌

当公司领导认为以当前品牌销售产品可能会对整体营销计划产生不利影响时，公司便会引入一个侧翼品牌。几年前，贺曼贺卡公司（Hallmark）的营销人员创立了侧翼品牌 Shoebox Greetings，该品牌产品在普通折扣店和贺曼折扣店销售。最初，贺曼贺卡公司的品牌只在印有公司名称的零售店销售。营销团队发现，尽管 Shoebox Greetings 贺卡的价格较低，但它们使公司能够占有更大的市场份额。

像雀巢这样在中低端市场经营的公司可能会使用侧翼品牌来在高端市场展开竞争。雀巢旗下矿泉水品牌包括圣培露（San Pellegrino）和巴黎水（Perrier），这两个品牌均是主流品牌。在引入 Resource 品牌之前，雀巢没有一个可以与 Smartwater、斐济（Fiji）和依云（Evian）竞争的高端矿泉水品牌。Resource 品牌将目标市场定位为 35 岁左右、更时尚、收入更高的女性。Resource 品牌在广告宣传中强调自己提供的不仅仅是水。这一新的高档品牌的特点是完全“电解”，同时采用的是包含 50％的可回收塑料的包装。[10]

侧翼品牌也在公司实施国际化扩张时使用。宝洁公司在阿根廷、巴西、智利、墨西哥、秘鲁和委内瑞拉销售碧浪品牌的洗衣产品，但不在美国销售。为特定细分市场提供不同的品牌有助于公司在国际市场上有效经营。

联合品牌

联合品牌（co-branding），也叫**联盟品牌**（alliance branding），指两个品牌组合在一起或形成联盟，有三种形式：成分品牌、合作品牌和互补品牌（见图 2－9）。**成分品牌**（ingredient branding）指在某产品品牌上植入其成分的品牌，如戴尔电脑中的英特尔微处理器或品食乐（Pillsbury）布朗尼蛋糕粉中的雀巢巧克力。**合作品牌**（cooperative branding）指两个或更多品牌合资开发一种新产品或服务，如花旗银行联合美国航

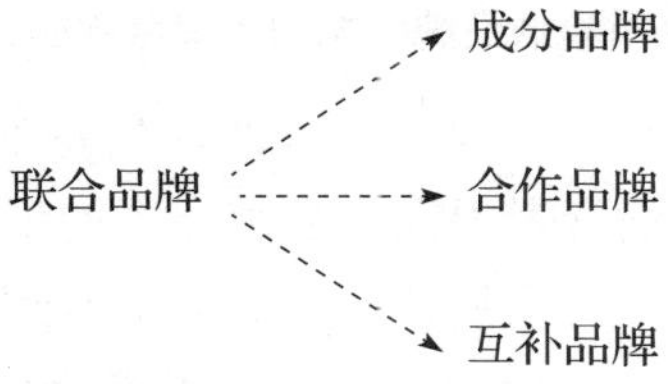

图 2－9　联合品牌的形式

空公司和维萨共同打造一款信用卡。**互补品牌**（complementary branding）指把两个互补产品的品牌放在一起共同营销来推动联合消费或联合购买，如 Velveeta 品牌奶酪与 Rotel 品牌番茄和 Diced 品牌青辣椒一起销售。

只有在两个品牌均通过品牌联合积累了品牌资产时，品牌联合才是成功的。Wholly Guacamole 与 Sonic、迪士尼、Schlotzksy's 和 Jennie-O 等多个品牌建立了品牌联盟。Wholly Guacamole 的特蕾西·奥尔特曼（Tracy Altman）指出，很多品牌的广告和营销预算都非常紧张，但公司对营销效果有很高的预期。一个能够使广告收入最大化的方法就是与其他品牌建立联盟。[11]

品牌联合存在风险。如果品牌联盟在市场上表现不佳，两个品牌都可能受到不利影响。其中一个品牌受损时，会影响另一个品牌的销售情况。例如，几年前有传言说阿斯巴甜可能会导致癌症，而 NutraSweet 和 Equal 都含有阿斯巴甜。健怡可乐因在产品标签上印有联合品牌 NutraSweet 而销量下滑。为了扭转这一趋势，健怡可乐和其他含有阿斯巴甜的产品采取了一系列防御措施，让消费者相信产品是安全的。

虽然风险无法消除，但高度兼容的商品和服务品牌之间的联盟通常更稳定。成分品牌和合作品牌往往比互补品牌风险更小，因为在前两种联盟中两家公司有更多的利害关系，更可能共同投入更多的资源来确保联盟成功。

对于知名度较低的小公司和品牌，品牌联合可能是一种有效的策略。但找到一个愿意与不太知名的产品品牌建立联盟的知名品牌比较困难。当这样的联盟形成时，相较于知名品牌，联合品牌往往会为不太知名的品牌建立更多的品牌资产。

2.3 品牌标志

品牌标志（brand logo）是用来识别一个品牌的符号。它的设计应该突出品牌名称。品牌标志是品牌形象的一个方面。许多组织花费数百万美元来选择、协调和推广其品牌名称和标志。一个强有力的品牌名称加上一个精心设计的品牌标志可以帮助消费者记住品牌和公司的相关信息。当消费者寻找的产品名称由有效的品牌标志标记时，他们可以减少搜索时间。高质量的品牌标志和品牌名称应该通过如图 2－10 所示的四条测试标准。[12]

- 可辨识的
- 熟悉的
- 在公司的目标市场消费者中引起共识
- 唤起积极的情感

图 2－10　高质量的品牌标志和品牌名称的四条测试标准

品牌标志有助于促进店内购物。大脑处理图形信息的速度比处理文字的速度要快。一个品牌标志可能会更快地被消费者识别。品牌标志的识别有两个层次。其一，消费者可能会记得曾经看到过这个标志。当消费者在商店中看到品牌标志时，存储在记忆中的图形可能会被唤起。其二，一个熟悉的品牌标志可能会使消费者想起品牌或公司名称。这个提醒可能会唤起消费者对品牌产品的正面（或负面）情感。

成功的品牌标志会在消费者之间引起共识，这一过程称为**刺激编码能力**（stimulus codability）。刺激编码能力强的品牌标志在文化或亚文化中会唤起共识。消费者很容易认出编码能力强的品牌标志，如苹果、麦当劳和百事可乐的品牌标志。编码能力较弱的公司通常会在广告上花费更多的资金。起初，耐克花了相当多的资金让其标志更容易辨认，因为标志本身并没有让人联想到耐克的任何具体形象。现在，几乎每个人都能认出耐克的品牌标志，甚至不需要出现品牌名称。

随着市场环境的变化，一些公司会修改其品牌标志。还有一些公司几十年来一直保持着基本相同的标志，只是做一些小改动。约翰迪尔（John Deere）拥有一个经久不衰的品牌标志，1876 年设计，至今仍在使用。图 2－11 列出了一些古老的品牌标志及其创建时间。

公司/品牌	公司成立年份	品牌标志首次使用年份
约翰迪尔	1837	1876
可口可乐	1886	1886
强生	1886	1886
联合太平洋铁路（Union Pacific Railroad）	1862	1888
保德信人寿保险（Prudential Life Insurance）	1875	1896
金宝汤	1869	1898
通用电气	1892	1900
固特异	1898	1901
宣伟（Sherwin-Williams）	1866	1905
杜邦	1802	1907

图 2－11　部分古老的品牌标志

设计高质量的品牌标志是项非常有挑战性的工作。设计出能经受住时间考验的品牌标志更是难上加难。品牌标志是品牌的呈现。因此，一个设计欠佳的品牌标志可能暗示消费者这是一个比较差的品牌。高质量的品牌标志需要仔细的思考、规划和设计师的专业知识，这些设计师懂得创造或改变品牌标志背后的原则，使其成为一个有效的版本。图 2－12 列出了设计或更换品牌标志的技巧。

- 品牌标志是品牌的呈现。
- 设计品牌标志需要常识和专业知识。
- 选用专业的设计师。
- 简化品牌标志。
- 确保品牌标志可在媒体间传递。

图 2－12　设计或更换品牌标志的技巧

品牌标志不必很复杂，也不需要囊括品牌内涵的每一个元素。简洁的品牌标志更有价值。[13] 耐克的对勾和麦当劳的拱形都是简洁但强有力的标志。品牌标志应该与品牌名称相辅相成，而不是凌驾于品牌名称、产品包装或产品本身之上。有效的品牌标志是可以在媒体间传递的，它们可以用于从平面广告到互联网和社交媒体上的广播广告等各种类型的媒体。最好的品牌标志是跨文化的，可以被世界各地的用户接受。

更换品牌标志存在风险。组织无法总能预测消费者的反应，尤其是在社交媒体环境中。美国航空公司发现更换标志并不容易，它在社交媒体上发推文称其飞机尾部的新标志反映了美国“创新、进步和向世界开放”的精神，公众却不认可。推特上的一条评论写道：“……一项新的油漆工作（不能）弥补糟糕的服务（和）运营模式的缺陷。”美国航空公司新品牌标志的影响可以用马西莫·维格纳里（Massimo Vignelli）的话来概括：“在我看来，美国航空公司似乎没有必要做出这样的改变……但是很多人并不理解设计和样式之间的区别，他们相信为了改变而改变。”[14]

餐厅 IHOP 和门票交易平台 StubHub 品牌标志的改变却产生了相反的效果。IHOP 的新品牌标志删去了蓝色和红色的背景图案，用笑脸将 IHOP 中的 O 和 P 托起来，以反映 IHOP“精通推特”的人物形象。据 IHOP 营销副总裁柯克·汤普森（Kirk Thompson）所述，新品牌标志设计体现了 IHOP 的精髓，即通过提供世界著名的薄煎饼来让顾客微笑，并与家人和朋友分享美好的时光。[15]

StubHub 的营销团队决定通过重新设计公司的品牌标志来重新定义品牌的身份。新版本去掉了感叹号上的两张门票，并用深蓝色边框标出了品牌名称。改变品牌标志的目的是将公司的使命转变成为客户提供全方位的赛事等体验，而不仅仅是重复销售门票。除了查找票务信息，消费者还可以在该网站上找到有关在哪里吃饭和停车、哪种交通方式最便捷，甚至是天气等信息。更改品牌标志成为 StubHub 业务发展的一个重要组成部分。[16]

改变品牌标志可能代价高昂。百事公司副总裁弗兰克·库珀（Frank Cooper）指出，百事的品牌标志必须改变，要摆脱传统的大众营销，变成一个能够与消费者互动、更有活力和生命力的品牌。新品牌标志的制作花费了 5 个月的时间，耗资超过 100 万美元。更换新的品牌标志意味着企业需要将送货车、自动售货机、体育场广告牌、售点陈列材料上的标志进行替换，这将会带来额外的成本。[17]

2.4 识别满足消费者需求的品牌形象

当企业试图宣传一个满足消费者期望的品牌形象时，营销团队会首先评估其当前的形象。营销人员通过研究品牌的形象来识别其优势和劣势，这可以帮助公司将其现有品牌形象与竞争对手做对比。营销团队还会试图研究外界如何看待公司的形象。

一旦营销团队了解到不同群体对品牌的看法，他们就可以通过纠正消费者对品牌的误解或建立符合消费者认知的品牌形象做出决策，进而调整其未来营销传播的内容来宣传目标形象。这些消息被发送到每个细分市场，包括客户、供应商和员工。

诺基亚曾经是移动电话市场的领导者，经历了数年的销售额下滑和市场份额减少，它变得更像是一个失败者，并且被迫表现得像一个挑战者。作为市场领导者，公司应该努力捍卫自己的市场份额。据诺基亚首席营销官图拉·瑞蒂拉（Tuula Rytilä）所述，诺基亚的新目标是通过赋予品牌意义、关联性和情感，使品牌重新焕发活力。这是为了与美国的客户以及欧洲、中国和印度的客户产生共鸣。[18]

创建正确的品牌形象

正确的品牌形象能够清晰传递关于组织及其产品的特质信息。强大的品牌形象准确地描述了公司的产品或服务，即使是经营多个品牌的大公司也是如此。例如，卡夫亨氏的高层管理团队设计了“让今天更美味”这一宣传语，通过提升员工凝聚力来团结公司及整合各种品牌。[19]

在 B2B 业务中，创建正确的品牌形象可能更具挑战性。斯科特设备公司（Scott Equipment）销售新的和二手的建筑、农业和工业设备。该公司成立于 1939 年，在美国 5 个州拥有 25 家分店。该公司的管理团队成员和营销总监杰米•索尔特（Jamie Salter）面临一个难题，25 家分店分别管理各自的营销活动和广告宣传，创造了 25 个不同的品牌形象。当意识到所有门店应建立一致的品牌形象时，斯科特设备公司聘请了总部位于新奥尔良的 Peter Mayer 广告公司。该广告公司将斯科特设备公司的营销沟通进行统一，宣传推广一个共同的品牌形象，同时允许每个分店在塑造该品牌形象时有一定的灵活性。该品牌形象为其企业客户传递了斯科特设备公司承诺为客户提供高质量的重型设备和支持等关键信息。[20]

重塑品牌形象

重塑形象有助于公司销售新产品、吸引新客户。同时，强化之前的品牌形象的某些方面可以使公司维系忠诚客户和那些对原始品牌形象感到满意的人。高质量的品牌形象重塑项目要求公司在保持与以前的品牌形象基本一致的前提下加入新的元素，以增加公司的目标受众。

成功的品牌形象重塑需要注意以下四个方面（见图 2－13）。[21] 首先，以前的客户需要重新发现这个品牌。对这部分消费者来说，与品牌建立联系会唤起怀旧之情。对于其他消费者（通常是年轻人）来说，该品牌代表着一种全新的体验。将怀旧的和新的消费群体联结起来，需要公司更加关注一些永恒的客户价值，如真实性、简洁性、引人注意的品牌故事或品牌遗产。在建立这种联结时，公司传播的信息需要忠于原有的使品牌变得强大的形象元素。在这个基础上，品牌可以提升一下时代感。成功的品牌形象重塑还需要利用社交媒体、移动技术和整合营销工具来建立品牌社区。其目的是激励品牌拥护者和具有影响力的人来传播关于新的和改进的品牌形象的信息。

- 帮助以前的客户重新发现这个品牌
- 提供永恒的客户价值
- 忠于原有形象，但又具有时代感
- 建立品牌社区

图 2－13　成功重塑品牌形象的关键

L’eggs 曾经是一个知名度很高的品牌，最近刚刚实施了品牌重塑。20 年前，“没有什么能打败一对伟大的 L’eggs”这句广告语和与之相伴的广告歌曲广为人知。随着时尚产业的不断变化，穿袜子的女性越来越少，L’eggs 品牌几乎在市场上销声匿迹。Hanes Brands

公司的安吉拉•霍金斯（Angela Hawkins）说："我们想继续前进，让（L'eggs）品牌更有时代感、更现代。我们需要与新一代消费者沟通，（但）我们希望忠于原有的品牌定位和个性，它既有趣又有点挑逗。"除了建立一个新的公司网站，L'eggs 还在社交媒体上扩大影响力，推出一个新的品牌口号："你在好运中。你在 L'eggs 中。"（You're in luck. You're in L'eggs.）L'eggs 还利用电视和平面广告来触及目标市场，即年龄在 18～34 岁的女性。[22]

改变品牌形象

彻底改变人们对一个公司或品牌的印象是极其困难的。当目标市场开始萎缩或消失，或品牌形象不再符合行业趋势和消费者预期时，改变品牌形象就变得十分必要。此时，公司领导会考虑他们希望改变什么，为什么要改变，以及他们打算如何改变。

几年前，当零售商塔吉特（Target）试图在 *Vogue* 杂志上购买广告位时，被 *Vogue* 杂志拒绝了。塔吉特的广告代理公司 Peterson Milla Hooks 的总裁汤姆•诺瓦克（Tom Novak）表示，该公司收到了 *Vogue* 杂志的一封信，信上说："我们不想要你的钱，因为刊登塔吉特这类品牌的广告会降低我们的广告质量。"塔吉特公司和它的广告代理公司意识到其给消费者的印象是"邋遢的中西部折扣商店"。塔吉特的广告代理公司因而面临一个挑战，即它需要设计一个广告和传播项目以改变塔吉特在 *Vogue* 等媒体以及现有客户和新客户心目中的形象。

塔吉特从两个方面解决其品牌形象问题。首先，公司领导改变了产品组合，加入了设计师品牌，如意大利时装公司 Missoni 的一个产品系列。其次，塔吉特的广告代理公司发起了一项名为"时代标志"的宣传活动，其目的是提升品牌形象而非销售商品。营销人员将塔吉特定位为消费者可以以更低的价格购买高端设计师设计的灯具、服装和其他商品的地方。其广告代理公司 Peterson Milla Hooks 设计了著名的红白相间的牛眼睛的形象，用作塔吉特的品牌标志。这些营销活动改变了塔吉特在消费者和媒体心目中的形象。最近一期的 *Vogue* 杂志为塔吉特刊登了 20 页的宣传插页和广告。[23]

2.5 开发和建立强大的品牌

开发一个强大的品牌，首先要挖掘消费者购买该品牌的原因以及重新购买的原因。在评估一个品牌时，营销专家会问这样的问题：

- 你的品牌现在处于什么地位？
- 你的目标是什么？
- 你会做出哪些努力来建立你的品牌和业务？
- 你的品牌的优点是什么？缺点是什么？
- 首先应该抓住哪些机会？陷阱是什么？[24]

这些问题的答案能够帮助公司的营销团队或其广告代理公司制定用来培育强大的品牌的营销计划。

使品牌保持强大的一个重要特征是品牌包含一些对客户来说与其他品牌**显著**（salient）不同的东西，这些东西可能来自多个方面。能够提供消费者认为重要的效用或者高质量的品牌会与其他品牌显著不同。消费者关于品牌代表着较高价值的评价也能创造这种优势。这些显著的品牌特征会使顾客更加忠诚，从而使该品牌被认为优于其他品牌。[25]

强大的品牌源于周密的营销计划。图2-14列出了建立强大的品牌所需的要素。强大的品牌包括谷歌、IBM、苹果、微软、可口可乐和麦当劳等，这些品牌需要大量的投资，以支撑有效地向消费者和企业描述品牌所需的营销传播。

- 为品牌建设投资
- 打造知名度
- 提供可靠的独特性
- 建立信任
- 提供一种体验
- 提供价值
- 利用社交媒体
- 利用移动设备
- 行为谨慎

图2-14　建立强大的品牌

品牌始于知名度，这可以通过在重复的广告和其他营销信息中突出品牌名称来实现。重复可以抓住购买者的注意力。它增加了品牌和相关信息存储在消费者的长期记忆中并在后续购买过程中被回忆起来的概率。

在某种程度上，品牌应该是可靠的或独特的。品牌名称应该与产品最突出的特征相关，以便在竞争中脱颖而出。许多消费者将佳洁士与“预防蛀牙”联系在一起。可口可乐试图将自己的名称与一种“令人耳目一新”的产品联系起来。对宝马来说，与品牌相关联的是“性能驾驶”；而对3M来说，关联的是“创新”。市场营销人员试图识别品牌所代表的产品特征，即消费者能够识别的且对消费者来说非常显著的产品特征。当这些因素存在时，品牌知名度就会变得更高。在汽车悬架系统市场上，Skyjacker品牌为消费者、经销商和汽车制造商所熟知。

商业和零售客户信任强大的品牌。**信任**（trust）代表客户相信品牌具有有效性和可靠性，它可以随着时间的推移利用消费者的个人经历来逐步建立。信任来源于产品的表现始终如一，且始终履行承诺、保持真实性和独特性。几十年来，汰渍始终信守对消费者的承诺。为了维持这种信任，汰渍的营销团队持续关注品牌的形象。汰渍近期的广告强调的是汰渍洗衣服的效果，使用如“汰渍最了解面料”（Tide knows fabrics best）、“污垢躲不过汰渍的慧眼”（Dirt can't hide from）、“如果一定要干净，一定要有汰渍”（If it's got to be clean，it's got to be Tide）和“风格是一种选择，干净不是”（Style is an option. Clean is not）等主题。为了让消费者看到和听到宣传信息，汰渍使用了传统的大众传媒广告、非主流媒体（包括YouTube和脸书）、城市中被称为“野生的帖子”的广告牌，赞助南海滩和佛罗里达以及其他度假胜地的活动。该公司通过向受龙卷风和飓风影响的灾民提供清洁产品提升了自己的品牌形象。[26]

强大的品牌专注于提供可定制的和个性化的用户体验。iPhone有超过10万个应用程序，用户可以根据自己的个性定制手机。这一品牌已成为他们生活的核心部分。当企业有效地为消费者提供个性化的体验时，这种体验能够在消费者和品牌之间建立一种强烈的情感纽带。苹果、耐克、哈雷-戴维森（Harley-Davidson）和吉普（Jeep）等品牌拥有强大的追随者群体。

零售商也可以开发类似的体验。塔吉特的广告代理公司 Peterson Milla Hooks 的汤姆·诺瓦克表示："许多零售商都聚焦于交易本身，但我们相信与消费者建立情感上的联系胜过仅仅销售产品。因为你喜欢塔吉特，所以在这里买牙膏带给你的感觉会更好，虽然你也可以在沃尔玛买到相同的牙膏。"[27]

"价值"已经成为营销领域的一个流行语。消费者和企业都在寻找最具价值的品牌，这类品牌可实现质量和价格之间的平衡。只有 7%的消费者完全关注价格而忽略质量方面。更少的人只关注质量而不考虑价格。

打造强大的品牌需要有效利用社交媒体，其在社交媒体上的宣传应该是真实的，且要与品牌相一致。仅仅创建一个脸书页面或在 YouTube 上发布视频是不够的。一个有效的社交媒体策略能够吸引消费者，丰富他们与品牌相关的体验。

打造品牌包括创造性地使用移动广告。强大品牌的营销人员会采用多种方式利用移动设备来提供个性化和定制化内容从而提升消费者的体验。移动广告为公司提供了随时随地与客户互动的机会。这种互动应该提升客户的体验，而不应打扰客户，否则用户每次打开手机看到的短信或广告可能令品牌的忠实客户很快疏远。

强大品牌的最后一个要素是公司的道德行为。消费者希望购买那些注重环保的公司的品牌。此外，利用血汗工厂生产产品会被客户疏远。从本质上讲，消费者更倾向于选择有社会责任感的公司的品牌。

品牌忠诚

品牌忠诚是打造强势品牌的终极目标。消费者通过仅购买一个品牌的产品来表达对该品牌的忠诚度。他们不考虑其他任一品牌，尽管它们存在价格差异。图 2-15 列出了一些主要的汽车品牌，以及近期购买该品牌的消费者中对品牌忠诚的消费者的比例。忠诚用户的比例的范围从本田思域的 40%到雪佛兰 Silverado 1500 的 62%。每款车型展示给消费者的品牌形象在其中起到了作用。例如，福特 F-150 被认为功能强大、可靠，是小型卡车的领导者。另外，Ram 1500 被认为是强劲有力的、运动型的和大胆的。[28]

车型	忠诚用户占比	形象
福特 F-150	45%	功能强大、可靠的、领导者
本田思域	40%	灵敏的、安全的、智能的
丰田凯美瑞	49%	经济的、可靠的、保守的
本田雅阁	44%	可靠的、安全的、诚实的
本田思威	44%	灵敏的、经济的、可靠的
雪佛兰 Silverado 1500	62%	安全的、诚实的、功能强大
丰田卡罗拉	42%	可靠的、安全的、功能强大
福特翼虎	54%	高科技、运动型、强劲有力
Ram 1500	46%	强劲有力、运动型、大胆的

图 2-15　顶级汽车车型和品牌形象

Brand Keys 顾客忠诚度参与指数（CLEI）表明，情感和价值是品牌忠诚度的核心驱动力，而非基于产品属性的理性思考。忠诚源于消费者参与品牌的体验和与品牌的情感联系。从本质上讲，忠诚反映了一个品牌的主张或在情感层面上对消费者意味着什么。[29]

品牌构建独特或真实主张的程度决定了品牌的价值。品牌的价值在很大程度上取决于“快乐要素”，即品牌通过为消费者提供效用或加强与消费者日常生活的情感联系而超出消费者基本预期的程度。利用顾客忠诚度参与指数，Brand Keys 确定了不同产品类别中表现最好的 54 个品牌。图 2－16 列出了部分产品类别中的顶级品牌。

类别	顶级品牌	顾客忠诚度参与指数
运动鞋	斯凯奇	86%
银行	摩根大通	79%
汽车保险	州立农业保险公司	82%
休闲餐饮	Applebee's	82%
化妆品	倩碧	93%
汽油	壳牌	80%
职业联赛周边产品	NFL	86%
比萨	达美乐	84%
快餐	赛百味	95%
软饮料（无糖）	健怡可乐	89%

图 2－16　基于 Brand Keys 顾客忠诚度参与指数的顶级品牌

品牌资产

许多公司都会遇到品牌平等性问题。当消费者认为成熟市场上的竞争品牌之间几乎不存在具体的差别时，品牌平等性问题就会出现。消费者仅能看到品牌产品之间细微的差异，在一些产品类别中，甚至细微的差异都很难被识别。

相反，**品牌资产**（brand equity）反映了品牌的一组独有的特征。品牌资产有助于对抗品牌平等性问题。品牌资产的内涵是消费者认为一个商品或服务的品牌名称是不同的、更好的、可以信任的。在 B2B 市场中，品牌资产影响了购买决策制定过程中的选择程序。消费者往往选择品牌价值高的产品，而非品牌价值低的产品或根本不了解的品牌的产品。同样的情境也会发生在国际市场上。品牌资产向外国公司、经销商和零售商敞开大门，并且提供品牌资产较低的产品无法获得的特权。

品牌资产能够阻止消费者寻找其他价格更低的产品、特价商品或通过其他促销手段销售的商品。品牌资产还可以防止产品的市场份额受到侵蚀，即使在品牌扩张的过程中遇到竞争对手的强力促销。

测量品牌资产

评估品牌资产十分困难，为此，营销专家使用能够衡量品牌的投资回报的指标来测量品牌资产。明略行（Millward Brown Optimor）指出，一个强大的品牌是公司拥有的最有价值的资产之一，约占股东价值的 1/3。[30]

至今仍没有一个具体的、科学的或定量的方法来测量品牌资产，品牌资产仍然是一个抽象的概念。因此，营销人员开发了四种方法来测量品牌资产（见图 2－17）。每种方法均可以有一个参数。具体的测量方法的选择往往取决于公司首席执行官的个人偏好，或直接选择能够为品牌计算出最高价值的方法。

- 财务价值
- 股票市场价值
- 收入溢价
- 顾客价值

图 2－17　测量品牌资产的方法

基于财务价值测量品牌资产是根据一个品牌的独特优势和特征对其未来的现金流量进行估计，然后进行折现，从而确定一个净现值。第二种方法是通过股票估值来确定公司的财务价值，然后确定价值中分配给品牌资产而非有形资产的部分的估值。

第三种方法是计算收入溢价，即将品牌产品与完全相同却没有品牌名称的产品的收入进行比较。为了计算一个品牌的收入溢价，要将一个特定品牌产生的收入与一个自有品牌的收入进行比较。二者之间的差额是收入溢价，即该品牌的价值，也等同于应计的品牌资产。

最后一种方法是计算顾客价值，该方法试图根据消费者的投入来评估一个品牌的价值。具有代表性的测项包括品牌熟悉度、产品质量、购买考虑因素、顾客满意度和寻找品牌的意愿。该方法的难点是所有的测项都是基于消费者的态度，而没有测量任何具体的财务或会计指标。[31]

前文描述的 Brand Keys 顾客忠诚度参与指数是顾客价值测量方法的一个例子。另一个例子是 APCO Worldwide 通过对 7 万名消费者的调研评选出“最受喜爱的品牌”。该研究测量了消费者对品牌的八种情感：理解力、可接近性、相关性、赞赏、好奇心、认同、赋权和自豪感。[32] 图 2－18 展示了使用此方法测量出的十大最受喜爱的品牌。

排名	公司	情感指标
1	迪士尼	74.7
2	雅虎	74.3
3	谷歌	74.2
4	索尼	74.1
5	雀巢	73.3
6	欧尚	72.9
7	网飞	72.8
8	全食	72.7
9	苹果	72.7
10	劳氏	72.5

图 2－18　十大最受喜爱的品牌

2.6　自有品牌

自有品牌（private brand），也叫自有标签和商店品牌，是由一个组织销售的专有品牌，通常只在该组织的经销网点内分销。在受欢迎程度和销量方面，自有品牌经历了过山车式的增长。对一些人来说，自有品牌暗示着产品价格低、质量差。从历史上看，自有品牌的主要受众是对价格敏感的个人和低收入的家庭。但现在情况已经不同。零售商投入大量资金开发自有品牌，自有品牌销售额约占美国零售总额的 18%。[33]

许多消费者表示，他们无法区分全国性品牌（national brand）和自有品牌产品的质量差异。尼尔森（Nielsen）对消费者的一项调查显示，2/3 的受访者表示自有品牌与全国性品牌相同。另一项调查显示，仅 19%的消费者认为全国性品牌值得花更多的钱去购买。[34] 图 2－19 总结了这一变化，以及自有品牌领域发生的其他变化。[35]

· 质量提升	· 用于实现零售商店的差异化
· 被认为是有价值的购买	· 自有品牌广告增加
· 对零售商店的忠诚度更高，对特定品牌的忠诚度更低	· 店内陈列质量更高，自有品牌包装更好

图 2－19　自有品牌的变化

零售商的优势

尽管自有品牌的定价往往比全国性品牌低 5%～20%，但它们的毛利率高于全国性品牌，这是因为自有品牌不需要中间商，较高的利润率使零售商能够从自有品牌上赚取更多利润。自有品牌的价格较低，对价格敏感的消费者更具吸引力。那些从自有品牌上获得较高利润的零售商可将这部分利润用于自有品牌的广告和促销。

零售业的一个新兴趋势是消费者对零售店的忠诚度不断上升，对单个品牌的忠诚度则在下降。许多消费者不是去销售特定品牌的商店，而是去特定的商店，然后从这些商店提供的品牌中选购商品。消费者对零售商忠诚度的提高导致几家商店扩大了自有品牌产品的供应。这要求零售商开发与其消费者形象一致的自有品牌。[36]

精明的零售商意识到自有品牌的价值，以及如何利用它们使零售商店与竞争对手和全国性品牌产生差异化。这些商店将自有品牌作为针对特定细分市场的独特品牌进行推广。零售商重视用高质量的产品来满足消费者的需求，而不是仅仅关注价格。

JC 彭尼（JC Penney）已成功地将自有品牌运用于服装领域。该公司有 30 多个自有品牌，占其销售额的 40%以上。[37] 公司负责人利兹·斯威尼（Liz Sweeney）表示："我们致力于创建和管理能够提升顾客忠诚度的成功的自有品牌。这意味着我们会把主要的自有品牌作为真正的品牌而非商标来进行管理和营销。"[38]

使用自有品牌的新趋势包括零售商将营销成本花在改进商标、设计引人瞩目的货架陈列和包装上。没有巨额的全国性广告预算的零售商更依赖于货架陈列和有吸引力的包装。一个单调、廉价的包装并不能传递自有品牌是全国性品牌的替代品的信息。许多消费者无法区分自有品牌和全国性品牌。除非顾客熟悉商店的自有品牌，否则他可能会认为购买的是全国性品牌。[39]

有些零售商在商店的常规广告之外，还为自有品牌设计了广告。最近，西尔斯（Sears）推出了一系列针对其 Kenmore 和 Craftsman 品牌的广告。广告中，西尔斯仅在涉及 Kenmore 和 Craftsman 品牌产品的购买地点的内容中被提到。凯马特（Kmart）对包括 Bongo、Jaclyn Smith 和 Joe Boxer 在内的自有品牌也采取同样的策略。该公司将这些自有品牌分开推广，以便将这些品牌打造成真正的品牌，从而与全国性品牌正面竞争，并将它们与零售母公司拉开距离。

制造商的回应

制造商用各种方式回应自有品牌的入侵。图 2－20 列出了制造商采用的一些策略。[40] 制造商可以专注于几个核心品牌，而不是将广告资金分散到大量品牌中。核心品牌的广告宣传力度很大，这有助于制造商维护其品牌名称，同时强化这样一种观念，即消费者购买制造商的全国性品牌是一个正确的决定。这一策略的目的是在购买前和购买后与消费者建立联系。

- 关注核心品牌
- 增加广告宣传
- 推出新产品
- 关注店内销售和包装
- 采用不同的营销方法

图 2－20　制造商对抗自有品牌的策略

制造商可能会试图通过增加产品供应来减小自有品牌对销售的影响。积极推出新产品和现有产品的新版本可以帮助制造商在维护现有客户的忠诚度的同时被视为创新者。为了进一步对抗自有品牌的冲击，制造商可以重点关注店内销售来强化核心品牌。此外，其他营销方法，如品牌社区和社交网络，可能会提升消费者对全国性品牌而非自有品牌的忠诚度。

2.7　包装

产品的包装是给消费者留下印象的最后机会。包装与电视广告和社交媒体广告一样，也是营销活动的一个部分。市场调查结果显示，仅有 31%的购买行为是消费者在到达零售商店之前计划好的。这意味着 69%的消费者是在商店里做出购买决定的。另一项研究表明，当一个人走到距离产品 10～15 英尺的地方时，该产品仅有 3 秒钟的时间来吸引这个人的注意力。[41]

图 2－21 列举了产品包装的主要目的。包装和商标被视为公司整合营销传播项目的关键部分。如果一家公司在广告上花费了数百万美元，却因为缺乏吸引力的产品包装而在店内销售中失败了，这笔巨额的广告费用毫无价值。

• 保护产品	• 便于运输和拿取
• 便于放置在货架上	• 防止或减少偷盗行为
• 防止调包（药物和食品）	• 满足消费者对速度、便利性和便携性的需求
• 传递营销信息	

图 2－21　产品包装的主要目的

在零售商店内，消费者通常根据其对品牌或产品的熟悉程度来做出购买决策。因此，一个独特的和有吸引力的包装能够吸引买家的注意力，从而增加产品被购买的机会，有时甚至导致冲动购买。在食品杂货店，消费者偏好快速、便利、便携和新鲜的食品。当消费者看到一个劣质包装时，他更有可能购买其他品牌的产品。[42]

不久前，Alcoa Rigid Packaging 的营销团队观察了消费者购买食品并将其储存到冰箱的行为。团队发现标准的 3×4（12 包）的饮料包装太大，无法放在冰箱里，消费者每次只能拿出几罐来冷藏。根据逻辑判断可知，如果一次性能冷藏更多的饮料，消费者会饮用更多。根据这一观察结果，团队设计了一种更简单便利的包装，即更长和更窄的 6×2 的自动分配箱。这种新的设计符合冰箱门或货架的尺寸。当人们拿出一罐饮料时，另一罐饮料会自动滑下来。这项创新使采用新包装设计的软饮料制造商的销售额大幅增加。[43]

标签

包装上的标签有多个功能。首先，它们必须满足法律要求。这包括确定包装中的产品和其他相关的信息，如食品的营养信息。美国食品药品监督管理局负责管理食品标签。许多公司在产品标签上打印保修和质保信息。

产品标签是另一个营销机会。它可以决定一个人是否购买特定的商品。一些简单但强大的标签上的改变可以影响消费者购买行为。对于 Honest Tea 来说，桃子茶需要在标签上标注使用的是切开的桃子还是整个桃子，这是一个非常重要的问题。石榴茶也是如此，它在标签上印了一个切开的石榴而非完整的石榴。[44]

一个典型的标签包含了公司的品牌标志和品牌名称。标签上还会展示特殊优惠和搭售产品，比如一盒装有玩具的麦片。标签上通常还会有能够激发消费者兴趣和信心的词语。"美食家""天然的""高级的""成人配方""行业优势"等词语可以让产品看上去更值得购买。当消费者在商店中做出购买决策时，一个包含公司形象、品牌、品牌标志和主题的包装和标签设计可以为营销团队带来促销的机会。

在标签上放置公司二维码是最新的趋势。消费者可以使用移动设备识别二维码，获取更多的产品信息以及指导产品使用的视频或说明。消费者在零售商店内可以通过二维码查询产品是否满足他们的需求。这些信息有助于消费者确认他们正在购买满足其需求的产品、尺寸或款式。

二维码可以链接到脸书、Pinterest 和 Instagram 网站。营销人员希望消费者在脸书上给他们的品牌点"赞"，在推特或其他社交网站上关注他们的品牌。当公司意识到口碑营销和点对点推荐的重要性，他们的营销目标就变为让消费者帮助传播品牌。

品牌管理中的道德问题

品牌管理涉及许多道德问题。多年来，最常见的道德问题是品牌侵权。当一家公司创造了一个与受欢迎或成功的品牌非常相近的品牌名称时，道德问题就会出现，例如 Korrs 啤酒。法院认为该品牌是对 Coors 品牌的故意侵权，因此废除了该品牌名称。另外一家被法院强制撤销品牌名称的是 Victor's Secret。

当一个品牌已经非常成熟，甚至被认为是一种通用术语时，如舒洁（Kleenex）纸巾或施乐（Xerox）复印机，品牌侵权问题会更加复杂。邦迪（Band-Aid）创可贴在 20 世纪 70 年代遇到了品牌侵权问题，营销团队不得不确保该品牌产品被标识为邦迪牌创可贴（Band-Aid Brand Strips），而不是简单的创可贴，以防止竞争对手使用其名称。容易受到侵犯的品牌还有谷歌和推特，因为这些名称已经进入了日常对话，比如"我谷歌了我自己”（I googled myself）或“我给你发了条推特”（I tweeted you）。

域名抢注（cyber squatting，or domain squatting）构成了另一种形式的不道德行为。这种做法包括购买域名（如 barnesandnoble. bus，kohls. com，labronjames. net 等），这些域名往往对特定的个人或企业很有价值，买家希望通过转售这些域名获利。任何一家试图在网络市场上立足的新公司都可能发现自己被域名抢注者侵犯。品牌名称十分重要。域名抢注者正是利用这一点，以损害他人的利益为代价获取利润。

2.8 国际启示

在国际市场上，产品开发、品牌塑造和品牌形象维护更加复杂。如前所述，企业可以在促销活动中采用本土化战略或标准化战略。这两种方法不仅适用于产品，也适用于品牌名称。若采用标准化战略，公司在所有国家均使用同样的品牌名称和产品进行销售。若采用本土化战略，公司在每个国家或地区销售的品牌或产品会有所不同。这意味着该产品可能被视为本土品牌。清洁先生（Mr. Clean）针对一些产品采用了本土化方法。在不同的国家，其产品会以“Mr. Proper”“Maestro Limpio”以及其他品牌名称进行销售。

采用标准化的全球品牌可以降低成本。若采用本土化战略，公司在为每个本土品牌做广告时需要采用不同的传播策略。但若采用标准化战略，公司在所有国家传播同样的标准化的信息。标准化的全球品牌使得公司可以将某一个国家市场的最佳实践复制到另外一个国家的市场中。此外，购买一个标准化的全球品牌相对于购买一个本土品牌可能会被认为是一个更好的选择。消费者通常认为全球品牌的产品质量更高。当消费者购买一个全球品牌时，他们认为自己是国际化的、成熟的、现代的。通信技术的发展让世界变得越来越小，消费者之间的相似性越来越大，从而表现出类似的消费者特征和购买行为。这导致消费者更多地使用标准化的全球品牌产品。

最近，时装品牌 Banana Republic 在其 700 家门店实行全球化的品牌管理。其目的是在全球范围内建立一个统一的品牌声音，打造一致的品牌体验。其挑战在于设计一个能够令新老客户同时产生共鸣的品牌。在分析 Banana Republic 的消费群体时，首席营销官凯瑟琳·萨德勒（Catherine Sadler）“震惊于在世界各地的门店看到了相同的客户档案”，她把这些客户描述为时尚达人和技术通。[45]

一个常见的全球整合营销传播（GIMC）策略是“全球化思考，本土化行动”。该方法同样适用于品牌管理。发展全球品牌可能是最终目标，但营销团队仍然需要考虑每个市场的特色，并且对支持和发展本土品牌十分敏感。一个全球品牌的成功在很大程度上取决于该品牌适应当地需求和品位的能力，或者如明略行首席执行官艾莉·坎贝尔（Eileen Campbell）所述，“文化关联性很重要”。例如，在奥美广告公司（Ogilvy & Mather）为联合利华旗下多芬品牌推出的“真正的美丽”营销活动中，在西方国家选用的是穿着内衣的女性图片，在中东地区则为蒙着面纱的女性面部图片。[46]

跨国公司的产品包装和标签问题十分复杂。产品标签必须符合产品销售所在国的法律要求。一个有吸引力的标签能够把消费者吸引到产品面前。在美国和亚洲国家，产品标签依然至关重要。在这些国家，消费者的购买在一定程度上受到产品标签吸引力的驱动。[47] 同时，一些文化敏感产品的标签通常是用来伪装和隐藏产品内容的，比如内衣和其他个人用品。包装必须能够承受长途运输的考验，满足任何法律限制，并尽可能节约成本。

复习题

1. 简述品牌形象的定义。品牌形象的有形要素有哪些？无形要素有哪些？
2. 品牌形象如何帮助客户？品牌形象如何帮助特定的公司？
3. 简述品牌延伸和侧翼品牌战略的使用情境。
4. 简述三种类型的品牌联合/联盟。
5. 什么是品牌标志？有效的品牌标志有哪些特点？
6. 刺激编码能力的含义是什么？
7. 公司领导层如何知道他们是否创立了理想的品牌形象？
8. 重塑公司的品牌形象需要注意哪四个方面？
9. 一个强大而有效的品牌名称有哪些特点？
10. 简述信任在创建强大品牌的过程中起到什么作用。
11. 品牌资产和品牌平等性的区别有哪些？
12. 测量品牌资产的方法有哪些？
13. 自有品牌或自有标签在过去十年内有何变化？
14. 产品包装在营销活动中起到什么作用？
15. 产品标签如何支持整合营销传播项目或广告宣传活动？
16. 品牌管理涉及哪些道德问题？
17. 标准化和本土化的概念如何应用于品牌战略中？

批判性思维练习

讨论题

1. 阿什利·德雷克（Ashley Drake）刚刚在离你学校两个街区远的地方买了一家小服装店。这家店现在的名称是 College Fashions。她认为她需要一个新的店铺名称，期望用这个名称向你学校的学生们展示一个新潮、时尚的品牌形象。你建议采用什么店铺名称呢？基于该品牌名称的所属类别和高质量品牌名称的四条测试标准来进行讨论。阿什利知道，要想取得成功，她不仅要赢得新客户，还要维护现有客户。请概述一个重塑品牌形象的计划，该计划应采用图 2－5 所示的重塑品牌形象的关键要素。

2. 亨利（Henry）和贝姬（Becky）计划在佛罗里达州奥兰多开一家鲜花礼品店。他们想要塑造一个时髦、高档和时尚的形象，正试图确定品牌名称和品牌标志。公司应该选用什么品牌名称？应该开发什么样的品牌标志？

3. 品牌形象影响购买决策。描述两个你认为正面的品牌形象，并解释原因。描述你认为应该改变或重塑品牌形象的两个品牌，并解释原因。如何为每个品牌实现变革或复兴？

4. 描述一个你最近购买的并不出名但你很喜欢的品牌。使用正文中介绍的概念，讨论你列出的品牌如何发展成强大的品牌。请具体描述做法。

5. 列举5个你十分忠诚的品牌。描述你对这5个品牌的忠诚程度，以及为什么对它们忠诚。解释品牌资产如何影响你对每个品牌的忠诚度。

6. 选择你最近购买过的一个自有品牌。与全国性品牌相比，你如何评价该自有品牌的质量？本章讨论了自有品牌出现的一些变化（见图2-19）。请依据每个变化，讨论你所选择的自有品牌发生了哪些相关的改变。

7. 翻看你的橱柜，选出你认为有效的3个产品包装，描述为什么它们是有效的。再选择你认为能够抓住人们注意力的3个产品标签，描述每个产品标签吸引注意力的方面是什么。

学生项目

创意角

品牌名称和品牌标志是营销经理在引入新产品时考虑的关键要素。请从以下产品列表中选择一个产品。假设你是产品经理，你的公司在该产品类别下引入了一个新的产品品牌。你的第一项任务是选择一个品牌名称。利用互联网找出新产品的三个主要竞争对手，指出你选择的品牌名称如何帮助该产品在市场中脱颖而出。一旦你确定了品牌名称，请继续设计一个品牌标志，该标志应该和品牌名称相匹配，并且可以使你的产品和产品包装与众不同。

可选产品如下：

a. 应用于休闲划船运动的滑雪板

b. 新的眼镜系列

c. 新的巧克力糖果棒

d. 新的牛仔系列

e. 新的能量饮品

f. 新的香水或古龙水

第3章

买方行为

本章目标

本章旨在回答如下问题：

- 作为购买过程的一部分，消费者在内部和外部信息搜索中涉及哪些因素？
- 哪三个模型解释了个人如何评估购买替代品？
- 影响消费者购买环境的趋势有哪些？
- 采购中心的各个成员所扮演的角色以及影响他们的因素如何影响企业采购？
- B2B 销售的类型有哪些？
- B2B 采购流程的步骤有哪些？
- 双渠道营销如何扩大公司的客户群和销售额？
- 公司在购买过程中需要克服哪些国际差异？

本章概要

吸引人们购买商品和服务仍然是许多整合营销传播项目的主要目标。理解买方如何制定购买决策有助于营销团队实现这一目标。本章主要介绍两种类型的购买行为：消费者购买行为和 B2B 购买行为。了解消费者和企业客户制定购买决策的步骤能够帮助营销团队设计高质量的营销传播。

本章首先研究消费者购买过程。该过程的两个阶段是营销传播的关键。在信息搜索阶段，客户会回顾以前的记忆和经验，寻找可接受的方式来满足购买产品的需求。在替代品评估阶段，消费者会对比各种购买可能性。一个有效的整合营销传播项目针对的是参与这些活动的潜在买方。本章回顾了影响消费者的传统因素，并讨论了消费者购买环境中出现的新趋势。

本章接下来研究 B2B 购买行为。首先回顾了采购中心所扮演的五个重要角色，然后介绍了公司的采购类型以及采购过程中涉及的步骤，最后讨论了双渠道营销，即同时向消费者和企业客户销售相同的产品。成功的整合营销传播项目能够识别来自两个市场的潜在客户，从而增加销售额并在市场上占有较大的份额。

雀巢咖啡

你如何说服近 10 亿人改变他们的日常生活习惯？从本质上说，这正是雀巢咖啡在中国市场面临的任务。在中国农村地区，消费者每年大约喝 5 杯咖啡。相比之下，城市中心的消费者每年购买咖啡的次数要多得多。事实上，星巴克已经能够在中国的许多大城市发展并吸引新的消费者。

近 20 年来，雀巢速溶咖啡一直是中国市场的领导者。传统上，速溶咖啡是更受欢迎的产品，尽管新鲜咖啡的销量在过去几年增长得更快。为了提高雀巢咖啡的销量，公司的营销团队认为新技术带来了最大的机会。阿里巴巴和社交媒体提供了触及最理想的目标市场——20 多岁的城市白领的最好机会。公司选择在新浪微博进行新的营销活动，因为新浪微博是中国主要的社交媒体之一。该营销活动选定在“白色情人节”这天展开。女士在传统情人节这天会收到男士的礼物，而在“白色情人节”这天向男士回赠礼物。雀巢在这一天在新浪微博发布了题为“金装雀巢的自然香气”的广告信息。奥美广告公司为雀巢咖啡发起了在线讨论和一场旨在引起人们兴趣的竞赛。[1]

在一个茶叶消费占主导地位的国家，创造一种让年轻消费者更经常地选择咖啡的新的思维模式既是一个重大挑战，也是一个巨大的机遇。为了取得长期的成功，公司必须改变消费者的整个购买决策过程。

3.1 信息搜索和消费者购买过程

寻找影响消费者购买决策过程的方式是营销传播活动的重要环节。图 3－1 展示了消费者购买决策制定过程的模型。第一步发生于消费者有需求或需要时，即个体的当前状态和期望状态存在差距或问题。这种需求可以是生理上的，比如饥饿或口渴；也可能是社交上的，比如当消费者拜访朋友的公寓时看到了他的高清电视，因而也想要一台；还可能是心理上的，包括对爱情的渴望或对恐惧的规避。

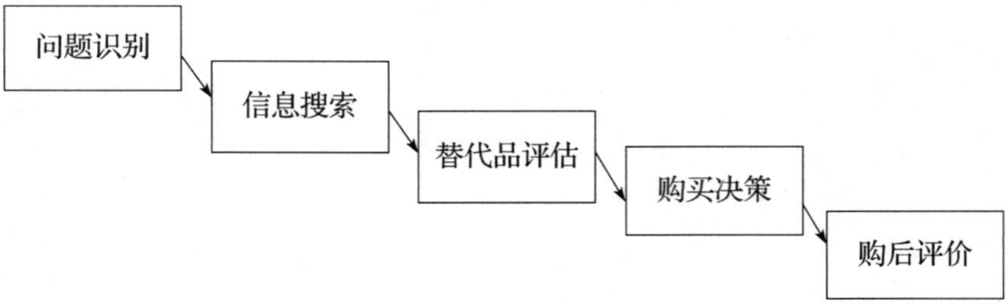

图 3－1 消费者决策过程

营销传播也可能激发消费者的需求。信息搜索是与整合营销传播最直接相关的两个阶段之一，另一个阶段是替代品评估。发现客户如何收集产品信息，以及他们评估信息的方式是设计有效的营销信息的关键。

如图 3-1 所示，一旦出现需求，消费者就开始进行内部搜索，在脑海中回忆可能满足其需求的产品。通常情况下，消费者会记得之前他们的需求是如何被满足的。如果曾经选择了一个特定的品牌并获得了积极的体验，消费者很可能会重复购买该产品，信息搜索就会结束。如果之前的购买没有成功或消费者想要尝试其他的东西，一个更完整的内部搜索可能开始。

内部搜索

在进行内部搜索时，消费者会思考他要考虑的一组品牌。这组品牌可能不包含消费者体验过的所有品牌，因为他们会排除那些与负面体验相关的品牌。他们不了解的品牌也会被排除。换句话说，消费者迅速减少了潜在品牌的数量。

确保公司的品牌成为消费者进行内部搜索时考虑的潜在购买选择是关键营销传播的目标之一。具有高品牌知名度或品牌资产的产品可能会被消费者纳入备选方案。

外部搜索

在进行内部搜索之后，消费者会依据搜索结果做出心理决策。当客户拥有足够的内部信息时，他将进入决策过程的下一步：替代品评估。仍不确定购买哪个品牌的消费者会进行外部搜索。

消费者从各种各样的来源（包括朋友、亲戚、专家、书籍、杂志、报纸、广告、店内陈列、销售人员、互联网和社交媒体）收集外部信息。消费者花在外部搜索上的时间取决于三个因素：搜索能力、动机水平和成本与收益（见图 3-2）。[2]

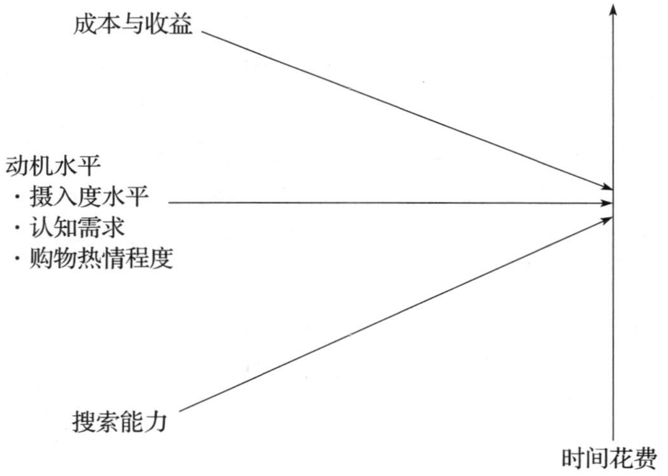

图 3-2　影响消费者外部搜索时间的因素

搜索能力

消费者进行信息搜索的程度部分取决于他们的搜索能力。能力由一个人的受教育程度及他对某产品和特定产品类别下多个品牌的知识组成。受过教育的人更倾向于花费时间搜索信息。在做决定之前，他们通常更愿意去商店或在网上搜索。对单个品牌和产品类别有广泛了解的消费者能够更好地进行更多更复杂的外部搜索。例如，一个对数码相机了解很多的人比一个对数码相机技术知之甚少的人更有能力来判断相关信息。此外，对某一产品领域有更全面了解的人往往会收集额外的信息，即使他并不想买该产品。[3]

依据消费者在外部搜索过程中所付出的时间，一个不寻常的现象发生了。有广博的特定产品类别相关知识意味着消费者具有更强的外部信息搜索能力，他们在外部搜索过程中花费的时间更少。

拥有较少知识的消费者花费在外部搜索过程的时间也较少，原因却恰恰相反。他们没有特定产品类别的相关知识，不知道要找什么类型的信息，也不知道什么类型的信息是有用的，这意味着他们缺乏信息搜索的能力。拥有不多不少知识的人通常花费最多的时间搜索外部信息，他们对某个产品类别有一定的了解，但需要额外的信息来确保做出明智的选择。

动机水平

外部搜索的程度更多地取决于消费者的动机水平。消费者的动机越强，其花在外部搜索上的时间就越多。动机是由以下因素决定的：

- 涉入度水平；
- 认知需求；
- 购物热情程度。

当消费者的涉入度水平高时，他们有更大的动机去搜索信息。**涉入度**（involvement）概括了刺激或任务与消费者现有需求或价值观的相关程度。当消费者认为某个产品很重要时，他更有可能进行外部搜索。涉入度可以由产品的成本及其重要性决定。产品价格越高，消费者花在搜索信息上的时间就越多。

重要性也是如此。对于一些男性来说，选择服装可能不是一个至关重要的决定，这意味着男性购买服装时的涉入度较低。然而，选择一件用于高中毕业舞会的燕尾服可能会激发其更高的涉入度并提高信息搜索水平，因为在人生如此重要的场合，着装不当会产生一些社会影响。

认知需求（need for cognition）这一人格特质能够发现参与和享受心理活动的个体。心理活动对信息检索过程有积极的影响。认知需求高的人能够收集更多的信息，搜索更加全面。搜索也取决于人们的**购物热情**（enthusiasm for shopping）。享受购物过程的客户会对商品和服务进行更深入的搜索。[4]

成本与收益

影响信息搜索的最后两个因素是搜索的感知成本和感知收益。较高的感知收益提升了搜索的可能性。

降低购买风险是消费者进行外部搜索时寻求的益处之一。收集的额外信息降低了制定购买决策时出错的可能性。信息搜索的成本主要包括以下几个方面：

- 商品或服务的实际成本。
- 与搜索相关的主观成本，包括制定决策时所花费的时间和所经历的焦虑。
- 放弃其他活动来搜索信息所产生的机会成本（例如，放弃打高尔夫球或看电影而去购物）。

收集外部信息所产生的更高的主观成本可能会降低消费者进行搜索的可能性。[5]

消费者通常会同时考虑影响外部搜索的三个要素（搜索能力、动机水平、成本与收益）。当搜索的感知成本较低而感知收益较高时，消费者会有更强的动机去搜索信息。拥有最少的产品知识和较低的教育水平的消费者不太可能进行外部搜索，因为这类消费者缺乏识别正确信息的能力。

从营销传播的视角来看，消费者的搜索过程对于企业来说是一个重要的触及消费者的时机。消费者进行外部搜索的目标是通过获取信息来做出更好、更明智的决策。企业的营销团队可以通过提供适当的信息来引导消费者购买公司的产品。试图影响消费者决策过程的一个理想时机是消费者尚未做出决定的时候。营销专家可以利用以下三个信息搜索过程模型：态度、价值观和认知地图。

消费者态度

有效的营销传播会影响消费者的态度。**态度**（attitude）是人们对一个话题、一个人或一个事件所持有的心理立场，它会影响持有者的感受、感知、学习过程和随后的行为。[6] 态度驱动着消费者购买决策。对品牌持有积极态度的消费者更有可能购买该品牌产品。喜欢品牌广告的消费者也更倾向于购买其产品。

态度由三个部分组成：情感、认知和意向。[7] 首先，情感成分包括一个人对事物、话题或观点的感受或情绪。认知成分指一个人对人、事物或问题的心理表象、理解和解释。意向成分包含一个人的意图、行动或行为。这些成分可能以不同的顺序出现。在态度形成的过程中各成分的常见出现顺序如下：

认知→情感→意向

大多数情况下，人们首先对观点或事物产生认知。在营销领域，这可以理解为人们首先关注产品或服务的效用。消费者对产品的看法通常来源于观看或阅读产品的广告。其他的看法可能来自接触其他信息来源，如互联网、社交媒体或朋友推荐。最终，这些看法变成了消费者对特定产品所持有的信念。

态度的情感成分承载着一个人对观点的感受或情感。就产品和服务而言，产品、产品名称和其他产品特征均能激发消费者的情感。请思考你对以下产品和服务的情感反映：

- 止咳药；
- 纸尿裤；
- 摩托车；
- 儿童玩具；

- 体育画报的年度泳装特刊；
- 避孕套。

关于特定产品和服务，一些人的情绪或态度相对温和，一些人则表现得比较强烈。咳嗽药通常不会引发情绪反应，然而泳衣和避孕套产品可能会令人产生更强烈的反应。

决策和行为的倾向性构成了态度的意向部分。因此，当一个人对医疗服务的质量抱有强硬态度时，他们更可能选择 Craig General Hospital。然而，人们的态度并不总是很强烈。有的人可能对某个话题如绿色营销很感兴趣，但这并不一定会改变他的购买行为。

态度也会通过其他方式产生。一个替代的过程可能是：

情感→意向→认知

广告和其他营销传播会首先通过吸引消费者的情感来使他们喜欢产品并做出购买行为（意向成分）。对产品的认知理解在购买之后相继产生。女性在看到 Platinum Motorcars 广告时，可能会产生租一辆豪华汽车来“放纵”一下的想法。在情感上，她有租车的欲望，并采取了行动。经历了情感体验之后，消费者会对租用豪华汽车的行为进行理性的推理。

有些态度的产生源于第三种成分的组合顺序：

意向→认知→情感

购买那些不需要太多思考、价格低廉或者不需要太多情感投入的东西时，可能会采用这一路径。例如，在购买食品杂货时，客户可能会注意到一个新的饼干品牌。他之前可能从来没见过这个品牌，决定尝试一下。他试吃了饼干，对饼干的味道、口感和其他品质有了更深入的了解。最终，他看该饼干的包装来了解更多内容，包括其含有多少热量。之后，他对该饼干产生了一些情感，该情感会对其未来的饼干购买行为产生影响。

无论消费者产生态度时经历的是哪种过程，每个成分都会在一定程度上出现。有些态度相对来说是不重要的，例如，“我喜欢乒乓球，尽管我从来没机会玩”。有些态度可能是很坚定的，比如“我讨厌吸烟”。这两类态度都是与事物，包括市场中的产品相关联的情感。

消费者价值观

态度反映了一个人的价值观。**价值观**（value）是人们对不同的话题和概念所持有的强烈的信念。价值观塑造了态度，并且指导个人行为的判断。价值观一般较为持久，通常在童年时期形成，会随着年龄增长和人生阅历的积累而发生变化。

图 3－3 列举了一些常见的个人价值观。人们在不同程度上持有这些价值观。影响一个人的价值观的要素包括个性、气质、环境和文化。通过迎合这些价值观，营销人员试图说服潜在客户相信企业的产品符合他们看重的东西。

• 舒适生活	• 快乐
• 平等	• 救赎
• 激情	• 安全
• 自由	• 自我实现
• 有趣、令人兴奋的生活	• 自尊
• 幸福感	• 归属感
• 内心的平静	• 社会认可
• 成熟的爱	• 智慧
• 个人成就	

图 3-3 个人价值观

态度和价值观对消费者决策制定过程均有影响。与一种相对普遍的价值观如重视国产品牌相关联的产品或服务，有助于企业用更加正面的方式呈现产品。在一项针对4 500 名消费者的调研中，Brand Keys 发现吉普被认为是最受美国消费者喜爱的品牌，其次是好时、可口可乐、李维斯和迪士尼。据 Brand Keys 所述，重视国产品牌是一种需要情感投入和根深蒂固的价值观，它可以成为品牌资产的一部分。图 3-4 列举了十大此类品牌。[8]

排名	公司	情感成分指数
1	吉普	98%
2	好时	97%
3	可口可乐	97%
4	李维斯	95%
5	迪士尼	95%
6	高露洁	94%
7	Zippo	93%
8	箭牌	92%
9	拉夫劳伦	91%
10	柯达	90%

图 3-4 十大品牌

认知地图

个体存储信息的方式会影响决策，因为它会影响回忆。了解人们如何存储、检索和评估信息有助于公司的营销团队开发广告和营销传播活动。第一步是了解不同的思维过程和记忆方式。

认知地图（cognitive map）模拟了个体脑海中的知识结构和记忆点。[9] 这些知识结构包括一个人的假设、信念、对事实的解释、感受和对世界的态度。这种思维过程解释了新的信息，并决定了对新信息或新情况的反应。图 3-5 描绘了一个人想到 Ruby Tuesday 餐厅时的认知地图，该地图是我们假设的简化后的地图。

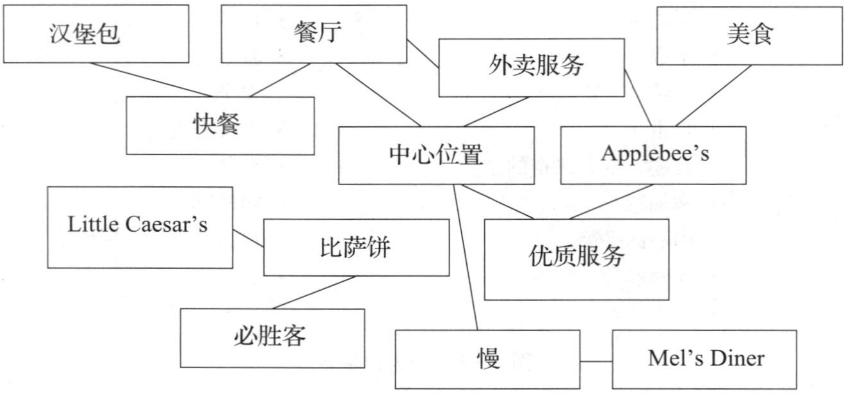

图 3-5　假设的 Ruby Tuesday 的认知地图

根据图中所示的认知结构，当这个客户想到 Ruby Tuesday，会将该餐厅的形象与类似的提供外卖服务的餐厅联系起来。该客户可能认为 Ruby Tuesday 能提供最好的食物，但服务很慢。接下来，当客户想到慢速服务时，想到了 Mel's Diner。当他想到优质服务时，回忆起了 Applebee's。

认知联系

认知结构包含许多联系，它们存在于几个层次上。例如，认知的一个层次可能是图 3-5 所示的地图。在另一个层次，认知地图变得更加空间化，引入了 Ruby Tuesday 的实际地理位置以及周边商业的图像。与 Ruby Tuesday 相关的第三个认知层次可能是人们对餐厅内部的回忆，以及在这个层次上发生的其他联系。消费者关于 Ruby Tuesday 的想法可能会聚焦于员工，包括他的一个朋友在该餐厅做服务员。因此，认知过程可能基于高度复杂的机制而出现在几个层次上。

处理新信息

依据认知地图，当消费者接收到信息或看到一则广告时，主要采用两种处理方式。与已有信息保持一致的新信息往往会加强现有的联系。当新信息与已有信息没有关联时，消费者会做出不同的响应。该客户会在新信息与品牌之间创建新的联系。

易保保险公司（Esurance）的营销团队观察人们参与在线购买的过程时发现，即使潜在客户已经到达购买过程的尾端，他们仍没有按下购买按钮。因此，转换（销售）没有发生。其他研究表明，消费者对该公司感到不安或不确定，主要是因为许多潜在客户并没有与易保品牌产生联系。这一点对于易保试图触及的那些年龄较大、收入较高的个人来说尤其如此。

因此，公司领导层面临一项选择：花费数百万美元，在消费者的认知地图上建立品牌名称和联系，或者与已经存在于人们的认知地图上的知名品牌合作。当好事达保险收购了易保，这一困境得到解决。易保可以聚焦于当前消费者与好事达保险之间的联系上，开展了一场宣传口号为“现代世界的保险”的营销活动。好事达为易保品牌提供了与信誉、可信度和价值的即时联系。[10] 易保不再需要开发一个全新的认知地图。

保留信息

由于短期记忆和长期记忆不同，听过一次的东西通常不会留在一个人的长期记忆中。认知地图解释的是嵌入一个人的长期记忆中的知识结构。一般情况下，信息仅会在短期记忆中保留几秒钟的时间。当刺激到达个体的感官时，短期记忆会处理。短期记忆只保留 5～9 条信息，这意味着新的信息要么很快被遗忘，要么被添加到长期记忆中。重复的信息会使个体更有可能记住它，因为该信息会被处理成长期记忆并放置于已经开发好的认知地图中。

因此，当一家公司试图向消费者介绍一个品牌时，广告和其他营销信息会多次重复该品牌的名称。重复增加了品牌被回忆起来的概率。当你给一个朋友一个电话号码时，为了记住该号码，你的朋友会重复好几遍。

新概念

消费者处理信息的另一种方式是将信息与一个新概念联系起来。例如，如果消费者看到 Ruby Tuesday 的一则强调它有很棒的食物的广告，而消费者从未考虑过餐厅的食物质量，那么这种联系目前就不存在。如果该广告能够说服消费者，那么该消费者不用去餐厅就能在 Ruby Tuesday 和美食之间建立起联系。如果该消费者不相信广告，就会忽略或忘记该信息，也就不会产生新的联系。第三种可能性是消费者之后可能会回忆起该广告，并决定尝试一下 Ruby Tuesday。如果该消费者实际体验后发现该餐厅食物很好，这种联系就建立起来了。如果消费者发现该餐厅食物不好，那么该消费者会继续认为 Ruby Tuesday 不能提供好的食物。

营销信息

从市场营销的角度来看，强化已经存在的联系应该更容易。添加或修改联系更加困难（见图 3－6）。无论营销人员如何呈现信息，由于短期记忆的限制，重复仍然十分重要。消费者每天会接触到数百条营销信息，他们仅把其中的一小部分加工成长期记忆。

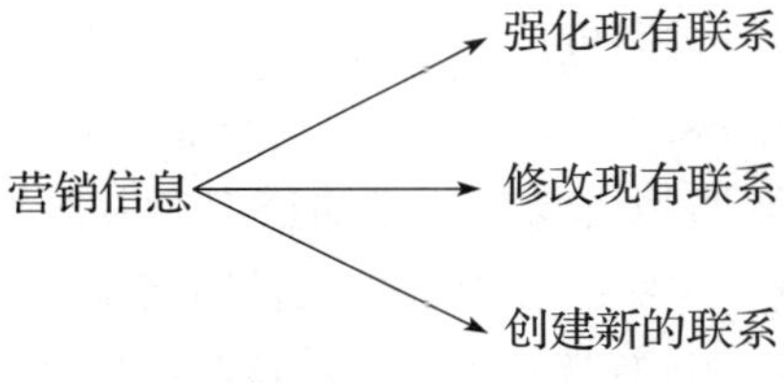

图 3－6　营销信息在认知地图中的作用

认知地图和说服技术是整合营销传播项目的两个关键组成部分，旨在改变态度或介入坚定持有的价值观。当营销团队了解了目标市场的需求和态度时，就可以通过适当的信息来迎合他们。营销信息应该通过向消费者展示概念来吸引他们的注意力，这些概念通过核心的心理处理路径或边缘路径，即通过逻辑或诱发情感诉求，来实现有效传播。

创意人员试图设计能够触及消费者已有的关于产品和其他关键创意之间的联系的广告。例如，在很长一段时间内，凯迪拉克和质量之间存在着联系，正如广告和促销语所述，“这个产品是（市场上所有产品中的）凯迪拉克”。产品和创意之间存在着共同的联系，如质量、价值观、低成本、费用、乐趣、危险、实用性、新奇性等。精心策划的市场营销活动能够识别出吸引消费者购买一个品牌并在未来信任或忠诚于该品牌的联系。即使消费者在购买时会考虑多种替代选择，这种优势仍然会存在。

3.2 替代品评估

评估替代品是消费者购买决策过程中的第三个步骤（见图 3－7）。三个模型描绘了评估过程的本质：参考集方法、多属性方法和情感参照。了解消费者如何评价选择，可以使公司的营销团队开发出更有效的营销材料。

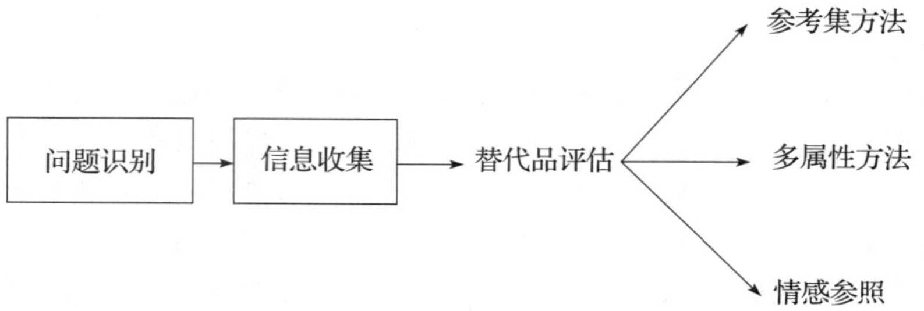

图 3－7　替代品评估方法

参考集方法

一个人的**参考集**（evoked set）由他在购买情境中考虑到的所有品牌组成。在购买决策过程的信息搜索和评估阶段，消费者都会回顾参考集。构成替代品评估的另外两个品牌集是无能集和惰性集。**无能集**（inept set）包括一个人记忆中的部分品牌，这些品牌会引发负面情绪，因此在购买时不会被考虑。这些负面情绪通常是由与供应商或特定品牌的不愉快经历所导致的。它们也可能来自朋友的负面言论、潜在客户看到不喜欢的广告、社交媒体上对劣质产品和服务以及（或）公司不当行为的评论。

惰性集（inert set）包括那些消费者虽然知道但对其既没有负面感受也没有正面感受的品牌。用专业术语来说，这些品牌没有进入消费者的任何认知地图，或者它们和其他观点仅有非常微弱的联系。由于消费者缺乏对这些品牌的了解，它们通常会被排除在替代品之外。换句话说，在大多数购买情境下，消费者仅考虑参考集的品牌。

营销信息的主要目标就是把品牌名称放在消费者的参考集中。要做到这一点，需要企业利用多种方式持续广泛地推广品牌名称和品牌的主要效用，让消费者在尽可能多的地方频繁地看到品牌名称。为了确保品牌名称出现在参考集中，企业应该使用与认知地图相关的概念。通过将品牌与其主要效用捆绑在一起，营销团队试图把品牌名称植入消费者的长期记忆中。这样的信息建立或强化了产品效用和品牌名称之间的联系。当消费者使用参考集来评估替代品时，公司的品牌将成为被考虑的品牌集的一部分，这样的广告就是成功的。

多属性方法

多属性方法有助于理解涉入度高的购买行为。消费者通常评估一系列品牌的一组属性。多属性方法表明消费者对一个品牌的态度可能由以下两个方面决定[11]：

- 品牌在产品或品牌属性上的表现。
- 每个属性对消费者的重要性。

一个品牌在对消费者来说重要的属性上打分越高，消费者购买的可能性就越大。图 3-8 列举了多种产品以及影响消费者选择的一些产品特性。每种产品对某个消费者的潜在价值或大或小。

以下每种产品，对你个人来说，哪个属性最重要？哪个最不重要？

产品	属性
电脑	价格、款式、服务合同、软件、内存
电话	价格、款式、快速拨号、来电显示、无线功能
汽车	价格、款式、安全性、空间、其他性能
T 骨牛排	价格、年龄、脂肪含量、几分熟、调味料
太阳镜	价格、款式、紫外线防护、耐用性、医学镜片
沙发	价格、款式、折叠床、耐脏、颜色
信用卡	利率、费用、账单周期、ATM 接口、信用额度

图 3-8 在多属性方法中可能重要的产品属性

从整合营销传播的角度来看，根据消费者可能使用的标准向他们提供品牌的业绩信息是营销成功的关键。公司可以在其品牌网站上提供这类信息，因为消费者经常通过这个渠道获取高涉入度产品的相关信息。公司还可以准备一些小册子和平面广告，这样就可以在消费者需要获取信息时将这些材料递到他们的手中。

在广告中，创意人员通常通过设计一系列信息来展示产品的多种效用。广告突出产品的价格、款式、服务合同、软件、内存或其他产品性能。一条信息中仅展示一两个产品效用，否则就会超载。看到广告的消费者就会了解产品的特点。随着时间的推移，消费者会获取足够的信息来评价产品。

情感参照

情感参照（affect referral）的概念表明，消费者通常选择他们最喜欢的品牌，或者与其有情感联系的品牌。消费者个人不评估品牌或考虑产品的属性，而是购买他最喜欢的品牌，或是能激发积极情绪的品牌。购买牙膏、口香糖、软饮料和糖果等产品时，消费者通常采用这种方式。这些购买行为的涉入度较低，购买频率较高。

情感参照模型可用于人造甜味剂品牌，如 Splenda、Equal 和 Sweet'N Low。以前，许多消费者在选购甜味剂时很少考虑品牌。几年前，关于某些产品对身体健康的影响的负面报道改变了消费者的一些看法。因此，Truvia 的营销团队修改了它的广告，将重点放在教育消费者上。广告指出，该品牌是一种“纯天然的甜味剂”。那些担心身体健康问题的人可能会转向 Truvia 品牌。本质上讲，Truvia 通过建立一种新的情感参照模型来使消费者将 Truvia 作为第一选择和最佳选择。[12]

情感参照模型可解释三类购买行为。首先，这种方法节省精力。快速做出选择比认真评估每一个选择更容易。有些购买行为不值得付出太多努力，情感参照模型适用于这种购买情境。

其次，消费者之前购买时可能已经使用过多属性方法。该消费者已经花费了大量时间考虑各种产品属性，决定哪些是关键属性，并做出决定。再次经历这一过程对该消费者来说是白费力气。购买牛仔裤的少年可能已经花了相当多的时间来评估各种品牌的款式、价格、颜色、耐用程度和合身程度。在购买之后，只要其使用体验是正面的，该少年就会继续购买相同的品牌。情感参照模型恰好解释了这类购买行为，即基于正面的购买体验的重新购买行为是简单和方便的。

最后，消费者有时会与品牌建立情感纽带。在消费者做出购买决策时，其与产品的情感纽带可能是影响购买的最强的和最显著的因素。[13] 这可能比其他产品属性和效用更加重要。成功的品牌能够与消费者建立起情感纽带。情感纽带能产生品牌忠诚度，增加品牌资产，减少品牌平等性。因此，消费者不会进行替代品评估，因为他们与品牌有情感纽带。哈雷-戴维森与许多客户之间有这样一种纽带。这些人对公司有强烈的感情，他们甚至不会考虑任何其他品牌。吉普和苹果也获得了情感上的品牌追随者。情感参照解释了这一现象。

3.3 消费者购买环境的变化趋势

研究消费者在做出购买决定时所采取的步骤有助于进行有效的营销传播。消费者购买环境在不断变化，几个趋势会影响购买模式（见图 3－9）。

· 年龄复杂性	· 传播革命
· 性别复杂性	· 体验追求
· 积极、忙碌的生活方式	· 重视健康
· 多样化的生活方式	

图 3－9　影响消费者购买行为的趋势

年龄复杂性

技术影响了儿童成长的方式。他们被广告、电子游戏、电视节目、电影和无数其他图像轰炸。大多数人在十几岁时就开始关注时尚。许多社会观察者认为，儿童“成熟”得更早了。

相反，一些成年人拒绝变老。他们的着装和大学生很像。他们开跑车或敞篷车。许多中年人不想变老，他们表现得像年轻人一样，购买年轻人通常购买的产品。这一趋势促使营销人员尝试创造既迎合这些行为又不会冒犯或迷惑更传统的中年人的宣传信息。

性别复杂性

性别复杂性是指男性和女性的传统角色、生活方式和兴趣变得模糊的趋势。许多女性上大学，推迟结婚成家。有些人选择专注于职业晋升。

男性更可能在养育子女、做家务和购物方面发挥积极作用。自 1985 年以来，作为主要家庭购物者的男性数量开始增多。近 1/3 的男性现在是主要的购物者。男性在食品杂货上的花费占总消费的 38%。[14] 负责家庭清洁的男性比例也达到了 31%。Mintel Inspire 的编辑亚历山德拉·史密斯（Alexandra Smith）表示，“当世界发展到性别角色的界定不再那么严格时，男性注定只会变得更居家”。[15]

积极、忙碌的生活方式

积极的生活方式会影响消费者的行为。[16] 经济形势和全球化竞争导致许多人延长工作时间来保护自己的工作，以免被裁掉。在一项调查中，47%的受访者表示，他们更喜欢额外的空闲时间而不是更多的钱。此外，许多人更少地关注物质财富，更关注与朋友和家人在一起的时光。

时间压力也导致了诸如微波炉等便利商品销量的增长，免下车干洗店和一站式购物中心（最著名的是超市）的增加。房屋清扫和草坪护理等服务继续升级。忙碌的人们使用智能手机和社交媒体网站与他人保持联系，确保他们在忙碌的日子里不会错过任何信息。

多样化的生活方式

遵循成长、结婚和生儿育女这一传统路径的年轻人的比例持续下降。每个人进入成年期的方式以及他们在那段时间的生活安排存在较大的差异。越来越多的大学生搬回家和父母一起住。还有一些人与不同性别和种族的人合住。许多人晚婚，或者选择单身，或者同居。

离婚和再婚改变了许多家庭。再婚的离婚者约占总人口的 10%。离婚的人倾向于形成一种新的人生观。这个群体的成员被称作第二次机会者（second chancers），他们的年龄通常在 40～59 岁，家庭收入较高。第二次机会者比一般成年人对生活更满意。他们倾向于与新家庭和睦相处，但也有不同的生活重心。第二次机会者花更少的时间取悦他人，花更多的时间为自己、孩子或配偶寻求更充实丰富的生活。虽然家庭仍然是重心，娱乐和度假服务对这个群体也有吸引力。[17]

公开的女同性恋、男同性恋、双性恋和变性人（LGBT）的人数已经增长到总人口的 5%～10%。这些消费者倾向于喜欢那些广告中带有同性恋主题且支持对他们来说重要的事情的产品和公司。Witeck-Combs Communication 公司总裁韦斯·库姆斯（Wes Combs）指出，“LGBT 消费者对支持他们群体的公司表达了明确而强烈的品牌忠诚”。数字广告在这一群体中尤其有效，因为他们平均拥有的智能手机数量高于整体平均水平。[18]

传播革命

通信技术的进步，主要是社交媒体和智能手机的发展，影响着世界各地的消费者，改变着他们与他人、品牌和企业沟通的方式。许多人通过脸书或推特相互交流，而不必面对面交谈或电话交流。居住在佛罗里达州的人可以与阿拉斯加或日本的朋友进行即时聊天。智能手机使得人们可以随时上网，发送短信或使用电子邮件、Skype 或社交媒体平台来进行联络。

新兴技术改变了品牌和公司被口碑传播影响的方式。一个人如果对某个品牌体验欠佳，他不仅会告诉自己的朋友和家人，还会使用社交媒体和推特，在几小时甚至几分钟内就让成千上万的人“听到”他的抱怨。这种负面口碑可能是毁灭性的。

幸运的是，同样的技术也可以用来吸引消费者，激发正面的评价。许多公司监控社交媒体，营销人员倾听消费者的意见并做出回应。当消费者在零售商店、家里或工作场所进行购买时，社交媒体提供了企业与消费者进行双向沟通的途径。

体验追求

有些人通过偶尔的放纵或纵情享乐来应对繁忙生活的压力，比如出去吃昂贵的晚餐和购买小额的奢侈品。享乐追求包括在度假胜地过周末、短途邮轮旅行或海滩游玩。这些自我奖励的活动会让消费者觉得他所有的工作和努力都是“值得的”。人们购买“体验”而非“物品”，这些体验包括参观主题公园、体验虚拟现实游戏室、去异国度假。

由于意识到消费者更喜欢体验而不是物品，公司为消费者提供更多值得记忆的时刻而非放在家里的物品。丽思卡尔顿（Ritz-Carlton）最近一次宣传活动的主题是“让我们和你在一起”，以强调入住丽思卡尔顿豪华酒店的回忆，而不是像以往那样要求消费者“请和我们在一起”。东方快车酒店（Orient-Express Hotels）也发起类似的宣传活动，主题是“开启与众不同的旅程”。该广告强调的是积极和难忘的消费体验。[19]

重视健康

美国人口持续老龄化，导致人们对健康和保持年轻外貌的兴趣日益浓厚。许多消费者试图开发一种平衡的生活方式，强调营养、锻炼和保持活跃。[20]

锐步发起了一项名为“与火共舞”的全球营销活动，强调锻炼身体的所有益处。该广告的主角是普通人，而非百万富翁、名人和运动员。广告没有关注个人的锻炼，而是展示了社区里一群人一起锻炼的情景。电视广告突出展示了跑步俱乐部的短跑运动、拉丁舞课堂、两个在清晨散步的女性、两个竞相奔跑的男性和瑜伽班等情节。锐步还开发了平面广告、数字广告和户外广告。市场营销人员为苹果和安卓手机开发了锐步健身应用程序，其功能包括散步、跑步、跳舞、瑜伽和训练。该应用鼓励人们通过健身项目和社区支持来改变自己的生活。[21]

购买低钠或低糖的健康食品是追求健康生活方式的另一种选择。与此同时，消费者不想牺牲便利性。忙碌的生活令消费者不太愿意花很多时间做一顿饭。他们更喜欢方便组合和快速烹饪的食物。因此，那些把健康和便利性结合起来的产品很畅销。

总之，消费者购买环境中的这些新趋势给营销专家带来了一些挑战，如图 3－10 所示。公司领导层监控环境的变化，这样他们的组织就不会对变化感到惊讶，而会设计与变化相匹配的产品和服务。营销信息可以反映人们的价值观。企业在将环境变化的新趋势纳入营销计划的同时，还要注意不疏远任何可能不喜欢这些新趋势的现有客户。

- 监控消费者购买环境的变化
- 设计与环境变化相适应的产品和服务
- 设计反映环境变化的营销信息

图 3－10　营销人员对消费者购买环境的趋势变化的应对

3.4　B2B 购买行为和影响

在 B2B 购买中，仍然是由人做出决定。当企业将产品销售给另一个企业时，企业的营销团队知道通常会有几个人参与其中。此外，公司政策会影响购买活动的限制和决策规则。成本、质量和利润等因素也会影响企业最终的选择。

采购中心（buying center）由代表企业做出购买决策的一组人组成。这使得购买决策复杂化。采购中心有五个不同的采购角色，如图 3－11 所示。这些角色是：

- 使用者——实际使用该商品或服务的组织成员。
- 采购者——被正式赋予制定购买决策这一职责的个人。
- 影响者——通过提供用于评估替代方案的信息或标准来做出购买决策的个人，如工程师。
- 决策者——负责批准购买决策的个人。
- 控制者——管控传播给采购中心成员的信息流的个人。

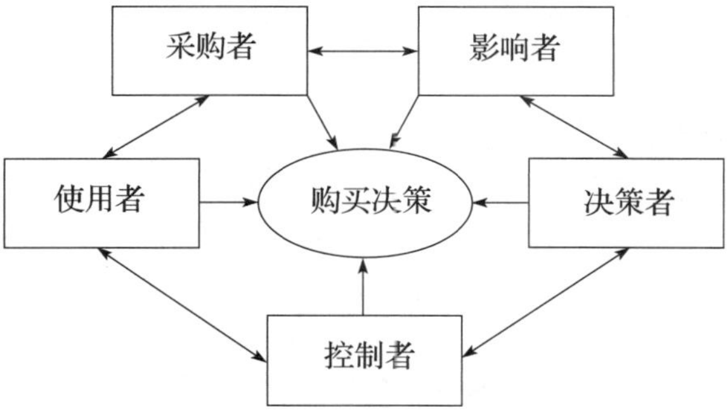

图 3－11　采购中心

这些角色经常重叠。此外，可以由几个人在一个采购中心同时担任相同的角色，特别是对于大型或关键的采购任务。组织中的各种成员都可以作为影响者，因为角色通常是不固定的和非正式的。

每一个组织都有一个独特的采购流程。从一个采购决策到下一个采购决策，组织内部的流程也各不相同。拜访企业客户的销售人员试图找到采购中心的成员，了解他们在采购流程中的角色。当从一个购买情境到另一个购买情境，人员的角色发生改变时，营销和销售任务就变得更加复杂。[22]

一系列组织和个人因素影响着采购中心成员的行为。[23] 这些影响改变了决策制定的方式，也影响了最终结果和替代品的选择。

组织影响

几个组织因素影响着员工做出购买决策的方式。这些因素包括公司的目标和经营环境（衰退期、增长期、未决诉讼等）。决策还受到组织的财力、固定资产、市场地位、人力资源质量和公司所在国家的限制。

对组织决策制定的研究表明，在制定决策时员工通常采用启发式方法（heuristics），这种决策规则旨在将可行选项减少到更小的、可管理的数目。公司的目标、规则、预算和其他组织要素创造了启发式方法。一个经常使用的决策规则是满意度方法（satisficing），即当一个可接受的替代方案确定后，就会执行并结束搜索。决策者往往喜欢便利的方法，而非花大量时间寻找最佳方案。[24]

个人影响

至少有七个因素影响了企业采购中心的每个成员（见图 3－12）。[25] 每个因素都对个体如何与中心的其他成员互动产生影响。

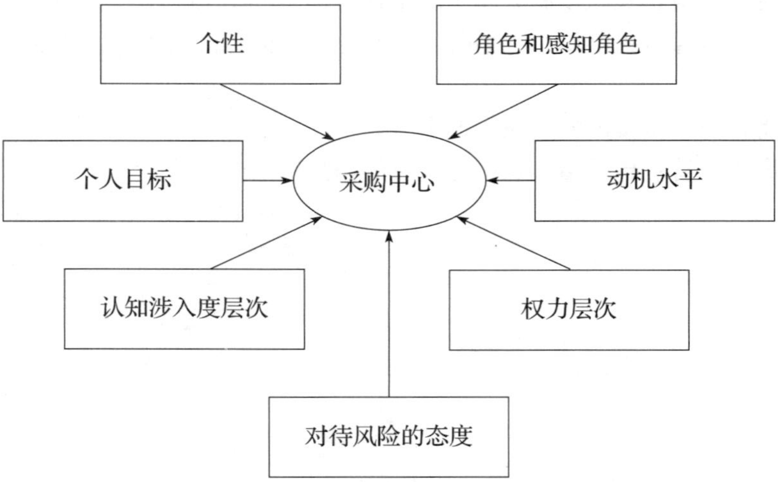

图 3－12　影响采购中心成员的个人因素

个性

个性存在于许多方面。一个果断的人做出购买决定的方式与犹豫不决的人不同。自信、外向、害羞和其他性格特征会影响一个人扮演不同的采购中心角色的方式。一个有进取心的人会担负责任并快速做出决策。外向的人比内向的人在采购过程中的涉入度会更高。外向的人会花更多的时间说话，而内向的人花更多的时间倾听。内向的人在与销售人员和采购中心的其他成员相处时可能较为羞怯，因此不会问重要的问题。

角色和感知角色

一个人的年龄、遗传特质、种族、性别、所处文化和社交模式都会影响他所扮演的角色。角色是社会构建的，这意味着人们定义了他们打算在与他人的谈判过程中扮演何种角色。一个人对他的角色如何匹配采购中心流程和整个组织的看法会影响他参与采购流程的方式。

如果采购中心的一个成员认为他的角色仅仅是赞同老板（决策者）的决定，那么他就不会积极参与其中。那些相信自己的投入是有价值的并且正在被征求意见的成员会变得更加积极。有人可能认为提供信息是他的职责。有人可能认为他的角色是汇总来自供应商的信息并将信息传递给采购中心以节省时间。角色和感知角色是决定采购中心成员如何参与决策制定的关键因素。

动机水平

一个人的动机水平很大程度上取决于个人目标和组织目标之间的匹配程度。一个以成为运营副总裁为个人目标的工厂领班更有可能参与影响他和其部门绩效的采购决策。由 CEO 任命的负责削减成本的采购代理会选择能够削减成本的选项。许多个人动机是寻求被他人认可。对于有强烈认可需求的人来说，以做出成功的购买决策作为目标是为了确保其他人认可他们的努力。这些人认为他人的认可与升职或加薪之间存在联系。

权力层次

一个人在采购过程中的权力层次来自他在采购中心的角色、在组织中的正式职位以及购买决策对特定工作的影响。当一个特定的购买决策直接影响到员工时，他可能会试图在购买过程中获得更多的权力。例如在采购中心中，工厂领班购买原材料的权力更大，而维修领班购买维修用品的权力更大。在这些情况下，每个人都努力影响涉及其所在领域和工作表现的决策。

对待风险的态度

通常情况下，买方会选择风险最低的供应商。风险规避导致买方仍保留现有的供应商，而不是转换为其他供应商。在面向企业的营销中心，降低风险仍然是一个优先考虑的问题，尤其是在签订大型合同或购买行为会影响到公司利润的时候。人们认为冒风险会影响绩效评估、升职和其他结果，尤其是当决策失败时。

认知涉入度层次

消费者和企业的购买行为都受到认知涉入度层次的影响。具有较高认知能力的人在做出决定之前会搜索更多的信息。与销售人员互动时，他们会提更多的问题。他们在做决定前会花费更多的时间仔细考虑。清晰表达的广告信息和产品参数可以帮助说服认知层次更高的消费者和企业客户。

个人目标

动力、个性类型、对风险的感知以及其他个人因素塑造了个人目标。这些目标可以引导买方做出能够帮助他们在组织中实现政治目标的采购决策，即使它们不是最佳选择。

例如，如果某人知道他的老板与某个供应商是朋友，那么即使其他供应商能够提供更高质量、更低价格或者二者兼顾的产品，买方也可能选择该供应商。采购决策中的个人目标可能与获得晋升、让竞争对手难堪、拍老板马屁或者希望帮助公司成功的真实愿望有关。

总之，采购中心由一组复杂的关系组成。成员可以扮演不同的角色，也可以同时扮演多个角色。了解这些动态有助于向企业客户进行营销。营销团队确定谁将做出决策、如何做出决策以及可能影响决策过程的任何力量或因素。研究组织影响因素和个人影响因素有助于设计一个在合适的时间触及关键客户的传播项目。

3.5 B2B 销售类型

企业买家会做出不同类型的采购决策，营销团队要适应不同类型的决策。采购活动有三种类型：直接回购、修改后回购和新任务采购（见图 3－13）。[26]

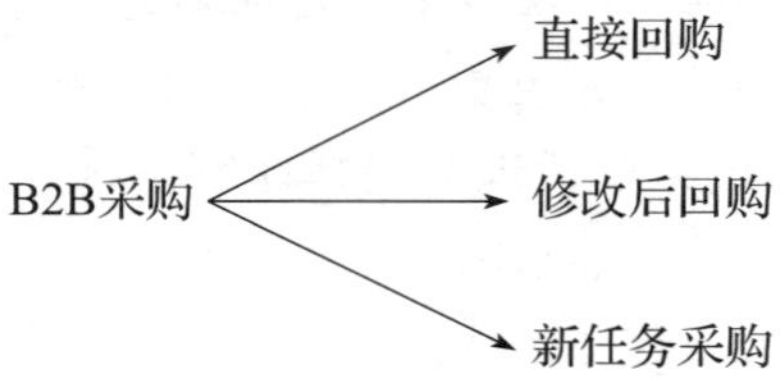

图 3－13　B2B 采购情境的类型

直接回购（straight rebuy）发生在公司之前选择了供应商并重新订购时。这个例行程序通常只涉及采购中心的一个或几个成员。通常，只有采购代理（买方）和产品的用户知道回购订单。在这种采购情境下，用户要求买方补充供给，买方继而联系供应商下订单。这种情况下，买方几乎不会对替代方案或信息进行评估。这些采购通常是通过电子方式进行的。

在进行**修改后回购**（modified rebuy）时，采购团队会考虑和评估其他选择。如图 3－14 所示，修改后回购可能有四个原因。其一，当买方对现有供应商不满意时，会寻找新的选择。更高程度的不满意会产生更强烈的欲望去评估其他的可能性。其二，如果一家新的公司提供了采购中心成员认为更优的方案，那么他们可能会修改购买决策。

- 对现有供应商不满意
- 另一家供应商的报价更有吸引力
- 与现有供应商的合同到期
- 参与决策过程的个人对产品没有经验或几乎没有经验

图 3－14　做出修改后回购决策的原因

其三，修改后回购出现在与目前供应商的合同即将到期时。根据组织政策的要求，许多组织必须在每次撰写新的合同时按要求组织投标。这种情况经常发生在政府机构和非营利组织进行采购时。进行修改后回购的最后一个原因是被指派负责采购的公司人员可能对商品或服务只有有限的或很少的经验。当一家公司采购送货卡车时，决策间隔时间通常是5～7年。这就出现了修改后回购的情况，因为在这段时间内，许多因素都会发生变化。价格、产品特性和供应商（卡车经销商）等因素变化很快。而且，在大多数情况下，每次采购团队人员会有所不同。有些人可能从未参与过采购送货卡车的决策制定。

在**新任务**（new task）采购情境下，公司第一次考虑采购一件商品或服务，或者已经很久没有进行采购。此外，所涉及的是组织成员没有采购经验或几乎没有采购经验的产品。这种类型的购买通常需要采购中心多个成员的付出。采购中心需要花费大量时间收集信息和评估供应商。在许多情况下，买方会要求卖方协助确定所需的产品规格。

3.6 B2B采购流程

B2B采购流程涉及的步骤与个人消费者所采取的步骤类似。在新任务采购情境下，作为采购决策过程的一部分，采购中心的成员往往要经历七个步骤。在修改后回购或直接回购情境下，可能会省略一个或多个步骤。[27] 图3-15对比了消费者购买流程和B2B采购流程。

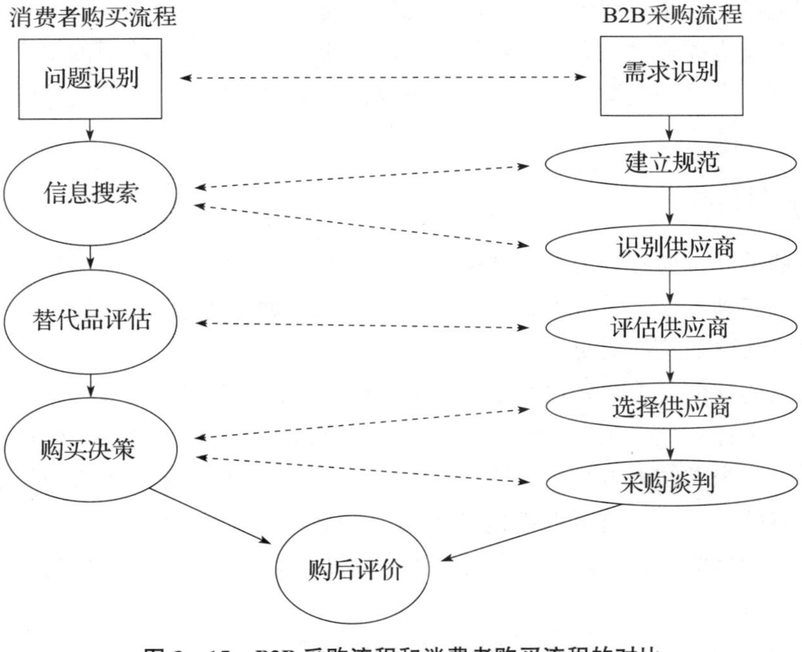

图3-15 B2B采购流程和消费者购买流程的对比

需求识别

正如消费者识别需求（饥饿、防护、社交互动）一样，企业也会根据需求进行采购，企业需求的范围从原材料到专业服务等。采购经理确定采购需求的方式可能不同。

衍生需求（derived demand）是基于其他产品或服务的生产和销售，与其他产品或服务的生产和销售相关联，或由其他产品或服务的生产和销售产生的产品需求。[28] 衍生需求创造了许多企业需求。关于汽车车架所用钢材的需求是由每年销售出的轿车和卡车数量决定的。当汽车需求在经济衰退或经济下行期间下降时，钢铁需求也会下降。钢铁需求的本质是衍生需求，钢铁制造商发现它们很难刺激需求。用于生产产品和服务的原材料的采购受到衍生需求的影响，如钢铁、铝、混凝土、塑料、石油产品（如航空公司的燃料）、建筑材料和其他产品。衍生需求也存在于对服务的采购中，如抵押贷款的大部分需求依赖于房屋销售。

在直接回购情境下，一旦明确了需求，订单将会直接提交给当前供应商。在修改后回购或新任务采购情境下，采购中心的成员将进入下一个步骤。

建立规范

在新任务采购情境下，企业会列出最完整的采购规范。大多数时候，供应商会帮助买方建立清晰的规范。在修改后回购情境下，采购经理会审核规范以确保这些规范是最新的并能满足公司的需求。虽然这些规范偶尔会发生变化，但通常情况下都是细微的变化。

识别供应商

一旦规范确定，企业就可以找到潜在的供应商并要求它们提交标书。在大多数商业情境下，需要供应商提供书面的正式标书。供应商能否写出一份清晰的提案往往决定该公司能否中标。有效的提案应列明价格、质量水平、付款条件、服务支持和公司要求的其他条件。

评估供应商

对供应商的评价通常分为两个层次。一个层次是，对提案进行初步筛选，将供应商的范围缩小到三到五个。采购中心参与初步筛选的人数取决于出价以及产品是否重要。管理者通常把次要的选择权交给一个人。

另一层次的评估发生在公司对供应商进行审计时。当公司成员致力于与供应商建立长期关系时，审计就显得尤为重要。与关键部件或原材料的供应商或采购商建立长期联系是有益的，因为它们可为企业节省时间并与企业建立信任关系。审核小组的成员通常包括一名工程师、一名来自运营部门的人员、一名质量控制专家和一名采购部门的成员。审计有多种目的，包括评估每个潜在供应商满足需求、提供所需质量的产品和按时交付产品的能力。

供应商也是购买中心的成员。态度、价值观、第一印象和观点会影响对供应商的评价。所有信息，包括标书和建议书，都应给人留下良好印象。

选择供应商

一旦公司员工研究了供应商并考虑了投标，就可以做出最终选择了。在决策过程中，采购中心的成员承受了前文提到的个人和组织压力。评估时采用的选择标准包括质量、交付、历史业绩、特约条款、设施和容量、地理位置、技术能力和每美元的价值。[29] 采购团队一般不会认为某个供应商在所有选择标准上都是最优的。因此，每个供应商的营销团队都在标书中强调公司的特定优势。然而，在现实中，政治和其他类似的力量往往会对最终决定产生影响。

采购谈判

在大多数采购情境下，条款的谈判是一种形式，因为条件已经明确。合同或采购中的条款偶尔会在此时做出修改，修改往往是不重要的，通常由采购代理进行谈判。当最终协议确定后，货物将被装运或服务将被提供。假设没有进一步的复杂情况，购买过程就此结束，直到下一个周期开始。

购后评价

在 B2B 领域，购后阶段代表着一个营销机会。那些提供高质量产品、拨打跟进电话并提供额外服务的供应商通常会进入直接回购的情境。它们不用再次经历这个过程，因为它们是被选中的供应商——除非发生变化。即使是偶尔购买的产品，那些关注购后过程的公司也会在下次购买时获得优势。

3.7 双渠道营销

在**双渠道营销**（dual channel marketing）中，企业同时向个人消费者和企业客户销售几乎相同的产品或服务。[30] 这种方法适用于几种情境。最常见的情况是在企业市场上销售的产品随后适应了消费者市场。新产品往往具有较高的启动成本，包括研发支出、市场调研成本和其他花费。与零售消费者相比，企业客户往往对价格不那么敏感，因此首先接触它们是合乎逻辑的。

随着销售额的增长，规模经济开始显现。原材料购买量巨大再加上更加标准化的生产方法，使得产品进入消费者市场成为可能。包括数码相机、计算器、电脑、传真机和移动电话在内的产品先是销售给企业，后来又销售给消费者。

要使产品向零售市场领域转移成为可能，产品的价格必须更低且产品必须是用户友好型的。例如，消费者经常把照片存在光盘上，而不是打印出来。柯达和英特尔开发的成像技术最初销售给各种企业客户，现在也面向零售客户。通过与英特尔结盟，柯达降低了成本，并实现了消费者市场所需的规模经济。

衍生销售

当个人在工作中使用了某一品牌产品且有正面的产品体验，因此购买相同品牌的产品用于个人使用时，另一种双渠道营销——衍生销售（spin-off sales）就发生了。这种情况通常发生在计算机和软件两类产品上。对更昂贵的产品的好感也会带来衍生销售。一个在工作中驾驶公司的林肯汽车的销售人员可能会非常喜欢这辆车，所以他自己也会买一辆该品牌汽车。假日酒店的营销团队发现，许多私人住宿都来自与商务相关的衍生销售。约 30%的假日酒店商务客人在私人度假时也会选择这家连锁酒店。[31]

营销决策

在双渠道营销中，如何在每个渠道中展示产品是首要决策。公司既可以强调两个市场之间的相似性，也可以强调其不同点。图 3－16 列出了公司在双渠道营销中可以使用的三种方法。

· 使用不同的传播信息 · 创建不同的品牌 · 使用多个或不同的渠道

图 3－16 双渠道营销策略

在某些情况下，两个渠道销售的产品的属性是相同的，但是每个属性的价值或效用不同。宣传信息主要聚焦于个体可以从产品中获得的效用。面向企业客户销售的手机强调网络覆盖和服务选项。对于个体消费者来说，手机的营销信息应聚焦于产品的时尚设计、易用性或价格。

为了避免消费者看到来自同一生产商的不同信息而产生困惑，公司可能会采用双品牌。例如，当百得推出一个专业的电动工具产品系列时，它选择 DeWalt 作为该系列的品牌。这避免了消费者将其与百得品牌名称混淆。

大多数情况下，企业客户和消费者从产品中获得的基本效用是相同的。在这种情况下，公司通常对两个市场采用同样的营销方法。其策略包括：

- 整合传播信息。
- 在两个市场上销售相同的品牌产品。
- 扫描两个市场的双重营销机会。

除了创造规模经济效应，整合消费者市场还可以提供另一个优势：通过提高品牌认同度和品牌资产来创造协同效应的潜力。在消费者市场形成的品牌形象可以应用于企业客户市场，反之亦然。采用同一个品牌可以帮助企业提高知名度和被回忆起来的概率。例如，一个使用公司自有的美国运通卡的企业客户可能会拥有另外一张用于私人消费的相同品牌的卡。

扫描两个类型的消费者来寻找新的营销机会是双渠道营销的一部分。例如，销售 Quicken 软件的 Intuit 公司发现，在家使用 Quicken 的人愿意为他们的小企业购买类似的软件。利用这一优势，Quicken 在保持软件的易用格式的同时，在其软件包中增加了包括工资管理和存货管理在内的功能。通过识别消费者产品的一个商业应用，Quicken 占据了小企业会计软件市场 70%的市场份额。[32]

双渠道营销可以为企业创造一个主要的竞争优势，因为其产品同时在两个市场进行销售。一个完整的整合营销传播计划过程还包括对潜在企业客户细分市场和消费者细分市场的评估。将两个市场的营销信息进行整合的公司向触及每一位潜在客户的目标迈出了重要的一步。

3.8 国际启示

向消费者和企业客户销售产品均需要营销团队了解与产品、营销信息和销售技术相关的文化差异。来自不同国家的个人消费者和公司成员在考虑购买产品时表现出一定的文化差异。因此，在国际项目中，文化吸收者（cultural assimilator）将成为营销团队中有价值的一员。

了解在国外进行交易的采购过程中的细微差别可能会有帮助。例如，在美国国内的贸易展会上，实际的采购通常不会最终敲定，买方和卖方之间仅进行信息的收集和传递。然而，在国际贸易展会上，销售往往能够完成。买方企业的高级成员会参加展会，并希望完成交易。了解这些差异可以帮助企业在国际贸易中取得成功。

在任何整合营销传播项目中，建立强大的品牌都是一项重要的工作。一个强大的品牌意味着该产品会成为消费者购买时首先考虑的几个品牌之一。一个强大的品牌能够跨越国界，成为成功的全球整合营销传播计划的一部分。成功的全球品牌的建立需要时间的积累。成功的全球品牌的建立还需要与高质量的产品和有效的营销传播相结合。

在 B2B 营销中，可见的全球品牌影响力同样至关重要。多家供应商的存在、品牌平等性观念的增强以及互联网的日益普及使得公司不可能仅靠价格差异化获得成功。为了应对这种情况，创建一个强大的品牌在全球环境中是必要的。品牌资产增加了品牌被选中的概率。正如罗伯特·杜波夫（Robert Duboff）所言，"仅成为一家伟大的公司是不够的，你必须建立一个伟大的品牌"。[33]

复习题

1. 消费者购买决策制定过程的五个步骤是什么？在发展高质量的整合营销传播方面，哪两个步骤是最重要的？
2. 描述购买决策中内部搜索和外部搜索的含义。
3. 给出态度的定义。态度的三个主要组成部分是什么？它们与购买决策有什么关系？
4. 价值观与态度有何不同？列举一些与购买决策相关的个人价值观。
5. 解释认知地图模型。
6. 什么是参考集？为什么参考集、无能集和惰性集对营销部门十分重要？
7. 评估替代品的方法之一——多属性方法的主要特征是什么？
8. 情感参照的含义是什么？一个人在什么时候可能会依赖这种认知方法来评估替代品？
9. 消费者购买环境中的哪些新趋势影响消费者的购买决策？
10. 描述企业采购中心中的五种角色。
11. 哪些组织和个人因素会影响企业采购中心的成员？
12. 描述三种主要的 B2B 采购类型。
13. 列举 B2B 采购流程中的步骤。
14. 描述双渠道营销，并解释为什么它对企业的成功很重要。

批判性思维练习

讨论题

1. 强迫性购买经常发生在一个人沉迷于购物时，他们买的很多东西是不必要的或不实用的。对于有强迫性购物行为的大学生和其他人来说，家庭是主要的影响因素。通常，他们父母中的一方或者双方都是强迫性购物者。带有其他形式的功能障碍行为（如酗酒、暴食症、极度紧张或抑郁等）的家庭中的孩子更容易表现出强迫性购物行为。为什么父母的不正常行为会导致孩子产生强迫性购物行为？强迫性购物行为的另一个来源是自尊。自尊会受家庭环境影响。自尊与强迫性购物行为有何关系？除了家庭以外，还有哪些因素会导致强迫性购物行为？如果一个人有强迫性购物的倾向，我们能（或应该）做些什么？

2. 研究图 3－1 所示的消费者决策过程。回忆你最近一次涉及过程每一步的高涉入度的购买场景。介绍你购买过程的每个步骤，尤其是信息搜索和替代品评估两个步骤。

3. 思考你购买产品的方式，并回忆你最近一次涉及外部搜索的购买行为。讨论你的搜索能力、认知需求、你个人的购物热情程度以及搜索的感知成本和感知收益。你在外部搜索中花费了多少时间？产生了什么结果？

4. 研究图 3－3 所示的个人价值观的列表。指出对你来说最重要的五个个人价值观，并根据重要性排序。在每个价值观旁边，列出至少一个你已经购买的且能满足该价值观的产品名称，并解释该产品或服务是如何满足该价值观的。

5. 回顾替代品评估的三种方法，并简要描述每种方法。对于下列产品类别，你将使用哪种评估方法来评估你的下一次购买，并解释原因。

a. 与对你来说很重要的人一起在餐厅吃饭

b. 汽车维修服务

c. 一条牛仔裤

d. 春假或寒假的度假地

6. 从以下产品类别中选择两个产品类别。列举购买该类别产品时你考虑的参考集、无能集和惰性集中所包含的品牌。解释每个品牌存在的原因。

a. 快餐厅

b. 服装零售商店

c. 食品杂货店

d. 电脑

7. 回顾本章介绍的消费者购买环境的趋势。讨论每种趋势对你的购买行为的影响程度。举一个你最近因为这种趋势而购买的产品或服务的例子。

8. 制鞋商的采购中心的成员试图从外部供应商那里购买鞋底。分析可能影响采购中心成员的个人因素和组织因素，讨论各因素对采购中心成员角色的影响。工厂领班的角色与采购代理的角色有何不同？这些角色与公司董事长的角色又有何不同？

9. 一家服装制造商的采购代理正在挑选供应商，该供应商会为 30％的服装产品提供原料。这家服装制造商雇用了大约 300 名员工。当供应商的审核接近完成时，对采购代理来说最重要的因素是什么？

10. 列举你在工作环境中使用过并且在个人生活中也会购买的四个品牌。讨论每个品牌使用的双渠道营销方法。分析你在个人生活中购买该品牌产品的过程，以及在工作环境中对该品牌的使用体验如何影响你的此次购买，如果你先在个人生活中使用该产品又会带来什么影响。

学生项目

创意角

当地一家旅行社决定在你们学校的报纸上刊登广告，目的是推销春假套餐。该公司雇用你来完成这项创造性工作。该公司的营销部门不确定采用哪种方法做广告，但知道态度包含三个组成成分：认知、情感和意向。营销部门也知道，广告可以针对态度的任何一个成分。营销部门的管理团队不确定应该针对态度的哪个成分。因此，他们要求你设计三个广告，其中一个旨在针对态度的认知成分，一个针对情感成分，另一个针对意向成分。当你完成广告的设计后，分析每则广告的优缺点，确定向旅行社推荐使用哪一则广告。该广告的内容是推销佛罗里达州劳德代尔堡海滩的 5 天春假套餐。

第4章

整合营销传播计划过程

本章目标

本章旨在回答如下问题：

- 是什么使得市场调研对整合营销传播计划过程至关重要？
- 哪些分类方式可以用于识别消费者目标市场或细分市场？
- 哪些分类方式可以用于识别B2B细分市场？
- 不同的产品定位方法如何影响整合营销传播计划过程？
- 营销传播目标如何与整合营销传播计划过程中的其他要素相互作用？
- 如何制定传播预算？
- 开发整合营销传播项目时要考虑哪些因素？

本章概要

整合营销传播计划过程需要公司营销人员和公司雇用的第三方机构的仔细监督。它们会根据产品和营销信息及传播策略的匹配程度来做出决策。当公司的营销团队能够识别和现有客户及潜在新客户进行高质量沟通的每一个机会时，他们就能够启动成功的营销活动。麦当劳就是这类成功营销活动的例子。

本章描述了整合营销传播计划过程的本质。如图4-1所示，它始于传播调研，这有助于营销团队识别潜在目标市场，采取与品牌相匹配的市场定位策略。接着是明确传播目标。最后，为了实现传播目标，营销团队制定了合理的预算，制定预算时要考虑到整合营销传播的组成部分。同时，营销团队还要考虑国际化因素。

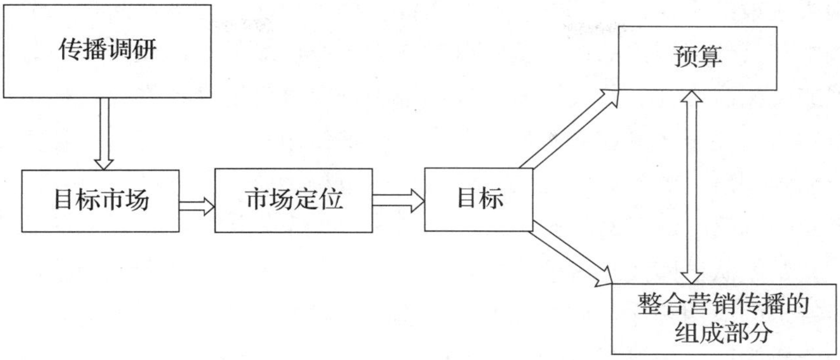

图 4－1　整合营销传播计划过程

整合营销传播计划和麦当劳早餐

2015 年，麦当劳的营销团队和其他高管决定采取决定性的一步以提振销售额和提升客流量。麦当劳历史悠久的早餐菜单将全天供应。喜欢早餐产品的各年龄段的顾客全天都能吃到鸡蛋松饼或其他主食，如鸡蛋、香肠和土豆饼，而不仅仅局限于早餐时段。

这一新策略的推广方式包括几家广告公司制作的传统广告的戏剧性展示，以及包括 GIFs、Snapchat 滤镜和推特转发活动在内的数字广告。每种广告都宣传了全天早餐的一项特别活动。麦当劳还与 Threadless 合作，让消费者可以自己设计 T 恤、包和其他以“全天早餐”为主题的商品。这就涉及整合营销传播计划的多个关键要素。

该策略的第一个独特挑战是麦当劳品牌及其早餐产品系列已经非常有名，其销量的下滑暗示了该策略的目标应该是在提升客流量和回头客的同时创造新的刺激和与客户的互动。麦当劳美国首席营销官黛博拉·沃尔（Deborah Wahl）把这个项目称为“人民的启动”。她补充道：“该活动展示了我们在这里所做工作的广度，以及我们认为有很多人将参与进来的事实。”

公司为这项宣传和营销项目制定了一笔数目可观的预算。正如人们所预料的那样，其他几家连锁餐厅也做出了回应，试图削弱麦当劳营销活动对自身的影响。例如，White Castle 在麦当劳全天营业项目开始的前 9 天启动了一个类似的项目。因此，一个旨在让顾客关注麦当劳活动的强大信息传播项目应运而生。

接下来，为了打造一个持续的活动，麦当劳启动了一个为期一年的项目，旨在强化主要的信息，即早餐不仅在早晨提供，至少在麦当劳是这样的。[1] 早期收益表明客户对这项新的策略很感兴趣且有积极的响应。[2]

4.1　传播调研

传播计划过程始于调研。参与设计传播活动的个人必须全面了解所销售的产品以及潜在的消费者（或企业客户）。

影响购买决策的不仅仅是基本的产品属性。许多顾客会考虑产品提供的效用。购买化妆品、香水和其他美容产品的消费者可能并不关心产品的具体成分，而非常在意这些产品的外观或气味。因此，传播调研不应局限于确定人口统计数据或目标市场。有效的调研应该能够给出关于产品如何、何时及为何会被使用的关键见解。三种主要的调研方法是针对产品的调研、消费者导向的调研和目标市场调研。

针对产品的调研（product-specific research）包括确定能够成为卖点的关键产品特征。例如，营销团队试图发现智能手机最理想的应用程序。消费者在无聊和消磨时间的时候会使用特定的应用程序，而其他的应用程序能够提供特定的功能信息，如餐厅的位置。某个功能成为商业信息或营销信息的重点。

为了使结果更加有效，针对产品的调研不局限于发现产品属性或特征，还包括对产品效用的了解。智能手机能提供多种效用。它提供了一种通过手机功能或社交媒体与人沟通的方式；可以扫描零售店的二维码获取产品信息；还可以通过播放电视节目或消费者上传的视频提供娱乐功能。虽然了解智能手机的功能很重要，但要想有效地实施传播计划，找出客户从这些功能中获得的效用至关重要。

消费者导向的调研（consumer-oriented research）能帮助营销人员确定产品使用的情境（context）。人类学方法包括直接观察使用产品或服务的消费者。还可以采用社会学方法，针对社会层级问题、趋势和家庭生命周期的变化做研究。第三种消费者导向的方法分析购买产品的心理学动机，如认为性感、强大或聪明。

在开展 Scotts Miracle-Grow 草坪肥料的广告宣传活动之前，Richards 集团进行了一项消费者导向的调研。Richards 的调研小组访问了 4 000 名消费者，获得了有价值的结论："如果专家跟人们谈论草坪护理，他们会改变自己的行为"。调查显示人们总有"草坪护理知识渊博"的邻居。利用这些信息，Richards 集团的广告团队设计了代言人"Scottish"。他的名字有助于记住 Scotts 品牌。该活动的早期评估表明，它与消费者产生了良好的共鸣。[3]

目标市场调研（target-market research）明确了哪些人将是营销传播活动的接收者。例如，针对产品的调研可能确定加入健身中心的一个好处是改善心脏健康状况。消费者导向的调研可能表明老年人和患有某种心脏病的人最有可能获得这种特殊的好处。因此，目标市场调研着眼于一种商品或服务提供的某种效用的最佳市场。

有时，公司的营销团队与产品和客户的关系非常密切，以至于他们看不到问题所在。因此，调研机构常常从客户那里获取更多信息。调研机构了解客户的一种常用方法是**焦点小组**（focus group），该小组由主持人和消费者组成，共同讨论特定话题、产品或品牌，主持人负责监控消费者的评论和想法。该方法所获得的观点成为整合营销传播计划过程中的关键要素。

4.2 消费者群体的市场细分

传播调研识别了公司要服务的目标市场。目标市场存在于两个领域：消费者市场和

B2B 市场，这也被称为细分市场。**细分市场**（market segment）由一组具有不同特征的企业或消费者群体组成。以下测试可以用来检测细分市场是否可行：

● 细分市场中的个人或企业本质上应该是相似的，他/它们应该具有相同的需求、态度、兴趣和观点。细分市场内的个人或企业是同质的。

● 细分市场与整体人口不同。一个细分市场是区别于其他细分市场，同时区别于一般人群的。

● 细分市场必须足够大，这样针对该细分市场的单独的营销活动在财务上才是可行的。

● 细分市场必须是可以通过某些形式的媒体或营销传播方法触及的。

市场调研人员花费大量的资源和时间来发现可行的细分市场。**市场细分**（market segmentation）过程包括识别特定的消费者和企业集团，通过分析其需求、态度和兴趣来判断其是不是最有可能购买该品牌的客户。

消费者或最终用户代表了公司产品的一个主要目标市场。有效的整合营销传播项目能够识别潜在的消费者。图 4－2 列出了最常见的消费者市场细分方法。

· 基于人口统计特征的市场细分方法	· 基于地理人口统计特征的市场细分方法
· 基于心理统计特征的市场细分方法	· 基于效用的市场细分方法
· 基于世代的市场细分方法	· 基于产品使用的市场细分方法
· 基于地理区域的市场细分方法	

图 4－2　消费者市场细分方法

基于人口统计特征的市场细分方法

一种主要的市场细分方法是使用**人口统计**（demographics）数据或各种人口特征。典型的人口统计变量包括性别、年龄、受教育程度、收入和族裔。公司创造满足不同人口统计特征细分市场的产品和服务。

性别

男性和女性购买不同的产品，购买具有不同功能的相似产品（如除臭剂），由于不同的原因渴望得到不同的产品（笔记本电脑、电视机），受到在不同的媒体上发布的不同广告诉求的影响而购买相同的产品，比如，男性和女性都使用除臭剂。

Degree 除臭剂于 1990 年作为男女通用的品牌引入市场。2005 年，公司将产品分为“Degree Men”和“Degree Woman”两个系列，采用不同的广告形式。“Degree Woman”的广告强调除臭剂不会在衣服上留下任何痕迹，而且在工作和社交的时候也会一直起作用。对于男性来说，产品广告更加关注运动，例如骑山地车或滑雪时的效果。某广告代理商为两个系列设计了新的宣传活动、共同的战略和新的宣传口号。广告的主角是著名运动员，包括男性和女性，他们正在进行训练，除了他们擅长的运动项目，还有其他项目。广告的背景音是“Degree 不会让您失望”，广告的口号是“做更多”。广告信息表明，无论男性还是女性，Degree 都能带来同样的效用，而且在任何流汗的情况下都能发挥作用。[4]

其他产品则关注特定的性别。最近的一项研究表明，女性的年度消费支出占全世界的 66%，即 12 万亿美元。女性对原本由男性控制的产品类别开始产生更大的影响或直接购买。[5] 例如，在美国：

- 96%的女性购买高价电子产品。
- 90%的女性与理财顾问打交道。
- 80%的女性买卖股票。
- 70%的女性是家里的主要“会计”。

玉兰油和 Paige Premium 在这方面做得很好。玉兰油在广告中推广女性护肤产品，并告诉女性希望帮助她们享受美丽的肌肤。Paige Premium 鼓励女性爱护自己的身体，在每条牛仔裤里放一张卡片，上面写着：“我希望您爱自己的身体，让您的皮肤在牛仔裤里感受舒适。谢谢您对我们产品的信任。”[6]

有些营销活动则针对男性。研究人员指出，男性购物更多，不管是为自己买衣服还是买杂货。为了吸引男性顾客，营销人员努力了解男性与女性的区别。男性倾向于关注产品性能。男人喜欢做他们能做好的事，不喜欢做他们不能做好的事。他们不喜欢广泛浏览信息，而是喜欢寻找特定的信息。亚马逊通过满足男性的这些需求帮助他们在线购买书籍和音乐。消费者列表、评论和建议提供了男性想要的简明信息，以便他们对自己的购买有信心。男人喜欢彰显身份地位的产品，因为这表明“我有很好的品位”。因此，男性倾向于购买知名品牌，并寻找其他证明质量的指标。[7]

性别提供了将产品与一大类人匹配的机会。但公司应该仔细考虑是否应该只针对一种性别进行宣传，因为性别角色在过去半个世纪已经发生演变。

年龄

营销项目通常关注特定年龄的人群，尤其是儿童、青少年、年轻人、中年人和老年人。年龄可以与其他人口统计特征如性别相结合。因此，老年女性可能成为特定类型维生素和医疗产品的主要目标市场，包括预防骨质疏松症的保健品。有孩子的年轻职业女性更有可能注意到宣传便捷性的广告，包括外卖和零食、汽油和润滑产品。JD Bank 的广告突出了退休和投资服务，目标市场是中年男性。

儿童是一个有吸引力但也有争议的市场。一项不含商业广告的儿童研究显示，6 个月大的婴儿会在脑海中形成商标和吉祥物的形象。其他研究表明，在孩子 3 岁时可以识别多达 100 个品牌形象。企业现在比以往任何时候更容易触及婴儿消费者，主要是由于技术的发展和家长对技术的使用。Joan Ganz Cooney Center 的一项研究表明，80%的 5 岁及以下儿童每周使用互联网，60%的 3 岁及以下儿童观看在线视频。1/4 的父母允许孩子在 2 岁之前使用手机或 iPad。[8]

尽管受到家长和其他监督团体的批评，但面向儿童（甚至婴儿）的广告仍创造了巨额收入。如果可以在消费者年轻时获得品牌忠诚度，一个公司可能会留住一个终生客户。

青少年代表了另外一个基于年龄的细分市场。图 4－3 显示了关于青少年的一些有趣结论。如图所示，青少年影响家庭消费。他们使用互联网，并且在网上购物。[9]

影响/观点	百分比
想要即时满足	56%
想要定制产品	59%
想要别人拥有的	41%
有时访问在线商店	31%
网上购物	28%
对家庭消费的影响：	
电影	55%
食品	29%
个人护理产品	26%
家庭旅行目的地	27%
技术	23%

图 4-3　青少年产生的影响

这种营销攻势一直持续青少年时期。最近的研究表明，营销人员可能需要调整触及此类目标市场的营销方式。青少年已经把大量的购物行为从专卖店和百货商店转移到网上。因此，产品价值可能比品牌更重要。数字世界占据了青少年更多的时间，已经成为他们获取产品和品牌信息的主要来源。在这个群体中，脸书的受欢迎程度有所下降，而推特、Instagram 和其他社交媒体的使用频率却上升了。[10]

收入

一个家庭的收入水平和受教育程度往往是密切相关的。低收入家庭的成员通常受教育程度较低，主要购买食物、服装和住房等必需品；然而，这些家庭的成员也购买手机、汽车和其他昂贵的产品。随着收入水平和受教育程度的提高，家庭成员购买的昂贵物品越来越多。这些产品包括度假、更昂贵的汽车、更时髦的服装，以及在高档餐厅用餐。买得起这些商品的人偶尔会买，但不会经常买。在极端情况下，富人会购买游艇和私人飞机等奢侈品。

一些公司根据收入划分细分市场，据此设计产品和广告。一个受到关注的人群是“疲惫的富人”。这类人的家庭收入在 10 万～15 万美元。他们很富裕，但与工人阶层有很多相同之处。他们在“富人”和“穷人”之间架起了一座桥梁。在家具方面，他们追求的是款式和质量，而不是过于花哨的东西。在景观方面，他们想要那些使自己的家变得独特和时尚的设计，同时也要求功能性。[11]

族裔

美国变得越来越多元化。美国的少数族裔代表着 2.5 万亿美元的购买力。这种增长既是一种机遇，也是一种威胁：对于能够根据其他文化和传承调整信息的公司来说，这是一种机遇；对于那些不能这么做的公司来说，这是一种威胁。70%的少数族裔认为，族裔是他们个人身份的重要组成部分。种族营销（ethnic marketing）只在某些产品类别上是成功的。62%的非洲裔美国人希望保健和美容产品能够专门针对他们设计营销活动；53%的西班牙裔美国人认为，种族营销对消费性包装产品、娱乐产品和服装很重要；50%的亚裔美国人认为种族营销对娱乐服务很重要。[12]

克莱斯勒集团有限责任公司（Chrysler Group LLC）利用电视、广播、印刷品、报纸和数字媒体广告在15个西班牙裔市场开展了针对西班牙裔的宣传活动。这些宣传广告并不是根据英文广告改编或翻译的，而是专门为西班牙裔受众制作的，虽然广告同时有西班牙语和英语字幕。大型皮卡历来是拉丁美洲人最喜欢的交通工具之一，因此，该广告主要涉及Ram 1500和Ram 2500两个车型。该广告展示了西班牙裔皮卡车主真实的对话，讲述对他们来说至关重要的价值观，以及Ram卡车如何丰富了他们的生活。广告主题是“A Todo Con Todo”，翻译为英文是“To everything，with everything”，抓住了西班牙裔目标市场的消费者心态和Ram卡车的“真正本质”。[13]

卡夫的营销团队在为Mac & Cheese开发广告时采用了类似的方法，达美乐也采用了该方法。这两个品牌都专注于人，而不是产品。卡夫在广告中传递的信息是吃美国食品并不会使一个拉丁美洲人变得更不拉美。一个弹窗图案写着“Mantente 100%”，意思是“保持100%拉美”。达美乐广告的主人公毛里齐奥·阿罗亚韦（Mauricio Arroyave）出生于哥伦比亚，现在拥有十家连锁店。广告讲述了他和其他西班牙裔雇员的故事。这两种营销方法在西班牙裔群体中都很受欢迎。[14]

近年来，营销专业人员对待种族营销的方式发生了变化。不同于针对每个种族群体开展单独的宣传活动，各机构采取更全面的方法，结合对不同种族群体的洞察，创造更具广泛吸引力的信息。

基于心理统计特征的市场细分方法

人口统计特征相对容易识别，然而，它们并不能完全解释为什么人们会购买特定的产品或特定的品牌，以及产品和品牌吸引他们的方式。为了协助营销工作，在收集消费者人口统计特征的同时，企业也会挖掘消费者的心理统计特征信息。**心理统计特征**（psychographics）基于能够反映一个人的行为、兴趣和观点（AIO）的反应模式。这一测量方式可以和人口统计信息结合起来，帮助营销人员更加全面地理解目标市场。[15]

Strategic Business Insights提供了一种受欢迎的生活方式分类方法，采用的是基于心理统计特征的市场细分方法。价值观和生活方式（VALS）分类学根据资源和行为导向程度将受访者分成了8个不同的类别。[16]

- 创新者——成功、成熟且能够接受新技术，他们的购买反映了他们对高档产品的品位。
- 思考者——受过教育、保守、注重知识和责任感的实际消费者，他们追求耐用性、功能性和产品价值。
- 成就者——目标导向、保守、忠于事业和家庭的消费者，他们喜欢向同行展示成功的知名产品。
- 体验者——年轻、热情、冲动的消费者，他们寻求变化和刺激，在时尚、娱乐和社交上花费较多。
- 信仰者——关注传统、家庭、宗教和社区的保守、传统的消费者，他们喜欢知名品牌，喜欢美国制造的产品。
- 奋斗者——时髦、有趣、关注别人的意见和认可的消费者，他们会向同伴展示其购买能力。

- 创造者——自给自足的消费者，他们有能力和精力开展项目，尊重权威，对物质财富不感兴趣。
- 幸存者——他们关注安全，关注满足需求，而不是满足欲望。他们对品牌忠诚，会购买打折商品。

这类信息帮助营销人员设计出更高效的营销传播方式。例如，触及奋斗者需要能展示有趣、时尚的产品的广告。针对信仰者的广告应该关注传统和爱国价值观。

Revel 是位于大西洋城的一家价值 24 亿美元的度假赌场，它针对 VALS 体验者群体开展了一场广告宣传活动。目标市场被定义为“4 700 万年龄在 21 岁以上、居住在距离大西洋城 5 小时以内车程、热爱休闲和生活方式的消费者”。营销活动的重点不是赌博，而是“振奋主义”，它提出，“当你去 Revel 时，你体验到的是你从未体验过的东西”——你因此而感到振奋。电视广告、广播广告、印刷广告和数字广告集中呈现一个令人振奋的体验，广告的主角是度假村、音乐会、小屋、海滩和篝火——赌博以外的娱乐设施。这个营销活动建立在这样一个信念之上：“我们越快乐，我们就越能体会到更多的快乐！”[17]

基于世代的市场细分方法

营销活动可以针对一代人，因为这种方法不需要使用心理统计特征信息，但同样具有心理统计特征信息的丰富性。针对一代人的营销依赖于共同的经历和事件，这些经历和事件在年龄相仿的人之间建立了联系。

这种市场细分方法的支持者认为，人们在青春期后期或成年早期会经历重大事件。这些事件通过共同的经历对一代人的社会价值观、态度和偏好产生影响。这可能会导致一代人对音乐、食物和其他产品的共同偏好。他们会对同一类型的营销诉求做出积极的反应。图 4－4 列出了六代人的基本特征。

细分市场名称	出生年份	特征
千禧一代	1978—2002	把钱花在服装、汽车、读大学、电视和音响上。90%的人住在家里、宿舍，或租公寓。
X 一代	1965—1977	关注家庭和孩子。把钱花在食物、住房、交通和个人服务上。
年轻婴儿潮一代	1954—1964	关注家庭和家人。把钱花在房贷、宠物、玩具、游乐设施和大型娱乐项目上。
老年婴儿潮一代	1952—1953	把钱花在改善住房、确保孩子的教育、独立生活以及游艇等奢侈品上。
老年人	1951 年及以前	大多数人的收入是固定的，在医疗保健和相关医疗项目上投入巨资。

图 4－4　基于世代的细分市场的特征

千禧一代带来的广告收入最多。Turn 的一项研究确定了千禧一代的四个不同细分市场，虽然它们有一些共同的特征（见图 4－5）。其中，最大的一个细分市场包括奋斗的有雄心壮志的人（57%），他们身体健康，关心环境。由于经济拮据，这部分千禧一代开始寻找特价商品、打折和促销活动，但正如其名字所暗示的，他们也渴望高质量的产品和体验。相比之下，成功的房主（18%）收入最高。活跃的富裕人群（17%）喜欢户外活动和休闲旅游，其中大多数刚刚为人父母。最传统的人群是舒适的电视观众（8%）。顾名思义，这部分千禧一代的生活以电视为中心，但并不总是观看客厅的高清电视，也会在平板电脑、手机或台式电脑上观看。[18]

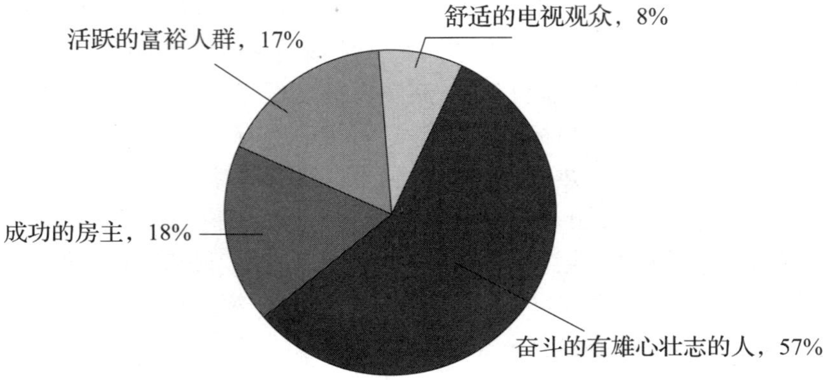

图 4-5　千禧一代

除了这些差异，千禧一代的共同之处是热衷于支持公益和环保事业的品牌。通过社交媒体与品牌互动是十分重要的。他们想成为品牌的积极参与者，而非被动的消费者。与众不同是可以被接受的。这些人往往比其他任何一代人更能接受来自不同种族、社会阶层和性取向的人。这一特征也转移到了品牌上。品牌也可以是不同的，但是应该融入多元文化中。[19]

仅少数千禧一代有自己的房子。因此，烧烤架品牌如 Weber、Char-Broil 和 Lynx 改变触及这部分细分市场的策略。这些品牌使用的不是电视广告，而是数字广告、社交媒体广告、移动广告和视频广告。产品也进行了改良。千禧一代希望烧烤架是便携的，可以带去公园、露营或参加其他社交活动。Char-Broil 和 Lynx 牌烧烤架设计了手机应用，能让用户监控烤架的温度，还能为烹调各种肉类和其他食物提供建议。[20]

基于地理区域的市场细分方法

为某地理区域或地区的人专门设计营销诉求的方法是**地理定位**（geo-targeting）。零售商为了使广告支出的效果最大化，经常设法把营销宣传活动限制在主要顾客群居住的特定地区。越来越多的人拥有内置 GPS 的智能手机，这使得营销人员可以进一步拓展地理定位的市场细分方法。例如，在东海岸的一场暴风雪期间，该地区的消费者收到了家得宝关于除雪的广告，美国其他地区的消费者则收到了有关秋季草坪护理或其他相关主题的广告。通过地理定位，数字广告可以针对特定的区域，提供符合消费者、区域和特定事件的信息。

基于地理人口统计特征的市场细分方法

基于地理人口统计特征的市场细分方法通过整合人口信息、地理信息和心理信息来识别潜在客户。地理人口细分有助于全国性公司发送直邮广告或使用样品促销。将样品邮寄到某个地区的每家每户，既浪费钱又没有效果。通过地理人口统计特征，只有那些符合目标市场的家庭才能收到样本或广告。例如，大学使用地理人口统计特征来定位匹配特定学生档案的社区邮政编码。

根据邮编制定的潜在市场等级指数（Potential Rating Index by Zip Marketing，PRIZM）专门研究地理人口统计特征。它确定了美国 66 个不同的细分市场，并将每个美国邮政编码进行分类。PRIZM 市场细分法基于这样一个概念：邮政编码识别具有相对统一特征的社区。消费者往往会被由相似人群组成的社区吸引。PRIZM 意识到一个邮政编码中可能包含多个细分市场，因此，FRIZM 市场细分法会识别每个邮政编码中领先的细分市场。[21]

一张采用 PRIZM 编码的密西西比州杰克逊市区的地图显示了两个主要的集群。第一个集群是“南城”居民。这个集群主要包括从事低收入蓝领工作的年轻和年长的非洲裔美国人。他们受教育程度往往较低，租房，喜欢阅读体育和时尚杂志。第二个集群位于杰克逊市中心，包括 Towns and Gowns 社区。这些社区的居民也租住公寓，但他们往往是大学毕业生，拥有薪水更高的白领工作。这个群体喜欢滑雪，喜欢阅读美容和健身杂志，经常使用银行卡。[22]

基于效用的市场细分方法

效用细分法关注的是消费者从产品中获得的效用，而不是消费者自身的特征。营销人员将人口统计信息和心理统计信息与产品效用信息结合起来，以确定可行的细分市场。

效用细分法出现在健身市场。有规律的健身者属于三种效用细分市场的一种。第一组是“胜利者”，他们尽其所能保持身体健康。这类人往往更年轻，正走向上层社会，以事业为导向。第二组是“节食者”，他们通过运动来保持体重和改善外表。这个群体由 35 岁以上的女性组成，她们主要对医院和体重控制营养师提供的可靠的健康计划感兴趣。第三组是“自我提升者”，他们通过运动来改善心情、控制医疗费用。[23] 认识到每个人健身的原因不同能够为设计营销方案提供很好的素材。

基于产品使用的市场细分方法

最后一种市场细分方法是根据使用情况或购买情况来研究市场，包括公司的重度用户、中度用户、轻度用户以及非用户。市场营销人员为重度用户提供最高水平的服务，与此同时向其他两类用户推销公司，试图让他们升到上一个层级。

营销团队通过内部数据库识别重度用户。条形码扫描器、零售终端系统以及信用卡、借记卡和内部交易卡的数据为营销人员提供了丰富的客户信息。许多公司都遇到过这样的情况，公司 10％～30％的客户创造了 70％～90％的销售额。除了使用 PRIZM 市场细分法来建立客户集群，营销人员也通过内部数据库建立客户集群。他们把有共同态度、生活方式和类似的购买行为的用户分到一组。这个方法带给企业以下好处[24]：

1. 提供了一种能够根据不同层次对用户进行分类的有意义的方法。

2. 能够将大量客户数据简化为几个简明的、可用的集群。

3. 能够为数据库中的每个客户分配一个集群代码。这个数字是基于客户的实际购买行为和其他特征（例如，地址、消费金额、消费潜力、人口统计特征等）给出的。

4. 能够测量客户的增长和迁移情况，从而帮助评估营销项目。

5. 能够为每个客户集群开发不同的符合集群特征的营销计划。

除了重度用户，Dairy Queen 发起了一项针对轻度用户的营销活动，这些用户每个月仅光顾店铺一次，认为该品牌仅售冰激凌。公司营销人员设计了一句宣传语“粉丝食品，而非快餐”鼓励人们去 Dairy Queen 而不是其他快餐店消费。该活动试图将每月一次的访问量提高到每月两到三次。这些信息把冰激凌作为美食的额外附加品。[25]

有时，营销团队会为非用户设计营销活动。例如，嘉年华邮轮公司（Carnival Cruise Lines）发起了一项针对从未乘坐过邮轮的美国人（占总人口的 76%）的营销活动。他们准备了 12 个幽默的广告，主题是“陆地与海洋的对比”。广告中将累人的陆地度假与宁静的邮轮度假时光做了对比。除了幽默的场景外，广告还指出，与陆地度假的成本相比，邮轮的价格是有竞争力的，这是为了改变人们认为邮轮度假昂贵的看法。广告中，邮轮的乘客出现在宽敞的船舱中，或在甲板上放松，这是为了改变消费者认为邮轮房间小而拥挤的固有印象，以及认为邮轮上的安排过于固化，不能放松和享受私人时间的固有印象。[26]

4.3 B2B 市场的细分

另一组目标市场来自识别 B2B 的细分市场（见图 4－6）。B2B 市场细分将类似的组织组成有意义的集群，以便为它们设计专门的营销信息，并为它们提供更好的服务。

- 根据行业（NAICS 代码）细分
- 根据企业规模细分
- 根据地理位置细分
- 根据产品用途细分
- 根据客户价值细分

图 4－6　B2B 市场细分的方法

根据行业细分

按行业细分时，许多营销人员使用北美行业分类系统（NAICS）编码系统。NAICS 帮助营销团队识别特定的行业，如建筑（23）或批发贸易（42）。每个行业类别下有更加细分的市场。例如，NAICS 将卫生保健和社会援助服务编码为 62。与健康相关的产品的制造商可以根据这些分类找到四个细分市场：

621　流动医疗服务

622　医院

623　疗养院护理和家庭护理设施

624　社会援助

这些细分市场可以继续分解为更小的子市场。例如，流动医疗服务市场包括内科医生、牙医、按摩师和验光师。

NAICS 系统使用六位数字代码将经济划分为 20 个大类。该准则允许行业进一步分层，并提供了创建类别的灵活性。美国联邦政府使用 NAICS 记录公司信息和数据，使其成为识别细分市场的有效系统。

根据企业规模细分

有些细分市场是根据公司的销售额或员工人数来确定的。拥有 10 万名员工的大公司与拥有 100 名或更少员工的中型公司和小型公司不同。营销方法根据目标客户的大小而不同。例如，对于一个大型的潜在公司，可以利用外部的销售人员进行销售拜访。对于中等规模的公司，外部销售人员先通过网络和电话询问的方式了解对方的兴趣，当对方表现出兴趣后再与其进行线下联系。对于较小的公司，销售人员可能采用电话营销和电子邮件、平寄邮件相结合的方式；销售人员不会对客户进行销售拜访，因为其所产生的收入太少，不足以支付销售产生的费用。

根据地理位置细分

根据地理位置确定细分市场是有效识别细分市场的方法。这种方法适用于企业客户集中在特定区域，如加利福尼亚州的硅谷的情形。该方法也适用于其他类型的企业。

当 Applied Microbiology 公司开发出一种新的抗菌剂时，它的目标是将产品介绍给奶农。若采用传统的营销方式和分销渠道，则需要 300 万美元预算来开展一项全国性的活动。这种传统的营销计划包括在农业杂志上刊登全国性广告，招募销售代理和经纪人来宣传产品。

Applied Microbiology 公司使用了地理位置市场细分方法。营销团队确定了拥有 1 000 头或更多奶牛的牧场所在的区域，并联系这些牧场的农民，原因主要有二：若拥有大型农场的奶农采用该产品，他们会订购更多；公司的领导层认为大型农场的奶农是意见领袖，他们能够影响小型农场的奶农，进而促使他们也订购该产品。

营销团队为每个大型农场分别寄送了直销宣传材料，为农场提供折扣和新产品的样品。当销售额开始提升后，营销人员要求奶农写下产品的使用感受。他们把最有影响力的使用感受添加到新的直销宣传材料中去。其中一本小册子上有康奈尔大学对该产品的评价和验证。在一位奶农采用了该产品后，公司向周边地区的奶农寄送了新的直销宣传材料。这种方法带来了优异的销售业绩，并将营销成本降低到传统营销方法的 1/3。采用地理统计数据进行市场细分将营销成本降为 100 万美元，而不是预期的 300 万美元，且销售额大幅增长。[27]

根据产品用途细分

可以根据公司如何使用产品或服务将企业市场进行细分。不同的财务（而非金融）、交通和运输等服务可提供给不同的企业客户。

根据客户价值细分

企业市场细分的最后一种方法是计算每个客户的价值。由于公司可以获得关于每个客户的深入数据，B2B 公司比面向消费者的公司更可能使用这种方法。公司可以利用销售记录和其他数据信息来源为每个企业客户分配更精确的价值，并将它们分为低、中、高客户价值组。

总之，市场营销人员通过多种方法识别消费者和 B2B 细分市场。营销团队会寻找与公司产品和服务以及公司整体信息最匹配的群体。市场营销人员根据不同细分市场的需求来组织营销信息，并将其与公司的产品定位战略相结合。

4.4 产品定位

目标市场或细分市场被选择的部分原因是公司、产品或品牌的定位与该细分市场相匹配。**产品定位**（product positioning）是指相对于竞争对手，消费者对一个公司或品牌的本质及其产品的感知。定位感知包括产品质量、价格、分销方式、包装、形象等变量。一般来说，以下两个因素特别突出——客户对品牌的评价和品牌相对于竞争对手的地位。

消费者最终会决定该品牌的定位。营销活动能够帮助品牌更有效地进行定位。营销传播要么强化了消费者对品牌的固有认知，要么试图改变消费者的观点。第一种结果很容易实现，它还有助于选择目标市场。当公司试图重新定位一个品牌时，营销团队会考虑新定位是否仍然与现有的细分市场相匹配。

定位可以使宝洁、威富集团（VF Corporation）、莎莉集团（Sara Lee Corporation）和金宝汤等公司避免同一产品类别下不同品牌之间的惨烈竞争。例如，金宝汤生产五种不同类型的 V8 果汁。每一种产品都定位于不同的细分市场。Celestial Seasonings 提供几种类型的茶，每一种都是为不同的消费者设计的。

定位的方法

有效的定位方法有七种（如图 4－7 所示）。尽管公司可能会尝试两到三种方法，但多种方式只会让客户感到困惑。通常，坚持一种方法可以获得最好的效果。

· 产品属性	· 产品使用者
· 竞争者	· 产品分类
· 使用或应用	· 文化象征
· 价格-质量关系	

图 4－7　产品定位方法

产品属性

任何使一个品牌有别于其他品牌的产品特性或特征都可以被认为是一种属性。多芬

Men+Care 的广告即强调了产品的属性，指出该系列的香体乳中含有保湿成分，印证了其广告语“有效除汗，不伤肌肤”。

竞争者

利用竞争对手来明确自己的定位，可以通过把公司的产品与竞争对手的产品进行对比来实现。多年来，安飞士（Avis）的广告一直将自己的服务与竞争对手赫兹（Hertz）做对比。安飞士承认它不是一流的，但它把这种定位作为自己的优势，因为安飞士愿意为业务“更加努力”。雪佛兰设计了系列广告，将其汽车与福特、丰田和其他品牌的汽车做比较。

使用或应用

定位包括为产品创造一系列令人记忆深刻的用途，强调使用或应用方法。艾禾美（Arm & Hammer）多年来一直采用这种方法，试图说服消费者用其他的方式使用小苏打，比如作为冰箱里的除臭剂。艾禾美也是牙膏的联合品牌，创造了该产品的另一种用途，提升了产品定位。汰渍采用这种方法设计了开创性的洗衣凝珠产品。有了洗衣凝珠，洗衣服时人们不必再估摸着放清洁剂，只需在洗衣机里放进一颗洗衣凝珠。

价格-质量关系

提供处于价格极限的产品的公司可能会采用价格-质量关系的方法来定位。在高端市场，质量成为重点。在低端市场，公司强调价格或价值。贺曼贺卡价格高，但它强调自己只适合那些“只想送最好的东西”的人。其他公司试图成为“低价领导者”，但并没有关于质量的相应说明。沃尔玛的广告语是“省钱，让生活更美好”，它不仅强调了价格的重要性，也指出了它如何帮助消费者提升生活质量。

产品使用者

另一种定位策略可以通过指明谁可能使用该产品来区分品牌或产品。GoDaddy 改变了策略，努力接触小企业主。对于这些用户来说，GoDaddy 专注于自己的产品和服务，并试图创造一个“帮手”的形象。瘦身特餐从一个专注于个人减肥的节食品牌转变为一个强调追求更健康、更时尚的食物，让人们保持积极的生活方式的品牌。[28]

产品分类

还可根据产品类别定位。在饮料品类中，软饮料与能量饮料和其他饮料如早餐饮料竞争。最近，Denny's 的营销人员将公司重新定位为路边餐厅而非家庭餐馆。Denny's 的首席营销官弗朗西丝·艾伦（Frances Allen）表示，人们认为这个品牌就像一家餐厅，它提供物美价廉的美食，让人感受到服务人员极致的温暖和关心。路边餐厅的灵魂是非常真实、非常温暖和非常有担当。[29]

有时，公司会在一个产品类别中创建一个新品牌以强调优势，速易洁（Swiffer）就是这样。速易洁扫地机提供了传统拖地、用扫帚扫地、用鸡毛掸子掸灰尘的替代产品。营销人员识别出“快速清洁”这一产品类别，并将速易洁定位为该类别中的最佳品牌。

文化象征

将产品定位为一种文化象征是困难的。当公司成功地达到了这样的定位，就可以获得强大的竞争优势。多年来，雪佛兰一直享有这样的地位。通用汽车为雪佛兰打造的广告主题是“像棒球和苹果派一样美国化”。雪佛兰 Silverado 皮卡最近在一项营销宣传中做了微小的改变，它的营销信息主要集中在美国的价值观上，如独立和承诺。这项营销活动在棒球全明星赛中开展。

其他定位的要素

一个品牌的定位不是一成不变的。如果市场状况随时间变化或品牌的目标市场萎缩，品牌的定位也会发生改变。竞争者可能会进入该市场，并夺取该品牌的位置。因此，公司领导层需要决定是通过强有力的广告来争取这个位置还是寻找一个替代的位置。

国际定位

在国际舞台上，有效的定位仍然至关重要。当公司扩展到新的国家时，营销人员计划确立一个有效的定位。通常，公司在一个国家提出的定位战略并不适用于另一个国家。市场营销专家会调查竞争对手以及潜在的企业或消费者客户。根据这一分析，他们选择一种定位方法。虽然每个国家的定位策略可能不同，但公司的整体主题和品牌形象应该尽可能保持一致。

4.5 营销传播目标

有效的整合营销传播计划过程需要高质量的传播目标。这些目标将组织的背景、目标市场和定位方法与最终选择的预算和整合营销传播组成部分联系起来，如图 4－1 所示。此外，传播目标指导客户经理和广告创意人员设计实际的广告信息。

传播目标源于整体营销目标。这些目标往往是笼统的，因为它们是针对整个公司的。一些例子包括：

- 销量；
- 市场份额；
- 利润；
- 投资回报。

相反，营销传播计划可能强调一个特定的传播目标。图 4－8 列举了一些常见的目标。大公司可能为产品组合中的每个品牌建立不同的目标。通常，一个品牌的营销传播计划强调一个单一的目标。

· 建立品牌知名度	· 建立客户流量
· 增加品类需求	· 提升公司形象
· 改变客户的信念或态度	· 扩大市场份额
· 强化购买行为	· 增加销售额
· 鼓励重复购买	· 强化购买决策

图 4－8　营销传播目标

一些广告信息项目可以实现多个传播目标。当营销人员识别出传播目标的逻辑关系时，就会发生这种情况。例如，同一个广告既可以提高品牌知名度，也可以提升品牌形象。销售额的增加可以通过改变价格、开展价格竞争或发放优惠券等策略来实现。将营销传播目标与媒体和营销信息相匹配十分关键。

许多营销专家认为，基准点（benchmark）是一种有用的工具。**基准测量方法**（benchmark measure）首先建立一个起点，然后将开展促销活动后产生的变化程度与起点进行比较。换句话说，基准测量构建了用于评估未来结果的基准线。

市场调查结果显示，一家干洗公司的名称仅被社区中 20%的人知道，且该公司占有该城市 3%的市场份额，这就是一个基准点。为改变现状，公司下一个广告周期的传播目标是将知名度提高到 30%，市场占有率提高到 5%。然后，公司通过制定一份与整合营销传播组成部分相匹配的预算，为老年人设计了一项以广告、优惠券和每周特定天数（周二特价）为特色的折扣活动。如果公司实现了预期的目标，就可知晓基于先前指定的基准的效果。

4.6 预算类型

营销人员制定传播预算的方法有很多，图 4－9 列举了一些方法。[30]

- 销售额百分比
- 应对竞争
- “我们能负担什么”
- 目标-任务
- 支付-计划
- 定量模型

图 4－9　制定营销传播预算的方法

销售额百分比

在**销售额百分比预算方法**（percentage-of-sales budget）中，预算分配基于前一年的销售额或下一年的预期销售额。这种方法使预算制定变得简单。

但这种方法也遇到了问题。首先，它往往会朝着与需求相反的方向变化；也就是说，当销售额上升时，传播预算也会上升，当销售额下降时，传播预算也会下降。在大多数情况下，当销售额下降时，传播预算应该增加，以帮助扭转这一局面。此外，在增长期间，传播预算可能不需要增加。这种方法的缺点之一是不能为满足特殊需要分配资金或应对竞争压力。因此，许多营销专家认为，这种制定预算方法的缺点往往大于优点。

应对竞争

应对竞争预算方法（meet-the-competition budget）旨在防止丢失市场份额。公司通过提高或降低预算支出来匹配竞争对手的支出。这种方法在竞争激烈的市场中比较常见，这类市场中竞争对手之间的竞争十分激烈。

应对竞争预算方法的潜在缺点是营销资金可能无法有效使用。与竞争对手的支出相匹配并不能保证成功，市场份额仍可能丧失。成功的关键不在于花了多少钱，而在于如何更好地分配资金，以及营销活动如何有效地留住客户和市场份额。

信用卡行业的广告支出在过去十年中大幅增长，目前每年支出超过 2.4 万亿美元。每家公司都面临着增加广告预算以应对竞争的压力，因为品牌知名度往往与支出水平相对应。然而，市场份额可能不会受到那么大的影响，因为信用卡品牌的曝光度和认可度并不总是等同于消费者的购买行为。消费者的购买行为被影响是需要时间的。图 4－10 列举了排名前六位的信用卡公司的广告支出和市场份额。[31]

排名	信用卡公司	市场份额	广告支出（百万美元）
1	美国运通	25.1%	336
2	摩根大通	19.4%	200
3	美国银行	10.7%	139
4	花旗银行	8.3%	214
5	第一资本金融公司（Capital One）	6.7%	317
6	发现（Discover）	4.4%	132

图 4－10　顶级信用卡公司的广告支出和市场份额

“我们能负担什么”

“我们能负担什么”预算方法（“what can we afford” budget）是在公司其他所有预算确定之后或在确定其他预算时确定营销资金分配的。公司领导者根据他们认为还可以花多少钱来分配资金。使用这种方法意味着管理层可能没有意识到营销传播的好处。相反，公司领导者认为营销支出是不产生收入的活动。资金有限的新公司和小公司通常采用此类方法。

目标-任务

为了采用**目标-任务预算方法**（objective-and-task budget），市场营销人员确定要达成的传播目标，然后计算达成每个目标的成本。传播预算是达成所有目标的预估费用的累积总和。

许多营销专家认为，目标-任务法是最好的预算方法，因为它将现金成本与特定目标的实现联系起来；然而，像宝洁这样的大公司可能很难采用这种方法。这种大公司在市场上有数百种产品，根据每个品牌和产品类别的目标制定预算将非常耗时。尽管有这些挑战，还是有大约 50%的大公司使用某种形式的目标-任务法。[32]

支付-计划

在**支付-计划预算方法**（payout-planning budget）中，管理层明确广告支出与销售额或市场份额的比例。这种方法通常在早期分配更多的金额，在之后几年获得收益。[33]

在产品引入的开始阶段分配更多的资金有助于建立品牌知名度和品牌资产。随着品牌被接受、产品销售增长，广告费用的比例将会降低，以保持预期增长。

定量模型

在某些情况下，计算机模拟的方法可以用来模拟广告或促销支出与销售和利润之间的关系。这些模型还不太完善。虽然它们在模型中考虑到行业的类型和产品类型，但大多数情况下，定量模型仅限于具有强大的计算机和统计部门的大型组织。

因此，当营销团队制定预算时，他们首先检测驱动整合营销传播过程的假设。在试图将预算支出与营销和传播目标联系起来时，公司应评估产品的新特性、经济状况和其他复杂因素。当公司的营销团队详细说明资金将如何花费在每个主要的传播工具上时，预算就会确定下来。

传播计划

在确定了分配给营销传播的总金额之后，下一步是确定合适的日程来实现传播目标。营销人员采用三种基本策略来分配传播资金：

- 规律日程；
- 飞行日程；
- 连续日程。

规律日程（pulsating schedule）包括在一年中特定时间以高强度的形式（在更多的媒体上投放更多的广告）进行持续的广告宣传和传播。公司也可以选择**飞行日程**（flighting schedule），即只在高峰时间段进行传播，而在一年中的其他时间不进行。

公司经常在诸如圣诞节这样的旺季做更多的广告，试图在顾客最有意向买东西的时候或者在他们最感兴趣的时候发送营销信息。在 1 月份之前的两个星期，减肥中心、节食中心等会做大量的广告，因为许多人的新年愿望包括节食。

在销售淡季，营销传播的重点是在人们不经常购买时“招揽生意”。在零售市场，1 月和 2 月是销售淡季。一些公司会做更多的广告，销售圣诞节剩下的商品。制造商发现许多零售商并没有做广告，因此希望做广告来吸引更多的注意力。

许多营销专家认为，坚持做广告可以让品牌不断地重复出现在消费者面前，这叫作**连续日程**（continuous campaign schedule）。消费者根据需要购买耐用品，如洗碗机和冰箱。一个家庭通常只在旧的洗碗机坏了或他们建造或改造房子时才会买一台新的洗碗机。广告提高了买家在正确的时间看到广告或记住品牌名称（Kenmore、惠尔浦或通用电气）的概率。

制定日程的目标应该是使传播的节奏与信息、媒体和产品的性质相匹配。一些媒体更容易使广告持续更长的时间。广告牌的合同通常是一个月或一年。它们可以分布在一个城镇或城市中以呈现连续的信息。与此同时，预算限制也会影响广告或传播计划的战略和战术。

4.7 整合营销传播组成部分

如前所述，营销传播所包含的内容远远超过传统广告。事实上，广告支出可能不是构成营销传播预算的主要部分。就花费而言，广告约占营销传播预算的 41%，贸易促销约占 28%，消费者促销平均约占整体营销支出的 28%（见图 4-11）。[34] 这些占比因行业而异。消费品制造商在针对零售商的促销活动上花费更多。提供服务的公司更喜欢媒体广告。

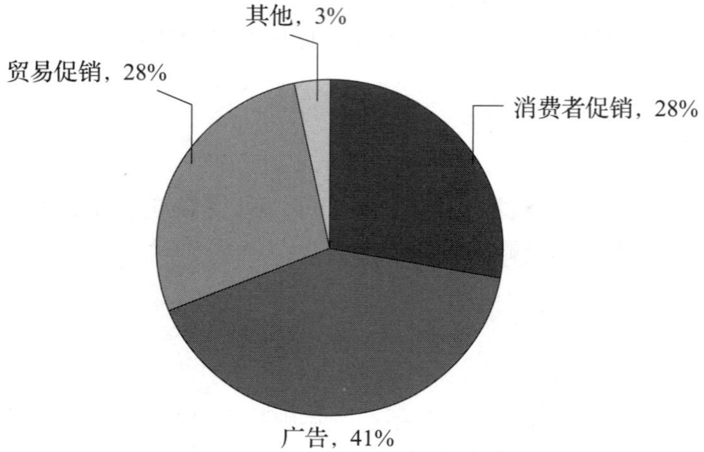

图 4-11 营销传播支出的构成

预算也因产品类型的不同而有所不同。针对交通服务类产品，广告的平均支出占销售额的 24.6%；针对办公家具产品，广告支出仅占销售额的 0.1%。图 4-12 给出了各个行业的广告支出占销售额的百分比。[35]

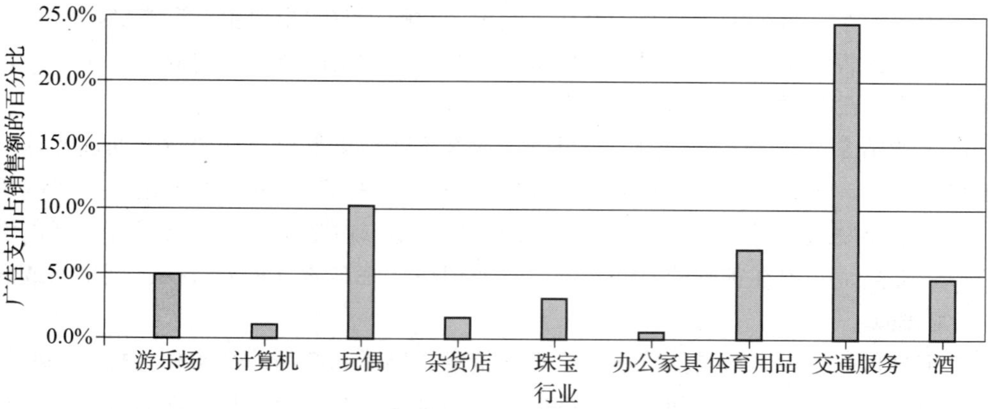

图 4-12 选定行业的广告支出占销售额的百分比

整合营销传播的组成部分和媒介的选择与预算的制定同时进行。图 4-13 展示了市场营销人员在各种媒体之间分配全球广告资金的方式。其中，电视排名第一，主要是因为电视广告的时间成本高。尽管数字广告支出仅占全球广告支出总额的 4.3%，但增长最快。[36]

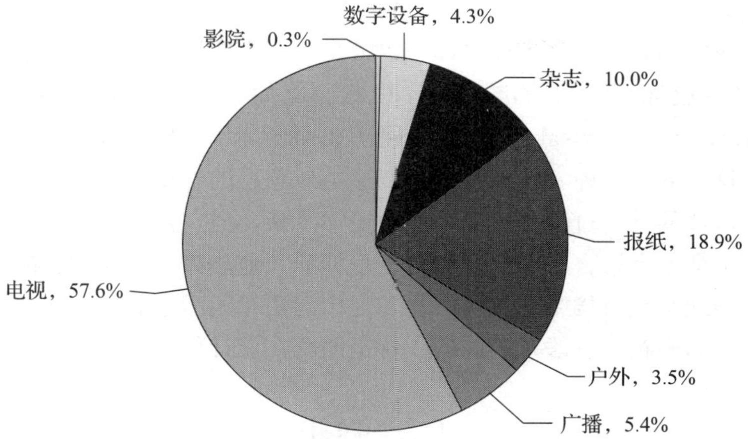

图 4－13　全球广告支出的媒体构成

选择最佳的整合营销传播的组成部分仍然是一个挑战。公司的营销人员经常与外部机构合作，分析公司的目标受众、传播目标和预算，以确定最佳的媒体组合。

4.8　国际启示

全球整合营销传播（GIMC）计划对跨国公司至关重要。每条营销传播信息都应该适应相应国家的语言和文化。为一个国家设计的品牌名称、营销理念和广告活动不一定适用于另一个国家。因此，了解国际市场至关重要。图 4－14 强调了成功的 GIMC 计划的组成部分。

- 了解国际市场
- 制定一个无国界的营销计划
- 营销传播分析
- 一致的传播目标
- 传播细分策略
- 放眼全球，但要立足本地
- 本地合作伙伴

图 4－14　成功的全球整合营销传播策略

营销活动并不一定需要针对每个国家和某个国家中的每个文化群体制定专门的计划。市场营销人员试图确保公司的产品和营销信息在该地区被理解。若有必要，可以为某个区域定制营销信息。若制定无国界的营销计划，对公司的所有市场就会使用基本相同的营销方法。每个子公司应有权决定如何实施营销计划。从本质上讲，公司要放眼全球，但要立足本地。这样，企业就可以在对特定区域设计特定的信息的同时维持原有的主题。

成功的 GIMC 的另一个关键是发展本地伙伴关系。本地的合作伙伴可以是熟悉本地语言和文化的市场调研公司或广告公司。传播细分策略意味着创建一个能够有效到达一个国家所有可能的目标市场的沟通包。很多时候，公司既有消费者细分市场，也有 B2B

细分市场。一个良好的营销传播计划始于市场营销团队确定本地竞争对手的优势和劣势以及存在的机会，还要了解公司在国际市场上的形象。

最后，公司应明确一致的传播目标。语言是一个主要的障碍。将英语广告翻译成另一种语言需要专业知识，因为准确翻译很难。例如，Ruth's Steak House 的广告语“We sell sizzle as well as steaks”就无法翻译成西班牙语，因为没有与 sizzle 对应的单词。为了解决这个问题，译者找到了一个表达类似意思的西班牙习语。

整合营销传播的计划过程在国际环境中更加复杂，但它是创建有效的 GIMC 的关键元素。营销人员会考虑语言、文化、规范、信仰和当地法律。商业广告的宣传语的逐字翻译可能不被当地文化所接受。有关广告和促销的法律因国家而异。具有不同文化背景的人对同一观点和事物的看法是不同的。营销团队在设计传播项目时应考虑这些差异。

复习题

1. 用来开发营销传播的三种市场调研方法是什么？
2. 焦点小组有什么作用？
3. 定义细分市场和市场细分。
4. 定义人口统计特征。它们如何用来细分消费者市场？
5. 企业如何利用依据性别确定的目标市场？
6. 企业如何利用年龄来识别细分市场？
7. 在识别细分市场中种族起什么作用？
8. 根据地理区域划分细分市场存在哪些问题？
9. 地理人口统计特征指什么？它们如何成功地用于识别细分市场？
10. 描述基于产品使用的市场细分方法和基于效用的市场细分方法。
11. 常见的 B2B 市场细分方法是什么？
12. 描述 B2B 市场中的 NAICS 方法。
13. 描述 B2B 市场中根据产品用途细分市场的方法。
14. 描述根据企业规模细分市场的方法。
15. 定义产品定位，列举整合营销传播计划过程使用的定位方法。
16. 什么是基准测量方法？
17. 公司通常制定的营销传播目标是什么？
18. 描述可用于制定传播预算的方法。
19. 描述可以使用的广告日程。
20. 与消费者市场相比，B2B 市场中，整合营销传播项目的组成部分有哪些？

批判性思维练习

讨论题

1. 假设你是 Lululemon 的市场营销实习生，被要求对该品牌的打底裤进行传播调研。选择三种类型的营销调研方法，描述你可以用每种方法获取哪些信息，以及这些信息如何在 Lululemon 打底裤的营销活动中使用。

2. Daniel Taylor Clothier 公司的男士领带销量出现下滑。公司营销人员认为，应该把广告重点放在最有可能购买领带的细分市场。请参考图 4－2 中列举的细分变量。如果你负责制定 Daniel Taylor Clothier 公司的细分策略，你会使用哪些细分变量？请说明原因。

3. 列出消费者市场中的五种产品或服务，这些产品或服务基于性别对市场进行细分，但同时向男性和女性销售。两个市场的产品或服务的属性有什么不同？产品或服务的营销方式是否不同，不同之处在哪里？你认为在两个细分市场中使用不同的营销方法有效吗？

4. 列出消费者市场中的五种产品或服务，这些产品或服务基于年龄对市场进行细分。不同的细分市场的产品或服务的属性有什么不同？产品或服务的营销方式是否不同，不同之处在哪里？你认为在不同的细分市场使用不同的营销方法有效吗？

5. 参考人口统计特征细分方法所依据的变量。针对每个人口统计特征变量，列举依据该变量识别细分市场的两个产品。给出每个产品所针对的特定的细分市场，并解释为什么该产品针对这个特定的细分市场。描述最成功的触及人口统计特征细分市场的一个品牌的做法。

6. 参考本章的 VALS 分类。针对以下每个产品或服务，找到最优的 VALS 细分市场作为目标市场，并解释原因。针对你为每个产品或服务选定的 VALS 细分市场设计一个广告或营销传播项目。

a. 海鲜餐厅

b. 家庭会计软件

c. 验光师或眼科诊所

d. 佛罗里达州度假胜地

e. 家庭家具

7. 千禧一代是对市场营销人员有吸引力的一代。参考本章所描述的千禧一代细分市场。你属于哪个细分市场？针对每个千禧一代细分市场，在你的朋友或亲戚中找到符合其特征的人，并解释为什么他们属于特定的细分市场。

8. 产品使用细分法的目标市场有重度用户、中度用户、轻度用户以及非用户。为日光浴沙龙的每个产品设计营销活动。描述每个营销活动的传播目标，以及针对每个细分市场你将采用哪种产品定位策略。请解释原因。

9. 针对本章所讨论的每一种产品定位策略，找出采用该策略的两个品牌，并解释该策略是如何成功推广该品牌的。

学生项目

创意角

许多公司及其广告代理公司使用 VALS 分类来设计营销材料。你的任务是为

Yamaha boats 设计两则广告。从以下 VALS 细分市场的组合中选择一组，并针对每个细分市场为 Yamaha boats 设计一则促销广告。当你完成后，写一段文字说明你设计的广告将如何吸引 VALS 细分市场，以及这两则广告有什么不同。在你设计广告之前，访问 Strategic Business Insights（SBI）的网站：www. strategicbusinessinsights. com/vals 来获取更多关于这两个细分市场的信息。

第一组：创新者和幸存者

第二组：思考者和创造者

第三组：信仰者和成就者

第四组：奋斗者和体验者

第 2 篇

整合营销传播
广告工具

第5章

广告活动管理

本章目标

本章旨在回答如下问题：

- 为什么对广告理论的理解在广告管理过程中很重要？
- 广告支出与广告效果的关系是什么？
- 一家公司什么时候应该聘请外部广告代理公司而不是由内部人员完成广告制作？
- 如何选择广告代理公司？
- 广告代理公司的主要工作职能是什么？
- 应该考虑哪些广告活动参数？
- 创意纲要如何提升广告的有效性？
- 国际广告管理的应用是什么？

本章概要

一般人每天会接触600条广告，这些广告通过各种媒体发布。长期以来，电视、广播、报纸、杂志和广告牌是广告的主要媒体。近些年，互联网、社交网络和手机应用程序成为公司与客户联系和互动的媒介。

当今世界，信息越来越繁杂，人们经常将广告屏蔽掉。因此，市场营销人员面临巨大的挑战，即开发出可以在多种媒体上观看，同时可以在高度混乱的世界中凸显出来的广告。**广告活动管理**（advertising campaign management）是准备和整合一个特定的广告计划，并将其与整合营销传播（IMC）的整体信息相结合的过程。Zehnder Communications是一家在广告活动管理方面取得成功的广告公司。

Zehnder Communications

Zehnder Communications 提供多种服务，包括战略规划、创意、Web 和应用程序开发、传统媒体、公共关系和社交媒体。该公司还为客户提供调研和分析服务。正如公司网站所述，“我们有一个独特的情境，那就是我们是一个不断挑战传统思维的全方位服务提供机构”。

Zehnder Communications 的客户包括 Visit South Walton（佛罗里达州）、Visit Baton Rouge、汉堡王、Origins Bank、Gulf Seafood Marketing Coalition、NOLA. com/The Times Picayune 等。该公司专注于宣传、景点/娱乐、汽车动力、能源服务、金融服务、食品和饮料、医疗、酒店/旅游和保险等行业。

Zehnder Communications 指出：“作为专家，我们仅仅掌握新媒体趋势是不够的。我们有责任处在创新的前沿，致力于开发接触消费者的新方式。归根结底，我们通过所有可用的方式与你的潜在用户接触。只有改变了消费者感知和最终行为，你所做的创新和营销活动的整合才是有意义的。”

该公司连续 12 年被评为所在地的“最佳工作场所”。公司创始人杰弗里·泽恩德（Jeffrey Zehnder）开发了一项创新计划，设计了按需休假（Vacation as Needed，VAN）制度。该计划允许员工在他们认为适当的时候休假，只要不影响其他员工的工作即可。随着时间的推移，这种自由和赋权的感觉有助于鼓舞员工士气。

广告活动管理包括几个重要的环节。首先，相关人员选择一种广告理论或方法作为指导。接着，公司领导层制定准则，帮助大家了解广告与最终的营销成功之间的关系。然后，公司的管理团队决定广告由内部人员完成还是由外部广告代理公司完成。接下来，他们制定广告参数来帮助控制流程。然后，他们准备创意纲要，以指导广告活动的实际设计。本章最后一节讨论了这些活动在国际市场上的应用。

5.1　广告理论

在开展广告宣传活动时，两种理论方法有助于提供坚实的基础。效果层次模型和方法-结果链有助于开发有效的营销活动。广告主也会考虑广告中视觉和语言元素的混合。

效果层次

效果层次模型（hierarchy of effects model）有助于明确广告活动的目标。该模型概述了消费者或企业买家在购买时的六个步骤：（1）意识；（2）知识；（3）喜欢；（4）偏好；（5）深信；（6）实际购买。

这些步骤是连续的。效果层次模型表明，消费者在每个步骤上会停留一段时间，之后才会转向下一步。因此，人们要喜欢一个产品，必须先了解这个产品。一旦消费者了解与产品相关的知识，对产品产生了兴趣，广告主就会试图影响消费者去喜欢某个品牌或公司。

效果层次法的好处在于它允许营销人员确定消费者和企业在购买时采取的共同步

骤。建立品牌忠诚度也需要经历这六个步骤。消费者不可能在不了解一个品牌的情况下就对它忠诚。没有足够的知识，消费者一般也不会对一个品牌产生忠诚度。消费者喜欢上某个品牌，才会对它形成强烈的偏好。此时，消费者对“该品牌优于其他品牌”深信不疑。效果层次法强调广告或营销传播应该同时刺激消费者和企业客户。

效果层次模型与态度和态度变化理论有相似之处，态度包括认知、情感和意向三种成分。这些成分可能以不同的顺序出现。在态度形成的过程中各成分的一个常见的顺序如下：

认知→情感→意向

这个顺序与效果层次模型的六个步骤平行出现。认知导向的广告是产生品牌意识和品牌知识的最佳途径。情感导向的广告更能激发人们的喜爱、偏好和深信。意向广告通常最适合促进产品购买行为或其他买方行为。

虽然效果层次模型可能有助于创造性地理解消费者如何做出购买决定，但最近的文献对该理论的一些假设提出了质疑。首先，这六个步骤可能并不总是构成消费者选择的路线。一个人可能会先购买（如冲动购买），然后才发展对产品的知识、喜欢、偏好和深信。此外，消费者可能购买他们并不怎么偏好或完全不喜欢的品牌，只是优惠券、折扣或赠品刺激他们购买。有时，消费者甚至不记得以前购买的品牌名称。这种情况经常出现在日用品（如糖或面粉）或服装（如袜子和衬衫）的购买中。然而，即使有这些批评，该框架仍然是设计广告信息和活动时受欢迎的方法。

方法-结果理论

对于创意人员来说，第二种可用的理论方法是**方法-结果链**（means-end chain）。该理论建议广告应该包含一条信息或一种方法，引导消费者达到期望的结果。结果（end）就是个人价值（如图 5-1 所示）。一个方法-结果链应该开启一个过程，在这个过程中，浏览广告信息使消费者相信使用产品将有助于实现个人价值。

• 舒适生活	• 内心的平静	• 自我实现
• 平等	• 成熟的爱	• 自尊
• 激情	• 个人成就	• 归属感
• 自由	• 快乐	• 社会认可
• 有趣、令人兴奋的生活	• 救赎	• 智慧
• 幸福感	• 安全	

图 5-1　个人价值观

方法-结果理论构成了**广告战略组成部分的方法-结果定义模型**（means-end conceptualization of components for advertising strategy，MECCAS）的基础。[1] MECCAS 模型解释了通过强调产品的效用来将消费者的关注点从产品属性转移到个人价值的方法。广告主将产品的属性与消费者获得的特定效用联系起来。这些效用反过来又会帮助个人价值的实现。利用图 5-2 中的元素，牛奶中钙的产品属性与骨骼健康的效用有关。消费者从健康的骨骼中获得的个人价值可能是使用该产品让他感觉更聪明，或者觉得生活更舒适。

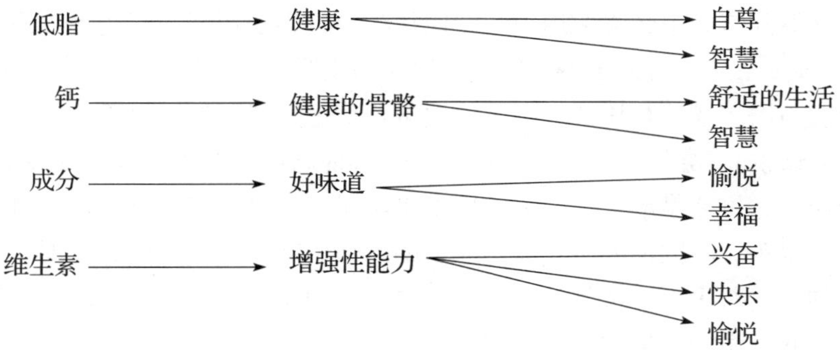

图 5－2　牛奶的方法-结果链

MECCAS 方法也适用于 B2B 的广告。企业采购中心的成员可能会受到个人价值观、组织价值观和公司目标的影响。根据图 5－3 中提供的方法-结果链，广告中的每个属性都能给企业客户带来好处。

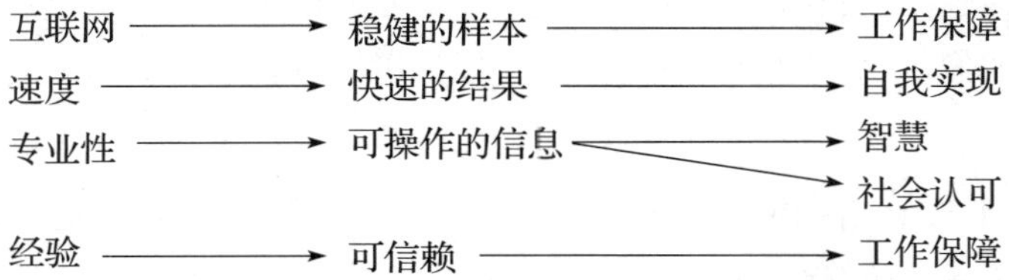

图 5－3　针对市场调研服务的 B2B 方法-结果链

语言和视觉图像

大多数广告包含视觉元素和口头或书面的语言元素。视觉广告最强调的是其展示的图片或视觉元素。口头或书面的广告更强调文案。视觉元素和语言元素共同作用，创造出符合效果层次模型或从方法-结果链中选择的属性-效用-个人价值的广告。

视觉图像往往会使人们对广告和品牌产生更积极的态度。视觉信息比语言信息更容易被记住，它们以图片和文字的形式存储在大脑中。这种双编码过程使人们更容易回忆起信息。此外，语言信息往往只存储在大脑的左侧，图像通常存储在大脑的左右两边。

视觉图像包括从具体和现实的到高度抽象的各种类型。具体的视觉图像展示了可识别的人、地点或事物。在抽象的图像中，主体更加难以辨认。具体的图像比抽象的图像更能唤起人的回忆，因为它们能使图像同时以视觉和语言元素的形式存储在大脑中。观众在看电视广告时，会把意大利面既当作图片，又当作文字表征形式。与没有图像或有抽象的图像的广告相比，有具体图像的广告更容易让人产生好感。[2]

广播广告常常设法为听众创造视觉图像。百事公司制作了一个广播广告，在广告中，听众可以听到罐头被打开、软饮料被倒出的声音和碳酸饮料发出的嘶嘶声，这是创造视觉图像的一个很好的例子。如果消费者通过想象将一幅图形象化，其效果可能比实际观看一幅图更好。其原因是，视觉图像比想象需要更少的大脑活动，想象可以让人跳出广告的思维，想象出被模拟的场景。

世界通用的视觉图像

广告商在国际营销中经常使用视觉图像。跨国广告公司试图创造**世界通用的视觉图像**（visual esperanto），这种通用语言使任何商品或服务都可以拥有全球性的广告。

为了说明与语言描述相比视觉图像的力量，请想一想“异国风情的”（exotic）这个词。对一些人来说，“异国风情的”意味着有穿着性感泳装的年轻人的夏威夷白色沙滩。对一些人来说，它可能是瑞士雪山上的一个小木屋。对另一些人来说，它可能是非洲部落村庄的特写镜头。不同的人对“异国风情的”这个词的理解不同。然而，一对情侣坐在一起看海的图片对于不同文化的人来说有着相同的意义，因为这个图像传递的是关于爱和人与人之间关系的相似的情感体验。

寻找合适的图片是创造世界通用的视觉图像的最重要的挑战。创意人员会寻找能传递其意图或信息的图片。品牌识别可以通过视觉而非文字来实现。创意人员使用文字来辅助视觉图像。例如，创意人员决定采用一个男孩和他的父亲进行体育运动的画面来展示家庭共享快乐时光。在墨西哥，他们进行的是足球比赛，而不是美国的棒球比赛。然后，广告可以改写文案。找到一个超越文化的图像是激发世界通用的视觉图像最困难之处。一旦发现了一个合适的图像，每个国家的创意人员可以加以修改，以吸引当地的目标受众。

B2B 市场

在过去，设计 B2B 市场的广告的创意人员依赖于语言或文字元素，而不是视觉图像。这种方法的基础是创意人员相信许多商务人士会通过理性、认知的方式做出决策。近年来，越来越多的商业广告加入了强烈的视觉元素，以提高情感驱动的购买频率。

综上所述，这两种理论模型以及关于视觉和语言信息的观点为广告创意人员提供了有用的思路。每一种理论模型都提出了在开展营销活动时应遵循的关键概念。当广告的观看者能够记住产品、对产品有良好的评价并寻找该品牌时，广告就达到了其结果状态。

5.2 广告支出的影响

在开展广告宣传活动时，企业可能对广告预算与效果之间的关系做出一些不现实的假设。例如，经理可能认为广告传播支出与随后的销售收入存在直接关系。一个常见的概念是广告支出每增加 10%，销售额就会增加 2%。研究表明，虽然实际的数量变化很大，但是这一增长的均值可能仅接近 1%。[3] 图 5－4 展示了市场营销支出和广告支出与销售额和边际利润之间的关系。

关系中存在的因素包括：

- 传播目标；
- 阈值效应；
- 收益递减；
- 延滞效应；

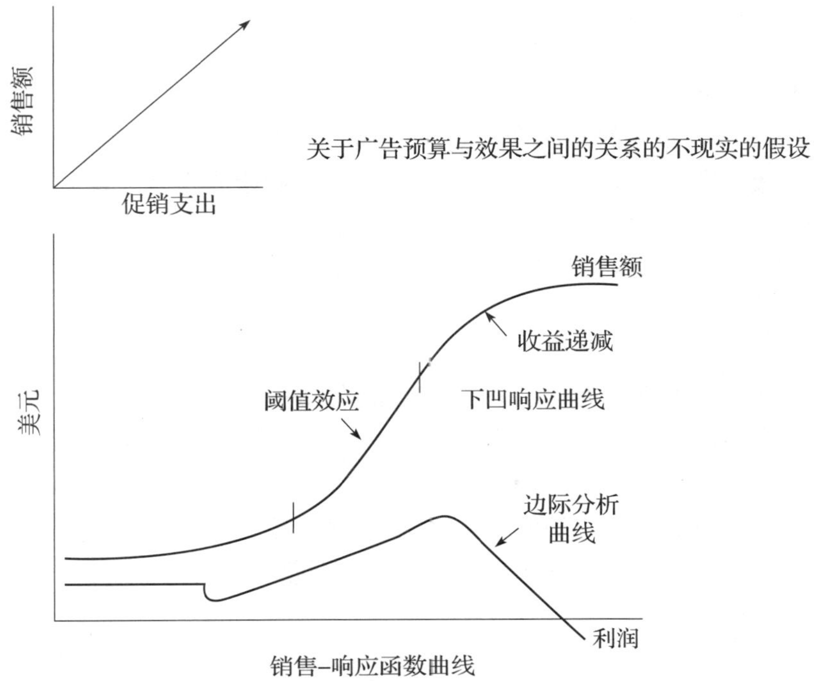

图 5 - 4　市场营销支出和广告支出与销售额和边际利润之间的关系

- 损耗效应；
- 衰减效应。

在购买过程中的不同阶段，传播目标也不相同。效果层次模型表明，在购买之前，消费者经历了意识、知识、喜欢、偏好和深信的阶段。传播目标及所处的阶段影响了广告目标、预算和要发送的信息。例如，美国佛罗里达州南沃尔顿的早期广告宣传活动是为了提高人们对海滩和便利设施的认识。随着时间的推移，广告的目标转向了建立品牌偏好。因此，整个宣传活动最初的目标（意识）与最终的目标（鼓励购买行为）有差异。在主要目标是提高知名度的时候，公司期望早期的营销支出能产生高的销售收益是不合逻辑的。

阈值效应

如图 5 - 4 所示，广告的早期效果可能是最弱的。所有的传播支出都是这样。起初，营销传播能够引起的行为反应很少，特别是当公司仅仅依赖广告本身的时候。然后，随着时间的推移，反复接触公司的营销传播信息的消费者会回忆起该品牌，并最终愿意询价或购买。[4] 优惠券、免费样品和其他营销策略也可以帮助商品或服务更快达到阈值。**阈值效应**（threshold effect）发生在广告计划开始对消费者行为产生重大影响的时候。

在某些情况下，阈值效应可能相对容易实现。例如，一种新的商品或服务可能非常具有创新性，消费者会很快意识到它的优点，并愿意立即购买，如第一款苹果手机。同样地，当一个拥有强大品牌的公司推出一款产品时，也会更快达到阈值。

收益递减

最后，几乎所有的营销活动都会达到一个饱和点，即再增加营销支出仅能产生非常弱的效果。图 5－4 中展示的 S 形曲线表示的是销售-响应函数曲线和额外广告支出造成的收益递减。**收益递减**（diminishing returns）是下凹响应曲线的一部分，在该曲线中，广告支出的增加导致销售额的增量越来越小。边际分析曲线显示，继续增加广告和促销支出会对利润产生负面影响，因为销售增长低于公司在额外的营销或广告上的支出。

延滞效应

消费者只有在需要的时候才会购买某些产品，如洗衣机和冰箱。这些产品的促销活动应该让消费者回忆起品牌，只有当消费者长期接触该公司的营销信息时，才能在购买时回忆起品牌名称。这表明了**延滞效应**（carryover effect）的存在。换句话说，当消费者的洗衣机坏了需要更换时，公司的目标是让消费者记起美泰克（Maytag）。如果消费者还记得美泰克品牌的产品，广告就成功地产生了延滞效应。

损耗效应

延滞效应之后，广告活动的另一个复杂性可能会出现。在某个时点，某个广告或特定的营销活动会变得“陈旧”或“乏味”。消费者往往会忽视广告，或对广告置若罔闻。[5] 一些消费者可能会对品牌产生负面的态度，他们感到被营销传播打扰了，认为广告应该停止。这就是**损耗效应**（wear-out effect）。

针对过去 50 年的广告活动的研究表明，大约一半的广告持续时间过长，产生了损耗效应。该研究还表明广告的长期效果是短期效果的两倍。因此，营销人员试图将一项广告营销活动持续足够长的时间，以期达到长期效果，但又不能持续太久，以免出现损耗。[6] 寻找损耗和长期影响之间的平衡点仍是一个挑战。

衰减效应

当一个公司停止做广告时，消费者往往会开始忘记广告的内容，这就是**衰减效应**（decay effects）（见图 5－5）。在某些情况下，衰减的程度会非常剧烈。在另外一些情况下，延滞效应会非常强烈，以至于要经历很长时间品牌才会在消费者的脑海中彻底消失。衰减效应的存在意味着公司应该继续进行营销传播活动，以保持人们对品牌的印象。

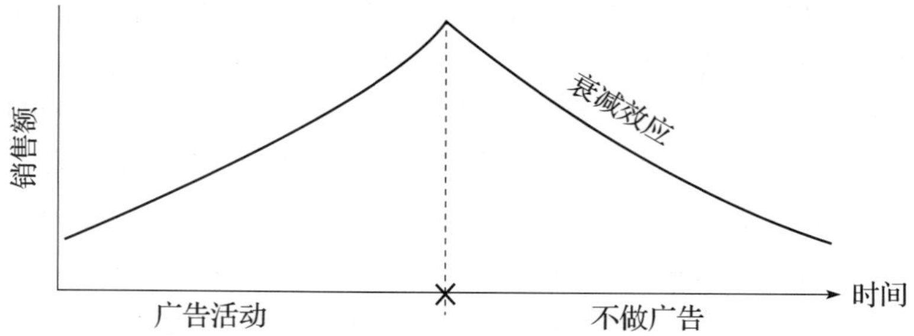

图 5－5　衰减效应模型

5.3　公司内部广告部门与外部广告代理

当公司开始一项广告活动时，决定使用公司内部人员还是外部广告代理来设计广告是第一个需要解决的问题。图 5－6 对比了公司内部广告部门与外部广告代理的优势。

公司内部广告部门的优势	外部广告代理的优势
• 更低的成本	• 降低成本
• 保持品牌信息一致	• 拥有更多专业知识
• 更好地理解产品和使命	• 局外人的角度
• 广告制作得更快	• 可接触顶级人才
• 与 CEO 紧密合作	
• 降低创意团队的人员流动率	

图 5－6　公司内部广告部门与外部广告代理的优势

随着营销预算的紧缩，更多的公司使用内部广告资源。苹果公司将内部广告部门员工从 300 名大幅扩充至 500 多名。全国广告协会（Association of National Advertisers）的一项研究显示，58%的协会成员目前使用内部广告资源，而五年前这一比例为 42%。[7]

内部广告部门有几大优势。营销经理认为可以降低成本，更好地控制广告信息，并使广告信息与品牌和其他营销传播保持一致。CEO 可以与营销团队密切合作，确保这种优势。市场营销部的人员认为他们更了解公司的产品和使命，可以更快地制作广告。内部制作的广告信息更加一致，因为创意团队的人员流动率更低。

虽然许多公司会利用内部资源，但也有许多公司将一些工作项目外包，比如文案撰写、广告拍摄、广告录制和广告编辑。有的公司委托媒体公司计划和购买媒体时间（电视和广播）和空间（杂志、报纸和广告牌）。有的公司雇用外部代理公司来处理社交媒体活动。

与效率较低的内部广告部门相比，外部广告代理公司的成本往往更低，尤其是当内部员工在营销活动和广告设计上花费的时间比广告代理公司更多时。广告代理公司能够提供更多的专业知识，并可能接触到该行业的顶级人才。广告代理公司可提供不受客户公司内部政治和个人偏见影响的外部视角。许多广告代理公司的专业人员更了解消费者和市场趋势，因为他们服务于许多企业客户，这些客户涉及各个类别的产品。从一种产品中获得的经验常常可以转移到其他产品，甚至是不相关的产品上。

广告代理公司种类繁多，各种规模和类型的公司均有。一方面，高度专业化的精品广告代理公司通常仅提供特定服务（如制作电视广告）或仅服务于一种类型的客户。新墨西哥州阿尔伯克基的 G+G 广告公司专门为美国本地人做广告，该市场估计有 1 000 万人口。[8]

另一方面，像 mcgarrybowen、Zehnder Communications 和 Richards 集团这样的综合服务机构提供各类广告和促销活动。这些公司为 IMC 项目的其他组成部分提供建议和帮助，包括消费者促销和贸易促销、直销项目、数字项目和社交媒体（如图 5－7 所示）。

- 关于如何开发目标市场的建议
- 企业市场的专业服务
- 关于如何设计强大的公司形象和主题的建议
- 帮助选择公司的标志和口号
- 准备广告
- 规划和购买媒体的时间和空间

图 5－7　综合服务广告公司提供的一般服务

有些广告代理公司提供专业服务。媒体服务公司为客户谈判和购买媒体套餐（称为媒体购买）。直销代理公司通过电话订单（800 电话号码）、互联网项目和直邮处理直营活动的各个方面。有些公司侧重于消费者促销、贸易促销或二者兼而有之。一类新的广告代理公司专门开展数字服务。Boxcar Creative 公司设计可用于多个站点的交互式网站和小程序。还有公司提供社交媒体服务，通过广泛的社交媒体技术接触消费者和企业。公关公司提供专家来帮助客户及其品牌树立积极的公众形象，以及在出现负面新闻时控制损失。

预算分配的考虑

财力会影响内部广告团队与外部广告代理公司的选择。财力小的公司可能对广告代理公司没有吸引力，因为它产生的收入更低。如果广告代理公司收取更高的费用作为补偿，对小公司来说成本太高。财力小可能会带来其他挑战，公司花在媒体时间和空间上的钱较少，因为公司把大部分广告预算花在了广告的制作上。

营销人员需要考虑的一条经验法则是“75-15-10”，即将广告费用的 75％用于购买媒体时间或空间，15％用于广告代理公司的创意工作，10％用于广告的实际制作。相比之下，对于财力较小的公司来说，这一比例可能是 50-30-20，即只有 50％的支出用于媒体购买；另外 50％的资金用于广告创意和制作。

除非公司的大部分广告预算可以用来支付媒体购买费用，否则，明智的做法是要么在公司内部完成广告工作，要么与规模较小的专业公司签订合同，让它们帮忙准备广告活动。

众包

众包（crowdsourcing）是指将广告或营销活动的创意部分外包给公众来完成。它提供了内部制作广告或聘请外部广告代理公司的一种替代方案。当用户在网上浏览广告、推荐或转发他们最喜欢的广告给朋友，并发布广告链接时，众包就可以产生病毒式的轰动效应。

10 年的时间里，多力多滋用众包的方式制作超级碗的广告，其中许多广告被选为超级碗最佳广告。众包看起来是一种成本更低的方法，实际上其总成本与聘请专业代理公司差不多。众包的总成本包括运营众包活动的比赛、支付奖金、创建微型网站来组织比赛、制作商业广告的成本，以及多力多滋和代理公司从数以千计的参与者中选出获奖人员所花费的时间成本，这与聘请外部广告公司的成本接近。然而，众包的优势在于吸引了粉丝，围绕众包竞赛产生了由消费者生成广告带来的反响（也称“蜂鸣营销”）。[9]

哈雷-戴维森采用了一种极端的众包方式，它通过众包完成所有创造性的工作，广告代理公司仅负责制作广告。哈雷-戴维森的 CMO 马克-汉斯·里彻（Mark-Hans Richer）称：“我们决定把主要的创意交给产品的所有者，因为我们的客户非常热情，他们希望与我们合作。”创意来自脸书。哈雷-戴维森在脸书上有大约 300 万名粉丝，其中有 8 000 人注册成为“粉丝机器”——哈雷-戴维森的创意论坛的组成部分。“粉丝机器”群审查广告纲要，提交想法，并对成员的想法进行投票。里彻说：“真正重要的是品牌的精神、创造力和激情，而不是金钱上的回报。”最近的一个项目收到了 300 个创意，其中最佳创意得到 2 万名粉丝的支持。里彻说：“真正让我震惊的是这些创意的实际效果非常好。有很多令人惊喜的见解。这就像将焦点小组和创意融为一体。”

最近关于消费者生成广告的研究揭示了几个趋势。首先，消费者生成广告在针对当前客户和品牌忠诚度较高的客户时效果最好。忠诚度较低的消费者会怀疑广告和营销活动。其次，分享广告创作者的背景信息可以提升消费者生成广告的说服力，说服力的提升主要是通过在广告创作者与消费者之间建立信任和展示他们的相似性。众包的社交媒体和公共关系部分是成功运用这种方法进行广告宣传的重要保障。因此，消费者生成广告可能在挽留客户方面有效，但在吸引新客户方面不太成功。[10]

众包的批评者认为，尽管这种方式可能会产生创新的、吸引眼球的广告，但随着时间的推移它无法保持一致的信息或主题。通过这种方式产生的广告也并不总能强化品牌的主要卖点或元素。Richards 集团的斯坦·理查兹（Stan Richards）认为，采用这种方式时如果没有战略方法，整个传播工作的关键部分可能会丢失。

5.4 选择广告代理公司

选择广告代理公司首先要制定高质量的选择标准。对许多公司来说，选择广告代理公司是广告管理过程中的一个关键组成部分。图 5－8 列出了选择广告代理公司的步骤。

1. 设定目标。
2. 设定选择流程和标准。
3. 筛选申请人的初步名单。
4. 要求广告代理公司提交推荐信。
5. 把名单减少到两三个可行的广告代理公司。
6. 要求提供创意推介。

图 5－8　选择广告代理公司的步骤

设定目标

在联系广告代理公司之前，客户公司领导首先要确定目标并设定其优先级。目标提供方向，防止个人偏见影响选择决策。目标通过提供客户公司希望实现的创意来指导营销人员，帮助营销团队提出活动方案。

金宝汤公司最近需要一份能够整合其四个标志性品牌——Prego、Pace、SpaghettiOs 和 Ready Meals 的营销活动方案，想找一家能够将四个品牌的创意、内容、数字和社交营销工作整合起来的广告代理公司。金宝汤公司高级经理梅甘·黑尼（Megan Haney）表示，想找一家“效率更高、思维更敏捷、更易与我们合作”的公司。通过提前确定目标，金宝汤的营销团队能够选择最好的广告代理商。[11]

设定选择标准

有经验的公司通常提前设定选择标准，以减少任何可能影响决策的偏见。情绪和其他情感会导致糟糕的选择。图 5－9 列出了在此过程中要考虑的一些主要问题。这个列表在最初筛选时特别有用，最初筛选一般会将范围缩小到排在前五位（或更少）的广告代理公司。

- 广告代理公司规模
- 广告代理公司的相关经验
- 利益冲突
- 创意的声誉和能力
- 生产能力
- 媒体采购能力
- 其他可用的服务
- 客户保留率
- 私人关系

图 5－9　选择广告代理公司的评估标准

广告代理公司规模

如前所述，客户公司营销人员应该考虑代理机构的规模与自己公司的规模。一个好的经验法则是客户公司的财力足够大，从而使广告代理公司重视它，即使失败，广告代理公司也不会受到严重的影响。

广告代理公司的相关经验

当一个广告代理公司在一个特定的行业有经验时，其员工能够更好地了解客户公司、客户和营销渠道的结构。同时，客户公司要确保与广告代理公司不存在任何利益冲突。如果一家汽车轮胎制造商雇用的广告代理公司试图服务另一家轮胎制造商，就会产生利益冲突。

广告代理公司可以在不为竞争对手服务的同时拥有行业相关经验。这样的经验是它在为不同行业的类似公司工作时获得的。例如，当一家广告代理公司有一个汽车电池制造商客户时，这种经验将与汽车轮胎行业相关。

广告代理公司应具有 B2B 市场的经验，这样当其开展营销和广告活动时会考虑到零售商、批发商和其他渠道方。

创意的声誉和能力

评估广告代理公司创造力的一种方法是要求它们列出获得过的奖励。虽然奖项并不总能转化为有效的广告，但在大多数情况下，获奖情况与撰写成功广告文案的能力之间存在正相关关系。大多数创意奖项都是由同行颁发的，因此是衡量其他人对广告代理公司创意工作的看法的有效指标。

生产能力和媒体采购能力

当需要广告生产和媒体采购服务时，应该考察广告代理公司的能力。如果需要一个广告代理公司来制作电视广告，同时还需要购买媒体时间，那么在最初的筛选过程中应关注这些活动。许多广告代理公司让子公司来执行媒体工作，或者将其分包给媒体公司。广告代理公司不一定需要购买媒体服务，但它应确保产品符合广告的设计要求。

其他标准

最后三个选择标准——其他可用的服务、客户保留率和私人关系——在最后的选择步骤中使用。这些标准有助于在选择过程中做出最终决定。

创意推介

当公司将候选名单缩减到只有两三个最终入围者时，评选团队会要求每个广告代理公司提供一份创意推介（creative pitch)。参与竞争的广告代理公司会提供一份正式的演示文稿，内容涉及特定的问题、情况或一组议题，这个过程也称为点球大战（shoot-out)。演示文稿会阐述广告代理公司将如何处理在准备营销活动时可能出现的问题。这个过程帮助客户公司选择最了解利害关系问题并能够提供解决问题的全面方法的广告代理公司。Arby's 的广告逐渐失去影响力，它更换过宣传语、广告代理商、商标，但都没有奏效。它希望参与竞争的广告代理公司提供的创意推介有助于解决自己遇到的问题，以及改变过去四年每家餐厅损失 15 万美元的状况。最终获胜的广告代理公司 Fallon 建议这家连锁餐厅不只提供三明治，而应专注于提供肉类产品。新的营销活动吸引了更年轻的客户群体。在该活动开展前，Arby's 35 岁以下的客户只有 35%，如今达到 50%。[12]

准备一份创意推介需要花大量时间，并会增加成本支出，因此，广告代理公司只想准备那些有机会被接受的创意推介。一家广告代理公司花时间准备了一份演示文稿，却发现客户公司根本无意更换广告代理公司，而是要征集广告创意，会很沮丧。[13] 客户公司应该为最终入围者提供足够的时间来做准备。Pink Jacket Creative 的比尔·布里德洛夫（Bill Breedlove）说："我希望至少有 30 天来准备一份推介。有些时候，或者对一些公司来说，45～60 天更好。"

最近，卡夫亨氏旗下的品牌 Oscar Mayer 想方设法整合其产品组合，以使其形象更现代。广告代理公司 mcgarrybowen 展示了 Oscar Mayer 如何使品牌现代并与客户建立情感联系，其创意新颖并有客户公司想要的情感火花。[14]

成功的创意推介来自努力工作和周密的计划。图 5-10 列出了广告代理公司在制作创意推介时应注意的事项。

- 倾听，允许客户说话。
- 做好准备，了解客户及其业务。
- 一定要留下良好的第一印象。要注意着装，不能太随意。
- 做一个令人信服的演讲。相信你所展示的。
- 不要假设所有的客户都是一样的。每个客户都有独特的需求。
- 不要试图在制作创意推介时解决所有的问题。
- 不要对产品或竞争对手吹毛求疵。
- 不要过度承诺。它会反过来困扰你。
- 不要花太多时间去展示证书和推荐信。

图 5－10　制作创意推介时的注意事项

广告代理公司的选择

在演示阶段，客户公司的营销人员会与广告代理公司的创意人员、媒体采购员、客户经理和其他负责客户工作的人员会面。因此，两家公司员工之间的私人关系变得至关重要。客户公司的领导应该被说服，相信未来会合作愉快。私人关系可以影响最后的决定。[15]

在完成选择过程后，广告代理公司和客户公司将共同准备广告活动。那些没有胜出的广告代理公司会得到通知，以便在一段时间内与它们保持更积极的关系。客户主管、客户规划人员和创意人员在这个过程中都扮演着重要的角色。

5.5　广告人员的角色

广告代理公司的员工扮演着各种各样的角色。在小的广告代理公司中，一个人扮演多种角色。在大的广告代理公司中，部门繁多，每个部门会雇用多个员工，他们执行类似的职能。广告代理公司内的主要角色包括客户主管、创意人员、流量经理和客户规划人员。

客户主管

客户主管是广告代理公司和客户公司之间的中间人。在一些广告代理公司，主管会积极参与客户的招揽、合同细节的最终敲定，以及与公司内部人员合作以确保广告符合客户的要求。在其他广告代理公司特别是大公司中，客户主管不招揽客户，而是负责管理客户关系和公司为品牌所做的相关工作。客户主管经常帮助客户公司确定整合营销传播项目的主题，以及广告如何融入品牌的营销策略。

创意人员

创意人员负责开发和设计广告。他们要么是广告代理公司的成员，要么是自由职业者。一些较小的广告代理公司只提供广告创意服务，不参与其他营销计划和活动。创意人员似乎在广告代理公司负责“光鲜”的工作，因为他们实际上是在制作广告和营销材料。创意人员工作时间很长，面临巨大的压力，他们要设计出能产生实际效果的广告。

流量经理

流量经理与广告代理公司的客户主管、创意人员和制作人员密切合作。他们的职责包括安排各部门的工作以确保按时完成。在广告制作过程中，流量经理负责确保道具、演员和其他需要的物品在录制时已经到位。

客户规划人员

客户规划人员在广告代理公司中充当消费者的代言人，确保创意团队了解消费者（或企业客户）。客户规划人员与客户主管和客户进行互动，以了解广告活动的目标受众。他们的工作是确保营销信息能触及合适的客户。

客户规划人员协助制定长期的传播策略，并为单个广告活动提供指导。在小的广告代理公司中，客户主管也可以担任这个角色。较大的公司雇用单独的个人和/或部门来担任客户规划人员。

5.6　广告营销活动参数

有效的广告活动需要客户主管、创意人员、客户规划人员和媒体策划人员的共同努力。这些人独立工作可能会制作出能够获奖的广告，但往往不能达成客户的目标。广告代理公司寻求能在繁多的信息中脱颖而出的营销活动。设计有效的营销活动需要注意图 5－11 列出的广告营销活动参数。

- 广告目标
- 媒体选择
- 宣传语
- 一致性
- 定位
- 营销活动时长

图 5－11　广告营销活动参数

广告目标

广告目标来源于第 4 章提出的公司整体传播目标。图 5－12 列出了最常见的广告目标。这些应与营销传播目标和整合营销传播计划的其他组成部分一致。

- 建立品牌知名度
- 提供信息
- 说服
- 支持其他营销工作
- 鼓励购买行为

图 5－12　广告目标

建立品牌知名度

建立一个强大的全球品牌通常构成一个关键的广告目标，特别是对大公司而言。树立品牌形象始于建立品牌知名度。品牌知名度意味着消费者在考虑购买选择时能够识别并记住一个特定的品牌或公司名称。广告为提高品牌知名度提供了绝佳的方法。

成功的品牌有两个特点：第一提及和消费者的首选。当消费者被问及某个产品类别中最先出现在脑海中的品牌时，一两个特定的品牌几乎总是被消费者提及。这些是**第一**

提及（top of mind）的品牌。例如，当被要求选择汉堡快餐店时，麦当劳和汉堡王几乎总是名列前茅。在许多国家，耐克和锐步的运动鞋也是如此。

首选（top choice）这个词的含义是：当消费者回顾他可能购买的产品时最先想到的第一个或第二个品牌。许多产品因为品牌价值而成为人们的首选。广告可以强化品牌资产。

提供信息

广告还能实现其他目标，如向消费者和企业买家提供信息。可为消费者提供的典型信息包括零售商的营业时间、营业地点，有时也包括更详细的产品规格说明。信息可以使购买过程更加简单方便，以吸引顾客到商店去完成购买。

说服

当广告使消费者相信一个品牌的优越性时，说服就发生了。改变消费者的态度并说服他们考虑新的购买选择可能是具有挑战性的。广告主会采用几种说服的方法，比如向消费者展示未购买特定品牌的负面后果，广告活动突出一个品牌的最优属性或优势。

支持其他营销工作

广告通常可以支持其他营销功能。制造商利用广告来辅助交易和消费者促销，如主题包装或组合优惠。像麦当劳的大富翁游戏这样的营销活动需要额外的广告才能产生效果。

零售商也通过做广告来支持营销计划。任何形式的特卖活动（白色大减价、买一送一、圣诞节前大减价）都需要有效的广告来吸引顾客。制造商和零售商店都将广告与发放优惠券或其他优惠活动结合起来。

鼓励购买行为

许多公司为广告计划设定行为目标。电视广告就是一个例子，它鼓励观众通过拨打免费电话来快速购物。从 ShamWow 到 Snuggies 的所有产品都使用了行为战术。电视购物节目和家庭购物网络节目很大程度上依赖于消费者的即时购买反应。

以行为为导向的广告也出现在 B2B 市场。生成销售线索是这类广告的首要目标。许多商业广告提供网址或电话号码，以便购买者能够获取更多信息或进行购买。

建立品牌知名度、提供信息、说服、支持其他营销工作和鼓励购买行为这五个广告目标并不是相互独立的。它们在关键方面合作。例如，建立品牌知名度和提供信息是说服的一部分。把握目标的关键是在强调一个目标的同时不要忘记其他目标。

媒体选择

选择合适的媒体需要了解目标市场的媒体使用习惯，然后将这些信息与每个媒体的受众进行匹配。大众汽车将 Tiguan 定位为一款针对热爱户外运动的年轻人的有趣车型。虽然这次营销活动以电视广告为主，但其中最不寻常的是户外广告。公司在 150 个国家公园和度假胜地的自行车架和步道起点投放了一系列户外广告，广告的主题是“人们想要一辆能和别人一起很好地停放的 SUV”。投放这些广告的是 Brand Connections Active Outdoor 公司。该公司 CEO 布赖恩·马丁（Brian Martin）称有超过 3 000 万远足者、骑行者和其他户外爱好者关注这些广告。[16]

营销团队识别目标市场青睐的媒体。青少年喜欢上网和看电视。只有一小部分人阅读报纸和新闻杂志。不同的细分市场在何时以及如何使用不同的媒体方面存在差异。年长的非洲裔美国人看电视节目的方式与年长的白人不同，男性比女性看更多的体育节目，等等。

在 B2B 市场中，若能识别采购中心的所有员工最有可能阅读的贸易杂志和商业出版物，则能帮助完成一项平面广告活动。其中，工程师往往是有影响力的人，他们通常与副总裁（也就是决策者）有不同的媒体使用习惯。

虽然媒体采购要在广告代理公司和客户公司的指导下进行，但最终负责采购的通常是媒体公司。近年来，媒体公司在营销活动的较早阶段参与的趋势有所发展。在此之前，大多数媒体公司都是在营销活动准备好或接近完成时才参与进来，其具体任务是采购媒体空间或时间。宝洁、强生、高乐氏（Clorox）、金佰利（Kimberly-Clark）、威瑞森和惠普等都将媒体公司列为战略合作伙伴，共同开发广告和营销活动。[17] 广告代理公司邀请媒体公司参与战略开发，因为它们通常对目标受众有高质量的洞察力。它们能够为创意人员提供有价值的信息，包括如何最好地触及客户的目标市场，如何使用目标消费者青睐的主要媒体。

在某些情况下，媒体公司实际上是在制作广告。金佰利公司高级品牌经理乔·库斯特（Joe Kuester）说："我们并不在乎这个创意来自哪里，也不在乎谁支持这个创意。"这一声明是对金佰利旗下媒体公司 Mindshare Entertainment 为其 Poise 品牌制作的一系列由沃皮·戈德堡（Whoopi Goldberg）主演的网络剧集的回应。另一家媒体公司 MEC Entertainment 与客户宜家合作，为 A&E 组织了一场名为"修理厨房"的活动。这种让媒体公司参与广告活动开发的各个方面的趋势正在迅速发展。[18]

宣传语

广告中的关键词即宣传语，应该是能让人记住的东西，它能识别一个品牌的独特性或传递某种特殊的意义。"只管去做"是耐克多年来的口号。图 5－13 列出了其他众所周知的宣传语。

- 美国运通——别忘了带它出门
- 安飞士——再接再厉
- Bounty——一抹而光
- 第一资本金融公司——你的钱包里有什么？
- CNN——新闻中最可信的名字
- Energizer——它一直运行，运行，运行
- 贺曼贺卡公司——当你足够在乎的时候，送出最好的
- 约翰迪尔——没有什么比鹿跑得快
- 麦斯威尔——滴滴香浓，意犹未尽
- 诺基亚——科技以人为本
- 欧迪办公——处理业务
- 塔吉特——期待更多，支付更少
- 联合包裹速递服务公司（UPS）——Brown 能为你做什么？
- 沃尔玛——省钱，过得更好

图 5－13　各种品牌宣传语

宣传语使不同平台的广告保持了一致性。消费者通常会记住宣传语，并将其与特

定的品牌联系起来。一句朗朗上口的宣传语可以让消费者识别一个品牌，然后在接下来的营销活动中一直使用它。为了给营销活动带来新鲜感，营销人员可能每隔几年就会调整或修改宣传语。随着消费者注意力持续时间的缩短，宣传语也从短句缩减为两三个词。巴黎欧莱雅使用简短的宣传语“你值得拥有”长达 40 多年。其他简洁的宣传语还包括宝马的“终极座驾”、Lucozade（英国能量饮料）的“Yes”和沃尔玛的“省钱，过得更好”。

在其他情况下，公司可能会开发一个全新版本的宣传语。为了让 Oscar Mayer 这个品牌更现代，营销人员及其广告代理公司 mcgarrybowen 创造了一个新的宣传语。Oscar Mayer 以信任、怀旧、传承、顺口溜、博洛尼亚大红肠、热狗和孩子而闻名。这个形象需要更新，变得更现代，并设计成同时针对成人和儿童的。Oscar Mayer 的营销团队希望帮助品牌树立充满活力、与文化相关的形象，抓住给人带来好心情的日常食物这一精髓。营销活动的中心是真正的快乐、真正的时刻、真正的友谊、真正的情感和真正的人。广告展示的观点是 Oscar Mayer 是“带来好心情的食物”，这是营销人员头脑风暴并使用音乐的结果，广告语是“没有比这更好的了”。[19]

一致性

反复看一个特定的视觉图像、标题、文案或宣传语有助于将一个品牌植入消费者的长期记忆中。视觉一致性变得尤为重要，因为大多数消费者花费很少的时间观看广告。大多数情况下，人们只是随便看一眼平面广告，或草草看一下电视广告。视觉一致性能够引导观看者，并将信息从短期记忆转移到长期记忆中。一致的标识、宣传语、标题和营销活动有助于实现这个过程。

重复有助于增加消费者回忆起广告和品牌的概率。虽然仅仅重复相同的广告就可以达到这个效果，但适当改变广告内容似乎有更好的效果。一些广告主强调**变异性理论**（variability theory）的原理[20]，认为当消费者在不同的环境中看到相同的广告时，就会产生变异的编码。这些变化的环境通过不同的方法将信息编码进大脑，增加了广告回忆起来的概率和有效性。创意人员可以通过改变特定广告的情境来产生效果。例如，第一资本金融公司的营销活动使用不同的情境来传递同样的基本信息，即“你的钱包里有什么?”改变广告的情境可以提升广告被回忆起来的概率，并为克服竞争性广告的干扰提供一种有效的方法。[21]

选择两种媒体来发布营销信息通常比在同一媒体上重复呈现广告更有效。一个广告投放在一个以上的地点可以减少竞争性广告的干扰。换句话说，在电视和杂志上发布营销信息比仅在电视上发布效果更好。消费者在不同的媒体上看到广告比在单一媒体上看到广告更容易回想起该广告。

无论是跨媒体还是在同一媒体上改变广告的内容，一致性是保证广告有效性的关键。它可以减少损耗效应的产生，并使消费者保持对广告营销活动的兴趣。一致性有助于在消费者处于购买阶段时产生延滞效应。

定位

在产品的整个生命周期中保持一致的产品定位使消费者更有可能将产品与其认知地

图联系起来。若公司在每一则广告中都强调质量，就会比在第一则广告中强调质量、在第二则广告中强调价格、在第三则广告中强调便利性更容易将产品与消费者的认知地图联系起来。广告定位的不一致将导致品牌和公司更难被消费者记住。一致的产品定位可以避免歧义，也可以让广告信息更加清晰易懂。

营销活动时长

营销活动的长度或持续时间应该是明确的。在一段合适的时间内使用相同的广告可以让信息进入消费者的长期记忆中。在广告变得乏味且令受众失去兴趣之前，它应该被改变；然而，频繁更换广告不利于客户保留。同时，开展新的营销活动也会增加成本。

营销活动一般持续 6 个月，当然也有例外，有些营销活动会持续数年。通常决定何时改变营销活动的标准是损耗效应。当消费者忽视广告，广告不再有效时，公司就需要开展新的营销活动。广告主延长广告活动和延迟损耗效应的一种方法是在营销活动中创建多个版本的广告。

5.7　创意纲要

当广告代理公司准备一份文件来指导广告活动或特定商业广告的制作时，该文件就是一个**创意策略**（creative strategy）或**创意纲要**（creative brief）。尽管存在各种形式，但标准的创意纲要的基本组成部分如图 5－14 所示。如果准备得当，一份高质量的创意纲要可以为广告代理公司节省大量的时间和精力，为客户带来更强有力的广告宣传效果。

- 目标
- 目标受众
- 信息主题
- 支持
- 约束条件

图 5－14　创意纲要的基本组成部分

广告代理公司和客户之间的无效沟通有时会发生在相关人员没有准备恰当的创意纲要的情况下。一项针对广告代理公司高管的调查揭示了创意纲要存在的重大问题，多数广告代理公司对此比较懊恼。最常见的问题是焦点不集中。53％的高管表示，纲要内容完整，但缺乏重点；27％的高管表示，纲要既不完整，也不一致。只有20％的人认为大部分纲要还是重点明确的。没有一个人认为纲要一直是完整的、重点明确的。[22]

目标

创意纲要确定了广告活动的目标，如前文所述。在设计特定的广告或广告活动之前，创意人员要检查其主要目标。目标指导广告设计和执行的选择。例如，为了实现提高品牌知名度的目标，产品的名称会在广告中突出显示或在电视广告中多次重复。为了实现树立品牌形象的目的，实际的产品通常会在广告中更突出地展示。

目标受众

创意人员需要了解目标受众。一家公司旨在说服企业咨询新款电脑软件的广告是不同于其直接针对消费者的广告的。针对企业的广告关注的是行业类型和采购中心的特定成员。有关目标受众的细节越多，创意人员就越容易设计出有效的广告。

过于笼统的目标市场概况没有帮助。相较于将目标市场明确为“20～35 岁的男性”，我们需要的是更具体的信息，如“20～35 岁受过高等教育的专业化的男性”。其他信息，包括爱好、兴趣、观点和生活方式，使得更精确地制作广告成为可能。针对活跃的户外运动爱好者的营销活动不同于为爱玩视频游戏、爱看电影和爱上网的消费者设计的营销活动。

信息主题

信息主题展示了广告计划传递的关键思想的概要。信息主题不代表广告主强调的对消费者或企业客户的利益或承诺。承诺或独特的卖点描述的是产品或服务提供给客户的主要效用。汽车广告的信息主题可能强调豪华、安全、乐趣、燃油效率或驾驶刺激。酒店广告的信息主题可以集中在豪华、价格或不寻常的功能，如法国巴黎的酒店可以强调到附近所有的旅游景点都很方便。信息主题应该与选择的媒体、目标市场和整合营销传播信息相匹配。[23]

信息主题可以是理性的，也可以是感性的。“左脑”广告以逻辑、理性的一面为导向，使用数字、字母、单词和概念来告知消费者。“左脑”广告采用逻辑性、真实性和理性的诉求。理性的属性（如尺寸、价格、特殊功能）会影响汽车购买决策。与此同时，许多消费者购买汽车是出于情感上的原因。右脑处理抽象的想法、图像和感觉。人们选择汽车可能是由于它的颜色、运动感或其他感性的原因。

大多数广告针对的不是消费者的左脑就是右脑。广告也可以通过平衡这两方面而产生效果。理性的经济人在决定购买像保时捷这样的昂贵跑车时会犹豫不决。许多产品的购买行为是基于一个人对商品或服务的感觉，并结合理性的信息完成的。[24]

支持

支持是创意纲要的第四个组成部分。**支持**（support）采用事实的形式来证实信息主题。当艾维诺（Aveeno）的产品获得 *Allure* 杂志颁发的“最佳美容产品”奖时，公司就将“最佳美容产品”印在了产品上。公司在广告中提到这个奖项，以支持艾维诺的产品卓越。

约束条件

约束条件（constraints）适用于所有对广告的法律和强制性限制。约束条件规定了对商标、标识和版权的法律保护。它们还规定了所有关于保修、优惠和索赔的免责声明。对于保修，免责声明详细说明了这项服务的适用条件。例如，轮胎保修单经常声明，它们适用于正常驾驶条件下的日常维护。一个人不能因为自己的疏忽使轮胎很快磨损，却希望免费更换。

免责声明告知消费者有关产品的潜在危险。烟草广告包含有关吸烟危害的陈述和图像。关于营销优惠的免责声明规定了融资协议的条款以及何时适用奖金或折扣。声明明确了广告中陈述的内容的本质。其中包括营养说明以及关于食用分量的说明和其他描述产品的信息。

当这些组成部分都完成后，创意纲要就准备好了。当信息与媒体相匹配，就能制作广告了。有效的创意纲要包括 IMC 信息的全部内容，并针对特定的广告营销活动进行修改。反过来，这也给公司提供了一个更好的机会，通过反馈可衡量的结果和确保成功的信息来接触客户。最近的研究表明，在两个月或更短的时间内设计的营销活动最有可能"非常有效"。那些耗时更长的营销活动往往效果不佳。与此同时，市场营销人员不急着推进。在两周或更短时间内设计的活动也可能是无效的。[25]

5.8 国际启示

广告管理包括主要的海外支出。全球排名前 100 位的广告主平均有 62%的广告预算投放在美国以外的地方。图 5－15 对比了 6 家主要公司在美国境外的广告支出和销售收入。如图所示，可口可乐在美国境外的广告支出占公司总广告支出的 83.5%，产生了公司总收入的 74.9%。高露洁-棕榄公司把 85.6%的广告费用花在了美国以外的地方，产生的收入占总收入的 76.7%。图中也提供了福特、美泰（Mattel）、麦当劳和宝洁等公司的数据。[26]

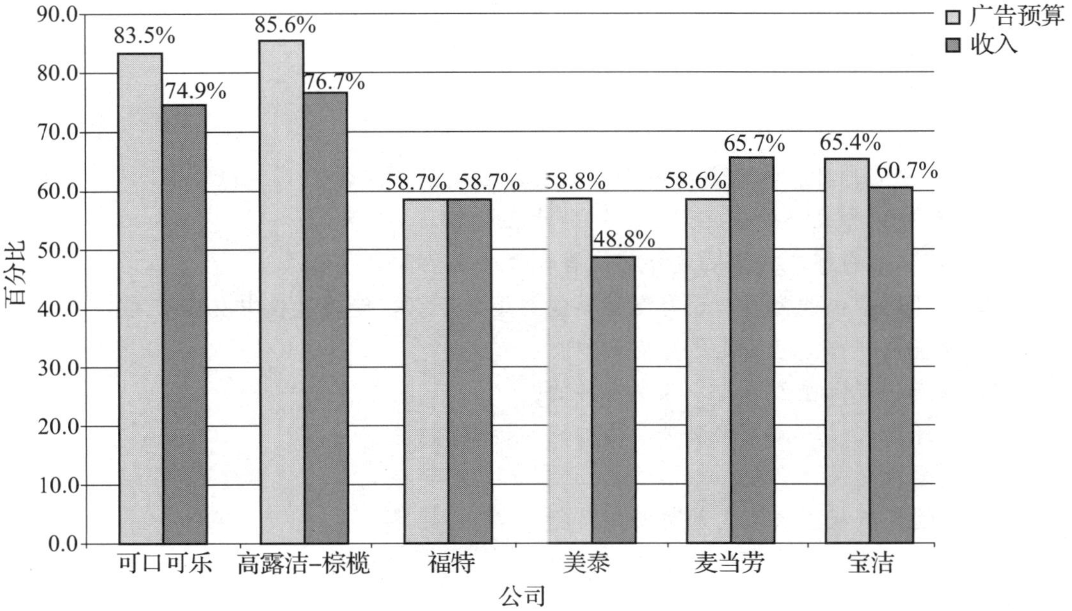

图 5－15　主要品牌非美国地区广告预算和销售收入对比

国际化广告管理与本土广告管理有两个不同之处：首先是过程本身；其次是国际广告营销活动的准备过程。

准备广告活动的一般程序基本一致。最重要的区别在于是否有合格的广告代理公司以及选择广告代理公司的方式。例如，在有的文化中，在面对面会议开始时要先交换礼物。此外，商务名片在不同文化中有不同的用法和含义。在一些国家，只有高度信任的盟友才会收到名片。在另一些地方，名片是自由分发的。营销团队在与另一个国家的广告代理公司建立合作关系之前会仔细研究商务会议的细微差别，包括正式头衔的使用、眼神交流、谁先发言以及其他因素。

其他国家的广告代理公司可能不会遵循典型的程序，如提供创意推介或编写创意纲要。预先计划研究的形式也可能有所不同。在一些国家进行的调研不可能与美国和其他西方国家相同。

为国际市场设计广告活动需要了解可能涉及的各种语言和文化。在欧洲，需要用法语、西班牙语、葡萄牙语、意大利语和其他语言对广告主题和信息进行翻译和反向翻译，以确保在不同的国家可以清楚地表达广告的思想。媒体选择过程可能也需要调整；有些国家有国营电视网，有些国家则对广告内容加以限制。

复习题

1. 定义广告活动管理。
2. 效果层次模型的六个阶段是什么？它们总是按这个顺序出现吗？为什么？
3. 态度的三个组成部分如何与效果层次模型相关联？
4. 在方法-结果链中，什么是方法？什么是结果？它们如何影响广告设计？
5. 为什么广告中的视觉元素很重要？视觉元素和语言元素之间有什么关系？可以只有视觉元素或语言元素吗？
6. 什么是世界通用的视觉图像？
7. 阈值效应是什么？收益递减是什么？延滞效应是什么？
8. 损耗效应和衰减效应之间的区别是什么？
9. 决定采用内部广告团队或外部广告代理公司的因素是什么？
10. 除了广告代理公司，还有哪些其他类型的组织在传播过程中发挥作用？
11. 众包是什么？它的优劣势有哪些？
12. 选择广告代理公司的步骤是怎样的？
13. 选择广告代理公司应该采用哪些评估标准？
14. 创意推介是什么？
15. 描述广告代理公司内部有哪些角色。
16. 本章描述了哪些广告营销活动参数？
17. 描述第一提及品牌和首选品牌。
18. 什么是宣传语？在广告中，宣传语起到什么作用？
19. 解释为什么变异性理论可以帮助广告保持一致性。

20. 创意纲要包含哪些元素？

………| 批判性思维练习 |………

讨论题

1. 从下列品牌中选择一个，设计与本章介绍的方法-结果链相似的两个方法-结果链。

a. St. Francis Medical Center

b. JD Bank

c. Orkin Pest Control

d. 麦斯威尔

2. 想想你最近看过的广告。解释下面列出的每个概念，然后给出一个你认为能说明这个概念的广告示例。解释为什么你认为这则广告符合这个类别。

a. 阈值效应

b. 收益递减

c. 延滞效应

d. 损耗效应

e. 世界通用的视觉图像

3. 回顾“广告人员的角色”一节中介绍的每种工作的职责。你认为哪项工作对你最有吸引力？为什么？你认为哪项工作最没有吸引力？为什么？

4. 从以下产品中选择一个，利用本章所学的内容为它准备一份创意纲要。你可以选择以下产品类别的任一品牌。

a. 能量饮料

b. 冷冻苹果汁

c. 快餐店

d. 咖啡

e. 害虫防治

………| 学生项目 |………

创意角

在本练习中使用以下创意纲要。

产品：保时捷汽车

目标：改变消费者认为不能每天开保时捷汽车的观点。

目标受众：30～55 岁的消费者，男性稍多，受过大学教育，年收入约为 10 万美元。从心理角度分析，目标市场是一个被称为个人主义者的群体，他们往往不买主流产品。在选择汽车时，他们更强调设计元素、独特性和实用性，也很看重社会地位。

背景信息：市场调研发现，潜在客户对买车就是为了乘坐的观点举棋不定。当被问及什么原因使他们不能每天开车时，他们说：“在城市中开车让我感觉不舒服。它没有我管理日常生活的技术，也没有供乘客使用的空间。”

信息主题：保时捷汽车可以满足日常活动的驾驶需求。它不必停在车库里，只在周末开。它有最新的技术，可以舒适地载客。

约束条件：所有的广告必须包含保时捷的标志。

第6章

广告设计

本章目标

本章旨在回答如下问题：

- 如何使用信息策略来设计有效的广告？
- 七种主要的广告诉求是什么？
- 执行框架在广告设计中起什么作用？
- 信源和代言人决策如何与广告设计相关联？

本章概要

最近哪条广告信息给你的印象最深？它是有趣的、性感的还是情绪化的？它是在超级碗期间出现的吗？在《广告周刊》（*Adweek*）和哈里斯互动（Harris Interactive）的一项调研中，大部分消费者（55%）认为广告有点意思或非常有趣，仅13%的受访者认为广告很无趣。当制定购买决策时，6%的受访者表示广告“非常有影响力”，29%的受访者认为广告“有些影响力”。与人们普遍认为的相反，广告确实影响着年轻的消费者。在18～34岁的受访者中，近一半的人称自己受到了广告的影响；在35～44岁的受访者中，这一比例为37%；在45岁及45岁以上的受访者中，这一比例为28%。[1]

这项调查强调了设计一个有吸引力和影响力的广告活动的重要性。这可能是整合营销传播计划的一个具有挑战性的元素。成功的广告活动不仅令人们享受他们所看到的，而且令他们的行为和态度发生改变。受众至少能够记住商品或服务。mcgarrybowen是一家在广告设计方面比较成功的广告公司。

第5章描述了整体广告管理项目，如mcgarrybowen使用的方法。如前所述，客户主管通过与创意人员、媒体策划人员和媒体采购人员合作来领导广告代理公司。本章将重点放在信息设计上。该工作将由广告代理公司的工作人员根据客户与客户主管共同编写的创意纲要完成。

本章的前三个主题是信息策略、诉求和执行框架。广告设计的这些元素与电影或电视节目制作类似。信息策略类似于演员所说的话——语言信息。诉求代表传递信息的方式，如通过严肃的语气、笑声或性暗示。执行框架类似于电影中的情节或故事。

本章的最后一个主题是信源或代言人。这些人通过广告项目中使用的各种媒体以口头和视觉的方式传递信息。广告代理商和公司仔细考虑谁将成为公司及其产品的“脸”。

MCGARRYBOWEN

2002 年，三个合作伙伴在广告和传播领域联合创立了一个新的竞争者——mcgarrybowen 广告公司。约翰·麦加里（John P. McGarry）、戈登·鲍思（Gordon Bowen）和斯图尔特·欧文（Stewart Owen）成立了一个既“亲切”又“坚韧”的公司。该公司提供了一种专注于客户业务和品牌的战略方法，而非一种独特的风格与预先确定的媒体解决方案。

该公司令人印象深刻的客户名单包括雪佛龙、佳能、迪士尼、摩根大通、卡夫亨氏、万豪、Oscar Mayer、辉瑞、夏普、《华尔街日报》和威瑞森。通过 mcgarrybowen 做广告和营销的产品包括七喜、Advil、Miracle Whip、Snapple 和 Viagra。不久前，该公司重新获得锐步的认可，同时增加了西尔斯、汉堡王、联合航空和 Bud Light 等新客户。《广告时代》（*Advertising Age*）将 mcgarrybowen 评为 2009 年度最佳广告公司、2010 年度 A-List 广告公司第二名以及 2011 年度最佳广告公司。

mcgarrybowen 公司的全方位服务几乎涵盖了所有的营销和传播活动。其中，广告、品牌战略、数字信息、移动网络、社交网络、数据分析、直销、赞助、娱乐营销、媒体策划、多元文化营销等是重点。公司领导强调协作，最终建立了一个有活力和灵感的工作团队，为客户提供高质量、创造性的解决方案。

mcgarrybowen 的一位创意人员指出：“我们以讲故事为荣。这些故事的基础是产品的真相。”另一名员工表示：“我们的客户规划更具灵活性。当战略是故事的第一章时，规划就至关重要。品牌战略的前提是我们如何将品牌故事与人联系起来。”从本质上讲，讲故事涉及“获得一种解读品牌并建立个人联系的洞察力”。

6.1 信息策略

信息主题概述了广告活动中的关键思想，这是第 5 章所述创意纲要的中心部分。信息主题帮助广告团队获得**信息策略**（message strategy）——用于传递信息主题的主要策略或方法。三大信息策略包括认知信息策略、情感信息策略和意向信息策略。[2] 如前一章所述，这些类别代表态度的组成部分。图 6－1 列举了每个类别的各种形式或方法。

- 认知信息策略
  - ○ 通用信息
  - ○ 抢先信息
  - ○ 独特销售主张
  - ○ 夸张
  - ○ 对比广告
- 情感信息策略
  - ○ 共鸣
  - ○ 情绪化
- 意向信息策略

图 6-1　信息策略

认知信息策略

认知信息策略（cognitive message strategy）向消费者提供合理的论据或信息片段。这些想法需要认知处理。广告信息描述产品的属性或客户通过购买产品可以获得的效用。[3]

认知信息策略广告通过暗示各种潜在的产品效用来影响人们的信念和/或知识结构。食物可能被描述为健康、美味或低热量的。营销人员可以将工具描述为耐用、便捷或使用方便的。认知信息策略的五种主要形式是通用信息、抢先信息、独特销售主张、夸张和对比广告。

通用信息

直接推销产品属性或优点而不声明任何产品优越性的广告传递的是**通用信息**（generic message），这种信息最适于品牌领导者或行业主导者。通用信息使品牌成为产品类别的同义词。几年前，金宝汤公司宣称汤是好食物，但并没有声明汤的优越性。这家公司在这个行业处于领先地位。大多数消费者想到汤时，首先想到的是金宝汤，该公司每年的罐头销量占全美总销量的 69%。[4] 任天堂（Nintendo）采用了类似的方法，占据游戏机市场 47%的市场份额。[5] 在 B2B 市场，英特尔采用通用信息策略“内置英特尔”，因为该公司控制着 80%的微芯片市场。[6]

通用信息策略有助于提高品牌知名度。广告主可能试图在一个特定的品牌名称和一个产品类别（如斯凯奇和运动鞋）之间建立一种认知联系。广告中关于产品属性的信息可能很少。相反，它试图令品牌进入一个人的认知记忆和认知地图。

抢先信息

以产品的特定属性或效用为基础，以防止竞争对手做出相同或类似声明为目的，强调产品优越性的声明是一种**抢先信息**（preemptive message）。佳洁士牙膏素有“抗蛀牙斗士”的美誉，尽管所有的牙膏都能抗蛀牙，但它先发制人，不让其他公司做出类似的声明。当公司率先陈述优势时，有效的抢先策略就产生了。声明相同的竞争对手会被视为“我也是”品牌或模仿者。

独特销售主张

一个明确的、可测试的、能够以某种方式被支持或证实的独特性或优越性的主张是一个**独特销售主张**（unique selling proposition）。P&S Surgical Hospital 公司声称拥有最好的小型医院，证据是其被 CareChex 评为路易斯安那州排名第一的医院，HealthGrades 将其评为五星级。

夸张

基于某些产品属性或效用的无法验证的声明被视为**夸张**（hyperbole）。如果美国广播公司（American Broadcasting Company，ABC）说它有美国人最喜欢的电视剧，这种说法是夸张的。由于不需要证实，这种认知信息策略非常流行。夸张经常使用夸大的术语，包括“最好的”或“最伟大的”。

对比广告

最后的认知信息策略是**对比广告**（comparative advertisement），它允许广告主根据某种产品属性或效用直接或间接地与竞争对手的产品进行比较。广告中可以直呼竞争对手的名称，也可以虚构一个名称，如“X 品牌”。

对比广告常常能引起消费者的注意。进行比较时，品牌知名度和信息知名度都会提高。与非对比的信息呈现形式相比，消费者更容易记住对比广告呈现的品牌信息。

低可信度和消极的消费者态度构成了对比广告的潜在负面影响。许多消费者认为对比广告不那么可信。他们认为赞助品牌的信息被夸大了，并且可能得出这样的结论：该广告错误地描述了对比品牌的信息，从而使赞助品牌显得更好。这反过来又导致消费者对使用对比方法的品牌产生负面态度。

对比广告的另一个风险是当消费者对广告产生消极态度时，这种消极态度就会转移到广告主的产品上。当一个品牌做了一个针对竞争对手产品的负面对比广告时，这种情况更有可能发生。研究表明，负面对比广告通常会导致广告主张的可信度更低，并可能导致消费者对品牌的态度更差。[7] 在心理学中，自发特质移情（spontaneous trait transference）的概念假定，当一个对比广告根据一个特定的属性来批评竞争对手的品牌时，可能会导致受众把该缺陷归咎于被推销的品牌。当消费者购买的是对比品牌而不是广告品牌时，这种移情更有可能发生。[8]

负面广告也可以成功。微软搜索引擎必应的“吝啬鬼”广告就是一则取得了预期效果的负面对比广告。它展示了谷歌的负面信息，如 Gmail 中的侵入性广告、与应用开发者共享数据、利用私有数据使谷歌的广告利润最大化等。大多数广告都没有提到必应，直到最后才出现画外音：“为了得到真实的结果，你可以试试必应。”有效性研究结果表明，53%的观众表示他们会在看完广告后试用必应。[9]

公司领导会仔细选择合适的对比对象，在使用负面对比时会非常谨慎。对比品牌必须被认为是可行的竞争品牌。由天花乱坠的宣传和没有实质性差异的比较构成的对比广告不太可能成功。误导性的比较可能会引起联邦贸易委员会（Federal Trade Commission，FTC）的调查。联邦贸易委员会收到的大多数投诉都是关于潜在的误导性对比广告。

将市场份额小的品牌与市场领导品牌进行对比效果较好，因为受众会更关注广告的内容和信息。Kindle Fire 最近的一则广告就采用这种方法，它将自己与 iPad 进行比较。广告称，Kindle Fire 以较低的价格提供了高质量的产品。将两个市场份额较大的品牌做对比可能没那么有效。在这种情况下，更好的策略可能是简单地进行比较，而不指出竞争对手是谁。

五种认知信息策略都是基于理性逻辑的。广告主可以设计信息，引导消费者关注广告，并花时间对信息进行认知处理。在态度上，认知→情感→意向的顺序代表了理性的方法。认知信息策略首先向消费者提供关于商品、服务或公司的理性信息，然后引导他们对同一品牌或公司产生积极的态度。

情感信息策略

试图唤起人们的感觉和情绪，并将这种感觉与产品、服务或公司相匹配的广告采用的就是**情感信息策略**（affective message strategy）。这些信息试图增强产品的亲和力、对广告诉求的记忆或对广告的理解。情感信息策略应该能激发情感，引导消费者做出消费行为，最好是通过影响消费者的推理过程引导消费者购买产品。

共鸣

将品牌与消费者的体验联系起来，从而在产品和消费者之间建立更紧密的联系，这就是情感共鸣广告。播放 20 世纪 80 年代的音乐可以将回声潮一代（Echo Boomers）带回到那个时代。任何强烈的记忆或情感依恋都可能成为共鸣广告元素。

斯巴鲁（Subaru）的广告团队采用共鸣的方法设计了一项在线营销活动，试图激起人们怀念自己的第一辆汽车。该项目包括一个在线动画生成器，网址为 FirstCarStory. com，消费者可以在这里重现他们的第一辆汽车的外观和感觉。该程序使用了将文字转换成自定义图像的技术。斯巴鲁营销传播总监艾伦·贝思克（Alan Bethke）指出："'第一辆汽车的故事'营销活动为重新体验那些独特、有趣、难忘的经历提供了一个有创意的渠道，任何有过第一辆汽车的人都可以联想到这些经历。"[10]

当营销人员寻找方法鼓励消费者购买品牌产品而非普通产品时，一种新的共鸣广告形式——**舒适营销**（comfort marketing）受到欢迎。这种方法能够让寻找品牌价值的消费者放心，品牌价值指品牌产品经受住时间考验的价值。舒适营销包括引入过去的复古角色、主题和歌曲，来唤起人们对过去的美好回忆。为了确保品牌看起来不老气，怀旧广告一般是将过去的吉祥物、音乐、宣传语等引入 21 世纪。采用这种方法的品牌包括 StarKist、Alka-Seltzer、百加得（Bacardi）、多力多滋、胡椒博士（Dr. Pepper）、百事可乐和绅士。百加得北美分部的罗伯特·弗尼斯-罗（Robert Furniss-Roe）说："在这种环境下，人们寻找的是实质和真实性。"[11]

情绪

情绪情感（emotional affective）方法试图激发消费者强烈的情感，从而帮助消费者回忆起产品并选择产品。很多情感都与产品有关，包括信任、可靠、友谊、幸福、安全、魅力、奢华、宁静、愉悦、浪漫和激情。公司将情感诉求融入以消费者为导向和 B2B 的广告。企业采购中心的成员做出购买决定不仅仅是简单的理性思考过程，情绪和感觉也会影响选择。当一则广告从情感的角度展示产品的优势时，通常会更有效，即使是 B2B 广告。[12]

许多创意人员认为，情感策略可以打造更强大的品牌。情感广告引导消费者喜欢该品牌，对其产生积极的情感，最终购买该产品。认知信念出现在情绪之后。情感策略方法依赖于态度的发展过程：情感→意向→认知。对于某些产品而言，情感广告之所以成功，是因为品牌之间几乎不存在真正的有形差异。

意向信息策略

意向信息策略（conative message strategy）试图直接引导消费者的反应。它们可以支持其他的促销活动，如优惠券兑换计划、返现或鼓励消费者访问网站。试图说服观众拨打免费电话购买商品的广告的目的是激发行为。意向广告通常鼓励人们迅速行动起来，它们通常指出产品在商店买不到，且只能在有限的时间内买到。

在意向广告的影响下，对品牌的认知知识或对产品的情感偏好通常来的比较晚（晚于实际购买行为）或产生于产品使用期间。例如，购买点展示（point-of-purchase display）可以使人们产生冲动购买（通常同时做广告）。完成销售任务是该广告的目标，与此同时在消费者使用产品的时候构建对产品的认知和偏好。意向信息策略的态度形成顺序是：意向→认知→情感。

认知信息策略、情感信息策略和意向信息策略可以与效果层次理论相匹配，该理论认为，消费者经历从意识到知识、喜欢、偏好、深信到实际购买的一系列阶段。如图 6－2 所示，每个信息策略都突出了效果层次模型的不同阶段。

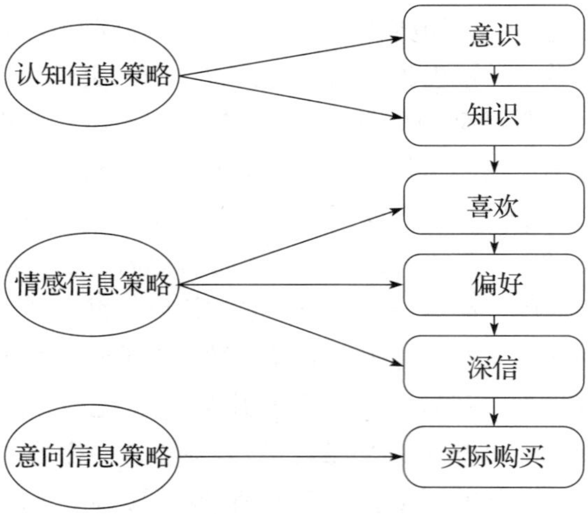

图 6－2 效果层次模型和信息策略

选择正确的信息策略仍然是设计一个成功的广告项目的关键因素。为了奏效，信息策略应该将信息与广告诉求和执行框架相匹配。这些应该与要采用的媒体相融合。创意人员和客户主管在整个过程中保持联系，以确保所有广告的组成部分均保持一致。

6.2 广告诉求的类型

多年来，广告主采用了许多广告方法。其中，七种广告诉求获得了最大的成功。通常，广告中会出现一种或多种**广告诉求**（advertising appeal）（如图 6－3 所示）。

广告基于创意纲要、营销活动目标、要传递的方法-结果链以及信息策略来选择诉求类型。广告主会考虑很多因素，包括所销售的产品、营销活动的目标市场以及广告代理商和客户的偏好。

- 恐惧
- 幽默
- 性
- 音乐
- 理性
- 情感
- 稀缺

图 6－3　广告诉求的类型

恐惧诉求

带有恐惧诉求的广告十分常见。汽车公司如斯巴鲁关注的是在车祸或事故中不够安全的汽车所带来的后果，正如“他们活着”营销活动中所展示的那样。洗发水和漱口水的广告会引起人们对头皮屑和口臭的恐惧，头皮屑和口臭可能会使一个人遭到嫌弃。广告中的恐惧比大多数人意识到的更为常见。

广告商采用恐惧诉求是因为它们有效。恐惧增加了观众对广告的兴趣，同时也能提升广告的说服力。许多人更有可能回忆起带有恐惧诉求的商业广告，而非温暖、乐观的信息。[13] 消费者更加关注采用了恐惧诉求的广告，更有可能处理这类广告所传递的信息，这使得广告目标的实现成为可能。

图 6－4 展示的行为反应模型解释了广告中恐惧诉求的作用机制。[14] 如图所示，多种事件可以导致消极或积极的结果，进而影响未来的行为。

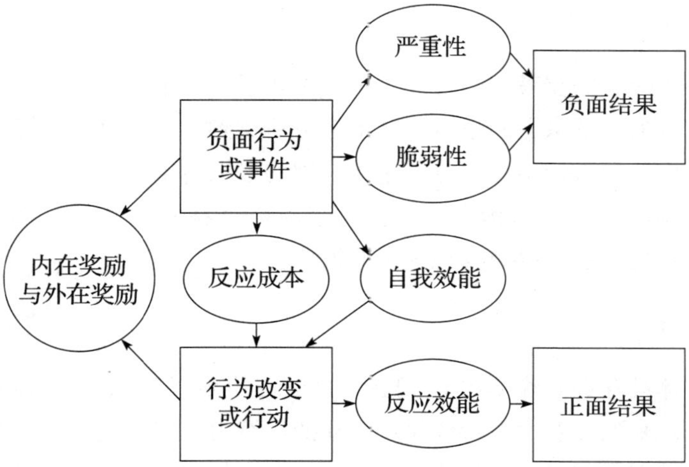

图 6－4　行为反应模型

严重性和脆弱性

在开发恐惧广告时，创意包括行为反应模型的尽可能多的方面。提供 B2B 市场互联网服务的广告客户试图关注公司的互联网服务器宕机或被黑客攻击的**严重性**（severity）。一则广告描述了该公司的**脆弱性**（vulnerability），展示了该公司的服务器崩溃或被黑客入侵并窃取客户数据的可能性。

反应效能奖励

我们列举行为反应模型的一个例子，请想象一个年轻的吸烟者看到了 Nicoderm CQ 戒烟贴的广告，该产品可以帮助戒烟。他在评估广告和决定购买该产品时考虑了三个因素。

他考虑的第一个因素是内在奖励与外在奖励。内在奖励来自通过戒烟和感觉更健康获得的社会认可。外部奖励可能包括不再购买香烟而节省的成本（相较于购买 Nicoderm CQ）。

接着，吸烟者会考虑第二个因素，即反应成本。当其周围的同伴都认可吸烟行为时，吸烟就变成了一种奖励，这意味着该吸烟者戒烟的动机会更小，因为吸烟为其创造了内在价值，而这使戒烟更加困难。戒烟的人变胖的概率更大，并且会导致其失去仍继续吸烟的朋友。因此，吸烟者感知其戒烟的成本越高，做出戒烟决定的可能性就越小。

吸烟者会考虑的第三个因素是自我效能，即他对自己戒烟能力的信心。许多人尝试了该产品，但都失败了。因此，他对 Nicoderm CQ 起作用不抱希望。相信 Nicoderm CQ 能真正帮助戒烟的吸烟者更有可能购买该产品。

内在奖励与外在奖励、反应成本、自我效能等因素的共同作用影响了吸烟者的反应效能。以戒烟为目的购买 Nicoderm CQ 产品的人一般会通过衡量所带来的净收益来决定是否购买。那些认为自己会通过戒烟而融入家庭和朋友、感觉更好、改善健康状况的人会相信自己有戒烟的能力。

诉求强度

采用恐惧诉求时，需要考虑的另外一个关键要素是诉求强度。大多数广告商认为适度的恐惧是最有效的。低水平的恐惧可能不会被注意到，在严重性或脆弱性方面可能也不令人信服。当广告使人产生焦虑时，包含强烈的恐惧诉求会产生事与愿违的效果，观众会转换频道或调低声音。[15] 因此，恐惧诉求应该足够强以吸引观众的注意力并影响他的思考，但又不能太强，以免其规避观看该广告。

幽默诉求

每个广告媒体都存在一个重要的问题，那就是混乱。吸引观众的注意力仍然很困难。即使抓住了观众的注意力，持续保持观众的注意力也很有挑战性。幽默已经被证明是一种有效的冲破混乱困局、抓住并保持观众注意力的方法。消费者群体喜欢能让他们大笑的广告。有趣的广告信息具有侵入性，能够吸引受众的注意力。[16]

幽默出现在大约 30%的电视广告和广播广告中。[17] 幽默广告经常获奖，受到消费者喜爱。USA Today 的一项消费者调研结果显示，消费者最喜欢的广告营销活动中幽默是主要的成分。[18]

幽默广告成功的原因主要有三个。广告里的幽默吸引消费者观看、大笑，最重要的是记住广告。在广告回忆测试中，消费者最常提到的是幽默广告。当幽默与产品的效用直接关联在一起时，广告的效果最好。广告应该基于方法-结果链将产品的特点与产品带给消费者的优势和个人价值联系起来。

广告研究表明，幽默能振奋人的情绪。快乐的消费者常常把好心情归因于广告商的产品。从本质上讲，幽默有助于将品牌固化在消费者的认知结构中，并将其与积极的感受联系起来。图 6－5 总结了广告中使用幽默诉求的主要原因。

· 抓住注意力	· 被观众记住的概率大
· 保持注意力	· 消费者喜欢能让他们大笑的广告
· 经常获得创意奖项	· 被消费者评为喜欢的广告

图 6－5　广告中使用幽默诉求的原因

虽然一个有趣的广告抓住了观众的注意力，减少了混乱，提高了被回忆起的概率，但它也可能出错。在最近一次超级碗比赛中，士力架（Snickers）的广告上出现了两个机械师同吃一个巧克力棒，不小心接吻的画面，该广告引起了一些群体的强烈抗议，被立即撤下。[19]

广告商应避免幽默覆盖了关键的产品信息。当消费者记住的是笑话而不是产品或品牌时，幽默就失效了。换句话说，广告很有趣，观众却没有记住品牌名称。

在全球营销活动中使用幽默诉求会有一些困难。植根于一种文化的幽默可能无法传播到另一种文化。此外，幽默广告并不能给所有的观众带来相同的感受。为了避免这些潜在的问题，广告中的幽默诉求应该聚焦于方法-结果链中的某一个组成部分。幽默诉求可以与产品的属性、消费者效用或从产品中获得的个人价值相关联。最有效的广告将这三种元素融合在一起。

性诉求

广告商利用性诉求来凸显产品。美国和其他国家的广告均包含了比以往更多的视觉元素，然而，广告中的性诉求并不总是奏效。许多广告商更喜欢采用微妙的暗示和影射方式。[20] 图 6－6 列举了营销人员在广告中采用性诉求的方式。

- 潜意识方法
- 感官享受
- 性暗示
- 裸露或半裸露
- 公开的性元素

图 6－6　广告中采用性诉求的方式

潜意识方法

在广告中植入性线索或图标以试图影响观众的潜意识，就是潜意识方法。但消费者可能没有真正注意到一些潜意识信息，这意味着广告对他们没有产生任何影响。人们已经很少注意广告了。只在观众潜意识中出现的暗示是没有效果的。

感官享受

女性更喜欢感官暗示，而不是公开的性暗示。在一个拥挤的房间里投以迷人的一瞥可以将人们的注意力吸引到产品上。浪漫的画面可能比原始的性欲更吸引人。

性暗示

派素（Pine-Sol）在一系列家用清洁剂广告中加入了性暗示元素。几则电视广告的主角是上身赤裸、肌肉发达的男性，他们在拖地，而女性在观看或幻想。黛安娜·阿莫斯（Diane Amos）在过去 16 年里一直出现在派素的广告中，她说：“我们都希望丈夫来拖地。广告可以是有趣的，可以是性感的，并且为女性喜欢。”[21]

裸露或半裸露

含有性暗示或性元素的产品，如衣服、香水和古龙水，可能会采用一定程度的裸露元素。有些广告是为了引起性反应而设计的，有些则不是。1987年，美国内衣公司首次获准在电视广告中使用真人模特。第一则内衣广告是温和的、信息性的，强调内衣的设计或材料。首批采用真人模特的Playtex胸罩广告遭到了美国家庭协会（American Family Association）等组织的强烈批评。之后超级明星如珍妮弗·洛芙·休伊特（Jennifer Love Hewitt）出现在电视和平面广告中，为Hanes All-Over Comfort Bra和Perfect Panty做广告，该营销活动还包括线上活动。[22]

公开的性元素

将公开的性元素应用于某些产品的广告时，常常会引发争议。Dentyne Fire口香糖的电视广告就是如此。[23]

装饰性模特

一种常见的性诉求是在广告中使用**装饰性模特**（decorative model）。过去，汽车、工具和啤酒的广告中比基尼女郎站在产品旁边。为了确定装饰性模特的有效性，营销人员进行了大量的研究。图6-7给出了关于这种策略的一些基本结论。[24]

- 女性（或男性）装饰性模特的出现可以提高广告认知度，但不能提高品牌认知度。
- 装饰性模特的存在会影响男性和女性受众对产品的情感和客观评价。
- 有吸引力的模特比不太有吸引力的模特更能吸引受众的注意力。
- 相较于与性无关的产品，当产品与性相关时，有吸引力的模特会引发消费者更强的购买意愿。

图6-7　使用装饰性模特之前需要考虑的因素

性诉求的有效性

许多研究验证了性诉求在广告中的有效性，但该诉求下消费者回忆起品牌的概率往往低于其他类型诉求的广告。虽然人们看了广告，但性诉求分散了他们对品牌名称的注意力。[25]

这类广告不能提高信息的传递能力，广告的观看者不太可能记得更多相关的信息。[26]

认知反应取决于广告观看者认为广告是令人愉快的还是令人不快的。当受众喜欢广告时，就会对品牌产生积极的印象。当观众认为广告品位欠佳时，即会出现针对品牌的负面感觉和信念。[27]

社会趋势

广告团队在决定广告中使用的性诉求的强度时，会考虑社会的观点和公众的接受程度。[28] 就像经济存在周期一样，人们对广告中的性诉求的态度和接受程度也发生波动。

2004年的超级碗之前，受众对广告中性主题的使用一直高度容忍。在2004年超级碗半场休息节目中，珍尼·杰克逊（Janet Jackson）袒胸之举引起了轩然大波。不久之后，维多利亚的秘密取消了电视内衣秀，Abercrombie & Fitch取消了季度目录册，安海斯-布希公司（Anheuser-Busch）撤下了一些低俗的广告。[29]

Calvin Klein 的一则香水广告遭到了美国各大电视网的拒播。[30]

对性诉求的批评

对基于性的广告的常见批评是它让人们对自己的身体永远感到不满。通常，平面广告和电视广告选用的模特均是纤瘦的。流行的观点似乎是“越瘦越好”。随着广告模特越来越瘦，女性对身材的不满和饮食失调的现象越来越多。研究表明，许多女性看了使用纤瘦的模特的广告后会对自己的身材感到不满意，认为自己太胖了。多芬发起的“真美运动”包括一系列广告和社交媒体帖子，即是针对这一批评的。2016 年《体育画报》（*Sports Illustrated*）泳装版首次在封面上出现了较胖的模特，表明人们的态度发生了变化。尽管如此，以瘦模特为主角的广告更有可能说服女性购买产品。[31]

对男性来说，观点却正好相反。许多男性担心他们不够强壮，无法使用产品。广告中出现的是男模特还是女模特对该观点的影响不大。[32]

最近，一些新的批评观点引起了人们的注意。新的批评观点认为，广告在很多情况下把女性物化，一些营销专家对此做出回应。由马多娜·巴杰（Madonna Badger）担任广告主管的 Badger & Winters 广告代理公司使用四种标准来判断一则广告是否将女性物化：第一，在这种情况下，女性有选择权或发言权吗？如果没有，她就变成了一个道具，而不是广告信息表达真正需要的。第二，她是不是已经沦为一个性感的身体部位？第三，修图是否达到了人类无法达到的程度？这种方法已成为广告商常用的策略。第四，如果你的姐姐、最好的朋友或者你自己变成这样，你心里舒服吗？Badger & Winters 的网站和社交媒体上写道：“在 2016 年，Badger & Winters 承诺永远不在我们的作品中物化女性。”该公司发布了一个两分钟的视频，名为“女性不是物品”。正如巴杰所述，“我们还可以做得更好”。[33]

音乐诉求

音乐常常是广告的重要组成部分。音乐主题与情绪、记忆和其他体验有关。音乐具有侵入性；它会吸引那些以前不听或不看节目的人的注意力。它可能提供一种刺激物，将特定的音乐编排、节奏或歌曲与某个品牌联系起来。一旦音乐响起，消费者就会认出广告中的品牌，因为他们已经习惯于将产品与音乐联系起来。

当音乐与产品交织在一起时，会吸引人们的注意力，并常常提高信息的留存能力。即使消费者不记得广告信息，音乐也可以使人们更好地回忆起广告的视觉和情感方面。音乐能增加广告观点的说服力。当受访者被要求将有音乐的广告与没有音乐的相同广告对比时，几乎所有的受访者认为有音乐的广告更有说服力。[34] 在为广告选择音乐时，应该思考：

- 音乐在广告中扮演什么角色？
- 使用熟悉的歌曲，还是加入原创音乐？
- 音乐应该达到什么样的情感高度？
- 音乐如何配合广告的信息？

音乐在广告中扮演多种角色。有时音乐是附带的，有时音乐是广告的主题。广告商需要做出的一个重要决定是为广告选择熟悉的曲调，还是加入原创音乐。专为广告而创作音乐越来越常见，并已成为趋势。背景音乐或引发情绪的音乐通常是纯音乐，广告商经常请音乐家创作与广告场景匹配的音乐。许多广告公司成立了自己的唱片公司，专门为广告创作歌曲和音乐。[35]

21 世纪初，在广告中使用一首著名的歌曲是很常见的。一首流行的歌曲能为广告带来许多好处。其中一个主要的好处是消费者对这首歌产生好感，将对歌曲的喜爱传递给品牌，该广告就能提升品牌知名度、品牌资产和品牌忠诚度。一些公司购买现成的歌曲，根据广告的措辞方式进行改编。[36] 使用流行歌曲可能比较昂贵。一首流行歌曲的版权费达六七位数。[37] 互联网公司 Excite 花费 700 万美元购买了吉米・亨德里斯克（Jimi Hendrix）的歌曲“Are You Experienced”，微软公司花费 1 200 万美元购买了滚石乐队的歌曲“Start Me Up”。[38]

互联网促使另一种开发广告音乐的方法出现。音乐人和营销人员的合作越来越密切。一些音乐人把广告作为让他们的歌曲被更多人听到的一种渠道。营销人员也看到了将一首新的令人振奋的歌曲与产品捆绑在一起所带来的新机会。

当一则广告只播放一首歌的一部分时，许多公司会把整首歌放到公司网站或 YouTube 上，供听众下载。偶尔，广告歌曲也会登上美国 Billboard 的前 100 首歌曲名单。Lifehouse 乐队的歌手贾森・瓦德（Jason Wade）以前从未为商业广告写过歌，在看了广告公司李奥贝纳（Leo Burnett）为州立农业保险公司制作的 60 秒广告后，他写了一首名为“From Where You Are”的歌。这则广告宣传的是州立农业保险公司针对青少年的安全驾驶计划。广告播出后，这首歌被放到了 iTunes 上。两周之内，这首歌的销量位居 Billboard 排行榜的第 40 位。[39]

理性诉求

理性诉求遵循效果层次模型的六个阶段——意识、知识、喜欢、偏好、深信和实际购买。创意人员会针对六个阶段中的一个来设计广告。以知识阶段为导向的广告会传递基本的产品信息。以偏好阶段为导向的广告会提出对品牌有利的逻辑理由，比如汽车油耗低。理性广告应该使消费者更加确信产品的效用，这样消费者才会最终做出购买决策。

理性诉求依赖于消费者对广告中呈现的信息的积极处理。消费者必须关注广告，理解广告的信息，并将信息与消费者已经嵌入自己的认知地图中的知识进行比较。当广告信息与消费者认知地图中的现有概念一致时，该联系会得到强化。新的广告信息帮助消费者形成对品牌的认知信念，并在他的认知地图中与新品牌建立新联系。因此，平面媒体和互联网为理性诉求广告提供了最佳渠道。电视广告和广播广告都很短，受众很难处理信息中的观点。

营销人员在许多 B2B 广告宣传活动中采用理性诉求。一个企业客户看到 Kinko’s 公司关于视频会议服务的广告后，对这家公司有了新的认知。客户可能使用过 Kinko’s 的服务，但并不知道该公司提供视频会议服务。当 Kinko’s 进入客户的认知地图后，吸引客户尝试它的视频会议服务就变得更容易了。

一般来说，当潜在客户的涉入度高并愿意关注广告时，理性诉求就会成功。信息论点、产品信息和效用应该放在广告文案中。当人们对产品或品牌有特别的兴趣时，理性诉求最有效。否则，人们往往会忽视它们。

情感诉求

情感诉求主要基于三个观点（见图 6－8）。首先，消费者忽视了大部分广告。其次，除非针对特定的产品，理性诉求经常会被忽视。最重要的一点是，情感广告可以吸引受众的注意力，在消费者和品牌之间建立情感联系。

- 消费者忽视了大部分广告。
- 理性诉求经常不被注意到。
- 情感诉求可以吸引注意力，培养感情。

图 6－8　使用情感诉求的原因

大多数创意人员认为情感广告是建立消费者品牌忠诚度的关键。创意人员希望客户体验与品牌的联系。广告中的视觉线索通常是情感诉求的关键组成部分。虽然人们对品牌的感知主要是基于视觉和周边刺激，但这并不会立即发生。随着广告的不断重复，认知和态度发生了变化。图 6－9 列举了广告中常见的情绪。

• 信任	• 宁静	• 家庭纽带
• 可靠性	• 愤怒	○ 与父母
• 友谊	• 爱护	○ 与兄弟姐妹
• 幸福	• 浪漫	○ 与孩子
• 安全	• 激情	○ 与大家庭成员
• 迷人		

图 6－9　广告中常见的情绪

Godiva 在其最新的广告宣传中运用了一种情感诉求，名为“黄金时刻”。该营销活动由 Lipman 广告代理公司设计，其重点是给予、分享 Godiva 巧克力。Godiva 首席营销官兼全球品牌发展高级副总裁劳里·莱恩·科彻（Laurie Len Kotcher）说：“当你送出金盒子，收到金盒子，从金盒子里拿东西吃的时候，那一刻是很特别的。”[40]

消费者市场中许多产品广告使用情感诉求，这种方法在 B2B 市场中也越来越受欢迎。过去，B2B 市场中只有 5%～10%的广告采用情感诉求。目前，这个数字已经上升到近 25%。NKH&W 广告公司为一种治疗赛马的产品所做的杂志广告从理性诉求转变为感性诉求。该广告的目标市场是兽医。过去，广告的开头会有诸如“关节肿胀，请使用……”之类的文案。这则情感诉求广告则展示了马在思考：“我要证明他们都是错误的。我要再跑一次。我会振作起来。”[41]

电视仍然是播放情感诉求广告的最佳媒体之一，因为它为广告商提供了侵入性价值，并融合了声音和视觉元素：广告模特可以是真人，面部表情可以传递情感和态度。消费者通过广告了解一个特定的品牌，并根据这些经验发展对品牌的态度。电视广告更生动、更逼真，经常创造动态的场景来吸引受众。音乐可以使电视广告更戏剧化。外围线索是情感诉求的重要组成部分。这些线索，如音乐和背景视觉效果，有助于抓住并保持受众的注意力。

情感诉求通常和幽默、恐惧、音乐和其他诉求结合在一起来创造出吸引人的产品广告。一则广告可以同时通过情感诉求和理性诉求影响消费者。创意人员应该选择最适合产品和公司的情感诉求。

稀缺诉求

稀缺诉求推动消费者购买产品，因为产品的购买有限制。稀缺性可以是产品的数量有限，或产品仅在很短的一段时间内销售。当消费者相信产品供应有限时，感知的产品价值就会提升。为迎接奥运会，通用磨坊在有限的一段时间内推出了美国奥运脆脆麦片和美国贝蒂克罗克团队甜点。[42] 麦当劳、温迪和汉堡王提供全年限时供应的三明治（McRib、Hot N'Spicy Chicken、2 for ＄5 Whoppers）。稀缺性的概念也适用于音乐专辑，鼓励消费者购买 CD 是因为它限量发行。营销人员也可以通过不在零售商店中售卖来提升产品的稀缺性价值。

6.3 执行框架

执行框架（executional framework）或**执行**（execution）表明广告诉求的呈现方式和信息策略的传递方式。图 6－10 列举了各种框架，每种框架都应该与广告诉求类型和信息策略相匹配，并作为整个广告设计过程的一部分。

• 动画	• 权威性
• 生活片段	• 演示
• 讲故事	• 幻想
• 证言	• 信息式

图 6－10 执行框架

动画

动画已经成为越来越受欢迎的执行框架，其使用率急剧上升。计算机图形程序的日益复杂使得新的和令人兴奋的动画技术成为可能。像《怪物史莱克》（Shrek）和《冰雪奇缘》（Frozen）这样成功的动画电影继续引起人们对动画广告的兴趣，这些广告可以出现在电视广告、网络广告和电影预告片中。诸如《爱探险的朵拉》（Dora the Explorer）中动画人物的单个镜头会出现在平面广告中。

旋转式照相术（rotoscoping）使得在真实影像序列中插入数字绘画或素描人物成为可能，即可以在同一框架下同时呈现真实演员和动画角色。[43] 创意人员还可以整合或修改各种真实场景。利用这项技术，创意人员能够做任何他们想做的事情，但成本较高。旋转式照相术是一个昂贵的数字处理过程。未来当该技术的成本下降，广告公司无疑会增加对这一技术的使用。

多年来，营销人员很少在 B2B 广告中使用动画。许多营销人员对此持负面看法，他们认为动画仅对儿童有吸引力，对商人没有吸引力。目前这一观点已经发生变化。借助高质量图像的优势，在电视上播放的商业广告已经开始使用动画来描述产品用途。

生活片段

在生活片段广告中，广告商为消费者或企业客户日常遇到的问题提供解决方案。在 20 世纪 50 年代早期的电视广告中，宝洁公司使这种形式的广告广为人知。生活片段广告描述了人们的日常经历，尤其是人们遇到的问题，并引入品牌来解决问题。最常见的生活片段广告形式包括四个组成部分：遭遇、问题、互动和解决方案（见图 6－11）。在一些广告中，演员描述困境或问题，然后自己解决问题。在另一些广告中，画外音解释了产品、服务或公司提供的解决方案。

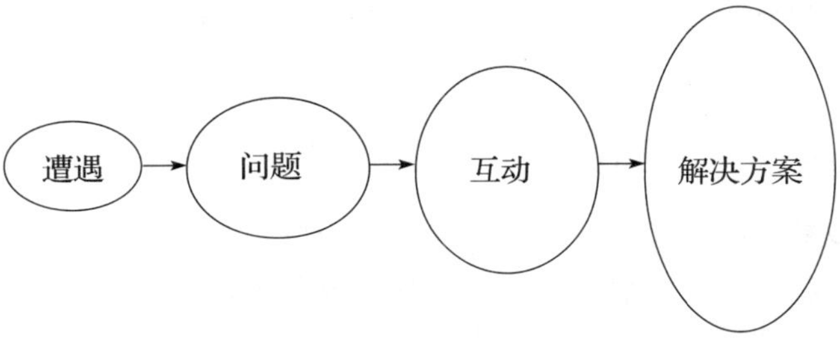

图 6－11　生活片段执行框架的组成部分

B2B 广告经常使用生活片段的方法，因为它突出了品牌满足企业客户需求的方式。典型的 B2B 广告从一个日常问题开始，例如销售经理向董事会做报告，然而投影仪无法显示清晰的图像。广告提供了解决方案：索尼品牌投影仪。使用该投影仪后，销售经理的展示非常清晰，董事会接受了客户的出价。就像所有的生活片段广告一样，一场灾难被避免了，取而代之的是一个皆大欢喜的结局。

讲故事

讲故事不包括品牌解决消费者或企业所面临的问题，如生活片段方法。讲故事的过程类似于一部 30 秒的电影，品牌一般只出现在画面的角落或结尾，而不是作为广告的中心。“硬推销”（hard-sell）的方式直接体现了一个品牌的好处或特点，讲故事的形式则允许受众对产品做出自己的评判。在斯巴鲁的一则广告中，一位慈爱的父亲第一次把车钥匙交给女儿。父亲仍把女儿看作小女孩，但现在她已是十几岁的少女了。斯巴鲁品牌直到广告结束才出现。故事的重点是一个小女孩的成长以及父亲对心爱的女儿和斯巴鲁品牌的信任。超级碗的很多广告也采用讲故事的方式。百威（Budweiser）的广告展示了一对共同成长的小母牛和小马，它们之间建立了牢固的关系纽带。

证言

多年来，证言类型的广告取得了成功，尤其是在 B2B 市场和服务市场。拥有一个品牌的正面体验的客户可以提供证言。在 B2B 广告中，来自客户的证言提高了声明的可信度。大多数买家更相信他人对公司的评价，而不是公司的自我评价。证言比公司自述更有可信度。

证言是推销服务的有效方法。服务是无形的，不能被看到或摸到，消费者在做决定之前也不能审查。来自现有客户的证言传递了对服务的效用或属性的简单描述。在选择牙医、律师或汽车修理店时，消费者通常会咨询朋友、亲人或同事。证言广告模拟了这种口头推荐。

证言可以提高公司的可信度。代言人和名人并不总是有很高的可信度，因为消费者知道他们代言是有报酬的。这同样适用于付费演员，尽管他们看起来就像普通消费者。最可信的证言来自普通人，即真实的客户。在最近的一次电视营销活动中，零售商 Stein Mart 让真实的顾客谈论他们最喜欢的商品。营销人员通过公司的脸书页面招募顾客，鼓励他们制作最喜欢的 Stein Mart 销售的商品的视频，上传到网站。公司的目标是触及一个更年轻的目标市场，即 35～55 岁的女性，并创建一个在线社区，该社区由热心顾客组成。[44]

权威性

广告商使用权威性执行框架的广告来使受众相信品牌的优越性。专家权威构成了权威性执行框架的一种。公司会雇用医生、工程师或药剂师，让他们描述特定品牌与其他品牌相比的优势。公司还会雇用一些不太知名的专家，比如汽车机械师、专业的房屋油漆工和健美操指导员。这些人谈论产品的属性或效用，从而证明品牌的优越性。

许多权威性广告包括科学证据或调研证据。独立组织如美国医学协会（American Medical Association）进行各种产品研究，引用它们的研究结果会更可信。而调研结果可能不那么可信。在广告中仅仅指出“某调研结果显示 4/5 的牙医推荐使用一种特定的牙刷或牙膏”可能并不有效，因为消费者不知道该调研是如何进行的，甚至不知道其调查了多少牙医（5 名还是 500 名）。相比之下，美国医学协会的声明“每天服用一片阿司匹林可以降低二次心脏病发作的风险”将是高度可信的。拜耳（Bayer）利用这一发现在公司的广告中加入相关信息。当《消费者报告》（*Consumer Reports*）将某个品牌评为最佳品牌时，也可以产生同样的效果。

采用权威性方法的广告商假设消费者和商业决策者在做出购买决定时依赖于认知过程，他们会关注广告，会仔细考虑广告所传递的信息。这种方法在平面广告中很有效，因为买家会花时间阅读广告内容。

演示

采用演示执行框架的广告展示了产品如何工作。它提供了一种向观众传递产品效用的有效方式。速易洁最近的广告演示了产品的多种用途，包括清洁电视屏幕、木地板、萨克斯和灯具。消费者被告知如何使用该产品以及其优点。

B2B 广告经常出现产品演示，这使企业能够说明一个产品如何满足客户的特定需求。例如，Gold-Touch 可以演示 InstaGold Flash System，该系统可在珠宝等产品上进行镀金处理。这种演示可以通过电视广告或互联网上的视频广告来实现。

幻想

采用幻想执行框架的广告将受众从现实世界带到虚拟世界中。有些广告是真实的，有些广告可能完全不理性。受众常常能回忆起最不理性、最不合逻辑的广告。幻想可以应用于任何事情，从梦想中的度假胜地或邮轮旅行到美味多汁的汉堡包或诱人的 DiGiorno 比萨。

香水行业经常使用幻想来设计广告。过去，一个常见的主题是男性喷古龙水会让女性蜂拥而至，女性使用香水则会让男性蜂拥而至。这类广告使用广泛，但并不是特别有效，因为人们并不相信。目前，香水广告往往把产品描绘成可以提升夫妻的爱情生活、让男性或女性感觉更性感的物品。

信息式

信息式广告以直截了当的方式与观众对话。广告公司会为广播广告准备大量的信息，因为在广播广告中仅有语言沟通。信息式广告在电视广告和平面广告中不太常见，因为消费者往往会忽视它们。有如此多的广告轰炸消费者，要吸引人们的注意力不能仅仅呈现信息。

对特定产品类别有较高涉入度的消费者会关注信息式广告。企业客户在执行新的采购任务或修改后的回购任务时会注意到信息式广告。当企业客户不需要某个产品时，采购中心的成员通常不会注意广告。因此，信息式广告在高涉入度的情境下效果最好。

将信息式广告在正确的位置投放至关重要。广播电台在中午前播放餐馆广告会比在下午三点播放更能吸引人们仔细聆听。*Glamour* 杂志上刊登的减肥产品的信息式广告包含一段关于控制体重或体育锻炼的文字，这则广告刊登在时尚版会更受关注。一则关于工业设备的信息式广告放在一篇关于设备投资成本的文章旁会有更好的效果。

除了这些执行框架外，创意人员还会选择其他元素，包括音乐、文案、色彩、动作、灯光和平面广告的大小。几乎所有执行框架都可以在任何一种诉求和信息策略中使用。生活片段执行方式可以使用恐惧诉求和认知信息策略。信息式广告可以是幽默的，动画执行方式的广告也可以是幽默的。证言或演示的执行框架可以是理性的或情绪化的，可以采用三种信息策略中的任何一种。随着广告活动的进行，还有一个要素需要确定：为产品寻找“脸”或“声音”，即为产品寻找代言人。

6.4 信源和代言人

设计广告时，创意人员、公司和客户主管面临的最后一个问题是选择**信源**（source）或**代言人**（spokesperson），由他们来传递视觉和/或语言的广告信息。这个选择往往是一项关键的决策。例如，美国前进保险公司（Progressive Insurance）的广告代言人芙洛（Flo）、Dos Equis 啤酒广告中的“世界上最有趣的人”都极大地提高了产品的知名度。图 6 - 12 列举了四种类型的信源和发言人。

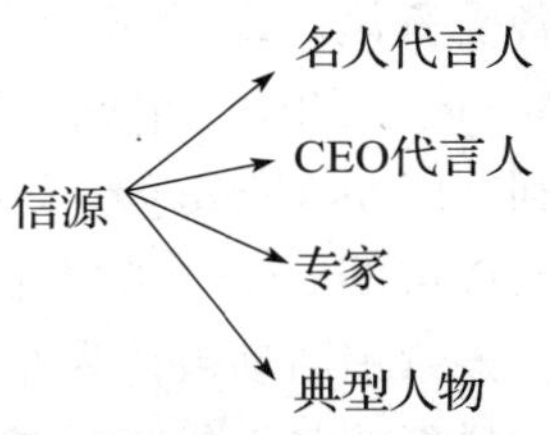

图 6 - 12　信源和代言人的类型

名人代言人

在信源和代言人的四种类型中，名人代言人是最常见的，尽管他们在广告中出现有所减少。明略行指出，只有大约 6%的广告是名人代言的。[45] 高额费用可能是使用名人代言的广告减少的原因。许多名人的代言费高达数百万美元，并要求签订多年的合同。其他人可能只签订一次广告营销活动的合同。安吉丽娜·朱莉（Angelina Jolie）在一次广告宣传活动中亮相，路易威登支付了 1 000 万美元。[46]

当名人对品牌的认可能够提升品牌的价值时，广告商就雇用名人做代言人。名人也可以帮助品牌建立与消费者的情感联系。选择名人代言的目标是将名人和消费者之间的联系转移到其代言的产品上。对于年轻的消费者来说，与名人的联系的转移更加有效。MediaEDGE 的一项调研结果显示，在 18～34 岁的人群中，有 30%的人会尝试名人代言的品牌。年轻人将名人代言的产品推荐给其他人的可能性比年纪更大的人高 50%。年纪较大的消费者不太容易受名人代言的影响，其中不到 14%的人表示他们会尝试名人代言的产品。尽管如此，许多广告商认为，名人代言可以提高品牌知名度，帮助定义品牌个性。[47]

广告公司利用名人来帮助建立品牌个性，其目的是将品牌的特点与代言人的特点联系起来，比如在 Priceline. com 的广告中，演员威廉·沙特纳（William Shatner）和他的女儿是代言人。品牌个性是在品牌建立之后形成的。名人有助于更清晰地定义品牌。

新品牌或新创公司雇用运动员作为代言人成为新的趋势。勒布朗·詹姆斯（LeBron James）终止了其与麦当劳的合作，转而担任比萨连锁店新贵 Blaze Pizza 的品牌大使。像詹姆斯这样的著名运动员可以利用他们在社交媒体上的人气来塑造新公司的个性，并鼓励消费者尝试购买。詹姆斯拥有 Blaze Pizza 10%的股份，这可能会使他的代言更加可信。消费者反映，詹姆斯对麦当劳的支持可能是可疑的，他吃比萨更令人信服。[48]

其他名人代言

名人代言的另外三种形式包括名人画外音、逝者代言和社交媒体代言。名人为电视广告和广播广告提供画外音，但不说明或没有被识别。广告公司使用画外音，是因为名人能够为广告提供高质量的声音，即使听广告的人识别不出该声音是谁的。名人可以拿着剧本，用声音赋予它生命。画外音的一个缺点是，消费者把注意力放在识别说话者而不是听广告内容上。

逝者代言出现在赞助商使用已故演员或名人的照片或过去的视频或电影时。逝者代言备受争议，却越来越普遍。鲍勃·马利（Bob Marley）、玛丽莲·梦露（Marilyn Monroe）、约翰·韦恩（John Wayne）、约翰·列侬（John Lennon）、埃尔维斯·普雷斯利（Elvis Presley）等去世后出现在广告中，成为产品的代言人。2014 年，保罗·哈维（Paul Harvey）的声音出现在 Dodge Ram 卡车的营销活动“于是上帝创造了农夫”中，该营销活动被认为非常成功。

最新的名人代言形式可以在社交媒体上找到。现在，公司付钱让名人发送促销推文。名人发送的推文成本较高，每条信息的成本在 200～10 000 美元。最近，艺人史努比·狗狗（Snoop Dog）被赞助商要求发送一条关于丰田塞纳的推文，在推文中，他称该车为“轻便马车”。Therapedic International 请凯西·爱尔兰（Kathy Ireland）通过社交媒体和推特宣传公司的床垫。[49]

CEO 代言人

除了名人，广告商还可以聘请首席执行官（CEO）做代言人或信源。迈克尔·戴尔（Michael Dell）已成为戴尔品牌的代言人。一位引人注目、风度翩翩的 CEO 可以成为公司及其产品的主要资产。许多本土公司成功的部分原因在于其所有者在电视广告中展露风头，然后他们便开始成为当地的名人。

专家

专家信源包括医生、律师、会计师和财务规划师。这些专家不是名人，也不是 CEO。专家为证言做背书，作为权威人物出现，演示产品，从而提高信息式广告的可信度。

典型人物

典型人物有两种类型。第一种是付费演员或模特，他们扮演或模仿普通人。第二种是真实的、典型的普通人。沃尔玛的独立插页广告选用门店员工作为主角。广告公司也会设计“路人”类型的广告。比如，Pert 洗发水的广告中一个人在询问人们是否愿意洗头。爽健（Dr. Scholl）的广告就脚部问题采访了一些人，这些问题或许可以通过鞋垫解决。

使用普通人作为代言人的广告增加了。原因之一可能是名人代言人的过度使用。许多专家认为，消费者已经厌倦了名人代言，其产生的正面影响比过去要小。英国进行的一项研究表明，调研中有 55%的受访者表示一张名人的脸不足以吸引他们的注意力。[50]

代言人特征

在评估代言人时，大部分客户主管或公司会考虑几个特征。使用代言人的广告营销活动的有效性取决于代言人是否具备图 6-13 列举的特征。

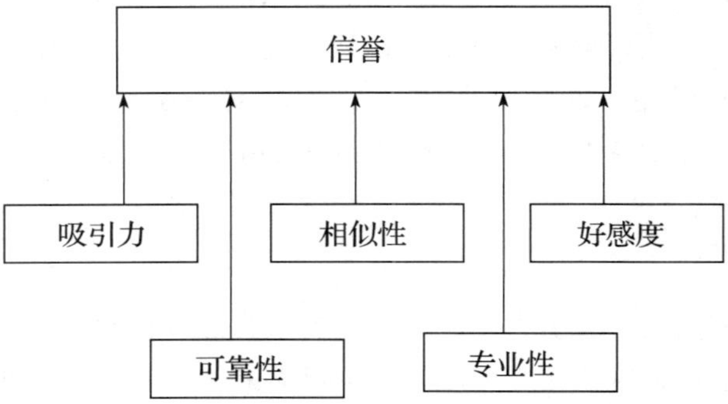

图 6-13　有效代言人的特征

信誉

吸引力、相似性、好感度、可靠性和专业性综合起来创造了信誉，而信誉反过来影响广告接收者对代言人和广告信息的接受程度。[51] 人们相信有信誉的代言人。大部分代言人无法在五个属性上均取得高分，但是他们需要在多个特征上得高分才能被认为是有信誉的。名人是最有可能拥有全部特征的人。CEO、专家或典型人物通常会缺少一个或多个特征。

吸引力

吸引力特征的两种表现形式是外表特征和个性特征。外表吸引力是代言人的一项重要资产。无论对男性还是女性受众来说，使用外表有吸引力的代言人比使用没有吸引力的代言人的广告效果更好。代言人个性的吸引力对许多消费者来说也很重要，因为它有助于受众与代言人建立情感联系。当代言人表现出令人厌烦的个性时，即使他的外表很迷人，消费者也不太可能与这个人和其代言的产品建立情感联系。

相似性

与吸引力密切相关的是相似性。消费者更容易受到与其相似的人传递的信息的影响。一个全职妈妈可能更容易受到这样一则广告的影响，该广告的开头一位女性说道："自从我决定留在家里照顾我的家人……"相似性可以让受众认同代言人。多芬推出了一系列由男性运动员代言的广告，但广告的重点是他们和他们的家人，而不是运动。在广告中，马吉克·约翰逊（Magic Johnson）、德鲁·布里斯（Drew Brees）和沙奎尔·奥尼尔（Shaquille O'Neal）谈论着他们的皮肤很舒服。

认同（identification）还可以来自消费者相信代言人与他们有着相似的信念、态度、偏好或行为，或作为产品的客户他们面临相同或相似的情况。女骑手安娜·罗伯茨（Anna Roberts）是"赛马界的新面孔"，她被女粉丝认为有相似性，立即获得了女粉丝的认同。原因是许多女性都喜欢骑马，梦想着赢得一场著名的赛马比赛。这一认同的获得还因为大多数骑手都是男性。

好感度

吸引力和相似性与好感度密切相关。消费者对他们喜欢的代言人反应积极。受众经常喜欢某个演员或该演员在电影中扮演的角色。La-Z-Boy 与布鲁克·希尔兹（Brook Shields）签订了多年的代言合同。这项营销活动的目标受众是年龄在 35～64 岁非常喜欢希尔兹的女性。[52] 特里·布拉德肖（Terry Bradshaw）是最知名、最受欢迎的退役运动员和足球电视节目主持人。选择他作为 Community Trust Bank 的代言人，还因为他也是该银行的客户。

可靠性

名人可能好感度高或有吸引力，但不一定被认为是可靠的。可靠性代表了消费者对代言人发布信息的信任程度或接受程度。一个可靠的代言人能够促使消费者信任广告信息。好感度和可靠性之间存在联系。被喜爱的人往往也是被信赖的，不被喜爱的人则是不被信赖的。根据 The Marketing Arm 公司通过在线民意调查对名人进行的排名，比尔·科斯比（Bill Cosby）的排名从第 3 位跌至第 2 746 位，原因是他受到了指控。该调研公司的数据库中有 3 000 位名人，最值得信赖的两位名人是贝蒂·怀特（Betty White）和汤姆·汉克斯（Tom Hanks）。[53]

专业性

表现出更高的专业水平的代言人更可信。凯尔·布什（Kyle Bush）和杰夫·戈登（Jeff Gordon）是汽车和润滑油广告中的专家。有些人认为真人秀节目《鸭子王朝》（Duck Dynasty）中的明星威利·罗伯逊（Willie Robertson）是越野车专家。

通常，当广告需要专业知识时，广告公司会选择 CEO 或接受过相关训练或教育的专家。美国运通邀请小企业主兼设计师玛丽亚·巴拉萨（Maria Barraza）为其小企业服务做宣传。专业知识在用来改变观点或态度的说服性广告中是很有价值的。专业水平高的代言人比专业水平低的代言人更有能力说服受众。[54]

代言人类型和特征的匹配

客户主管、广告代理公司和赞助公司单独或联合起来选择代言人的类型。他们可以选择名人、CEO、专家或典型人物，被选中的个人应该具备关键的代言人特征。

在可靠性、可信度、说服力和好感度方面，名人往往得分较高。当产品和名人之间的匹配符合逻辑且合适时，这些优点就会增加。菲尔·米克尔森（Phil Mickelson）为高尔夫产品代言，是代言人与产品匹配的一个典型例子。有些名人在广告中的形象和他们的表演或运动生涯一样出名。丹尼卡·帕特里克（Danica Patrick）已经与本田、Secret、Boost Mobile、百事和 Go Daddy 签订了代言合同，她在代言中获得的声誉可能与她在比赛中获得的声誉一样多。[55]

使用名人作为代言人有两个风险。一个风险是，任何因不当行为导致的对名人的负面宣传都可能损害其信誉，比如针对比尔·科斯比的指控。第二个风险在他们代言太多的产品时会出现。广告研究表明，当一个名人代言多种产品时，好感度往往会降低，消费者对品牌的态度变差。[56]

CEO 或其他杰出的公司官员可能具有吸引力和好感度。CEO 可以是可靠的、专业的，并且具有一定的信誉。CEO 不是专业的演员或模特。在广告中，CEO 可能很难给人留下好印象。

专家应该是有信誉的。广告公司寻找的是有吸引力、好感度和可靠性的专家。专家在推广保健产品和其他高涉入度的产品方面是有帮助的。最近的研究表明，在高科技产品广告中，专家比名人更可信。因此，广告中专家的使用降低了消费者购买品牌产品时的感知风险水平，这意味着当消费者或企业在购买过程中感知到较高的风险时，专家是最有帮助的。[57]

使用典型人物的广告很难准备，尤其是雇用真实的普通人时。典型人物作为代言人没有名人的知名度，因此，广告商通常在广告中使用多个代言人以建立可信度。增加代言人的数量可使广告更有效。听三个人谈论一个好的牙医比只听一个人说更可信。通过使用多个代言人，受众会被激励去关注和分析广告的观点。[58]

真人广告是一把双刃剑。一方面，使用秃顶、肥胖或身材不完美的人作为代言人能提高广告的可靠性、相似性和信誉。当秃顶的人推销生发产品或超重的人谈论节食产品时，这类广告的价值更高。另一方面，使用这些人作为代言人的吸引力和好感度会降低。

一般来说，广告公司寻找的是具有广告所需要的特征的信源或代言人。在设计幽默诉求时，代言人的好感度是很重要的。在理性的或信息式的广告中，专业知识和信誉是至关重要的，特别是在 B2B 广告中。每一则广告的代言人都应该包含尽可能多的代言人特征，以保证效果。

6.5 国际启示

本章描述了广告设计的许多国际启示。信息策略、广告诉求和执行框架应该能适应文化差异。举个例子，在美国，公司经常利用人们对体味的恐惧销售产品。在其他文化中，体味的含义并不相同。另一个例子是，营销人员调整广告中的性诉求以适应一个地区的法律和习俗。在设计广告信息之前，广告主应了解这些差异。例如，在为法国受众设计的广告中，幽默和性的结合是不可取的。

广告的设计还应注意语言和翻译。例如，世素公司（Sega）在一次大型广告营销活动启动后发现，它的产品名称在意大利语中是“手淫”的俚语。营销人员应努力避免这类错误。不同文化背景的人对音乐的感觉不同，对理性和稀缺性的理解也不同。在一些文化中，人们的情感可能更为强烈；而在另一些文化中，人们更为保守。

一家国际公司，或想要拓展到其他国家的公司，应该调整信息策略、广告诉求和执行框架，以适应不同的文化并设计出有效的广告。由于不同国家的文化不同，信源和代言人可能会带来不同的效果。最后，找到国际通用的主题，如世界通用的视觉图像，可能对国际广告创意有很大的帮助。

复习题

1. 什么是信息策略？
2. 描述认知信息策略，并列举广告商可以使用的五种主要形式。
3. 什么是对比广告中的自发特质移情？
4. 描述情感信息策略，并列举其主要形式。
5. 什么是舒适营销？
6. 在意向信息策略广告中呈现的态度顺序是怎样的？
7. 广告诉求的七种常见类型是什么？
8. 广告中的恐惧诉求的优缺点是什么？
9. 广告什么时候应使用幽默诉求？公司在使用幽默诉求时应该避免哪些陷阱？
10. 列举音乐在广告中扮演的不同角色。解释每种角色应该如何匹配广告的诉求、媒体和设计中的其他元素。
11. 相较于情感诉求，理性诉求有哪些优缺点？

12. 开发广告时，可以使用哪些类型的执行框架？
13. 描述广告开发应如何使用每种类型的执行框架。
14. 广告商可以使用哪四种类型的信源或代言人？
15. 信源或代言人最理想的特征是什么？

批判性思维练习

讨论题

1. 关于对比广告与非对比广告的研究得到了以下结论。解释为什么你觉得以下结论是正确的。回忆你见过的能够证明以下结论的对比广告。

a. 如果品牌已很成熟，那么对比广告的信息认知度要高于非对比广告。

b. 对比广告使消费者回忆起品牌的概率大于非对比广告。

c. 相较于非对比广告，对比广告被认为是更不可信的。

d. 相较于非对比广告，人们对于对比广告的态度要更加负面。

2. 针对以下每个广告执行框架，找出一个真实的广告。评估每个广告的执行情况。另外，广告中的诉求和信息策略是否与执行框架相匹配？这个广告令人难忘吗？是什么让这个广告令人难忘？

a. 动画

b. 生活片段

c. 证言

d. 权威性

e. 演示

f. 幻想

g. 信息式

h. 讲故事

3. 找出一份商业杂志以及一份消费者杂志，阅读完整的一期，回答问题：商业杂志上的广告和消费者杂志上的广告有什么明显的不同？针对下面列出的每一个概念，简述你认为两类杂志的广告的具体区别，并解释原因。

a. 信息策略

b. 广告诉求

c. 执行框架

d. 信源或代言人

4. 佛罗里达州一个度假胜地的经理想做一个潜水课程的广告。该课程的目标市场是大学生。请为你的广告设计最佳的信息策略、广告诉求和执行框架的组合，并解释你这样设计的原因。如果该课程的目标市场是有孩子的家庭，你会使用什么样的信息策略、广告诉求和执行框架？解释原因。选择其中一个目标市场，根据你选择的广告设计要素组合设计一个平面广告。

5. 定义图 6-13 所示的有效代言人的每个特征。列举三个有影响力的代言人，讨论用来评价各个代言人的五个特征和他们的整体可信度水平。接下来列出你认为比较糟糕的三个代言人。讨论每个代言人是否具有上述五个特征。一个有效的代言人和一个糟糕的代言人有什么区别?

学生项目

创意角

是时候把你的创意运用到电视广告上了！用智能手机或摄像机为下列产品之一制作一则 30 秒或 45 秒的电视广告，请使用指定的广告诉求。在设计广告之前，确定你将使用的信息策略和执行框架，并说明理由。如果你无法使用智能手机或摄像机，可以制作一个杂志平面广告。

a. 牛仔短裙，性诉求
b. 网球拍，幽默诉求
c. 冰激凌，情感诉求
d. 维生素，恐惧诉求
e. 高尔夫俱乐部，理性诉求
f. 春假旅行套餐，稀缺性诉求
g. 饭店，情感诉求

第7章

传统媒体渠道

本章目标

本章旨在回答如下问题：

- 媒体策略是什么？
- 媒体策划会涉及哪些要素和个体？
- 用于描述广告的术语如何帮助营销团队设计有效的宣传活动？
- 广告的主要目标有哪些？
- 每种传统广告媒体都有哪些优缺点？
- 营销团队可以如何运用媒体组合来提升广告效果？
- B2B市场上与媒体选择相关的关键问题有哪些？
- 哪些问题与国际市场中的媒体选择相关？

本章概要

如果一棵树倒在森林里而无人在场，这算发出声音了吗？这个哲学问题已提出多年，最近出现在Geico汽车保险公司的一则广告里。遗憾的是，在广告的世界里，有太多无人理会、无人注意的广告像树一样倒下。成功的营销包括确定目标市场和寻找能够触及这些市场里的人的媒体。一旦广告团队找到了最佳媒体，创意人员就可以设计出巧妙、难忘、令人激动和有说服力的广告。一个广告活动取得成功，可能不仅以传统方式（电视、杂志、广播）触及顾客，在数字媒体的新世界里，它还将通过互联网和其他方式传递和共享信息。

在开发一个充分整合的营销计划时，传统媒体仍扮演着重要的角色。本章介绍了各种传统的媒体渠道，首先分析媒体策略和媒体策划的过程，接下来对常见的广告术语进行解释，然后对广告目标进行测试。这些过程决定了媒体的选择。信息可能针对特定的消费者、企业及其他国家的顾客。

广告公司在整个整合营销传播计划的框架内设计活动。客户公司凭借有效的广告来吸引顾客，诱使他们购买各种商品和服务。这有助于树立公司形象，建立更广泛的客户基础。广告媒体的选择依然是这一过程中的一个重要因素。

奇妙奥利奥

为纪念奥利奥饼干的 100 岁生日，弗吉尼亚州的广告公司 Martin 发起了“奇妙奥利奥”宣传活动。这场活动采用动画形式，主题是“为心中的小孩喝彩”。电视广告作为活动的主体，与全美范围内推广奥利奥主题活动的平面广告相结合，得到了社交媒体的有力支持。

一首由 Chitty Bang 乐队演奏的特殊音乐作品“Wonderfilled Anthem”将这些活动联系起来。《广告周刊》称这首歌为“品牌流行歌曲之最”。《广告周刊》的萨姆·蒂尔曼（Sam Thielman）指出：“这种轻松的‘冒险时间’动画似乎在 YouTube 上吸引了大量观众。”至少有一位评论者声称该原创版本是“我唯一能看完的 YouTube 广告”。[1]

这项音乐性电视宣传活动包括暗示吃奥利奥可以让坏事变好的广告，例如吸血鬼想用牛奶配饼干，而不是跟踪又一个“受害者”。还有广告暗示奥利奥会使鲨鱼和海豹宝宝、鱿鱼宝宝成为朋友。奥利奥的广告团队随即将这些广告进行改编，投放到其他国家的个人市场，发起了国际性的娱乐活动，在社交媒体领域备受关注。[2]

7.1 媒体策略

媒体策略（media strategy）包括分析和选择用于广告和营销活动的媒体。市面上 200 多本消费类杂志中，普通消费者只会浏览 9 本。广播听众通常只会收听一个地区的 3 家电台。电视观众通过有线或卫星收看的电视台平均不超过 8 个。在过去十年里，黄金时段的收视率下降了 30%以上。目前，大多数 40 岁以下的消费者没有有线或卫星电视。选择能与潜在顾客交流的最佳媒体是一个挑战。

客户主管和媒体采购人员的工作难度不断增大，因为广告时间和空间的价格都有所上涨。尽管人们对广告的效果提出了更高的要求，但客户的广告预算并没有迅速增长。营销团队在寻求高性价比的媒体渠道方面面临困难。制定了媒体策略后，才可以讨论媒体选择其他方面的问题。

7.2 媒体策划

媒体策划发端于对目标市场的分析。它包括理解消费者做出购买行为的过程，以及是什么影响了他们最终的决策。解决媒体策划问题的一种方法是从研究一个特定目标市场的人在一天中的不同时段可能做出的媒体选择开始（见图 7-1）。

· 起床时最喜欢收听的电台或上下班时收听的电台	· 晚上最爱看的电视节目
· 工作时最爱访问的电脑网站	· 在办公室工作时收听的电台
· 最喜欢的晨间新闻节目或报纸	· 闲暇时访问的网站
· 晚上最爱看的杂志	· 经常光顾的购物、餐饮和娱乐场所
· 工作时浏览的行业或商业杂志	

图 7-1　消费者接触广告的时段举例

图 7-1 所示类型的细节在制定媒体策略时很有价值。有关特定目标受众收听和观看模式的信息有助于营销团队设计最有效的文案，选择发布广告的最佳时间和地点。任何两个媒体策划都是不一样的。媒体策划的组成如图 7-2 所示。

· 营销分析
· 广告分析
· 媒体策略
· 媒体计划
· 依据和总结

图 7-2　媒体策划的组成

营销分析提供了对营销计划的全面评价。它包括关于当前销售、当前市场份额和主要潜在客户（按人口统计、生活方式、地理位置或产品使用情况分类）的描述。这些要素反映了基于产品、其效用和区别性特征的兼容定价（compatible pricing）策略，以及对竞争环境的分析。

广告分析说明了实现广告目标所采用的三要广告策略及预算。媒体策略对要采用的媒体和创造性的想法进行阐述。媒体计划会注明广告何时出现。依据和总结概述了实现目标的方法，还解释了每种媒体选择的理由。[3]

多个人会参与到媒体策划中。除了客户执行人员、客户策划人员和创意人员外，大多数机构还会起用媒体策划人员和媒体采购人员。在较小的机构中，媒体策划人员和媒体采购人员可能是同一个人。在较大的公司旦，他们通常由不同的人担任。一些广告公司会雇用媒体公司来进行媒体策划以及购买或雇用一个代理机构。

媒体策划人员

媒体策划人员（media planner）会制定一个计划，说明广告投放的场所和时间。媒体策划人员同创意人员、客户执行人员、客户策划人员、代理机构和媒体采购人员密切合作。创意人员应当明确哪些媒体将用于帮助设计有效的信息。创意人员制作电视广告的方式不同于广播或报纸广告。

媒体策划人员提供有价值、高需求的服务。广告效果的责任问题与为营销投资创造回报的需要使得代理机构的媒体采购方掌握了更大的权力。

媒体策划影响着策略的制定。宝洁和联合利华等公司的营销专家认为，媒体策划是传播策略的核心。这两家公司将设立品牌的优先级和目标作为媒体策划的第一步。[4] 媒体服务公司 Digitas 的卡尔·弗里蒙特（Carl Fremont）表示，在这种环境下，媒体采购人员承担的任务是“整合一系列媒体的营销信息，有时会涉及与多家机构合作以实现客户的目标”。[5]

媒体策划人员通过开展研究使产品与市场、媒体匹配。如果 JD Bank 的主管决定针对那些需要贷款购买拖拉机或其他农业设备的农民投放平面广告，媒体策划人员就会研究能够触及他们的最佳媒体，将目标市场与农民最有可能看到广告的场所相匹配。

媒体策划人员收集有关各种媒体的信息，包括报纸和杂志的发行率及其读者的特点。电视节目的观众可能不同于广播电台或杂志的受众。质量研究提高了选择恰当媒体的可能性。

媒体采购人员

在选定了媒体后，**媒体采购人员**（media buyer）会购买广告位，协商广告的费率、发布时间和计划。媒体采购人员与媒体销售代表保持联系。他们非常了解费率和计划。媒体采购人员密切关注媒体之间的特别交易和联系（例如，同一所有者的电台、电视台或杂志）。

无论是就价格还是效果来说，在电视节目或杂志中的位置仍然是一个重要的考虑因素。Pink Jacket Creative 广告公司最近为 Snoring Center 购买了一个杂志版面，该版面由排有一篇文章的相邻页面的外侧组成。这两页外侧的细长广告把这篇文章围了起来。当人们阅读文章时，首先会注意到左侧的广告，翻阅杂志时会注意到右侧的广告。广告空间的成本越低，广告的效果越好。

插播广告（spot ad）是在媒体上一次性投放的广告。代理机构基于广告出现的次数协商每次的费率。同一时段内电视插播广告的价格波动幅度高达 45%。广播插播广告的价格相差高达 42%，全国性平面广告相差 24%。[6] 谈判技巧影响着媒体购买的结果。

小市场与大市场

一些研究表明，广告公司的规模和它所协商的价格之间几乎没有关联。媒体成本的差异是基于实际购买的时间（接近投放广告的那天），而不是代理机构的规模。[7] 一家公司的媒体策划花费 1 000 万美元，另一家公司可能要花 1 200 万美元，这是由于两家公司做出购买决策的时间不同。造成成本差异的其他主要因素是对市场的了解和谈判一揽子交易的能力。

Choice Marketing 公司首席执行官凯伦·普洛特（Karen Plott）指出，规模较小的机构在当地市场的媒体策划和购买方面可能具有某些优势。首先，当地的机构会更加适应该地区的情况和变化。例如，当一个很受欢迎的电台音乐主播跳槽到一个新的电台时，他的听众通常会跟随他，当地机构知道这会如何影响广告购买。同样，知名电视节目主持人跳槽时也会发生类似的事情。当地的机构往往能更好地适应这种变化。其次，普洛特的许多客户表示，他们得到了更密切的关注和更及时的服务。她提到："我们的客户经常说，他们要是早点来找我们就好了，而不是依靠那些'大公司'。"

媒体选择的质量、创造性、财务管理、广告公司的文化和业绩记录以及广告公司和媒体销售代表间的关系，都会导致广告活动效果上的差异。媒体选择的质量和广告的内容决定了广告的水平。

7.3 广告术语

广告有它独特的一套术语和测量方式（见图 7-3）。

• 到达率	• 收视点成本（CPRP）
• 频率	• 收视率
• 能见率（OTS）	• 连续性
• 总收视点（GRP）	• 总印象
• 千人成本（CPM）	

图 7－3　广告术语

到达率

到达率（reach）表示在给定时段内，至少接触媒体工具或信息一次的目标受众人数、家庭或企业的数量，该时段通常为 4 周。也就是说在 4 周里，有多少目标顾客至少接触一次广告。

频率

特定目标市场中的个人、家庭或企业在特定时段（通常也是 4 周）内接触特定广告的平均次数称为**频率**（frequency）。它具体说明了人们在活动期间遇到广告的次数。普通观众每天在《幸运之轮》（Wheel of Fortune）上看到的同一广告要比在《犯罪现场调查》（CSI）上看到的多，尽管《犯罪现场调查》的到达率更高。

能见率

在媒体策划中，买方会使用**能见率**（opportunity to see，OTS）或给定时段内获得的累积曝光量，而不是频率。当一家公司在周播电视节目上投放 2 则广告时，4 周内就会出现 8 个能见率（4 个节目×每个节目 2 则广告）。能见率测量的不是消费者实际看到广告的次数，而是他们不得不看广告的次数。

总收视点

总收视点（gross rating point，GRP）测量的是媒体计划的影响或强度。广告商通过将媒体的收视率与能见率（或广告的插入数量）相乘来计算总收视点。总收视点可以让广告商更好地了解目标受众实际观看广告的概率。通过提高能见率或频率，电视观众看到广告的机会就会增加。4 周的时间里，相比于出现在一本月刊上的广告，刊登在周刊《人物》（*People*）上的广告更有可能被人们看到。

千人成本

千人成本（cost per thousand，CPM）可用于评估一个媒体或广告植入相较于另一个的成本效益，它是指触及一个媒体的 1 000 名受众所花费的成本。营销人员采用下列公式计算千人成本：

千人成本＝(媒体购买的成本/总受众数)×1 000

图 7－4 显示了 35mm 数码相机宣传活动的假设成本和读者信息。图的前三列提供

了杂志的名称、四色全页广告的成本以及该杂志的付费和经认证的发行量。第四列是对每种杂志的千人成本的测量。《美好家园》(*Better Homes and Gardens*) 的千人成本为 66.21 美元，发行量为 760 万份。《体育画报》的发行量较少，为 320 万份，千人成本为 122.69 美元。就千人成本而言，《读者文摘》(*Reader's Digest*) 最低，为 26.04 美元。

出版物	四色基本费率	付费和经认证的总发行量	千人成本	目标市场（2 000 万）			
				符合目标市场的读者百分比	符合目标市场的读者数量	收视率（到达率）	收视点成本（CPRP）
《美好家园》	$506 380	7 648 600	$66.21	13.51%	1 033 000	5.2	$97 381
Glamour	$219 190	2 320 325	$94.47	24.65%	572 000	2.9	$76 640
《好管家》	$387 055	4 652 904	$83.19	10.81%	503 000	2.5	$153 899
《国家地理》	$225 455	4 495 931	$50.15	26.96%	1 212 000	6.1	$37 204
《读者文摘》	$185 300	7 114 955	$26.04	18.62%	1 325 000	6.6	$27 970
《南方生活》	$198 800	2 855 973	$69.61	10.57%	302 000	1.5	$131 656
《体育画报》	$392 800	3 201 524	$122.69	16.77%	537 000	2.7	$146 294
《时代周刊》	$320 100	3 376 226	$94.81	18.60%	628 000	3.1	$101 943

图 7－4　35mm 数码相机广告的媒体信息

收视率和收视点成本

一家公司想为 35mm 数码相机做广告，请你考虑其目标市场的情况。符合目标市场特征的读者数量将成为关键目标。**收视率**（rating）衡量的是一家公司的目标市场收看电视节目的百分比，或是平面媒体的读者数量。一种被称为**收视点成本**（cost per rating point，CPRP）的方法可用于比较媒体。衡量媒体关于企业目标市场的相对效率的收视点成本公式是：

收视点成本＝媒体购买的成本/媒体收视率

假设有 2 000 万名 35mm 数码相机的潜在买主。图 7－4 显示，《美好家园》的阅读率为 5.2，这意味着 35mm 数码相机所定义的目标市场中有 5.2%的人看了《美好家园》。退一步讲，《美好家园》读者中的 13.51%，或者说是 103.3 万人，正好符合 35mm 数码相机的目标特征。然后，将符合目标特征的 103.3 万读者除以目标市场总人数 2 000 万，就得到了 5.2。《美好家园》的收视点成本就变成了 97 381 美元。它具体说明了每一个收视点的平均成本，或者公司通过一则广告触及每 1%目标受众（35mm 数码相机买家）的平均成本。并非一本杂志的所有读者都是该公司目标市场的一部分。收视点成本比千人成本能够更准确地衡量一个广告宣传活动的效率。请注意，《国家地理》和《读者文摘》的收视点成本最低，《好管家》的收视点成本最高。

收视点成本从成本角度提供了衡量触及受众的相对标准。通过《国家地理》，触及该公司 2 000 万目标市场中的 1%或 20 万人需要花费 37 204 美元。采用《体育画报》的话，要触及目标市场的 1%或 20 万人，需要花费 146 294 美元。而采用《读者文摘》的话，只需 27 970 美元就可以触及目标市场的 1%或 20 万人。因此，《读者文摘》是最有效的，这就提出了一个问题："为什么一个媒体策划人员不把所有广告都登在这本杂志上呢?"答案在于《读者文摘》的阅读率。只在这家杂志上刊登广告只会触及目标受众的 6.6%（或 132.5 万人）；目标市场中 93.4%的人不看《读者文摘》，因而不会看到广告。这就需要其他杂志或媒体来触及他们。这解释了为什么媒体的多样性对于触及公司目标市场的大多数受众至关重要。

另一种可以确定广告是否有效触及目标市场的方法是**加权（或人口统计的）千人成本**（weighted（or demographic）CPM）值，计算公式为：

$$加权千人成本=\frac{广告成本\times 1\,000}{实际触及受众人数}$$

根据图 7-5，《好管家》中一则广告的成本是 387 055 美元。尽管它的发行量是 4 652 904 份，读者中只有 503 000 人符合 35mm 数码相机的目标特征。运用加权千人成本的公式，触及符合目标特征的《好管家》1 000 名读者的成本是 769.49 美元。与收视点成本一样，营销人员可以用它来比较各种杂志，确定哪本杂志在触及目标人群方面最经济。数字上的差异在于收视点成本衡量的是触及目标市场 1%的成本，而加权千人成本衡量的是触及目标市场中 1 000 人的成本。

出版物	四色基本费率	付费和经认证的总发行量	千人成本	目标市场（2 000 万）		
				符合目标市场的读者百分比	符合目标市场的读者数量	加权千人成本
《美好家园》	$506 380	7 648 600	$66.21	13.51%	1 033 000	$490.20
Glamour	$219 190	2 320 325	$94.47	24.65%	572 000	$383.20
《好管家》	$387 055	4 652 904	$83.19	10.81%	503 000	$769.49
《国家地理》	$225 455	4 495 931	$50.15	26.96%	1 212 000	$186.02
《读者文摘》	$185 300	7 114 955	$26.04	18.62%	1 325 000	$139.85
《南方生活》	$198 800	2 855 973	$69.61	10.5%	302 000	$658.28
《体育画报》	$392 800	3 201 524	$122.69	16.77%	537 000	$731.47

图 7-5　加权千人成本的计算

连续性

宣传活动中使用的曝光模式或计划体现了它的**连续性**（continuity）。三种模式分别是连续型、脉冲型和间断型。一个连续的活动会平稳地安排媒体时间。Buford Hawthorne 等房屋建筑公司一般采用连续的计划，因为人们在做房屋建造的决策时并不会遵循任何一致的时间框架来决定他们什么时候准备购买媒体。因此，媒体采购人员会在一到两年的时间里在特定的杂志上寻找广告空间。采用不同的广告并让它们轮流出现，读者便不会感到无聊，因为他们会看到同一产品的多个广告。

像 JC 彭尼这样的零售商可能会通过全年在不同媒体上投放广告来打造脉冲型计划，但在节假日（如圣诞节、复活节、母亲节、父亲节、劳动节和感恩节等）前后会小范围、短时间地增加广告数量。脉冲型广告应该在消费者最有可能做出购买决定或购买特殊商品的时候投放，例如节假日期间。巴诺书店（Barnes & Noble）会在圣诞节前投放刺激消费者购买礼品卡的广告。

飞行（或间断型）宣传计划与前两种方法不同，它只在一年中的某些时间投放广告。滑雪度假村更有可能采用这种模式，如在秋冬季节投放广告，在春夏季节不投放。草坪服务或割草机维修服务提供商也可能采用这种模式。

总印象

总印象（gross impression）的数量代表了广告对受众的总曝光量。它不表示看到一则广告的总受众的百分比。图 7－5 显示，《国家地理》的总发行量约为 450 万份。如果在《国家地理》里插入 6 则广告，插入量乘以读者群将产生约 2 700 万总印象。

7.4 实现广告目标

在广告产生影响之前，广告商会考虑一个人接触广告的次数。大多数人认为仅仅曝光一次是不够的。这个数字引发了许多争论。有些人认为需要 3 次，有些人则说需要 10 次或者更多。

三度接触假说

大多数媒体策划者认为，一则广告至少需要 3 次曝光才能产生效果。赫伯特·克鲁格曼（Herbert Krugman）提出的“三度接触假说”认为，广告可以影响受众，不论个人的需求或欲望如何。[8] 此外，广告的**入侵价值**（intrusion value）代表一种媒介或广告在没有受众自愿参与的情况下吸引他们注意力的能力。这一推理的结论是，至少 3 次曝光才能捕获受众的注意力。

近因理论

许多广告商认为，纷杂的现实已经削弱了三度接触假说的可行性。**近因理论**（recency theory）指出，消费者在看到广告时会表现出选择性注意，关注个人的需求和欲望。[9] 当消费者注意那些可能满足自己需求或欲望的信息时，广告曝光与购买决策的联系就越密切，广告的影响力也越大。此外，当消费者计划购买的产品正在做广告宣传时，他们更有可能注意到广告，并对广告做出积极的反应。一位想在市场上买一台新复印机的企业采购中心成员更容易注意到复印机广告。同样的广告，不打算买复印机的人则会选择忽略。同样的道理也适用于消费者市场：想买新牛仔裤的人会注意服装广告，尤其是牛仔裤的广告。

近因理论提出，一次广告曝光可能足以影响一个人或一家需要推广产品的企业。企业连续不断地做广告，以确保在买家考虑购买时广告能够到达。

与近因理论相匹配的广告宣传方法是采用多种媒体四处传播信息，每种类型的媒体在每周或每个时段的曝光量是有限的。在向老年人推销补充医疗保险时，《老年生活》（*Senior Living*）等杂志、有关当地新闻和天气的电视广告以及报纸广告都能非常经济地迅速触及目标受众。这种方法不仅实现了频率的增长，还最大限度地扩大了覆盖范围。

在 B2B 领域，近因理论表明，广告应当在较长的一段时间内通过多个渠道出现，而非在一本行业杂志上投放一系列广告。很多时候，采购中心由职责不同的几个成员组成。要确保每个人都能看到广告，就意味着要在采购中心成员可能阅读的每本杂志上刊登广告。为了促使一家想要添置音频会议系统的公司做出购买决策，媒体采购人员会购买行业杂志、人力资源杂志、销售杂志和商业杂志的版面。这增加了信息到达采购中心成员的可能性。对每个成员而言，一次曝光可能就足够了，因为成员在积极地寻找信息并准备做出决策。

有效到达率和有效频率

想得到有效曝光的最小数量可能要考虑两个概念：有效到达率和有效频率。**有效到达率**（effective reach）是为了实现某个特定目标必须接触到特定信息的受众百分比。**有效频率**（effective frequency）是指一位目标受众必须接触某条信息以实现特定目标的次数。有效频率的概念表明了所需最少的曝光量。

有效频率和有效到达率是十分重要的参考。曝光过少意味着广告商可能无法达到预期目标，曝光过多则是对资源的浪费。我们的目标应该是在额外广告的回报没有递减的情况下，找到实现预期目标的最佳到达率和频率组合。实现品牌再认这一目标的最佳组合与实现品牌再现这一目标的最佳组合是不同的。

其他因素也能提高有效频率和有效到达率，包括广告的规模和位置。一则小小的杂志广告无法产生与更大的广告相同的影响。如果一家公司采用 15 秒的电视广告，有效频率可能是 6 次曝光。相比之下，一则 45 秒的画面只需要 4 次曝光就可以让人记住。在电视广告中，中间的广告通常比开始和结束时的广告影响更小。

用于宣传活动的不同媒体的数量也会影响广告的效果。一般来说，采用电视和杂志两种媒体的宣传活动比仅采用一种媒体的宣传活动（如仅采用杂志）会产生更高的有效到达率。

近年来，一些媒体公司设计了计算机模型如 Nielsen SAVE 和 Adware 来优化到达率和频率。这些程序基于概率论，有助于营销团队有效地分配广告费用。一则引人关注的电视广告和一则解释产品特性的杂志广告的相互作用或许可以产生比任何单一广告更有效的协同效应。

品牌再认

品牌再认强调产品和（或）标志的视觉呈现，其目标是加强或创建品牌与存在于人们知识结构中的其他信息节点之间的联系。广告商并非想引导人们回想起品牌名称，而是希望人们在零售店或广告中认出品牌名称和标志。能使到达率最大化的媒体包括电视、广告牌、杂志、互联网和直邮。[10]

品牌再现

要增强品牌再现，频率比到达率更重要。重复有助于将品牌嵌入消费者的认知记忆中。重复使人们更容易想到某个品牌。一则 30 秒的广告重复 7 次提及一家餐馆的名称，就会比只提一两次更容易让人记住。媒体选择方面，电视、广播、报纸和互联网有可能实现更高的频率。[11] 图 7－6 比较了品牌再认与品牌再现。

	品牌再认	品牌再现
目标	建立或加强心理联系	将品牌置于激活域中
方法	提高到达率	提高频率（重复）
最佳媒体	电视	电视
	广告牌	广播
	杂志	报纸
	互联网	互联网
	直邮	

图 7－6　品牌再认与品牌再现

一旦媒体采购人员、媒体策划人员、客户主管和公司领导就广告活动的基本目标达成一致，他们就会选择具体的媒体，寻求合理的媒体组合。下一节将对传统的广告媒体进行探讨。

7.5　媒体选择

有效地融合广告媒体仍然是设计高质量广告活动的一个重要因素，为此，营销专业人员需要考虑每种媒体的优缺点。

电视

一些专家认为，互联网正在慢慢地扼杀传统电视。18～24 岁的人群使用智能手机和平板电脑的频率较高，观看传统电视节目的频率下降幅度最大。许多人从未订阅过有线电视或卫星电视。即便是作为主要电视观众的 50 岁以上的消费者，现在也更多地使用数字媒体。到 2020 年，预计传统电视在所有媒体消费中的占比降至 30%，而数字媒体将占 56%。如果不是因为体育直播，电视的观看量将进一步下降。与重大体育赛事和大学体育赛事的长期合作将使广告收入源源不断地流向电视。[12]

虽然电视的影响力有所下降，但对许多品牌和公司来说，电视仍然是一个可行的媒体选择。与此同时，广告商应该意识到电视节目观看方式的变化。电视节目经常出现在平板电脑或笔记本电脑而不是普通的电视屏幕上。图 7－7 列举了电视广告的优劣。

优势	劣势
• 到达率高	• 杂乱水平高
• 频率潜力高	• 杂乱引起的再现率低
• 平均接触成本低	• 广告期间频繁切换频道
• 入侵价值高	• 借助 DVR 跳过广告
• 优质创意机会	• 广告文字少
• 通过有线电视实现市场细分	• 广告平均成本高

图 7－7　电视广告的优劣势

电视广告的优势

电视的覆盖面最广，到达率最高。一则广告就能吸引数百万人。电视的平均接触成本较低，在超过 1.1 亿家庭和全球近 10 亿人观看的超级碗上播放一则 30 秒的广告仅需 400 万美元。广告到达每个人的成本很低。

电视具有入侵价值。音乐旋律朗朗上口、内容有趣或幽默的广告可以迅速吸引观众的注意力。电视为创造性的广告设计提供了机会。视觉图像和声音可以融于一则广告中。广告商能在电视上以纸媒或广播广告无法实现的方式呈现产品和服务。市场细分可以通过特定的节目和网络来实现，如美食频道或娱乐与体育节目电视网（ESPN）。

电视广告的劣势

杂乱仍然是电视广告的主要问题。许多节目每小时包含 31 则广告，持续时间长达 19 分钟。四五分钟的插播广告十分常见。[13] 许多观众在插播广告时换台。低再现率的问题常常存在，尤其是广告时段中间位置的广告。广告时段刚刚开始或接近结束时的信息更有可能得到再现。另外，电视节目开始前或结束后的广告时段的广告再现率更高，因为人们想要看到节目的开头，以及节目的最后一部分，即高潮或结尾。

有些观众用 DVR 来应对杂乱的电视节目，他们会录下自己喜欢的节目，稍后再看。广告商担心 DVR 用户会跳过广告。然而，研究表明，只有不到一半的人会快进广告。此外，大多数人会在录节目的当天观看，75%的人会在第二天内看完。这意味着对时间敏感的广告会在接近首播时被看到。所以，或许没有必要担心 DVR 会让观众跳过广告。[14]

电视播出时间和制作广告的费用都很高。一则 30 秒的全国广告的平均制作成本为 35.8 万美元。制作费占广告费用的最大部分，平均为 23.6 万美元。其他费用包括导演费（2.3 万美元）、编辑和完成广告的费用（4.5 万美元）、创意/劳务费和音乐费（3.4 万美元）。[15]

收视率

为了解广告在触及观众方面的表现，可以计算某个指定节目的收视率。典型的收视率计算公式为：

$$\text{收视率}=\frac{\text{收看某个节目的人数}}{\text{某市场中的总人数}}$$

在美国，大约有 1.097 亿户家庭拥有电视机。要计算《周日橄榄球之夜》（Sunday

Night Football）的收视率，假设收看比赛的家庭数量为 1 780 万户，则收视率为：

$$收视率=\frac{17\ 800\ 000}{109\ 700\ 000}=16.2$$

如果广告商对那个时段真正看电视的家庭比例感兴趣，可以计算出节目的份额。假设 1.097 亿户家庭中有 7 100 万户在《周日橄榄球之夜》播出期间打开了电视，那么这一比例将是：

$$份额=\frac{收看《周日橄榄球之夜》的家庭数量}{打开电视的家庭数量}=\frac{17\ 800\ 000}{71\ 000\ 000}=25$$

16.2 的收视率意味着美国拥有电视机的家庭中有 16.2%收看了《周日橄榄球之夜》。25 的份额意味着打开电视的家庭中有 25%在观看比赛。收视率并不能保证观众看到了广告。收视率和份额仅仅反映了电视节目的表现如何。

C3 收视率

一些广告商开始采用一种新的系统——广告 C3 收视率，它计算的是实际广告时段的收视率而非电视节目的收视率，即将广告的收视率和广告首次播出 3 天后的收视率相加。许多公司采用 C3 收视率来确定全国电视广告的费率。营销人员通过计算特定时段或广告时段中所有广告的平均收视率来计算 C3 收视率。许多广告商对这个系统提出了批评，声称同一时段内的广告并不会得到等量的曝光。例如，时段内第一个广告所产生的认知比中间位置的广告要高 28%。

因此，某则广告在广告时段的位置及时长对费率没有影响。[16]

尼尔森计划改进 C3 收视率系统以解决这一问题。名为“弹性 C3”（On Demand C3）的新系统将为每则广告生成一个收视率。它既包括节目直播的收视情况，也包括播出后 3 天内通过 DVR 收看的情况。一些首席执行官力推 C7 收视率，而不是 C3，他们认为 7 天的收视率更加准确地反映了消费者的收看习惯。[17]

图 7-8 呈现了使用 C3 系统计算出的 30 秒广告的费用。一部电视剧的收视率越高，其收费就越高。[18]

《美国偶像》	$ 467 617
《周日橄榄球之夜》	$ 415 000
《欢乐合唱团》（Glee）	$ 272 694
《恶搞之家》	$ 259 289
《辛普森一家》（The Simpsons）	$ 253 170
《豪斯医生》（House）	$ 226 180
《实习医生格蕾》（Grey's Anatomy）	$ 222 113
《办公室》	$ 213 617
《绝望主妇》（Desperate Housewives）	$ 210 064

图 7-8 基于 C3 收视率的 30 秒广告的成本

收视率提供商 尼尔森是计算、报告收视率和转发量的主要组织。该公司提供被称为“指定营销区域”的地方市场上电视台份额的信息。尼尔森使用的数据收集技术包括由观众撰写的报告其所看内容的日志、自动记录仪和家庭成员收看习惯追踪仪。尼尔森还参考在平板电脑和智能手机上收看节目的观众信息来统计电视的收视率，因为使用这些替代设备观看电视节目的人数持续增长，特别是在年轻消费者中。

这些数字可以进一步细化以帮助广告商了解广告是否到达目标市场，可以根据特定的人口统计信息，如年龄、收入、性别、受教育水平、种族或民族传统等，对收视率和转发量统计范围内的观众进行细分。准备这些信息的机构包括尼尔森媒体研究（Nielsen Media Research）、Starch INRA、Hooper、Mediamark Research、Burke Marketing Research 和西蒙斯市场研究局（Simmons Market Research Bureau）。还可再加入心理信息，例如户外爱好者是否观看特定的节目。这使广告商认识到该节目是否为某个广告或营销活动提供了最合适的观众。

地方和区域性电视广告

对于地方和区域性公司而言，电视插播可能是最好的电视广告选择。在很多情况下，全国性品牌会在特定市场上采用电视插播广告作为全国性广告的补充。媒体策划人员之所以采用这种方法，主要是因为全国性广告的时间费用高昂，而且 75%～80%的黄金时段在春季刚过不久就会售罄。通过选择本地的早间新闻、晚间新闻和本地访问入口，媒体策划人员可以较低的成本实现比全国性广告更高的总收视点。

丹佛的比萨店 Anthony's Pizza & Pasta 将广告投放从 90%的户外广告牌转向 90%的电视广告。该公司在第一季度和第四季度采用集中的间断型投放，以建立知名度、增加餐厅的客流量。在丹佛，所有国家广播网络及包括娱乐与体育电视网、喜剧中心、卡通网络、美食网络和美国经典电影有线电视台在内的 14 个有线频道都播放了它的插播广告。这些广告的主题是“正宗的纽约风味比萨”。五则广告聚焦比萨的制作，六则广告运用了幽默元素。在没有广告投放的 6 个月里，该公司利用社交媒体，尤其是脸书与顾客保持联系。[19]

动态广告

电视网络、有线电视和卫星电视公司引进了一项帮助广告商聚焦特定目标市场的新技术。**动态广告**（dynamic advertising）使得 DirecTV 这样的公司可以从市场调研公司获取消费者信息，并将其与公司的数据相结合，从而向符合特定标准、生活在特定地区的订阅用户定向投放广告。他可能是讲西班牙语、想要瘦身的消费者，抑或是新技术的早期使用者。丰田采用动态广告技术向 DirecTV 用户中住在旧金山、洛杉矶和圣迭戈且精通技术的早期使用者定向推送广告。DirecTV 的其他用户则看不到这些广告。[20]

另一种形式的动态广告包括当用户在电视上观看广告后，将后续广告发送到其手机上。千禧传媒公司（Millennial Media）的新技术可以在网页或应用程序中插入后续的视频广告，让已经在电视上看过该广告的人继续观看。这个过程称为**重定向**（retargeting），因为后续信息的接收对象是已经在电视上看过广告的人。重定向为重新吸引消费者和传播连续的信息提供了额外的机会。可替代重定向的一种方法是，在用户观看了竞争对手的电视广告后，向其智能手机发送数字广告。这些策略力图将一个人的移动电话与其有线电视或卫星电视的账户绑定在一起，千禧传媒和其他一些公司可以做到这一点。[21]

社交媒体和电视

社交媒体和互联网的兴起让一些广告商开始担心电视的影响力正在减弱。虽然许多消费者将更多的时间花在网络上，收看电视的时间缩短了，但对另一些人来说，情况正好相反。社交媒体、手机和互联网可用于丰富电视的观看体验，切实推动消费者观看更多的节目。花大量时间在社交媒体上的人倾向于收看更长时间的电视，尽管其中一些人可能是在平板电脑和其他便携设备上观看的。iModerate 的亚当·罗索（Adam Rossow）指出，这些人“喜欢社交互动，并经常因为社交聊天而把节目添加到他们的观看列表中，他们花更多的时间在社交网络上和看电视上”。德勤研究（Deloitte Research）的一项调查显示，75%的消费者在看电视的时候会进行多任务处理——42%的人在上网，29%的人在打电话，26%的人在发短信。[22] 尼尔森旗下的 SocialGuide 研究发现，最活跃的推特活动通常发生在电视节目播出期间，而不是在广告时间。[23]

社交媒体和电视收看之间的互动促使 Bluefin Labs 的营销团队调查了有关品牌和电视节目的网络热点。在网上评论沃尔玛的人还会就电视节目《超级保姆》（SuperNanny）、《达拉斯牛仔啦啦队》（Dallas Cowboys Cheerleaders）、《交换女主人》（Wife Swap）、《6 号牢房：女子监狱》（Cell Block 6：Female Lockup）和《全美通缉令》（America’s Most Wanted）发推特或评论。相比之下，关于塔吉特的社会媒体评论则与《绝密配方》（Top Secret Recipe）、《我的院子变成了迪士尼》（My Yard Goes Disney）、HGTV’d、《时尚猎手》（Fashion Hunters）和《自由代理人》（Free Agents）的在线评论和推文相关。[24]

随着人们花在社交媒体上的时间日益增加，网上关于电视节目的热议也越来越多。通过监测这类在线讨论，广告专家和他们的客户可以更好地了解最适合投放广告的电视节目。

YouTube 和电视

许多公司和广告机构会在 YouTube 上发布电视广告。其中一些广告在电视播出时同步发布于网站上（称为“插播广告”），一些广告则会提交到 YouTube 上在全国播出前发布（称为“前贴广告”）。以超级碗为例，广告的预告片可能在比赛前出现在 YouTube 上，也可以发布完整的广告。

谷歌和益普索（Ipsos）的研究表明，在 YouTube 上投放电视插播广告和前贴广告可以提高再现率。在 YouTube 和电视上看过广告的人比只在电视上看过广告的人的再现率高出 200%。而那些在 YouTube 上看过广告的人，其再现率高出 150%。每天有超过 30 亿消费者在 YouTube 上观看视频。[25]

超级碗广告

超级碗是美国一年中最大的电视广告活动。在 1.1 亿观众中，许多人观看新广告的时间和观看比赛的时间一样多。一项研究表明，39%的观众表示新广告是比赛中他们最喜欢的部分，73%的人认为观看超级碗的广告是一种娱乐。这些发现进一步证实了安海斯-布希公司营销副总裁保罗·奇比（Paul Chibe）的观点：“超级碗是一个巨大的品牌建设机会。”[26]

过去，公司会将广告隐藏起来，直到它们出现在比赛中。社交媒体的兴起改变了这种方式。许多超级碗的广告会首先出现在 YouTube、脸书、公司的网站上，或者在比赛之前出现在广告公司的网站上。如前所述，前贴预告广告能够在比赛期间吸引观众观看整个广告。前贴广告可以令观众产生兴奋感，让观众在比赛前、比赛期间和比赛后都能看到、分享和讨论广告。许多公司和机构为前贴广告制定营销计划所用的时间和花在真正的超级碗广告上的时间一样多。另一种新方法是发布扩展版的广告，其中包含更多的内容或关于网站上广告位置的附加信息。

超级碗开赛前三周，大众汽车在 YouTube 上发布了一则预告片，点击量达 1 100 万次。在超级碗比赛的前一周，营销人员在 YcuTube 上上传了加长版续集，点击量超过 130 万。超级碗比赛前 17 天，雪佛兰科迈罗的广告发布在网上。HomeAway 的首席执行官布赖恩·沙普利斯（Brian Sharpless）表示：“社交媒体上的广告可以在超级碗比赛前、中、后制造轰动效应，如果不充分利用这一切，你的投入就无法得到最多的回报。”[27]

超级碗的广告几乎能立即得到反馈。许多公司在比赛期间运用不同类型的广告监测工具监控社交媒体的热度，以识别最好的广告和那些没有达到标准的广告。第二天早上，一些网站和报纸（如《今日美国》）将公布超级碗广告的赢家和输家名单。

广播

尽管有 CD、iPod、有声书和其他类型的音频设备，约 80%的美国人仍然每天收听广播。[28] 虽然广播不像电视那样吸引人，但它仍是一种有效的广告媒介（见图 7－9）。一个恰到好处、巧妙的广告会传递一种一对一的信息（播报员对堵在路上的司机）。许多规模较小的本地公司十分依赖广播广告。大多数广播广告都是在当地制作的，预算也很少。

优势	劣势
• 再现得到促进	• 曝光时间短
• 目标市场狭窄	• 注意力不集中
• 广告音乐与听众相匹配	• 难以触及全国听众
• 细分潜力高	• 几家电台的风格相同导致目标重叠
• 广告制作灵活	• 信息过载
• 修改广告使之符合当地情况	
• 与电台主持人的关系亲密	
• 移动的——随处可听	
• 利用声音和音乐创造机会	

图 7－9　广播广告的优劣势

广播广告的优势

高质量的广播广告通过创造有影响力的形象和采用重复的方式使听众记住信息。这些行为将信息从消费者的短期记忆转移至长期记忆。声音效果和活泼的曲调在这个过程中起辅助作用。通过重复，一个人听到广告的次数足以激发再现。

一家广播电台根据其风格，如电台访谈、轻音乐、老歌或乡村音乐，来触及可定义的目标市场。一家公司可以在全国特定类型的电台做广告。电台广告商会调查一个节目的收视率和份额，以及预估收听人数。阿比创（Arbitron）为地方电台统计这些数据。无线电全方位受众调查（Radio's All-Dimension Audience Research，RADAR）会报告全国无线电网络的收听率。

广播可以产生亲密感。听众常常觉得自己与电台的主持人和名人很亲近。这种依恋关系随着时间的推移不断加强。只收听某个人的节目则更加私人和亲密，特别是当听众参与比赛或点歌与主持人交流之时。这种联系或亲密程度会提高电台名人的可信度，也为他们代言的商品和服务带来优势。

Beachbody 是一个总部位于加利福尼亚州圣莫尼卡的健身品牌，它利用电台作为主要媒体来宣传其 P90X 家庭运动系统，该系统承诺在 90 天内全面改善身体状况。弗吉尼亚州的鲁宾逊电台（Robinson Radio）策划并组织了这次广播宣传活动。鲁宾逊电台意识到，最好的方法是发展“电台的秘密武器”——使用过该产品的电台主持人，让他们记录下成功的经历，然后在广播中描述自己的改善过程。电台主持人还在公司网站上发布照片，为听众创建聊天室，并邀请听众分享他们的成功故事。在活动早期，微型网站成为电台活动的关键组成部分，因为它使听众、产品用户和电台主持人之间能够进行交流。随着宣传活动的推进，广播的另一个优势显现：调整的难度小、成本低。这场宣传活动在加利福尼亚取得了巨大的成功。几个月内，Beachbody 就把这项活动推广到全美。[29]

广播广告为当地公司提供了一个低成本的选择。广告可以在理想的时间投放，也能更好地适应当地的情况。对于 B2B 广告商来说，广播提供了在工作时间触及企业的机会。许多员工会在工作时收听广播。与其他传统媒体一样，广播广告的关键在于要与其他广告平台进行整合。

广播广告的劣势

曝光时间短导致广播广告存在局限性。大多数广告只持续 15 秒或 30 秒。在此期间，听众可能忙于其他活动，如正在开车或工作，并不会集中注意力。此外，人们经常以广播为背景来掩盖其他干扰，尤其是在工作时。

全国性广告商很难用广播广告覆盖广大的区域。刊登全国性广告需要联系几家公司。数量极少的大型广播公司意味着广告商必须与多家电台取得联系。与一个个电台谈判费率可能存在难度。由于当地企业与广播电台关系较好，它们通常能比全国性广告商争取到更优惠的价格。

在美国，四个主要的全国性广播网是 Westwood One、美国广播公司（ABC）、哥伦比亚广播公司（CBS）和联合之星（Unistar）。除了这些，还有一些强大的广播网络，如 ESPN Radio 和美国有线电视新闻网（CNN）。福克斯（Fox）广播网络上那些在全国范围内联合播出的节目为全国性广告商提供了一些机会。

在一些大城市，重叠成为广播广告的另一个问题。几家电台可能试图触及相同的目标市场。例如，芝加哥有几个摇滚电台，在每家电台上投放广告成本太高，但如果不把所有的摇滚电台都包括在内，就不可能触及目标市场中的每个人。

户外广告

主干道上的广告牌仍然是最常见的户外广告形式，还有其他一些形式的户外广告，包括出租车、公交车、公园长椅和体育场围栏上的标志。在大型体育赛事上空飞行的飞艇构成了另一种户外广告形式。

过去，许多公司的领导者并不认为户外广告是整合营销传播计划或制定媒体计划的一部分，目前这种情况已经改变了。技术的进步极大地改善了户外广告。全球定位系统、无线通信和数字显示技术已经改变了户外广告。LED 技术制作出在纽约时代广场和拉斯维加斯大道等地播出的动画视频。它可以呈现出静态的广告词和以电子方式变化的视觉效果。每年用于户外广告的支出已增至 55 亿美元以上。图 7－10 按类别列出了户外广告支出的明细。

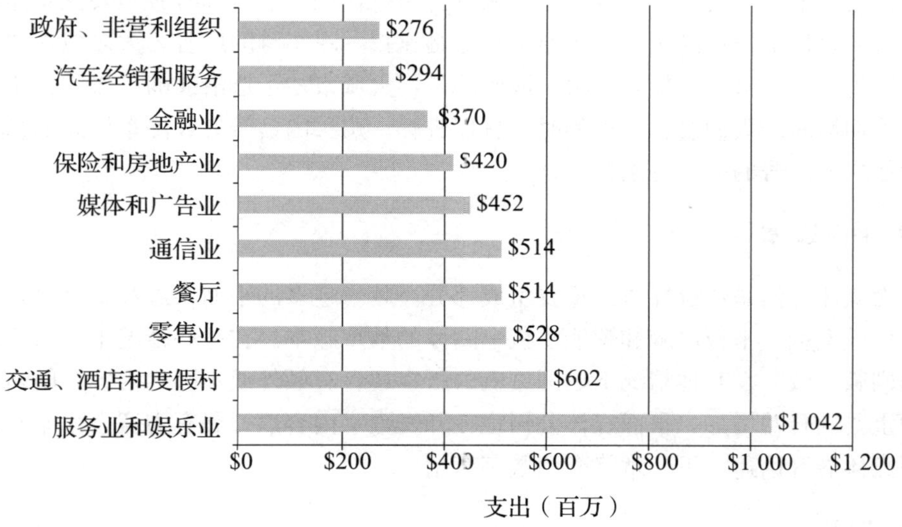

图 7－10　户外广告的支出

Zehnder Communications 最近利用广告牌、达拉斯等城市的机场换乘车和芝加哥的火车为“南沃尔顿观光”（Visit South Walton）举办了一个独特的户外广告活动。设计机场和火车广告是为了吸引旅行者的注意力，让他们考虑可行的度假目的地。机场和火车广告中呈现的图片与亚马逊和潘多拉上的数字广告相符。类似的图片也出现在平面广告和电视广告中。

户外广告的优势

户外广告的使用寿命更长。对于当地的公司来说，户外广告牌和其他户外广告提供了高质量的曝光，因为这些信息将主要被当地居民看到。从产生每个印象的成本来看，户外广告是一种低成本的媒介。它的特点在于，当广告商购买多个广告牌或场地时，其覆盖面广、频率高。每个路过广告牌的人或看到动态广告词的人都被视为一次曝光。许多户外广告公司的特色是轮替广告（rotation packages），即在一年内，广告会在一个地区的不同地点投放，从而提升了广告的到达率。数字板和标志提供了分辨率更高、可根据需要或常规计划进行变化的图像。图 7－11 列出了户外广告的优势和劣势。

优势	劣势
· 可选择关键的地理区域	· 曝光时间短
· 可用于当地广告	· 信息简短
· 每次印象的成本低	· 潜在的细分市场小
· 覆盖面广	· 杂乱
· 主要通勤路线上的频率高	
· 画面可能较大	
· 数字化能力	

图 7－11　户外广告的优劣势

户外广告的劣势

曝光时间短仍然是户外广告的主要缺点。司机在经过广告牌时必须要注意路况。因此，广告商要保证信息简短。行人通常只能迅速扫一眼车身的广告。大多数人要么忽略了户外广告，要么只是随便看一眼。讽刺的是，大城市主干道沿线的广告牌价格却在上涨。交通拥堵时，人们会花更多的时间看广告牌。购买因信号灯或停车标志而需要停车的位置是户外广告的另一种选择。

平面媒体

平面媒体仍然是传统媒体的重要组成部分。越来越多的平面杂志和报纸已经开发出可以在台式电脑、平板电脑和智能手机上阅读的数字版本。在一些情况下，数字版的格式与印刷版一致。在其他情况下，网站上的版本还含有额外或不同的内容。随着网站对企业的重要性日益增加，平面媒体公司也在开发数字内容以开展有力竞争。本章将对传统平面媒体展开论述，下一章将介绍数字营销。

杂志

对于许多广告商而言，杂志是媒体采购的第二选择。最近的研究表明，杂志通常是一个不错的选择。Affinity Research 的一项研究表明，一半的读者在看到杂志上的广告后会采取行动，如访问网站。另一些人则对所宣传的品牌持有更积极的态度。几项研究得出的结论显示，杂志会提升人们的购买意愿，并提高其他媒体的有效性。[30] 图 7－12 列举了杂志的一些潜在优势和劣势。

优势	劣势
· 市场细分程度高	· 读者人数缩减
· 可触及杂志的目标受众	· 杂乱
· 直复技术	· 周期长
· 高质量的配色	· 灵活性差
· 寿命长	· 成本高
· 闲暇时阅读——对广告的关注更多	
· 特殊功能的可用性	

图 7－12　杂志广告的优劣势

杂志广告的优势

杂志的使用有助于按主题范围进行高水平的市场细分。即使是像汽车这样的细分市场，也有相应的杂志。读者的兴趣高构成了另一个优势。婚礼对于订阅《现代新娘》（*Modern Bride*）的人来说是有吸引力的。阅读杂志的人倾向于注意与他们的需要和愿望有关的广告。通常，读者会在广告上逗留更长的时间，因为他们是在等待或闲暇时阅读杂志的。兴趣浓厚、细分和差异化，再与高质量的配色结合，将是目标市场的理想选择。

行业和商业杂志仍然是 B2B 公司营销人员的首要选择。公司针对采购中心的成员投放广告。广告的文案可以提供更详细的产品信息，感兴趣的读者会花更多的时间来研究。广告通常包含免费电话号码和网站地址，感兴趣的人可以获得更多的细节。

杂志的寿命很长，不会局限于当下。一个狂热的读者可能会就某期杂志研究好几次，并在每期杂志上花费相当多的时间。广告商知道读者会不止一次地看到广告，而且可能更愿意关注。其他人可能还会就杂志发表评论。在 B2B 部门里，采购中心成员之间可能会传阅某本行业杂志。只要杂志还在，广告就一直可供人浏览。

除了为香水和古龙水品牌在杂志上放置标准闻香片外，广告商还可以添加二维码或特殊的移动应用程序。DirecTV 与《体育画报》合作，为《体育画报》的年度泳装版开发了一个免费的安卓和 iOS 应用程序。下载这款应用程序的用户可以把手机放在《体育画报》中泳装模特的上方，观看模特拍摄过程的视频。这本杂志内有 19 个嵌入视频，每个视频时长约 30 秒。[31]

杂志广告的劣势

尽管杂志的读者总数减少了，但对于"有影响力的美国人"而言，这一趋势并不明显。收入 10 万美元以上的人平均阅读 15.3 份出版物，收入在 25 万美元以上的人平均阅读 23.8 份出版物。[32] 杂志广告需要大量的准备时间，且准备过程的费用很高。对于比较普通的消费品，如基本生活必需品等，杂志广告可能不太可行。

一般来说，杂志是一种有效的广告媒介。无论是在消费市场还是在商业市场，杂志与其他媒体结合似乎都能提高广告宣传的效果。

报纸

《今日美国》是深受美国读者喜爱的读物，其新闻报道也发生了变化。许多地方报纸不复存在，多数大城市的报纸为甘乃特（Gannett）这样的报业集团所有。尽管如此，一些细分市场内印刷版报纸的读者人数仍保持稳定，网络版的读者人数也在持续增长。

对于许多较小的地方公司来说，报纸、广告牌和当地的广播节目提供了最可行的媒体选择。报纸以日报、周报或以广告增刊的形式出现在杂货店和零售店前。网络版也是当地企业可行的选择。

报纸广告的优势

如图 7－13 所示，许多零售商依赖于报纸，因为它提供了地理上的选择性（进入地方市场），更容易促进销售。较短的周期使零售商能够快速调整广告和促销活动。这种灵活性体现在广告商具备更新广告的能力，可以修改广告以实现有竞争力的报价或聚焦近期事件。

优势	劣势
· 地理选择性	· 欠佳的购买过程
· 灵活性大	· 生命周期短
· 可信度高	· 杂乱
· 受众的兴趣浓厚	· 印刷质量差
· 更长的文案	· 来自互联网的竞争
· 累计数量折扣	· 读者老龄化
· 优惠券和特殊响应功能	

图 7－13　报纸广告的优劣势

报纸保持着很高的可信度。大多数读者通过报纸获取真实的信息。一项针对购物者的调查显示，报纸是帮助做出采购决策最可靠的信息来源。[33] 报纸的读者对文章和广告有很强烈的兴趣，这使广告商可以在广告中加入更多的细节。除非广告商在一个狭小空间内塞入过多的信息，报纸读者一般都会花更多的时间阅读。

星巴克在意识到报纸读者和其顾客群体之间的匹配后，发起了一场独特的报纸宣传活动，该活动由俄勒冈州波特兰的代理机构韦柯（Wieden＋Kennedy）设计。星巴克邀请咖啡爱好者于 3 月 15 日到当地门店喝一杯免费咖啡。包括纽约、洛杉矶、芝加哥、波士顿和达拉斯在内的 11 个重要市场的日报都刊登了四页的全彩色广告。广告在活动前一周刊登在报纸上，并在活动前一天再次刊登。在活动当天，星巴克雇用街头小贩分发印有星巴克广告的免费报纸。这些报纸被星巴克独特的咖啡杯套住。这项活动耗资 54.5 万美元，但吸引了 50 万顾客光顾星巴克。在一些地方，排队的长龙环绕街区。星巴克估计，这场报纸宣传活动带来了 1 200 万印象数。[34]

报纸广告的劣势

报纸不容易定位于特定的细分市场，虽然体育版有体育广告，娱乐版有电影和餐厅等广告。报纸的寿命很短，报纸一旦看过，就会被丢弃、回收或销毁。如果读者在第一次浏览报纸时没有看到广告，很可能就会忽视。读者很少会再次拿起报纸，当他们这样做时，目的是继续阅读，而不是重新浏览已经看过的部分。

报纸读者的年龄持续增长。年轻的消费者会通过互联网或电视获取新闻，很少有人读纸质的报纸。读纸质版的人平均年龄是 51 岁，而读电子版的人平均年龄是 44 岁。数字阅读器的读者更年轻、受教育程度更高，而且通常比纸质版读者更富裕。[35]

7.6　媒体组合

营销人员意识到，选择合适的传统媒体渠道的广告进行组合至关重要。广告商在筹备广告活动时，要选择恰当的媒体组合。媒体策划人员和媒体采购人员为特定的广告活动提供有关组合类型的最有效的信息。图 7－14 显示了可口可乐在美国的媒体组合。可口可乐在美国的广告支出为 7.521 亿美元，其中 63.4%用于电视广告，可口可乐在其他媒体上的花费要少得多。[36]

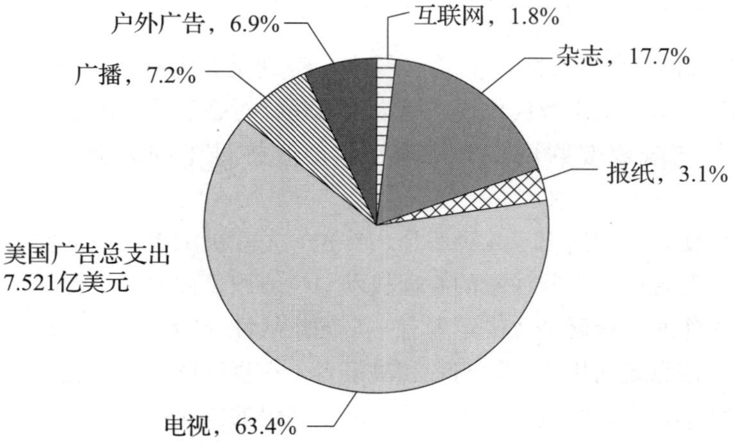

图 7-14　按媒体划分的可口可乐美国广告支出

明略行和尼尔森的研究突出了组合媒体的好处。[37] 明略行的报告指出，当消费者在电视和杂志上看到广告时，其对广告的认知是最强的。那些只看杂志广告的人的广告认知要低得多，那些只看电视广告的人则更低。

媒体乘数效应（media multiplier effect）表明，使用两种或两种以上媒体的综合影响将大于单独使用任何一种媒体。瓦奇塔独立银行（Ouachita Independent Bank）开展的一项整合宣传活动就采用了包括电视、广播、报纸、互联网和户外广告在内的多种媒体。相似的图片和文案将宣传活动统一起来，以创造更强的品牌印象和提高品牌知名度。

媒体乘数效应同样适用于 B2B 广告商。美国商业媒体协会（American Business Media）的一项研究表明，89%的企业受访者认为整合营销方法提升了他们对公司或品牌的认知。在多种媒体上看到广告促使公司或品牌成为人们的首选，也促使更多的企业进行购买。[38] 找到有效的媒体组合是利用媒体乘数效应的关键。图 7-15 显示了为特定广告信息选择最佳媒体组合的过程。媒体专家会决定哪些媒体最适合组合起来用于某个目标市场、商品和服务以及广告信息。

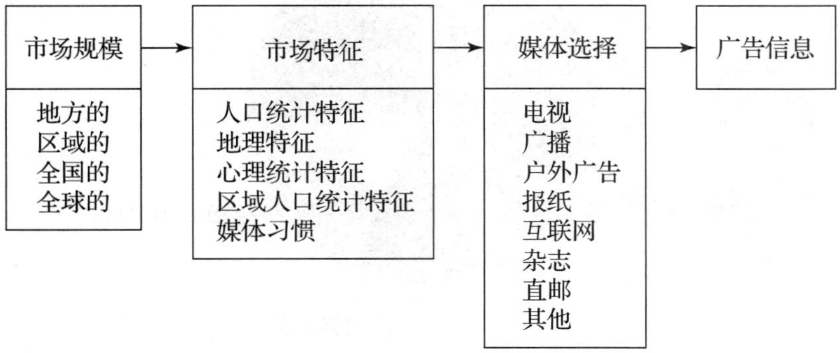

图 7-15　开发合理的媒体组合

7.7 B2B 市场中的媒体选择

消费者广告和 B2B 广告之间的差异较小，特别是在电视、户外广告和互联网上。过去，B2B 广告很容易确定投放位置，因为内容是针对企业的。市场营销人员很少使用电视广告、户外广告或互联网广告。现在，企业将过半的商业广告费花在非商业场所。[39]

对于这种转变，人们给出了几种解释。首先，企业决策者也会消费商品和服务。因此，用于影响消费者以吸引其注意的心理战术同样适用于商业决策者。

其次，在工作时间接触企业决策者有一定的挑战性。"看门人"（秘书、语音邮件系统等）常常阻止信息流向用户、影响者和决策者。在直接回购的情况下，通常都是向当前的供应商下订单，这使问题变得更严重。除了选定的供应商，其他公司都很难接触到采购中心的成员。因此，一些 B2B 供应商试图在家里、车里或其他非商业环境中找到他们。

最后，传统商业媒体之间的竞争使得引起一家企业的注意更具挑战性。商业广告商意识到，一个强大的品牌名称可能是影响销售的一个重要因素。企业营销人员从耐克、卡夫亨氏和宝洁等巨头身上吸取教训，力图建立强大的品牌，以助力公司受到采购中心成员的注意。

过去，许多商业广告是相当枯燥的。如今，商业广告更富创造性，并且运用了音乐、幽默、恐惧诉求。

图 7－16 表明了 B2B 广告支出在各种媒体之间的分配方式。过去，商业出版物占据了大部分支出，经常是一半的金额。目前，在每年 140 多亿美元的 B2B 广告支出中，商业出版物约占 1/4。随着越来越多的钱流向非商业媒体，花在电视、报纸和消费类杂志上的费用稳步增长。[40]

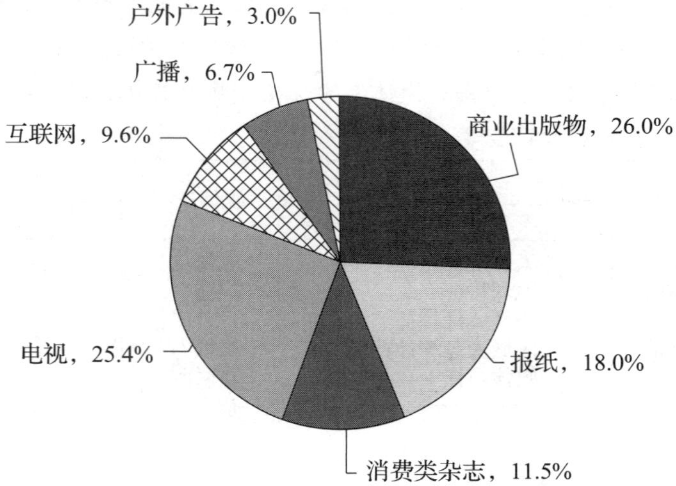

图 7－16 B2B 广告支出

商业出版物的使用虽然少了，但商业杂志仍然为联系销售人员接触不到的采购中心成员提供了一个极好的机会。“看门人”不会阻止商业杂志被发送给采购中心的成员。当企业修改了广告，而采购中心正处于信息搜索阶段时，广告成功的机会最大。

除了商业杂志，B2B 广告商还会使用《商业周刊》等商业出版物。这些出版物的受众十分挑剔，广告的生命周期更长。企业决策者和采购中心成员花在检测印刷媒体上的工作时间比其他媒体都要多。

7.8 国际启示

了解国际市场的媒体使用习惯是成功的广告计划的重要组成部分。在日本，电视是主要的广告工具。在欧洲，接触消费者的一种有效途径是平面媒体，如杂志和报纸。

有报道称青少年看电视的时间减少了，而上网的时间增加了。弗雷斯特研究公司的一项研究反驳了这一观点，指出至少在欧洲并非如此。该研究调查了上千名欧洲青少年的媒体使用情况[41]，得出的一般性结论是：

- 欧洲青少年看电视的时间比接触其他媒介的时间都要长，平均为每周 10.3 小时。
- 个人平均上网时间为每周 9.1 小时。
- 10～17 岁的欧洲青少年上网时间比 18 岁以上的人少。
- 只有 41%的欧洲青少年每周至少访问一次社交网络。
- 青少年喜欢一边看电视一边给朋友发短信，或者在听音乐或看电视的时候玩电子游戏。
- 欧洲青少年喜欢玩电子游戏，他们玩游戏的时间是 18 岁及以上成年人的两倍。
- 大多数青少年不看报纸，他们通过电视或互联网获取资讯。

尽管全球范围内有大量媒体采购公司，但接近 3/4 的媒体购买是由 6 家大型全球机构或其控股机构进行的。全球最大的媒体公司 WPP 集团占有 22%的市场份额。[42] 为了对抗这些大型媒体网络，一个全球性的媒体联盟已经形成。该联盟由一些较小的独立机构组成，在欧洲、北美、俄罗斯和亚洲提供服务。中心办公室坐落于纽约和伦敦，为企业客户服务，并试图争取地区和国家客户。[43]

近年来，大型全球性媒体机构面临来自营销管理人员的一些批评。他们抱怨这些机构无法在他们经营业务的国家提供有效的媒体选购。虽然确实有一些机构覆盖全球，但很难在每一个国家都很强劲。全球性机构可能并不是在每一个国家进行广告宣传的最佳选择。因此，地方媒体机构和独立机构联盟认为，它们的市场份额将更有机会得到增长。

一般来说，在美国开展广告活动和合理选择媒体的策略也适用于世界上的其他国家。不同的是目标市场的性质、消费者的媒体偏好以及购买媒体的过程。公司代表应认真考虑文化规范问题，以确保购买过程不会冒犯任何地区的文化和宗教观念。当一家公司要购买广告时段或位置和筹备广告活动时，代理机构的员工会试图全面了解其目标市场。

复习题

1. 媒体策略是什么？它与创意概要和整合营销传播计划有什么联系？
2. 媒体策划人员是做什么的？
3. 描述媒体采购人员在广告计划中的角色。
4. 到达率是什么？举例说明不同广告媒体中的到达率。
5. 频率是什么？广告商可以如何在一场宣传活动中提高频率？
6. 总收视点是什么？衡量的是什么？
7. 千人成本和收视点成本的区别是什么？它们衡量的是哪类成本？
8. 连续性是什么？
9. 描述一下三度接触假说。
10. 近因理论和三度接触假说有什么区别？
11. 有效频率是什么？有效到达率又是什么？
12. 电视广告的主要优势和劣势是什么？
13. 广播广告的主要优势和劣势是什么？
14. 户外广告的主要优势和劣势是什么？
15. 杂志广告的主要优势和劣势是什么？
16. 报纸广告的主要优势和劣势是什么？
17. 入侵价值高是电视的一个优势吗？为什么？
18. 媒体选择对企业而言具有怎样特殊的挑战？“看门人”在制造这些挑战的过程中扮演什么样的角色？
19. 对国际广告活动而言，媒体选择存在什么特殊的挑战？和美国的媒体选择流程有何异同？

批判性思维练习

讨论题

1. 为了取得效果，应该审慎地选择和整合多种媒体。与信息只出现在单一媒体上相比，电视、广播、杂志、报纸和户外广告的组合更易令人注意到广告信息。你通过每种媒体看到广告的概率分别是多少？这些概率加起来应该是 100%。哪些媒体能够最有效地触及你？说明原因。

2. 时代广场的广告牌十分受欢迎，以至于接下来的 10 年这个位置都已经售罄。可口可乐、通用汽车、东芝、保诚集团、美国全国广播公司、百威和《纽约时报》每月支付 10 多万美元的租金以保留广告位。为什么企业要花这么多钱做户外广告？购买时代广场的广告牌有哪些优势和劣势？

3. 超级碗是收视率最高的电视节目。许多人收看该节目只是为了看广告。结合超级碗广告，阐述有效到达率、有效频率、收视率、总收视点、品牌再认、品牌再现以及能见率等概念。一个品牌在超级碗期间做电视广告有哪些优势和劣势？

4. 施乐公司有一款售价为 1 200 美元的彩色打印机，其目标市场为企业采购人员。你建议一个 500 万美元的广告活动采用怎样的媒体组合？阐明你的答案。

5. 计算下表中的缺失值并填写完整。根据你计算出的数值，找出为体育器材做广告的两本杂志和两个电视节目。用表格中的具体数据支持你的答案。

出版物	四色基本费率或 30 秒广告费率	发行量或受众数	千人成本	目标市场（30 000 000）				
				符合目标市场的受众百分比	符合目标市场的受众数量	收视率（到达率）	收视点成本	加权千人成本
杂志								
Allure	$165 554	1 080 000		12.2%				
Ebony	$81 167	1 170 000		16.1%				
《男士健康》	$215 850	1 900 000		22.7%				
Road & Track	$119 421	720 000		28.4%				
《体育画报》	$412 500	3 170 000		7.8%				
电视节目								
《海军罪案调查处》	$180 264	19 700 000		6.3%				
《破产姐妹》	$175 506	9 000 000		4.2%				
《生活大爆炸》	$316 912	20 000 000		10.8%				
《犯罪心理》	$119 052	10 400 000		12.5%				
《摩登家庭》	$281 961	9 100 000		17.8%				

6. 使用互联网或电话簿来找出你所在地区的所有电台。每个电台都是什么类型的(例如，访谈、乡村、嘻哈、轻音乐或摇滚)？广播是一个好的媒介，可以触及你所在大学的学生吗？为什么？在你的列表中，哪个广播电台可以最有效地触及大学生？

7. 列出在开车去学校（或回家）的途中你看到的所有广告牌和户外广告。哪些是最有效的？为什么？哪些是最无效的？为什么？广告牌在传递广告信息方面的有效性如何？

8. 选择三本不同的杂志。描述每一本杂志的当期广告类型和广告数量。你看过 B2B 广告吗？你认为这三本杂志的广告有哪些相似之处？你注意到哪些不同？哪一本杂志能最有效地触及你所在的人口统计特征群体？

9. 用你自己的话解释近因理论和三度接触假说的概念。阐述促使你做出购买决策的一则广告。在你做出购买决策前，你看了多少次广告？该广告是如何影响你的购买行为的？说出一则你最近看过或听过但对你的购买行为没有影响的广告。用近因理论解释原因。

10. 对品牌再认和品牌再现进行定义。解释这两个概念的区别。假设一家家具店想要提升它的品牌再认。阐述它应该采用的过程和媒体。假设该家具店想增加品牌再现而不是品牌再认，所选择媒体和信息会有什么不同？请具体阐述。

学生项目

创意角

赛马场一直在努力维持上座率。大多数真正的赛马爱好者是年龄较大的白人男性。吸引新赛马爱好者的一个挑战是帮助他们理解这项复杂的运动。认出哪匹马曾赢得比赛是很容易的，掌握比赛统计数据却十分复杂和困难。经过深思熟虑和复杂的分析才能形成陡峭的学习曲线。许多潜在爱好者不想花时间和精力去学习。据路易斯维尔大学商学院教授蒂姆·卡普斯（Tim Capps）介绍，赛马“更多的是为了它自己，而不是为了它的粉丝。比赛必须要做的一件事是让粉丝更容易参与到我们的运动中来，因为在我们的行业中，粉丝并不是第一位的”。他补充道：“人们不想去学校上课，他们想要的是被娱乐。”

虽然所有人都认为有必要吸引新的粉丝，但在粉丝的类型上存在巨大分歧。是针对那些已经去过赛场的人，还是新的个体？是针对年轻人、中年人，还是努力争取一下婴儿潮一代？想争取什么性别的人，男性还是女性？

第一，为广告活动选择目标受众，坚持你的选择。第二，选择最合适的媒体。第三，为选定的目标市场设计一则杂志广告。第四，制作一个广告牌或户外广告以配合杂志广告。

第 3 篇

数字营销和另类营销

第8章

数字营销

本章目标

本章旨在回答如下问题：

- 数字营销是什么？
- Web 4.0 的转变如何影响数字营销？
- 电子商务计划和激励措施如何扩大客户群体和克服消费者焦虑？
- 移动营销系统将如何改进数字营销方案？
- 营销专业人员通常会采取哪些数字营销策略？
- 企业可以通过哪些线上广告吸引消费者？
- 搜索引擎优化策略是什么？
- 企业如何在国际化市场成功实施数字营销计划？

本章概要

开发优质的广告和传播方案越来越复杂。本书前面提出营销传播方案要将传统媒体与促销组合要素结合。例如，将电视、广播和杂志等传统媒体与优惠券、折扣、人员推销、赞助等促销要素相结合，形成连贯的强势促销信息。

营销人员和广告人员意识到当下的营销传播方案仍有完善的空间，需要运用促销要素去挖掘目标市场和潜在客户。本章介绍数字营销方案。

选择营销

地方广告机构和营销机构在推广小企业方面扮演着十分重要的角色。2000 年，选择营销公司开始运行，为密苏里州的乔普林以及周边四个地区提供服务。最初的创业地点是在创始人兼首席执行官凯伦·普洛特（Karen Plott）的卧室，如今公司已经搬到了城市里繁华的街区。

选择营销公司能够提供诸多服务，包括平面设计、媒体研究、媒体购买、传统媒体广告、公共关系援助、品牌推广、客户促销等。同时，凯伦·普洛特和数字媒体经理大卫·伍兹（Dave Woods）指出，数字媒体和社交媒体营销的重要性日益增长。

“移动营销正爆炸式增长，人们无法将移动营销与传统电子商务分开。80%的人不在家时使用移动设备，工作或者在家在线购物时使用标准电子商务网站。”伍兹说道。

选择营销公司为各种营销活动提供服务，例如：互动与行为营销（interactive and behavioral marketing）、二次营销、博客、新闻通讯、电子邮件、内容营销、原生广告、搜索引擎优化策略和社交媒体组件（见第 9 章）等。

伍兹指出两种新兴趋势的重要性。第一个趋势是“第二屏幕和第三屏幕”，即消费者看电视时又使用其他设备（智能手机、笔记本电脑或者平板电脑）。如此一来，当消费者注意到一个产品或者一则广告时，可以使用第二屏幕或者第三屏幕进行研究，留下“第一屏幕”继续运行。

第二个趋势是新兴营销形式。伍兹评论道：“除了 B2C（企业对消费者）和 B2B（企业对企业）的策略，我们的公司还利用了 C2C（消费者对消费者）的优势。比如，朋友之间可以通过短信、推特等方式浏览广告，从而提升广告的影响力。”

随着技术的创新，选择营销公司也面临新的挑战。例如，广告尺寸必须与设备屏幕的大小匹配。为了解决这个问题，伍兹的公司甚至尝试设计出 19 种屏幕规格。对此，伍兹强调“优秀的媒体组合”的重要性和“可衡量结果”的重要性。选择营销公司的成功证明其他相同规模的公司也能够把握新兴趋势获得成功。

8.1 数字营销概述

互联网改变了人们的沟通方式和企业的运营方式，为企业提供了一个开放的环境。在互联网中，买家可以随时找到许多出售相同产品的卖家，并比较它们的价格。互联网不仅提供了商业交易的途径，还提供了高效的沟通途径。

本章介绍了各种数字营销的概念。首先讲解 Web 4.0 的演变历程，接着介绍电子商务的内容，包含如何吸引客户的激励措施和消费者对网络购物的关注点。此外，本章还论述了智能手机如何影响移动营销技术的发展，以及为使公司业务范围最大化而设计的数字化战略。网络广告程序也随着搜索引擎优化（SEO）技术而受到关注。最后，以这些活动的国际影响作为结尾。

数字营销（digital marketing）由电子商务、网络营销和移动营销等组成，它包括任何具有数字足迹的内容。消费者和企业均可以通过互联网查询产品、比较产品、阅读评论、进行互动、购买产品。本章开篇介绍的选择营销公司便是一家帮助其他企业创建有效数字营销方案的营销咨询公司。

8.2 Web 4.0

一项研究表明，许多公司削减了传统媒体的营销预算，将预算转移到在线传播上。许多营销专家认为在线搜索、电子邮件、社交媒体对话、数字广告和移动营销工具将很快成为营销支出的重要组成部分。从 Web 1.0 到 Web 4.0 的演变改变了消费者的沟通方式和互动方式（见图 8-1）。

- Web 1.0
  - ○ 静态内容由创建者提供
  - ○ 由机构和企业主导
  - ○ 以商业和技术为基础
- Web 2.0
  - ○ 内容以社交为基础，由受众生成
- Web 3.0
  - ○ 由在线指标驱动内容
  - ○ 内容和传播的整合
  - ○ 即时通信
- Web 4.0
  - ○ 客户参与
  - ○ 云操作系统
  - ○ 必要的网页参与

图 8-1　从 Web 1.0 到 Web 4.0 的主要特点

20 世纪 90 年代，Web 1.0 的网页主要以网络创建者提供的静态内容为主，几乎没有与消费者的互动。这些网页主要由商业机构或者技术机构创建，设计简单粗糙，旨在完成一个特定功能。

随着 Web 2.0 的兴起，网页内容变得更加基于社交和面向受众，脸书和 MySpace 之类的社交网站应运而生。人们开始在这些社交网站上写博客。同时，电子商务的范围扩大，消费者开始在线购买产品。随着竞争加剧，网页更加以客户为导向，努力提升用户体验和网页的吸引力。

Web 3.0 的主要特征有集成化、在线指标（online metrics）和即时通信。营销人员意识到在线指标的价值，以及浏览器具备跟踪用户行为的能力之后，网站内容开始由在线指标驱动。例如，在网站上搜索过远足用品的消费者发现，当他们下次登录该网站时，主页上将突出显示与远足相关的产品。通过在线指标将网络与公司营销计划（线上与线下）整合在一起，消费者在网上看到的东西与他们在线下看到的是一致的。

Web 4.0 的关键特征包括客户参与、云操作和网页参与。公司不仅可以向客户销售产品，还可以让客户发布评论。客户参与构成了 Web 4.0 的主要商业模型。一个成功的营销方案能够通过社交媒体、博客和推特等各种网站与客户建立联系。智能手机和平板电脑使消费者能够访问上千个应用程序，在云端进行各种操作。这些移动设备帮助人们随时随地访问各个品牌的网站。因此，网站不仅需要在台式电脑上运行，还需要在平板电脑和移动手机上运行。

8.3　电子商务

电子商务专注于通过互联网销售商品和服务。电子商务企业存在许多类型，有纯粹的线上交易，也有线上线下相结合的形式。电子商务有 B2C 和 B2B 商业模式。沃尔玛等大型零售商以及家庭经营的商店都开展了电子商务活动。在线销售约占所有零售活动的 7.5%，这一比例还会继续增长，并且以比实体零售更快的速度增长。[1] 图 8-2 展示了电子商务网站运营成功的特征。

- 搜索优化设计
- 以客户为中心的设计
- 移动优化设计
- 一致的用户体验
- 渠道整合
- 品牌参与
- 购物车放弃策略
- 电子商务激励措施
- 线下营销整合

图 8-2　电子商务网站运营成功的特征

搜索优化设计

皮尤研究中心（Pew Research Center）的一项调查指出，80%的美国人在购买产品之前已经在线查询过。[2] 有些消费者在线搜索后选择在网上购买，还有些消费者选择在实体零售店购买。无论消费者最终选择在哪里购买，电子商务网站都应该优化搜索结果。很少有消费者会直接进入零售网站，大多数人会先在搜索引擎上搜索产品。此外，电子商务页面的设计会影响零售网站在**搜索引擎结果页面**（search engine results page，SERP）上的显示位置。

网络搜索爬虫程序通常会先考察网页标题的标签。虽然访问网页者看不到，但**标题标签**（title tag）中包含了一小段元标题标签，这个标签对搜索引擎来说非常重要。每个电子商务网站应该提供不同的标题标签。标题标签需要使用准确的术语，最好采用用户在搜索时所输入的术语。由于标题标签的字符有限，没有必要在标题标签中放置企业名称。例如，零售商 Cabela's 的标题标签可以是“男士防水登山鞋”，使用诸如此类的描述性词语可优化搜索结果。有关搜索引擎如何与搜索引擎优化（search engine optimization，SEO）过程相结合的内容，将在后面详细介绍。

以客户为中心的设计

有效的电子商务网站设计通常以客户为中心，能够帮助客户轻松找到商品。商品的索引最好采用客户搜索时使用的术语，而不是专业语言或技术语言。如果网站显示了大量商品，就应该提供人性化的搜索功能，让用户点击一两次即找到商品。

产品描述对以客户为中心的设计和搜索引擎都很重要。好的产品描述可以鼓励人们购买产品。同时，独特的产品描述可以在搜索引擎结果页面上获得更好的位置。

搜索引擎不喜欢只有些许变动的复制品和副本。众所周知，谷歌会处罚具有重复内容的网站。当公司提供大量商品时，电子商务网页设计师可能陷入重复内容的困扰。网页设计师可能会给一个商品复制多个版本的产品描述，且改动很小。谷歌和其他搜索引擎提供商会怀疑这样的重复内容试图愚弄搜索引擎，以较差的搜索排名惩罚该网站。虽然独特的产品描述使得商品没有那么容易被发现，但从长远来看，这种独特的产品描述可以优化搜索结果和提高客户转化率。

图片能够比文字更有效地吸引注意力。在电子商务网站上增大产品图片尺寸可以提高转化率，这一点对移动设备尤为重要。此外，在产品图像周围留有更多的空白能够突出图像。缩放功能可以帮助消费者放大产品图片进行浏览，这同样有利于提升客户转化率。[3]

许多电子商务网站设计者认为，在页面上放置更多的产品意味着消费者更有可能找到感兴趣的东西。研究结果却相反，减少选项数量实际上会增加销售额。选择太多会导致信息过载，消费者会因为难以抉择而退出。产品选项数量限制在 4～6 个时的转化率会比 15 个时高。[4]

移动优化设计

为台式电脑设计的网站无法在移动设备或平板电脑上正确加载。大多数网站已使用**自适应设计**（adaptive design），该方式能够自动将网页调整为与使用设备的屏幕相匹配的大小。Criteo 的研究表明，这种自适应设计增加了用户交互次数和转化次数：移动优化网站的平均转化率为 3.4%，而非优化网站的平均转化率为 1.6%。[5] 翻倍的转化率证明了移动优化设计是值得投入的。

移动优化设计有两个优点。一是，50%的购物行为发生在移动设备上，这一比例可能会持续上升，因为移动设备购物者往往是年轻消费者。二是，Moovweb 的研究表明，缺乏移动优化设计的网站在谷歌的搜索页面中排名较低。自适应设计促进了更高的转化率、更多的在线购买行为和更高的 SERP 排名，这些积极反馈说明在电子商务页面中使用自适应设计是非常有必要的。[6]

一致的用户体验

无论是通过台式电脑、平板电脑还是移动设备，用户都渴望获得一致良好的网页体验。糟糕的体验会让用户不满，减少购买，甚至导致用户流失。一些研究证明了这一点[7]：

- 沃尔玛的网站加载时间从 1 秒增加到 4 秒后，客户转化率急剧下降。
- 亚马逊发现，每减少 100 毫秒的网站加载时间，收入就会增加 1%。
- Torbit 的研究表明，随着加载时间的延长，网页退出率也会上升（即用户没有进一步浏览其他页面就离开了网站）。

- 对网站不满意的消费者中，40％的人不会再次访问该网站，25％的人不太可能购买该品牌。

这些研究都强调了一致良好的网页体验和页面加载时间（尤其是首页）的重要性。

渠道整合

当企业通过网络以外的渠道进行销售时，渠道整合就显得至关重要。有印刷产品目录或零售商店的公司应该将印刷目录与网站目录相匹配。例如，维多利亚的秘密提供了目录快速订购系统，客户只需将印刷目录中的产品编号输入网页中继而结账就可购买成功。该过程节省了客户在网上找到对应商品的时间。[8]

Sears Holdings 开发了 Shop Your Way 在线购物系统，让客户以他们认为最舒适的方式购物。客户可以访问 Sears.com、Kmart.com、LandsEnd.com、TheGreatIndoors.com 或新的移动应用程序网站 Sears2Go，以任一方式选择商品。[9]

品牌参与

电子商务网站提供了品牌参与和用户互动的机会。用户可在电子商务网站上通过博客、反馈程序和评论等方式进行互动。例如，用户可以在脸书和推特上点赞，或关注品牌成为粉丝。品牌方通过举办与用户相关的活动可提高品牌参与度。

由于可能出现负面评论，许多公司领导对于是否在网站上添加评论和反馈选项仍然犹豫不决。但是，用户评论已经成为 Web 4.0 环境中的新兴趋势。该方式为品牌与用户提供了积极的互动机会，有利于提升用户忠诚度。它鼓励用户成为品牌拥护者，并为企业提供洞察客户的想法和生活方式。[10] 此外，评论和反馈页面往往还能够吸引新访问者，一些电子商务网站会提供“告诉朋友”功能，鼓励用户传播，形成积极的口碑。

个性化和定制化在品牌提升中发挥着关键作用。个性化体现在访问网站时，网站会显示用户的名字表示欢迎。在注册后，计算机上的 cookie 会在用户每次访问该站点时加载该用户的姓名和浏览记录。浏览记录和购买记录有助于网站向用户提供个性化的界面以及购物建议。例如，当用户买了浪漫悬疑小说后，下次他返回网站时，网页将会显示购买了此类小说的其他用户所购买的其他商品。

大多数用户都享受着定制化所带来的便利。用户通常不想花过多的时间筛选商品，他们喜欢网站记住他们喜欢的商品。定制化还有以下功能：

- 在网站或手机上定位最近的零售店。
- 从网站打印优惠券或其他促销券，或者使用手机在零售店获得折扣。
- 通过网站或手机了解信息，比如在购买产品前查询是否还有库存。[11]

购物车放弃策略

有些在线零售商发现客户在结账时突然选择放弃，原因各不相同，但最常见的原因包含隐藏费用、结账困难以及要求客户先注册再支付。Greg Hintz of Yahoo！针对该难题提出了以下建议：

- 在结账前显示所有额外费用，例如快递费和手续费。
- 简化结账流程，允许客户在不注册的情况下购买。
- 让客户可以轻松输入优惠券、礼券和其他促销券的折扣代码。

● 提供安全可靠的结账程序。[12]

电子商务激励措施

任何吸引客户进入网页的诱惑都是**网络诱饵**（cyber bait）。最常见的网络诱饵有价格激励、便利激励和增值激励（见图 8－3）。

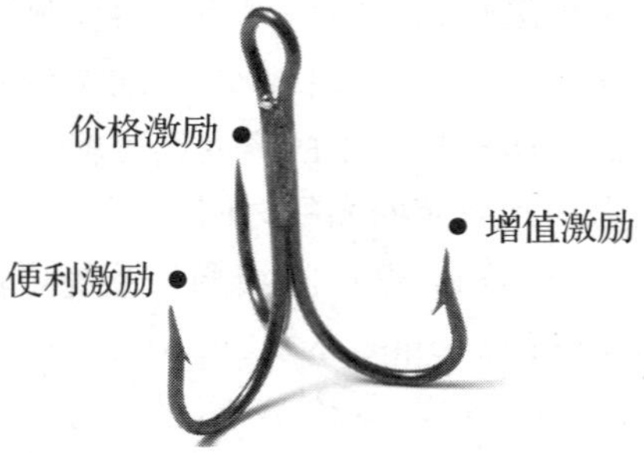

图 8－3　网络诱饵的常见形式

价格激励可以说服个人客户和企业客户进行首次购买和再次进入网页，具体措施包括降价、免运费和提供电子优惠券等。BizRate Research 最近的一项调查指出，免运费仍然是目前最受欢迎的在线促销形式。[13] 成功的价格激励包含两个重要的要素：第一，价格激励措施应该对客户有价值。第二，价格激励措施应该定期更换形式，以吸引新客户购买和鼓励老客户重复购买。

便利激励是指简化购物过程，鼓励客户访问网站。该激励方式能够鼓励客户在办公室、在家中或旅游时购物，减少去实体零售店的次数，同时保证客户可以在任何时间段下单。下单后，商品可以直接发送给客户。便利激励带来的便利性和及时性促使许多消费者转向电子零售商。

从长远来看，增值激励能够引导消费者改变消费习惯（见图 8－4）。它可以区分普通站点和示范站点。通过软件识别和分析客户购买习惯、购买历史和搜索习惯，提供相匹配的商品就是一种增值激励，这种激励措施称为定制购物。

· 定制购物	· 社交媒体参与
· 独特的产品信息	· 专属购物
· 移动应用	· 教程、使用技巧和维修说明

图 8－4　增值激励

专属购物也可以提供增值激励。在新产品发布前，网站可以为优质客户提供新产品的专属购物机会。该措施可以提升客户的忠诚度和参与度。这些客户可成为品牌在社交媒体上的代言人。

教程、使用技巧和维修说明也是一种增值激励措施。增值激励的关键在于向客户提供他们重视的东西。如果客户愿意与朋友分享这些内容，其价值就会变得更高。

组合激励方案是吸引客户返回网站的最佳策略。例如，牛仔裤商家在提供折扣或特价（价格激励）的同时允许客户在凌晨 3 点下单（便利激励），并提供主题游戏和每周时尚提示（增值激励）。这种组合可以吸引个人客户和企业客户回到网站。如今，客户可以轻松地搜索到竞争对手的网站，特定的网站和品牌对客户来说不再那么重要。因此，电子商务网站需要持续不断地向客户提供激励措施，这样才能够吸引客户返回网站。

线下营销整合

电子商务面临全球范围的竞争。如果没有任何形式的线下广告或营销，吸引和留住客户就非常困难。因此，电子商务网站营销应与线下营销相结合。杂志广告、电视广告或社交媒体提供的信息应与网站提供的信息相匹配。理想情况下，每一份营销资料都应该包括公司网址。

8.4 移动营销

移动营销可以覆盖各种类型的设备。大约 60%的美国人拥有智能手机。在全球范围内，智能手机用户数量超过 21.6 亿，占全球人口的 25%以上。个人在移动设备上平均每天花费 3 小时 18 分钟。[14] 大多数人尤其是年轻人通过智能手机访问互联网，而不是台式电脑或笔记本电脑。

在社交方面，移动设备帮助人们进行交流，将他们连接到社交网络，允许他们在了解他人想法的同时发布评论、图片和视频。人们可以随时随地登录、发推特和更新状态。人们可以通过移动设备阅读评论、查询价格、比较产品、查看信息和分享信息等，还可以查看商店营业时间，获取商家信息。这些活动可以发生在任何时间和任何地方，甚至在零售店内。

如图 8－5 所示，移动设备与其他媒介的差异给营销人员同时带来了机遇和挑战。移动设备通常由个人使用，为品牌提供了与消费者互动的机会。品牌可以借此提高消费者的忠诚度和参与度。当消费者觉得营销活动给他们带来干扰时，可能会迅速疏远该品牌。商家借助 GPS、信标或近场通信（NFC）技术实现移动设备的跟踪功能，能够定位移动设备使用者的地理位置。这些地理信息有时比人口统计信息更有价值，有助于实施极具针对性的市场营销策略。

- 个性化
- 地理定位
- 双向沟通
- 相机/视频技术
- 语音识别
- 手机传感器

图 8－5　移动设备与其他媒介的差异

移动设备的双向沟通特点不同于短信、社交媒体和互联网。品牌和用户可以随时随地对话，以多种形式互动。相机、视频技术和语音识别都可以提高互动质量。

移动用户不仅共享文本，还共享照片和视频。如何将照片和视觉元素有效融入品牌体验成为新的挑战。随着视觉体验越来越受重视，社交的视觉导向特点也越来越明显。

移动设备的另一个关键优势是语音识别。用户无须打字回复或发送视频，只需直接对着设备讲话，便可以通过语音识别运行应用程序或者进行对话。

移动设备包含许多传感器。例如，三星手机拥有 9 个传感器，可用来监测温度、湿度、气压和人体手势。这些传感器可以收集移动设备的时间、地点和使用信息。

移动应用程序主要分为两类。第一类应用程序旨在促使消费者与品牌互动。星巴克的忠诚度应用程序就属于这一类。第二类应用程序旨在简化业务使用流程或者购买流程。

优步（Uber）开发了一款简化购买流程的应用程序。这个应用程序可以传输优步车辆的位置、车辆和司机的图片，并且支持语音或视频交互，叫车流程变得简单方便。用户只需要点击一两次就能在几分钟内预订行程。司机也可以知道用户的目的地以及支付方式。

在全球范围内，人们每年在智能手机上下载 320 亿个应用程序。广告商为应用程序的广告宣传和品牌应用程序的开发花费 29 亿美元，消费者则花费 261 亿美元购买应用程序。在移动应用程序的早期阶段，品牌领导者常常急于开发应用程序，而不关心消费者如何使用，甚至不在乎消费者是否需要应用程序。多次失败使品牌经理开始意识到应用程序的下载次数并不是主要的挑战，向用户提供积极的体验才是关键。AppDynamics 的研究表明，70%的消费者认为应用程序的性能会影响他们的品牌认知、品牌满意度、品牌忠诚度和品牌支付意愿。[15]

用户可以使用智能手机扫描二维码、水印和条形码访问品牌网站。这些图案经常出现在杂志和其他印刷广告中，在家居、家庭、美容、健康、旅行和时尚杂志中特别受欢迎。

杂志的操作代码主要是为了吸引客户。Nellymoser 的一项研究显示，操作代码最大的用途是观看视频（35%），包括幕后观看、产品展示、操作视频或娱乐视频。操作代码可以帮助营销团队收集数据，构建许可营销的选择加入列表。图 8－6 显示了操作代码的营销用途。[16]

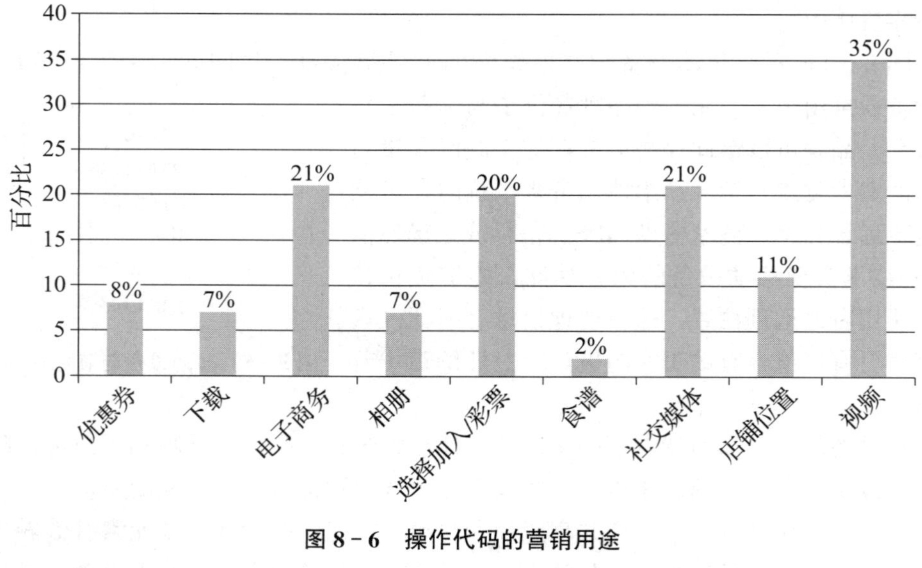

图 8－6　操作代码的营销用途

8.5 数字策略

从台式电脑到笔记本电脑、平板电脑和智能手机的转变促使营销人员不断去适应多屏幕格式。技术进步创造了新的数字营销机会，同时也给营销活动带来了匹配不同设备屏幕的压力。图 8-7 列出了数字营销策略。

• 互动营销	• 行为定位
• 内容营销和原生广告	• 博客和新闻通讯
• 基于位置的广告	• 电子邮件营销
• 二次营销	

图 8-7　数字营销策略

互动营销

互动营销（interactive marketing）是指在企业和消费者之间创造互动、协助双向沟通和客户参与的营销方案。互动营销的两个关键活动如下：第一，帮助营销人员使用个性化信息定位客户，尤其是定位潜在客户和现有客户；第二，帮助消费者与品牌互动，使消费者成为互动营销中的主动参与者而不是被动参与者。

互联网能够跟踪浏览器活动，并将信息转化为即时反应，因此是互动营销的理想媒介。关系优化器和 NCR 的 Prime Response 等软件为个性化营销信息提供了强大的数据分析技术。NCR 软件能够分析客户交互信息，例如点击流数据流量（任何客户与公司的交互数据）。同时，NCR 软件能够将该流量与来自外部或内部数据库的人口统计信息相结合。在处理数据时，NCR 软件能够实时启动复杂的、交互式的、个性化的营销材料。

MediaBrix 是专门从事互动营销的公司，它从用户的浏览活动和移动应用的使用情况中获取数据。为了在恰当的时间定位客户，可口可乐、宝马、塔可钟（Taco Bell）和封面女郎都与 MediaBrix 有合作。例如，在圣路易斯红雀队（St. Louis Cardinals）赢得棒球比赛后，塔可钟立刻向该队的粉丝发送营销信息，祝贺圣路易斯红雀队获胜，并提供 50 美分的优惠券。这个消息可以通过电脑桌面上的横幅广告发送，或通过移动应用程序发送。如果圣路易斯红雀队没有赢得比赛，塔可钟不会发送任何消息。封面女郎也与 MediaBrix 合作，每当客户完成锻炼，移动应用程序便会输入相应的数据，然后发给客户一则“祝贺”的视频广告。简而言之，MediaBrix 的成功来自将广告信息与特定事件联系起来。[17]

虽然互动营销信息可以发送到台式电脑和笔记本电脑，但它们在移动设备上的成功更显著。因为在特定事件发生期间或之后，用户更有可能在移动设备上看到消息，而台式电脑和笔记本电脑的互动营销更多地依赖异步交互。

内容营销和原生广告

消费者忽视传统广告和数字广告的趋势导致一些公司转向内容营销和原生广告。**内容营销**（content marketing）包含两种形式，即品牌内容营销和赞助内容营销。品牌内容营销主要是在品牌网站或迷你网站上向潜在客户提供有用的信息和产品使用解决方案。赞助内容营销与品牌内容营销相似，但是信息由第三方网站托管，品牌不拥有或者不经营该网站。

原生广告（native advertising）也将信息托管在第三方网站上。这种广告看起来似乎提供了解决问题的有用信息，其实解决方案取决于特定品牌的产品或服务。当存在明显的差异时，关于内容营销和原生广告的文章和网站经常交替使用如图 8－8 所示的术语。

	内容营销		原生广告
	品牌内容营销	赞助内容营销	
定位	品牌网站和迷你网站	第三方网站	第三方网站
目标	提供信息	提供信息	创造销售额
	提高品牌知名度	提高品牌知名度	提高品牌知名度
	改善搜索结果	提高社交参与度	提高社交参与度
基调	教育性的	教育性的	通过品牌购买解决问题
	解决问题	真实且专业的基调	
受众	品牌现有客户和潜在客户	赞助商的受众	第三方网站的受众

图 8－8　内容营销和原生广告

马库斯·谢里登（Marcus Sheridan）使用博客和视频推广自己的品牌 River Pools and Spas 就是品牌内容营销的一个例子。River Pools and Spas 的玻璃纤维泳池的订单从原本每月平均六个减少至两个，因为在冬季付了保证金的四个客户改变主意要求退款。为了应对该情况，马库斯·谢里登开始在网站上进行品牌内容营销。他将每年投在广播、电视和按点击付费的网络广告上的 25 万美元减少到 25 000 美元，转而专注于通过博客文章和视频提供有用的信息。他在网站上回答潜在客户提出的成本问题[18]，同时也挽救了他的业务。

内容营销并不是自我推销或欺骗顾客，相反，它专注于提供真实的内容。例如，马库斯·谢里登分享了关于玻璃纤维泳池的真实信息，无论好与坏。由此，客户赞赏他诚实的态度，并通过互动对话和购买行为做出回应。

品牌内容的主要目的是提供信息解决消费者的烦恼，次要目的是提高品牌知名度和提升搜索结果。此外，品牌内容的基调应该具有教育性，并且不使用销售术语，真实性对于有效的品牌内容至关重要。

当一个泳池供应商，如道尔顿泳池供应商（Dalton Pool Supplies）托管谢里登的博客或在道尔顿的网站上发布谢里登的文章时，这种营销形式称为赞助内容。谢里登需要给道尔顿的网站支付费用，相应地，道尔顿的营销团队会改善对谢里登的服务。道尔顿会将谢里登的博客纳入其网站，提供谢里登公司的相关信息，提升其品牌知名度，提高用户在社交媒体网站上分享相关信息的社交参与度。谢里登也愿意在道尔顿的网站上发表他的文章，因为他认为这样做会扩大目标受众，比如所有道尔顿的客户和网站访问者。与品牌内容一样，赞助内容的信息要有真实性和科普性，为用户提供解决方案，而不只是销售噱头。同时，在文章的开头、结尾或边缘，唯一的标识应该是“由 River Pools and Spas 赞助”。

赞助内容的另一个例子是 YouTube 平台上一个“如何做完美卷发”的视频，该视频提到了雷明顿（Remington）卷发棒。拥有雷明顿的品谱公司（Spectrum Brands）向博主支付报酬，让他们在网络上创作故事、文章和视频。其中，一篇名为“为自己选一件合适的泳衣”的文章和视频也提到了雷明顿品牌。这种赞助内容营销的目标是通过社交媒体平台（如推特和 YouTube）分享文章和视频。[19] 这些信息托管在博主的网站上而不是雷明顿的品牌网站上，这类网站属于第三方网站。

原生广告是付费广告。Doheny 是一家生产游泳池化学用品的公司。在原生广告计划中，Doheny 的员工准备了一篇关于各种泳池藻类的文章。这篇文章介绍了如何使用 Doheny 的产品去解决各种泳池藻类问题。为了获得最大的曝光率，Doheny 打算在春季和初夏将这篇文章发表在与景观、户外和泳池相关的印刷版杂志或电子版杂志上。对于这些杂志的读者来说，这种原生广告看起来并不像广告，而像一篇文章。广告中，泳池藻类的唯一解决方案是 Doheny 的产品。

除此之外，Doheny 还可以选择制作一个视频。在视频中，首先展示各种藻类，接着呈现 Doheny 产品如何处理藻类，并让泳池维持无藻状态。Doheny 可以付费给脸书、推特、Google+或 Instagram 等网站来发布此视频。这种广告通过展示特定的品牌产品解决消费者的问题来创造销售额。

基于位置的广告

移动手机使营销人员能够开展基于位置的广告活动，这种定位方式称为**地理定位**（geo-targeting）。地理定位可以通过用户的移动通信设备查询到用户的位置。地理定位是移动营销的一个独特诱人的特点。例如，快餐店可以通过下载应用程序来识别某用户的位置，向该用户显示离他最近的出口，向其提供步行或行车路线。

许多智能手机用户可以在 Foursquare、Gowalla、Facebook Places 和 Twitter geo-location 上签到。星巴克、麦当劳、Chipotle 和汉堡王提供最多的餐厅签到服务。当有用户签到时，软件会立即向其发送最近的商店的特别促销信息和其他相关信息。营销专家认为这种基于位置的营销方式将会持续增长。企业利用基于位置的广告形式，可以有效地一对一吸引消费者与品牌互动。

Applebee's 餐厅采用基于位置的广告，在移动横幅广告上写着“在 Applebee's 餐厅见面”。当用户点击该移动广告时，应用程序会询问用户是否可以使用手机的 GPS 访问他的当前位置。如果用户点击“是”，他会进入移动登录页面，该页面将提供最近的 Applebee's 餐厅的位置（带有地图）、菜单和特价信息。通过该应用程序，消费者可以购买礼品卡，并通过脸书、推特或其他社交媒体平台查收。同时，只需轻按通话按钮便可拨打 Applebee's 的电话。

根据 Ping Mobile 的营销总监舒利·洛伊（Shuli Lowy）的说法，“移动不再是餐馆的选择”。尼尔森的一项研究显示，95%的智能手机用户在其移动设备上搜索餐馆，90%的用户在一天内转换成功，64%的转换甚至发生在一小时内。[20]

其他品牌也具备地理定位功能。例如，日产、宝洁、百事、梅西百货、Kenneth Cole 和添柏岚（Timberland）都已经成功开展了地理定位活动。添柏岚等零售商使用 Swirl 移动应用程序。用户在同意下载 Swirl 应用程序并允许它跟踪定位后，会收到提供 20%折扣的消息。该折扣的有效时长仅为一小时，应用程序内也有相应的倒计时。

同时，该应用程序会向用户提供商店的位置。添柏岚的零售和数字商务副总裁说：“因为这个优惠是选择性加入的，你可以选择是否接受它。”根据 Shadrin 的数据，75%的人领取了优惠，35%的人使用了折扣。[21]

图 8－9 列出了不同类型的基于位置的广告的百分比。[22] 按照人口统计营销区域（DMA）定位是最常用的定位方法。已授予权限的 DMA 中的每个用户都会收到目标信息。地理围栏（geo-fencing）是指覆盖特定零售点附近的消费者。通常，该位置会与第三方人口统计数据或零售交易数据相结合，以确定商店附近区域内的受众群体。添柏岚使用了这种方法，只有符合受众群体描述的用户才会收到目标信息。

- DMA 定位（指定营销领域），30%
- 地理围栏，27%
- 受众数据定位，24%
- 地理感知广告，14%
- 城市或者邮政编码，5%

图 8－9　基于位置的广告

许多餐厅（包括麦当劳和 Applebee's）使用实时定位的地理感知广告，根据用户与商店的距离来发送广告信息。其他公司通过受众数据定位功能（包含受众行为和受众特征）来吸引用户。用户的位置决定了要发送的品牌信息和广告内容。

创建成功的地理定位广告需要满足两个条件。第一，用户需要主动参与，他们需要自愿选择加入应用程序。第二，品牌应该为消费者提供折扣或有价值的东西。相比于其他类型的数字广告，遵循这些原则的地理定位广告通常会产生更好的参与效果和广告效果。

二次营销

应用数字技术可以向品牌网站或品牌应用程序的访问者发送广告。这些访问者通常对品牌比较有兴趣，因此二次营销广告的转化率远高于一般的横幅广告或搜索广告。二次营销广告会在用户下次访问网站或使用移动设备时显示，广告出现在几分钟、几小时后或第二天。即时性是二次营销的一个重要特征，这个特征能够帮助企业找到已经表现出一定兴趣的客户。

二次营销（remarketing）广告可以重新吸引访问过网站但无购买行为的客户。例如，访问过 Ujena 网站并查看过各种泳衣，但没有将任何商品加入购物车的客户将是此类广告理想的接收者。二次营销广告可以发布在计算机或者移动设备的网页上。该广告会显示客户之前浏览过的泳衣。如果客户对该广告没有回应，网页就会提供展示其他泳衣或产品的广告。

对于将商品放入购物车但未结账的潜在客户，尤其是未提供电子邮件或未注册网站的客户，二次营销广告是非常有价值的。因为二次营销广告可以显示购物车中的商品，而将商品加入购物车的行为说明客户对这些商品感兴趣，可能由于某种原因而未购买，可能是因为电话、工作、孩子，或者只是想再考虑考虑。这时，发送针对购物车中商品的二次营销广告可能会促使客户完成交易。

将相同的广告发送给所有访问者将是无效的。相反，根据购物车或者愿望清单的产品或者相似产品制作二次营销广告才是有效的。为了引导客户重新访问网页和购买产品，公司可以提供价格激励或其他形式的网络诱饵吸引客户。因为网站访问者已有感兴趣的产品，所以二次营销广告可以带来较高的转化率。二次营销广告通常比其他形式的数字营销都更有效，因为它降低了招揽新客户的成本。

行为定位

营销人员可以针对购买可能性大的客户投放广告，而不只是单纯在网站上投放广告。**行为定位**（behavioral targeting）广告利用网络数据来识别购买可能性大的潜在客户。行为定位广告和二次营销广告之间的区别在于：二次营销广告通过品牌网页或者应用程序给客户发送信息；行为定位广告根据客户浏览行为给客户发送信息，而不是根据客户访问的特定网站。行为定位有以下三种形式：

- 跟踪用户在互联网上访问的页面；
- 关键字搜索或内容读取；
- 基于网站的历史访客。

最常见的行为定位形式是跟踪一个人在网上的移动痕迹。例如，计算机中的 cookie 可以追踪用户从一个站点转移到另一个站点的数据，记录访问网站的类型、浏览信息、搜索信息和购买记录。根据这些信息，公司将广告投放在符合客户浏览记录的网站上。如果消费者访问了许多关于钓鱼的网站，屏幕将显示钓鱼用品、船只或其他相关产品的广告。此外，营销人员可以在广告上投放优惠券或其他形式的网络诱饵，以鼓励消费者点击广告。

行为定位的第二种形式是检索用户的搜索行为。这种形式将识别用户在搜索引擎中输入的关键字，以及用户在搜索内容中的浏览痕迹。如果消费者使用搜索引擎查找有关新车的信息，就有可能看到丰田或其他汽车品牌的广告。如果他一直浏览 SUV 车型的信息，广告内容更可能与 SUV 车型有关，而不是轿车或其他类型的汽车。同时，这些广告通常会出现在正在使用的搜索引擎上。

行为定位的第三种形式是基于网站的历史访客。亚马逊曾使用这种方法来推荐书籍和电影，以此来吸引可能购物的客户群体。当客户将书籍或电影加入购物车或愿望清单时，行为定位广告就会生成。当客户购买了一本书之后，行为定位广告也可以生成，向该客户显示购买了该书的其他客户还购买了哪些书。同时，商家可以根据其他客户购买过的书向该客户推荐。

行为定位广告出现的时间很短，可能只有几秒钟，很多人甚至都没意识到。在页面加载时，它可以通过编写算法生成。促销品牌可以基于展示广告的投标过程来轮换或改变。

博客和新闻通讯

博客（blog）是包含了广泛主题的在线札记（musings）。有些博客允许访客发表评论，有些则不允许。商家赞助的博客一般可以模仿口碑传播的模式与客户互动。时尚品牌的零售商可以吸引客户去了解它们的博客、新风格、新设计师等。以前，客户可能主

要通过 *Vogue* 等杂志获得时尚信息，现在，他们可以从博客更快地获取信息。营销团队会与客户互动，建立双向沟通渠道。

使用博客具有许多潜在好处。然而，分析人员强调商家在发布博客之前要先确定发布博客的目的。例如，发布博客可能是为了让公司更加开放（戴尔），让组织更加人性化（微软），或展示一个快乐有趣的公司形象（西南航空公司）。[23] 可口可乐收购 Honest Tea 40%的股份，许多客户对此感到不满，在 Honest Tea 的博客上表达了观点。Honest Tea 的首席执行官赛斯·戈德曼（Seth Goldman）对每一个观点都做了回应。尽管有些客户仍然不喜欢这个收购计划，但是戈德曼表示，“博客至少让人们知道了我们的想法”。[24]

公司经理认真回应客户的负面评论。大约 20%的博客访客是员工，这些员工会对评论进行监控。比如，万豪国际集团（Marriott）的员工会监控评论，除非获得批准，他们不会发布评论。但是，公司不会因为评论是负面的而删除，只有与主题无关的评论才会被删除。这些留下来的评论将交由管理者处理，以倾听客户的负面评论，提高博客的可信度。

博客为小公司提供了一种成本相对较低的与顾客沟通的方式。罗布·邓肯（Robb Duncan）为他在乔治敦的冰激凌店 Dolcezza 开通了博客。当他的第二家店在马里兰州的贝塞斯达开张时，他在博客上说开业有冰激凌赠品，吸引了超过 1 000 人到场。[25]

Thrillist（thrillist. com）和 UrbanDaddy（urbandaddy. com）网站充分利用了新闻通讯带来的效果。公司通过电子邮件向大约 110 万订阅者发送新闻通讯。其中，大多数订阅者是大学毕业生，收入中位数为 88 000 美元。这两个网站的风格有所不同。UrbanDaddy 强调独家豪华的风格，向男士提供去哪里购物以及如何适应的建议。Thrillist 则以幽默轻松的语调为特点。但是这两个网站都为订阅者组织了免费的大型赞助活动。简而言之，这两个新闻通讯都有效提升了订阅者的参与度。[26]

博客和新闻通讯都遵循了与内容营销相关的原则。它们为消费者提供了有用的信息和解决方案。它们还提供了消费者想要分享的内容，保持内容的真实性，帮助企业获得消费者的青睐。此外，营销人员可以将博客和新闻通讯与品牌的网络内容、搜索策略及社交媒体推广策略相结合。

博客和新闻通讯需要不断更新才能保持有效。博客通常需要保持一周三次的更新频率，而新闻通讯的更新频率主要取决于行业、内容、受众和报道目的。对于营销人员而言，更新频率的最低限度为一个月一次。较低的更新频率通常会给客户一种暗示，即该公司没什么新鲜有趣的东西可以发表。同时，较低的更新频率还会向客户传递一种不好的暗示，即“我们做博客或新闻通讯纯粹是为了赚你的钱和提升销量”。

电子邮件营销

电子邮件是公司数字营销的重要组成部分。为了取得成功，公司需要将电子邮件营销与其他渠道相结合。如果营销人员只是购买电子邮件地址和按名单发邮件给个人，就过于简单了。只是重复发送垃圾邮件，不仅损害品牌的名誉，而且回复率极低。

当电子邮件消息与公司网站及其广告和直邮消息一致时，电子邮件的回复率会提高。当 Data 公司推出新的程序管理软件时，营销团队将电子邮件与其网络讲座、直邮、社交媒体和电话营销计划相结合。网络讲座讲解了新软件如何运作，直邮、电话营销和电子邮件用于接触 600 名有影响力的决策者。对于被退回的未送达电子邮件，Data 通过领英（LinkedIn）查找联系人的正确信息。这种电子邮件整合方案带来了 3%的响应率。[27]

在设计电子邮件营销活动时，营销人员需要开发适用于移动设备的电子邮件，因为 68%的电子邮件都是在移动设备上打开的。[28] 此外，电子邮件名单的细分也是必不可少的，名单的细分可以极大地提高打开率和点击率。营销人员可以通过细分的名单启动自动营销活动，这种策略被称为水滴营销，它可以在指定时间发送包含特定内容的电子邮件。图 8-10 列出了一些新颖的电子邮件营销策略。

- 行为定向
  - 浏览历史
  - 人口统计信息
  - 购物车放弃策略
  - 购买历史
- 动态网页剪裁
- 活动定向
- 天气定向
- 地理定向

图 8-10 电子邮件营销策略

网页分析法往往用于开发基于行为的电子邮件营销活动。公司将基于个人对特定网站或多个网站的浏览历史记录发送电子邮件。该电子邮件将根据消费者之前访问的网站重点介绍相关产品和品牌。尽管人口统计信息不如其他细分标准有效，但它仍然能够帮助企业细分邮件名单。

电子邮件营销活动还可以针对放弃购物车未购买的消费者。IT 部门可以识别放弃购物车的人，给他们发送电子邮件。这些邮件可以是提供免费送货服务、下订单后的折扣，也可以只是简单地提醒消费者购物车中还有物品，这样可以带来更高的销售额。与群发电子邮件相比，有针对性的电子邮件的转化率高出 5～10 倍。此外，跟踪电子邮件的收入比其他方式高出 3～9 倍。[29]

公司为已经购买产品的客户举办水滴营销活动。在活动中，公司在购买后 30 天、60 天或 90 天向客户发送预定的信息，这类电子邮件的内容与之前购买的产品和品牌相关。比如，对于购买了 35mm 相机的客户，公司可以在 30 天后发送电子邮件宣传相关产品，如镜头、三脚架和便携包。提供赠品可能会刺激客户的再次访问。公司还可以鼓励客户将照片发布到社交媒体网站，如 Instagram 或 Pinterest。

数字技术允许电子邮件营销活动使用动态网络内容。通过这一步，营销人员可以在电子邮件中发送来自网站的实时内容片段。当客户打开电子邮件时，每次的内容都会不同，它可能显示特卖会、特殊图形、独特照片或新产品。

营销人员还可以向可能参加特定活动的人发送电子邮件。比如针对喜欢打猎的人，公司可以发送有关狩猎季各种活动的电子邮件。公司还可以根据新时尚或者季节变化发送电子邮件。电子邮件的细分方式可以用户浏览记录和购买记录为基础。

一种更加新颖的电子邮件策略是基于天气定向。通过手机上的 GPS 和位置指示器，公司可以将天气与水滴营销活动关联起来。例如，在暴风雪期间，星巴克可以向居住在东北部的用户发送电子邮件，住在西部和南部的用户则不会收到消息。得克萨斯州的雨天会引发关于雨伞、雨具或雨靴的电子邮件广告活动。在每一种情况下，电子邮件的内容都与基于移动电话的地理位置的天气情况相匹配。

此外，电子邮件可以根据地理定位技术向用户发送电子邮件。对于零售商店或服务企业，电子邮件中包含地图链接。用户只要在地图上点一下，就可以连接到手机的 GPS 系统，然后发出驾驶或步行的导航指令。电子邮件里还有一个呼叫行动按钮，点击它将会拨打电话给商家。

在图 8－11 中，Slingshot（脸书推出的“阅后即焚”新款聊天应用）的电子邮件专家霍利·贝茨（Holly Betts）为开发成功的营销活动提供了一些建议，她指出在电子邮件营销活动初期，应该让客户自主选择加入该计划，公司应该对客户保持真诚的态度。公司应该告诉收件人他们可以获得什么，在什么时候获得，然后兑现这些承诺。与品牌内容一样，电子邮件应该为订阅者提供有用的内容，以满足他们的需求或兴趣。

· 坦率真诚地对待订阅者	· 保持邮件内容简洁
· 创建邮件名单时关注质量，而不是数量	· 引人注意
· 提供订阅者想要的内容	· 整合社交媒体
· 熟悉你的受众	· 反复检测

图 8－11　开发成功的电子邮件营销活动

专业营销人员需要确保所有电子邮件都由同一来源发送。订阅者可以立即识别该来源，并明白它是可以接收的电子邮件。邮件消息应该简短、引人注意。它们可以包含该品牌所有社交媒体的链接。电子邮件广告商应检测每个活动，并记录哪些有效，哪些无效，根据历史信息做好分类。

总而言之，移动设备提供了许多营销机会。以上策略并非只适用于移动设备，还适用于台式电脑和笔记本电脑。虽然发送方式会有所不同，但是总体策略基本一致。不能用于台式电脑和笔记本电脑的独特营销形式有两种，分别为移动应用程序和操作代码（包括二维码、水印和条形码等）。

8.6　线上广告

线上广告提供了一种有效的方式来吸引消费者，特别是年轻人、有钱人以及精通互联网的人群。目前，线上广告的预算稳步增长，超过 5 000 亿美元。它的年增长率超过 20%，成为增长最迅速的媒体。其中部分增长是由多屏广告推动的，因为多屏广告涉及不同购买平台。[30] 图 8－12 列出了不同类型的线上广告的支出比例。

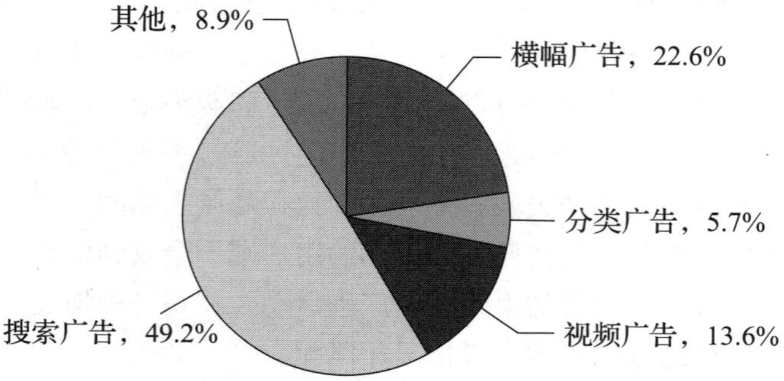

图 8－12　美国线上广告支出比例

横幅广告

在线广告的第一种形式是横幅广告。1994 年，美国电话电报公司就推出了一条广告，上面写着："你在这里点击过鼠标吗？你会的。"（Have you ever clicked your mouse righ there? You will.）这种基本形式的广告创造了数十亿美元的收入。如今，横幅广告占据线上广告的 22.6%。[31]

营销人员在横幅广告中嵌入视频、窗口小部件应用程序或针对性展示广告，增加消费者看到图标并点击图标的可能性。最新的在线技术是从付费搜索拍卖系统中发展来的，它允许广告商只向公司选中的客户展示横幅广告。该系统建立在一个庞大的用户互联网数据库和自动拍卖广告交易所（如谷歌的 Double-Click、雅虎的 Right Media ad exchange 和微软的 AdECN）的基础上，为特定的受众开发信息。

当一位 20～25 岁的女性客户访问一个带有付费搜索拍卖技术的网站时，该系统会在一微秒内搜索拍卖广告交易所，寻找与该女性的个人资料或个人浏览历史相匹配的广告商。一旦找到广告商，横幅广告就会立即在电脑屏幕上闪烁，可能是欧莱雅或丽诗加邦（Liz Claiborne）的广告。如果是一位对交叉训练感兴趣的男性登录，可能会出现专业运动鞋或运动服装的广告。自动交换系统通过帮助企业精确定位消费者来推送广告。[32]

窗口小部件

嵌在横幅广告或**窗口小部件**（widget）中的迷你应用程序允许客户访问由外部源提供的动态内容，这些内容往往不是由做广告的公司提供的。窗口小部件允许个人通过任何接入互联网的设备个性化地访问 Web 信息或功能。

Boxcar Creative 公司为康菲石油公司（Conoco Phillips）开发了一个窗口小部件应用程序，使用富媒体扩展的横幅广告来创建交互式投票、有趣的事实和碳计算器。投票和计算器可以在用户没有离开横幅广告的情况下收集数据并生成结果。用户点击"了解更多"，就会被带到一个有附加内容和数据收集机会的迷你登录页面。

基于位置的小部件可以放置在横幅广告中。这些广告只会投放给特定区域的网站访问者。这种技术对于零售商、餐馆和小型企业来说是非常理想的，因为可以借此吸引商店周围的特定消费者。

线上广告的影响

随着越来越多的资金转向线上广告，企业开始担心广告的影响会下降。网络用户就像电视观众一样，已经对广告形成免疫。响应横幅广告的人的占比逐步下降，主要网站的点击率也下降到 1%以下。最近的测量结果显示响应率仅为 0.27%。[33]

为了提高响应率，广告商利用各种网络指标来创建越来越复杂的目标营销活动。MediaMind 的调查结果显示，在过去两年中，带有两个或两个以上第三方标签的数字广告增加了 267%。这些第三方标签对"广告互动、品牌影响和浏览行为"等进行追踪，以优化活动。利用地理定位、行为定位和第三方人口统计数据的品牌往往在广告上添加的标签最多。[34]

comScore 公司的数据表明，在成千上万的网站中，54%的展示广告没有被浏览过。这意味着近 60 亿美元的展示广告被浪费了。此外，技术领域也出现了一些问题，比如广告出现在“折叠下方”之处。“折叠下方”是指一个网站在电脑或智能手机屏幕上不可见的部分，只有向下滚动时才能看到。除非用户向下滚动鼠标，否则广告不会被浏览。再比如广告加载太慢，以至于 Web 访问者要么关闭广告，要么转到另一个站点。更为糟糕的是越来越多的消费者，尤其是精通技术的消费者，购买了能够屏蔽所有形式广告的软件，以阻止 Web 广告。[35]

横幅广告没有被看见的最后一个原因是欺诈，这使得广告商每年损失 70 亿～180 亿美元。[36] 很多广告印象建立在虚假流量的基础上，因此，品牌付费的广告印象中有相当一部分未被浏览过。比如被称为机器人的恶意软件能够在互联网上模拟真实人类的浏览活动，从数字广告商那里赚取广告收入。此外，在手机端还存在一种僵尸程序，这种程序会感染手机，并在后台持续运行。手机用户并不知道僵尸程序正在运行，目前杀毒软件还无法检测到这些僵尸程序。与机器人恶意软件一样，僵尸程序可以制造用户使用各种移动应用程序的假象。即使用户关掉手机，僵尸程序也会继续运行。

线上广告的影响逐渐减弱，有较高比例的线上广告从未被浏览过，这使得许多广告商着力开发新技术，希望能提高用户响应率和检测欺诈手段。同时，广告商还花费了更多的时间和金钱策划数字广告、社交媒体广告和传统媒体广告的整合营销活动等。

线下广告

为了建立品牌的声誉和忠诚度，线上广告应该与线下品牌策略相结合，相互补充，用一种声音说话。这个**品牌闭环**（brand spiraling）过程主要以传统媒体为特色，吸引消费者访问某个网站。具体做法为营销人员通过电视、广播、报纸、杂志和广告牌等传统媒体鼓励消费者访问公司的网站。在这个品牌闭环过程中，品牌形象和广告信息要保持一致。

一项研究表明，在看过杂志广告后，近一半接受调查的消费者表示，他们可能会去企业网站或在网上搜索该产品。超过 40%的人在看过电视广告或报纸广告后倾向于访问相关网站。[37] 由此可见，传统媒体可以促进品牌的在线推广。

目前，定制网站伴随着许多直邮广告涌现。这些站点可以通过**个性化网址**（Personalized URL，PURL）访问，比如 www.kenclow.offer.officedepot.com。PURL 具有个性化的预加载 Web 页面，其中包含客户的个人数据、联系信息、购买行为和与公司的历史交流记录。例如，福特的 PURL 可以显示客户当前的车辆、维护记录以及与公司的其他交流记录。PURL 能够与客户建立一对一的对话，让客户与公司保持联系，并根据客户的以往数据和历史记录为其提供信息、优惠和激励等。[38]

8.7 搜索引擎优化

线上广告的支出中，营销人员用于搜索引擎的广告支出占比最大，接近 50%。耗费如此多的资金是因为大约 80%的网络流量源于搜索引擎。[39] 当一个人进行搜索并成为一个关键的营销目标时，公司需要确保自己的名称或品牌首先出现在搜索引擎中，SEO 可以帮助公司实现这一目标。**搜索引擎优化**（search engine optimization，SEO）是增加特定公司的网站出现在搜索结果中的可能性的过程。

搜索引擎优化有以下三种方式。第一种方式是当搜索某些产品或信息时，会出现一个付费搜索插入。公司可以通过注册各种搜索引擎来帮助自己的网站被检索到，还可以为顶级位置支付更高的费用。广告在搜索页面上的位置取决于公司支付的价格，以及搜索引擎用于确定广告与特定搜索词语或短语的相关性的算法。如今，大多数搜索引擎使用一个小的“广告”图标，显示这是一个付费搜索结果。

第二种方式是公司通过自然或有机出现来增加识别度。这种方法可以开发有效的有机结果，该结果产生于一个自然的搜索过程。每个搜索引擎使用一组稍有不同的算法来识别与搜索框中输入内容匹配的关键短语。要想在有机搜索中排在前列，需要投入大量时间和精力。通常，一个新网站不大可能出现在搜索结果的顶部，因为搜索引擎需要时间来匹配站点。

一些研究表明，这种自然筛选的搜索结果列表往往会令人印象深刻。出现在搜索首页或排名前十的网站，网络流量增加了 9 倍。出现在第二页和第三页的网站列表，网络流量增加了 6 倍。就销售额而言，排在前十的公司第一个月的销售额增长 42%，第二个月的销售额增长 100%。[40]

第三种方式为付费搜索广告，包括文本框或展示广告（输入一个特定的词语时会弹出）。comScore 公司的一项研究表明，即使消费者没有点击付费搜索广告，也会对品牌知名度、认知度和购买意愿有很大的积极影响。[41] 研究显示，搜索排名靠前给品牌带来了以下积极影响：

- 付费搜索广告使人们的自觉认知提高了 160%。
- 消费者对这些品牌的正面评价要高 20%。
- 消费者考虑购买该品牌的可能性增加了 30%。

公司在搜索引擎优化上投入了大量资金。线上广告的点击率一般保持在 0.2%左右，而搜索广告的点击率约为 5%。[42] 尽管早期的结果令人印象深刻，但营销人员仍应该记住搜索引擎优化是一项长期投资，这种影响不会很快发生。进入搜索的前十名可能需要几个月甚至几年的时间，因为它需要优化内容、编程和理解搜索引擎的工作原理。

搜索广告对本地企业来说是有效的。芭芭拉·奥利弗（Barbara Oliver）在纽约威廉斯维尔拥有一家精品店。她每月在谷歌的搜索广告上花 50 美元，吸引以她的商店为中心方圆 80 英里内的客户。与线下广告相比，搜索广告吸引了更多的客户。通过谷歌的本地目录，在威廉斯维尔方圆 80 英里内，输入奥利弗指定关键字的用户很可能会看到搜索广告。搜索广告的有效性可以通过智能手机和全球定位功能提高。它的有效性还可以通过脸书和 Foursquare 来提高，只要人们允许用自己的位置登录这些网站，即使只是威廉斯维尔地区的游客也可能会看到奥利弗的搜索广告。[43]

8.8 国际启示

与实体零售店相比，电子商务的一个主要优势是能够接触到世界各地的客户。一些互联网公司仍然拒绝国际订单，因为它们没有相应的流程去履行这些订单。这意味着尽管互联网使得公司在国际市场上销售商品成为可能，但一些公司并不具备国际化的条件。其中，跨国销售的难题包括全球航运问题，这个问题往往是缺乏完善的结构、沟通障碍和其他技术障碍导致的。[44] 此外，互联网公司必须遵守当地的进出口法律。

运输问题

为国际货运做好准备是推出全球电子商务网站的一个关键点。较小的货物可以选择价格实惠的航空运输。同时，DHL 全球快递、联邦快递和联合包裹速递服务公司（UPS）也是非常好的运输选择。较大的货物可以通过货运代理挑选最佳的运输方式，货运代理包括船舶、卡车和火车。航空运输公司和货运代理公司都提供专门的物流软件，并提供适当的文件和表格，以符合相关国家的进出口规定。

沟通问题

设计能够吸引各国受众的网站也是一项重要的任务。它包括添加其他国家用户所需的信息，比如电话号码、国家代码。同时，为了避免冒犯特定人群，网站还需要修改颜色、文字或图像。

为了向其他国家扩展业务，新的全球化软件已经被开发出来。该软件包可以将英文网站翻译成多种语言。它还具有一个有价值的功能——“文化适应”，能够调整网站的术语、外观和感觉，以适应当地规范。此外，该软件还具有一个功能，即在一个地点开发的内容可以被轻易地部署到世界各地的所有网站。此举为人们提供了一致的网站外观，且不需要花时间修改每个国外网站。通过该软件，人们可以更容易地使用本地语言设计网站，网页也会更加符合当地的风俗习惯。[45]

技术问题

国际电子商务的技术方面仍然面临挑战。软件兼容性是一个未解决的技术问题。理想情况下，不同的技术最终将合并至单一的系统。但是，目前处理网络流量的带宽差别仍然很大。信息技术人员需要参与国际化进程的每一个步骤，以消除潜在的技术故障。

协调一致的整合营销策略利用世界各国的本地信息。网页上的品牌应该在不同国家保持一致，并呈现公司的主要营销信息。对于 IBM 来说，这意味着它需要在每个国家雇用当地公司来设计网站并为每个网站提供信息。为确保一致性，IBM 需要先在其中央办公室确定主要的营销信息，然后由本地公司翻译，并添加分销商的联系方式和价格信息。

未来，国际电子商务将持续增长。进入基层市场的公司可能享有主要营销优势。

复习题

1. 定义数字营销。
2. Web 4.0 如何影响营销领域？
3. 描述一下电子商务、搜索优化设计和以客户为中心的设计。
4. 什么是网络诱饵？网络诱饵的三种主要形式是什么？
5. 什么是自适应设计？
6. 什么是移动营销？
7. 什么是互动营销？
8. 描述一下内容营销和原生广告。
9. 什么是地理定位或基于位置的广告？
10. 什么是二次营销？
11. 什么是行为定位？
12. 如何在营销计划中使用博客和新闻通讯？
13. 识别并描述有效的电子邮件营销活动的要素。
14. 营销团队使用的线上广告有哪些主要的形式？
15. 什么是窗口小部件？
16. 什么是品牌闭环？
17. 什么是个性化网址（PURL)？
18. 什么是搜索引擎优化（SEO)？如何实现？
19. 实现国际电子商务运营必须应对哪些挑战？

批判性思维练习

讨论题

1. 查看 Web 1.0 到 Web 4.0 的特性。讨论互联网如何影响你的日常生活。采访以下年龄段的人：30～39 岁、40～59 岁、60 岁以上，询问他们的互联网使用情况。把对他们的采访与 Web 1.0、Web 2.0、Web 3.0 和 Web 4.0 相联系。

2. 查看图 8－4 中的增值激励。根据你的在线购物体验对这些增值激励进行排名。对于每种激励，讨论它对你的购物行为的影响，并解释为什么它对你是重要的或不重要的。

3. 移动营销已成为数字营销活动的重要组成部分。假设你是一家经营书籍、漫画和视频的本地商店的营销实习生。描述如何使用移动营销推动网站访问和商店访问。具体描述你的想法。

4. 查看图 8－7 中的数字营销策略。讨论每种策略是如何和你的在线经历相联系的。哪种策略最吸引你？为什么？哪种策略效果最差？为什么？

5. 用你的话来描述图 8－7 列出的各种数字营销策略。假设你是南方一家小型体育用品连锁店数字营销部门的实习生，如何在数字营销活动中使用每种数字营销策略，请具体描述。

6. 你的手机上有应用程序吗？如果有，请描述你的应用程序以及下载该应用程序的原因。是否有广告与该应用程序相关联？你对使用了某种广告的应用程序有何看法？

7. 采访前述三个不同年龄段的人对于博客的看法。有多少人在互联网上阅读过、发布过或参与讨论过博客？每个人的动机是什么？你的相关经历是怎样的？如果你从未阅读或参与讨论过博客，请解释原因。

8. 用你的话来描述图 8-10 所列出的各种电子邮件营销策略。假设你是小型时尚高档服装连锁店的营销实习生，目标市场为 25～40 岁的职业女性。讨论你可以如何使用各种电子邮件营销策略，并具体描述每种策略如何吸引服装店的目标受众。

学生项目

创意角

Bluefly 的营销团队希望提升公司的品牌知名度和网络存在感。假设你是他们的互联网广告顾问，请你先访问 Bluefly 的网站 www.bluefly.com，设计一个可以在互联网上使用的横幅广告，以及一个可以与横幅广告一起使用的杂志广告。接着，撰写并发送电子邮件给曾在 Bluefly 的网站购物但最近一次购买距今至少已有 90 天的客户。

第9章

社交媒体

本章目标

本章旨在回答如下问题：

- 社交网络由什么构成？
- 主要社交媒体网站有哪些特征？
- 社交媒体营销的本质是什么？
- 公司一般采用哪些社交媒体营销策略？
- 营销人员如何在国际营销中使用社交媒体策略？

本章概要

社交媒体网络的兴起改变了个人与家人、朋友、企业甚至陌生人的沟通方式。不管是最小的单一家族企业还是大型企业，社交媒体的持续增长态势都为它们提供了机会和挑战。一方面，社交媒体的兴起带来了正面的影响，比如即时通信帮助企业创造了热议，营销人员可以与客户建立更复杂的互动。但另一方面，社交媒体也可能带来负面口碑，损害品牌在大众心目中的形象。营销传播专家已经发现适应社交媒体网络的必要性。Wholly Guacamole 就是一个从社交媒体网络中获益的例子。Wholly Guacamole 在社交媒体营销上的成果完美诠释了社交媒体的力量。

社交媒体一词具有多个含义。在本章中，**社交媒体**（social media）被定义为允许个人在网络上开展社交行为的任何数字工具或平台。**社交网络**（social network）是以某种方式将个人、组织联系在一起的社会结构。**社交媒体营销**（social media marketing）是指利用社交媒体和/或社交网络来开展产品、公司或品牌营销的方式。

本章 9.1 节解释了社交网络的基础知识以及其与营销方案之间的关系。9.2 节简要介绍了热门网站，列举了一些公司将这些热门网站纳入其营销方案和广告方案的例子。

9.3 节和 9.4 节详细介绍了社交媒体营销的基础知识和社交媒体营销策略。最后，9.5 节简要讨论了与国际社交媒体营销方案相关的知识点。

Wholly Guacamole

鳄梨一旦被切开，就开始变成褐色。Wholly Guacamole 的创始人唐·鲍登（Don Bowden）发现高压加工能够解决该问题。他将经过高压加工的鳄梨称为“新鲜”鳄梨，并宣称它是“百分之百纯天然、味道鲜美的产品”。消费者可以在杂货店和食品市场购买这种鳄梨酱。如今，鳄梨酱已成为三明治和其他菜品的主要原料。Wholly Guacamole 的网站宣称：“我们总是使用真正的哈斯鳄梨和天然成分，不使用防腐剂。”[1]

Wholly Guacamole 的营销团队十分了解社交媒体带来的潜在影响，成功地利用社交媒体带来的好处创建了品牌知名度，提升了销售绩效，并且将其发展成一个强大的品牌。社交媒体在多个活动中发挥了重要作用，如果将社交媒体与传统媒体渠道和数字营销相结合，营销信息将发挥更大的作用。

由于广告预算有限，Wholly Guacamole 的营销人员选择通过与其他组织建立联盟来增强广告效果，这些组织包括《超级减肥王》（The Biggest Loser）电视节目，超音速汽车穿梭餐厅（Sonic Drive-in），迪士尼影片《小屁孩日记》（Wimpy Kid）。这种联盟活动产生了强大的影响。例如，与《超级减肥王》的合作带来了 111 000 名脸书粉丝、3 000 名推特粉丝、200 多位博主，获得超过 1 350 次点赞、2 140 条评论和近 160 万次浏览量。与《小屁孩日记》的合作在脸书上获得了超过 4 600 万次浏览量和 3 700 名新粉丝。与超音速汽车穿梭餐厅的合作产生了 1 200 多条推文和 2 000 万次浏览量。

9.1 社交网络

图 9-1 列出了社交网络的三个类别。第一类为受众广泛的**一般性社交网站**（general social networking site），这类网站旨在吸引所有人群，不分性别、年龄、种族、收入或受教育程度。这类网站可为人际交往提供一个平台，保持人与人之间的联系，了解彼此在网络中都做了什么，分享生活中的方方面面并结交新朋友。在这类网站中，脸书最有名。

利基社交网站（niche social networking site）是指专注于特定兴趣、爱好或人群的网站。如领英就是专供商务人士互动的网站。婚恋交友网站则为人们提供寻找潜在伴侣和目标群体的机会，如 OurTime、ChristianMingle 和 FarmersOnly 等网站。还有一些针对不同家庭结构的网站，比如单亲爸妈网站。与此同时，还有一些专注于特殊兴趣和爱好的网站和专门提供产品评论、品牌信息和产品信息的购物网站。这类购物网站并非电子商务网站。在这类网站上，用户可以分享产品和品牌信息，评价购物体验。

- 一般性社交网站
- 利基社交网站
  - 商务
  - 家庭与生活方式
  - 交友
  - 特殊兴趣爱好
  - 购物
- 社交书签网站

图 9-1 社交网络的类别

社交书签网站（social bookmarking site）是指允许个人分享书签的网站。当大多数人收藏他们喜欢的网页时，社交书签网站会把这些网页公开。社交书签网站的组合可以有多种形式，并允许任何人随时访问。不仅如此，用户可以对收藏的网页进行评论，并鼓励其他人发表评论。

9.2 社交媒体网站

社交媒体的迅速发展使得营销人员开始意识到各大社交媒体网站及其用户的价值。从总体上看，社交媒体的女性用户要比男性多，大约 42%的线上消费者会使用多个社交媒体网站。[2] 目前，用户访问量最大的社交媒体网站有脸书、推特、Instagram 和 Pinterest。有超过一半的美国人访问脸书（见图 9-2）。就美国市场的渗透率而言，Instagram 和推特远不及脸书，居第二位和第三位。[3]

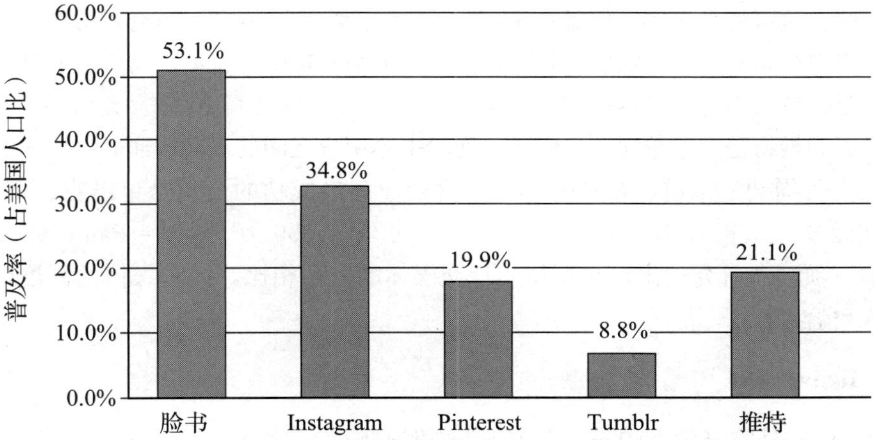

图 9-2　各大社交媒体网站的美国用户比例

每个社交媒体网站的用户构成各不相同。营销人员发现，尽管社交网络一直在不断变化，但还是有必要探索每个社交网站的品牌效用。以下将简要介绍用户最常访问的五个网站。

脸书

脸书是全球最大的社交媒体网站，拥有超过 12 亿用户，广告收入约为 100 亿美元，约占社交媒体广告收入的 73%。[4]《广告周刊》称，脸书的用户规模、内容的有用性和用户的互动性使脸书大受欢迎。

除了允许品牌在网页上进行宣传之外，脸书近期还扩大了广告服务，允许营销人员根据用户在脸书网站之外的活动来定位移动设备上的用户，这种行为定位法称为“自定义受众”。当用户使用脸书时，这种方式可以帮助营销人员从网站端和应用端收集用户的数据，通过这些数据定位用户（无论是在移动手机、平板电脑还是台式电脑上）。[5] 脸书将用户的人口统计信息（电子邮件地址、电话号码、姓名、性别和家庭地址）与脸书的特征进行匹配，确保只有那些与品牌目标市场相匹配的用户才能看到脸书的广告。

此外，脸书还通过出售视频赚取广告收入。脸书的营销团队与尼尔森签订了合同，以总收视点（GRP）作为衡量视频广告的指标。电视广告也是采用 GRP 指标，全国广告商可以将电视广告和脸书广告的指标合并起来。脸书的目标是增加全国性品牌在脸书视频广告中的曝光度，以此来弥补电视广告的不足。[6] 这一创新模式将可能增加企业在脸书上的数字广告、社交媒体广告和传统广告的预算份额。

尽管脸书仍是最大的社交媒体网络，但在过去几年中，其青少年用户数量下降了至少 25%。与此同时，55 岁以上老年消费者人数增加了 80%，达到 2 800 万。青少年离开脸书的部分原因可能是他们的父母和祖父母都在使用脸书。许多青少年更喜欢信息私密性更高的推特或 Snapchat。

除了脸书用户不断变化的人口特征外，数据表明只有一小部分用户每天分享他们生活中的细节：10%的用户会每天更新状态，其中 4%的用户会每天更新一次以上；大约 15%的用户会每天对照片进行一次或多次评论。许多人认为脸书在用户数量和使用频率方面已经达到顶峰。这可能是事实，但是在全球拥有 12 亿以上的用户使得它对营销人员极具吸引力。[7] 研究公司 Curebit 的副总裁布拉德·金（Brad Kim）表示，与推特相比，脸书的分享数量是推特的 10 倍，网站流量是其 20 倍，新客户量是其 20 倍。金认为，这种巨大的差异是因为推特是一种单向信息服务，而脸书是用户之间的双向沟通。[8]

据《广告周刊》报道，在脸书上开展营销业务最成功的公司是星巴克、可口可乐、百思买和微软。星巴克有 370 万粉丝，可口可乐有 350 万。[9] WetPaint 和 Altimeter Group 的一项独立研究指出，与不使用社交媒体的公司相比，社交媒体活跃度较高的公司的收入更容易增长。[10]

Instagram

Instagram 是脸书旗下的一个移动照片和视频社交分享网站，它的人气不断上升，每月的活跃用户数量超过 5.2 亿。它的使用者往往是年轻人、有钱人，女性偏多。近 60%的用户每天都会访问 Instagram。

品牌可以在 Instagram 上开设账号，Instagram 最大的品牌用户是内衣零售商维多利亚的秘密，拥有 400 万粉丝。但有趣的是，香奈儿虽然并未在 Instagram 设立官方账号，却已有 500 万张使用“#chanel”标签的照片。Instagram 中，其他具有极大影响力的品牌包括本杰瑞（Ben & Jerry's）、布鲁明代尔（Bloomingdale）、立顿（Lipton）、梅西百货、古驰和迈克·柯尔（Michael Kors）。[11]

Instagram 在社交媒体中的兴起使得各品牌的营销人员开始探索在该网站上的最佳营销方式。目前最流行的两种策略是竞赛和众包。布鲁明代尔和立顿就曾经在 Instagram 上举行过比赛。比赛中，参赛者上传一张自拍照，详细介绍他们最喜欢的美容或造型小贴士。为鼓励用户参与和社交分享，布鲁明代尔将这些照片贴在计分板上，粉丝们可以在上面选出他们最喜欢的照片。同时，布鲁明代尔还鼓励参赛者通过 Instagram 和其他社交媒体网站分享照片链接，让朋友来为他们投票。而在立顿举办的比赛中，用户需要在 Instagram 上提交主题为“振奋人心的时刻”的作品。[12]

零售业中有一个与 Instagram 密切相关的趋势是用户上传穿着某品牌服装的个人照片，从而达到消费者相互提供建议的效果。例如，凯瑟琳·林（Katherine Lin）在推特和 Instagram 上传了她与朋友在柯契拉音乐节（Coachella）的照片。照片中，她戴着在网上购买的 Dannijo 的项链。Dannijo 的营销人员看到了这张照片，将其发布在公司官网上。凯瑟琳·林看到网站帖子很高兴，立即与朋友分享。零售商已经意识到口碑传播的力量。一些人将照片发布在公司网站上，一些人则提供照片的链接。无论采用何种方法，都是以穿着品牌时装的消费者为目标。该品牌的员工可以在 Instagram 上对这些照片发表评论，并提供该品牌网站的链接。这些策略能够帮助消费者建立与品牌的联系，延长消费者在网站上逗留的时间，从而提高销量。[13]

Instagram 为许多小型企业的成功创造了机会，其中包括 Bow Truss Coffee Roasters。这是一家芝加哥烘焙工厂，开有 12 家咖啡店。有人会定期在 Instagram 上分享图片，有时展示一杯热气腾腾的咖啡，有时是以海洋为背景放在岩石上的咖啡杯的照片。此外，Instagram 还可以展示公司的新员工和客户。这种策略之所以能够成功，是因为它保持了真实性和创造性，这些照片均是未经过处理或修改的，由公司内部的不同人员拍摄和发布。该公司现已拥有超过 6 000 名粉丝，许多帖子收到了 200 个以上的红心和点赞。[14]

推特

推特的微博服务覆盖了广泛的受众。推特的用户更具多样性。在 5 400 万推特用户中，少数族裔约占 41%，其中很大一部分是西班牙裔。对于目标市场为少数族裔，尤其是非洲裔美国人的公司，推特提供了一个有效的平台。[15]

推特可以帮助营销人员识别和吸引客户，监控客户对公司或品牌的评价。Tweetscan 或 Summize 等软件可以发现哪些推文提到了品牌或公司名称。公司管理人员可以回应或收集信息，以备将来使用或评估。这种方式能够帮助企业了解客户的品牌认知和品牌看法等有价值的信息。

捷蓝航空（JetBlue）、星巴克、康卡斯特（Comcast）、布洛克税务（H&R Block）和西南航空公司都在使用推特。星巴克在推特上发起了一项名为“Tweet-a-Coffee”的活动，通过在推文中加上主题标签和推特账号，用户可以向朋友赠送 5 美元礼品卡。消费者必须开设星巴克账户才能使用推特礼品卡。在两个月内，这项活动为星巴克带来了 18 万美元的收入。除此之外，星巴克还收集了 54 000 个推特 ID 和星巴克账户的其他信息。[16]

推特还为小型本地企业提供了创新营销渠道。柯蒂斯·金博尔（Curtis Kimball）在旧金山推出了自己的甜点车，三周后，他发现了一名陌生客户在排队购买他的甜点。问及缘由，该男子表示他是从推特上了解到金博尔的甜点车的。随后，金博尔在推特上创建了自己的账户，目前已拥有 5 400 名粉丝，他们每天等着金博尔分享店里的美食。[17] 图 9－3 总结了成功开展推特营销活动的小贴士。

- 制定策略
- 保持一致的品牌声音
- 吸引关注者
- 关注与粉丝之间的关系
- 回复客户评论
- 避免完全自动化

图 9－3　使用推特的小贴士

为了节省成本，营销人员可以自动发送推文，以便定期生成帖子。但是，粉丝很快发现他们所关注的官方账户并不会回复他们。因此，尽管自动化形式会降低成本，但许多公司还是会安排人员监测推特，并在适当的时候回复粉丝。虽然不需要回复每条推文，但如果太敷衍，粉丝很快就会意识到该品牌发推文仅仅是为了推销，而非互动。

Pinterest

Pinterest 是以布告栏风格为特色的社交网站，用户可以在该网站上发布照片和图片，内容可以与事件、特殊兴趣或爱好相关。该网站已拥有 7 000 万用户，其中 70%是女性。时尚和美食是这个网站最具特色的两大话题，对零售商和食品生产商来说它是一个极具吸引力的平台。

蓝多湖（Land O's Lakes）近期在 Pinterest 上推出了一项名为“贴一餐，送一餐”的促销活动。每当有人在 Pinterest 贴上一张在蓝多湖用餐的照片，蓝多湖就会向 Feeding America Foundation 捐赠 1 美元。活跃在 Pinterest 上的其他公司有亚马逊、沃尔玛、苹果、QVC、史泰博、百思买、网飞和西尔斯百货，其中 QVC 和沃尔玛的粉丝最多，亚马逊和苹果在用户钉板上的照片最多。[18]

在 Pinterest 上，关于食品和服装品牌的点击率和浏览次数往往很高，原因有两点。第一，Pinterest 广告会引导用户进行关键字搜索和发布帖子的活动。因为 Pinterest 的广告与用户搜索的内容或帖子非常匹配，所以广告和用户之间形成了紧密的联系。第二，品牌广告与有效内容并排放置，保证 Pinterest 用户可以轻松点击广告。

YouTube

社交媒体网络中增长最快的领域包括视频上传，尤其是在 YouTube 上。如今，用户可使用移动设备制作视频，因此视频数量急剧增加。视频的激增为粉丝提供了一个与品牌互动的新平台，他们从被动的消费者转变为分享使用心得视频的热情粉丝。图 9－4 重点介绍了消费者在 YouTube 和 Vine 上的分享方式。

- 上传广播广告
- 产品的视频评论
- 重新制作广告
- 制作产品使用教学视频
- 捕捉实时事件
- 制作品牌视频

图 9－4　消费者的视频分享趋势

很多消费者会在 YouTube 频道上发布他们最喜欢的视频。有人会创作一些原创视频，有人则是分享一些自己喜欢的视频。在 YouTube 的视频中，有一种类型增长迅速，即由品牌制作的广告。这些广告可能是电视广告，或是为互联网制作的数字广告。看到广告的热情粉丝会把广告转发到自己的频道上，让他们的朋友也可以看到。绝大多数情况下，用户发布广告的行为是对自己喜欢的商业广告的一种积极回应。但在有些情况下，用户也会因为一些消极的原因而发布广告。当发生这种情况时，品牌经理应该迅速做出反应并给予回复。

第二个趋势是对产品的视频评论。消费者不是简单地写一篇评论，之后发布在博客或网站上，而是自己制作视频，谈论品牌和自身体验。大多数视频内容是粉丝对产品的赞扬，但也会有对产品的批评。封面女郎在 YouTube 上的一个视频有 2.51 亿浏览者，并且近 2.49 亿（99%）的回复是消费者的自创视频。其他品牌也有类似数据，比如奥利奥 92%的回复都是粉丝自创信息。露华浓 99%的回复也都是消费者自创视频。

广播广告的重新制作与消费者视频评论密切相关。速易洁在 YouTube 上的关注度曾呈爆炸式增长。该公司发布的广告不断被粉丝转发，同时附带大量的产品评论。最近，用户发布了自创的速易洁的电视广告。在广告中，他们用拖把拖地，或者用速易洁产品擦拭地板，然后像公司广告中的演员一样，突然跳起舞来。速易洁粉丝自创的三种视频的总浏览量超过 1 000 万，而速易洁官方制作的视频浏览量只有 22.5 万。显然，粉丝制作的视频的受欢迎程度超过了公司制作的商业广告。[19]

过去，如果消费者想要知道如何使用产品、修理产品或修复产品，会选择查询品牌官网，或者联系技术人员。但现在大多数人会选择向 YouTube 求助。因为有些消费者会在 YouTube 上传相关操作视频，展示如何使用、修复产品。相对于阅读参考手册、阅读博客或网站上的分步说明，观看视频演示显然更容易理解。

手机的内置视频功能和静态摄像头可以帮助消费者捕捉实时事件。许多产品会意外成为事件的一部分。它们偶尔会像病毒一样传播开来。例如，查尔斯·拉姆齐（Charles Ramsey）在一起绑架案中救出阿曼达·贝里（Amanda Berry）之后，他在采访中提到了麦当劳。随后，拉姆齐的这段采访视频在 24 小时之内获得了超过 1 100 万浏览量，麦当劳被人们讨论了 6 000 多次。麦当劳的营销团队立即做出回应，发了一条支持拉姆齐的推文，并表示将为他免费提供一年的汉堡包。营销人员积极监测社交媒体，并迅速利用实时事件，才能引导用户展开正面讨论。

最后一种营销方法是制作品牌视频。德温·格雷厄姆（Devin Graham）是一位 30 岁的电影制作人，在 YouTube 上有一支极限视频拍摄团队。他制作过 World's Largest Rope Swing 等特技视频，点击量达到 2 200 万次；还制作过 Human Slingshot Slip and Slide，点击量达到 1 300 万次。将近 200 万人订阅了他的 YouTube 频道。他在 YouTube 上的受欢迎程度引起了好几家公司的兴趣。他目前在激浪（Mountain Dew）和福特的赞助下制作冒险类的品牌宣传视频。[20]

9.3 社交媒体营销

品牌经理开展社交媒体营销活动的理由各不相同，图 9-5 列出了一些较为常见的原因。[21] 为了与客户保持联系、增加潜在客户与品牌的接触，大多数品牌活跃在多个社交媒体网站上。

- 吸引粉丝
- 增加品牌曝光度
- 充当客户互动平台
- 增加流量
- 开发潜在客户
- 提升品牌形象
- 提高搜索排名
- 收集客户情报
- 培养忠实粉丝
- 增加销售额

图 9-5　开展社交媒体营销的原因

Hooters of America 餐厅在其成立 30 周年之际发起了一场品牌改革，以在保持主要男性客户的同时赢得女性客户。社交媒体是品牌改革中不可或缺的一部分。在社交媒体推出前，Hooters of America 修改了菜单，增加了更多“对女性友好”的产品，改造了多家餐厅，并展开电视和广播广告宣传活动。在社交媒体上传播信息是该活动的核心。该公司推动粉丝在脸书、推特、Instagram、YouTube 和其他平台上分享他们的体验。此项活动开展 30 天内，消费者就发布了 1 万张照片。与此同时，Hooters of America 的 Instagram 账号的粉丝增至 2.5 万以上，其 YouTube 主页也获得了超过 250 万次点赞，推特上收获了近 54 000 名粉丝。这场社交媒体营销活动使得 Hooters of America 餐厅在全国餐饮新闻社交 200 指数中的排名从第 56 位提升到第 12 位。[22]

增加流量和提升品牌形象

社交媒体可以为品牌网站带来流量，比如访问者点击网站上嵌入的 URL，可进入品牌网站界面。营销人员利用社交媒体吸引用户访问他们的零售店（如餐馆或汽车经销商店）。在 B2B 中，社交媒体产生销售线索，供销售人员跟进，其中包括现场销售人员、电话推销员或电子邮件销售人员。

营销人员可以通过设计社交媒体程序来提升品牌形象，同时可以为客户提供一个解决问题、收集信息和获取意见的平台。J. D. Power and Associates 的研究显示，在客户满意度最高的品牌中，87%的客户表示品牌的在线互动对他们的品牌认知和购买意愿产生了正面影响。品牌满意度较低的人则表示，与品牌的社交互动降低了他们的购物意愿。[23]

提高搜索排名

社交媒体可以提高搜索引擎的自然搜索排名。排名上升有两个原因。第一，用户在社交媒体网络上频繁地检索品牌名称，因为搜索引擎上的大多数算法都会检查词语的提及次数。第二，如果品牌内容或品牌评论与搜索词语相匹配，那么交互的质量就会提高，各种搜索引擎也会赋予该品牌更高的可信度。

收集客户情报

倾听社交聊天即**社交聆听**（social listening），能够为市场营销专业人士提供启发性的信息。评论有可能好坏参半，但在大多数情况下访问者会给出真实的意见。有时候，社交媒体上的热议需要营销团队做出快速的反应。例如，通用磨坊曾为旗下品牌 Cheerios 发布一则电视广告，广告讲述了一个父母来自不同种族的家庭。这则广告同时也在 YouTube 上播放。一些用户看过该视频后，立刻激烈地批评这属于种族歧视。随后几天，这则广告的浏览量达到了 170 多万次。有些用户甚至在 YouTube 上发表了不利于家庭和谐的评论，通用磨坊不得不关闭了评论功能。用户无法再对这则广告发表评论，但仍然可以浏览。

尽管社交媒体上出现了消极反应，但通用磨坊的管理团队并没有退缩。公司领导认为这则广告反映了当前美国社会的状况。Cheerios 的营销副总裁卡米尔·吉布森（Camille Gibson）指出："家庭的形式有多种，Cheerios 衷心祝愿所有家庭。虽然网络上有一些负面评论，但总的来说，这则广告带来的影响还是积极的。"[24] Cheerios 的例子说明收集客户情报是一件十分重要的事情。很少有营销人员能够像通用磨坊的员工一样如此迅速地做出反应。

图 9-6 列出了社交聆听的其他功能。通过社交聆听，营销人员可以发现产品或公司其他方面的潜在问题，避免问题发酵。例如，通过监测社交媒体上的评论，品牌经理可以避免对少数用户做出反应，因为这些用户可能不代表大多数品牌用户。通常，

那些在社交媒体上比较活跃的用户对品牌的话题会更加充满热情。他们想要分享自己关于品牌的糟糕经历或愉快经历。因此，在改变产品或采取行动之前，营销人员应该尽量确定社交网络中的用户所表达的观点是代表小部分客户，还是大部分客户。在上述 Cheerios 案例中，通用磨坊认为那些在社交媒体上表达负面观点的人并不能代表大多数人。

- 对负面反馈做出反应
- 发现问题
- 收集品牌内容的话题
- 预测趋势
- 挖掘观点的特点或发现观点的转变
- 识别品牌拥护者

图 9-6　社交聆听的功能

社交聆听为品牌内容提供了极好的创意来源。消费者面临的问题以及寻求的信息都可以在品牌内容页面上呈现。通过倾听用户在社交网络中的声音，公司能够与消费者保持一致的步调，努力满足他们的需求。例如，用户在使用新的软件包时会经常检测到故障。在大多数用户遇到类似问题之前，公司可以在软件开发者的博客或网站上发布这些问题及其解决方法。

Sparks and Honey 数字营销公司负责为各个品牌监测社交聊天。除了计算品牌被提及的次数外，该公司还设计了一个情绪评分，表明消费者聊天内容的积极程度或者消极程度。该公司还使用预测分析方法来预估一种趋势可能在多长时间内对客户产生影响。此外，该公司还开发了"爆发指数"来帮助企业了解其需要以何种速度对社会上出现的趋势做出反应，或者是否有必要做出反应。

除了识别趋势，营销人员还可以通过社交聆听察觉消费者的观点的特点或转变。Sparks and Honey 的研究发现，关于 Cheerios 的广告，YouTube 上的负面观点其实来自少数人，并非整个社会。此外，该机构还发现，年轻消费者比年长消费者更容易接受异族婚姻。观察到这种特点以及人们对 Cheerios 广告的反应后，Sparks and Honey 建议其另一位客户——Gerber 制作一个视频。在视频中，儿童和年轻人讨论混血夫妇的话题。可以看出，该机构建议采取一种积极主动的办法，而非被动反应。[25]

社交聆听模式能够帮助企业识别品牌拥护者。社交媒体营销平台 EngageSciences 的数据表明，一个品牌 4.7%的粉丝几乎创造了全部的社交热点。有的公司认为这个数字应该为 20%，但事实是小部分客户制造了大部分轰动，而绝大多数人一般选择保持沉默，很少发表自己的看法。因此，不管这一小部分人是占 4.7%还是略微多一点的比例，如果公司能够识别出这部分客户，对于一个品牌来说都是价值非凡的。在研究社交互动时，品牌拥护者通常表现出三个特征：

- 行为承诺。
- 情感联结。
- 优秀的沟通技巧。

品牌拥护者会经常表现出对品牌的行为承诺，即定期购买和频繁购买。公司的数据库往往包括客户的购买数据，从而可以对客户的实际购买行为进行跟踪。那些对品牌有着情感联结的客户会通过赞美来展示自身与品牌的联结。对这些消费者来说，他们钟情的品牌就是世界上最好的，他们不会考虑其他品牌。因此，他们愿意采取非常规措施来购买这些品牌的产品。除了行为承诺和情感联结，优秀的沟通技巧对于品牌拥护者也是十分必要的。[26] 他们要能够有效表达他们的想法、感受和情感。一旦确定了目标客户，品牌经理就开始吸引这些客户成为品牌拥护者。在吸引其他品牌的忠诚客户时，这些品牌拥护者的建议将会非常有价值。

增加销售额和建立品牌忠诚度

建立品牌忠诚度和增加销售额是社交媒体营销计划及其他营销计划的最终目标。如果客户仅仅将社交媒体推广计划看作一种推销的包装，那他们很可能会疏远社交媒体。因此，营销人员应该设计一种能够吸引消费者的社交媒体计划，而增加销售额应该被看作社交媒体营销计划所产生的附加价值。

可口可乐的一项研究表明，线上热议或社交媒体上的品牌讨论并未对产品的销售产生明显的影响。这个发现让很多外界人士感到吃惊，因为可口可乐公司拥有超过 6 100 万脸书粉丝，比其他任何品牌的粉丝都多。[27] 研究人员得出的结论是：仅仅通过统计评论或者观察情绪（无论是积极的还是消极的）无法判断社交媒体对品牌形象和品牌忠诚度的影响。此外，研究人员提出疑问："如果可口可乐不参与社交媒体，会对销量产生负面影响吗?"对于可口可乐等大型品牌来说，不能单纯把社交媒体营销视为一种营销选择。营销人员应该利用这个极为有价值的新工具来吸引更多的粉丝。

可口可乐的这一研究并未发现销售额与社交媒体热点之间存在正相关关系，但麦肯锡的一项研究揭示了销售额与负面热点之间的关系。该研究发现，由于社交媒体上对麦肯锡品牌的负面评论，麦肯锡的一个电信客户的销售额下降了 8%。[28]

欧莱雅

欧莱雅是社交媒体营销的成功典范。欧莱雅社交媒体首席执行官雷切尔·韦斯（Rachel Weiss）表示："我们的社交策略的全部意义在于，你可以在客户决策过程中的任何时刻触及客户。"韦斯和同事制定了一个三步骤战略，旨在使社交媒体的影响最大化。

第一步，公司针对每个国家采用不同的营销策略和脸书页面。欧莱雅数字业务高级副总裁乔治·爱德华-迪亚斯（Georges Edouard-Dias）认为，"这让我们回到了营销的根源，营销与直觉、智慧和感受市场息息相关，而非阅读、统计或对最佳实践模式的复制"。从本质上讲，每个国家都是独一无二的，因此应该根据每个地区的实际情况量身定制社交媒体方案。

第二步，公司致力于创造能够引发社交对话的内容。韦斯说："女人喜欢谈论她们涂了什么口红，索菲亚·韦尔加拉（Sofia Vergara）在艾美奖颁奖典礼上涂的是什么口红。美丽始终是女人社交绕不开的话题。女人总是对其他女人的穿着、行为和美容秘诀保持着浓厚的兴趣。"为了产生社交讨论，欧莱雅的脸书页面列出了一些问题和美容建议，并试图吸引客户分享其故事。

第三步，社交媒体的效果在消费者购买前后的时间点达到巅峰。例如，欧莱雅会在消费者购买商品之前为消费者提供“选购”的指导，之后在 YouTube、脸书和推特等社交媒体上追踪和跟进。[29] 最近，欧莱雅在印度推出了高级染发产品 Casting Creme Gloss。为了最大限度地发挥社交媒体的影响力，营销团队将线下销售与脸书应用程序整合在一起。该应用程序要求用户输入包装上唯一的代码，然后让用户上传一张她和两个最好的朋友的照片来参加一个竞赛，照片将出现在由索南·卡普尔（Sonam Kapoor）主演的广告中。这种整合线下和线上的促销手段使得该款染发产品的销售额激增 45%。[30]

社交媒体策略并非永远与销售直接挂钩。但是，当访问者点击网站或社交媒体信息中嵌入的链接时，仍然可以对其他因素如品牌曝光度、粉丝参与度和品牌形象等产生积极的影响。而且，相对于销售数据、脸书粉丝数量或推特粉丝数量，粉丝的质量及其品牌参与度更加重要。社交媒体为企业提供了一个既可以与忠实客户建立联系，又可以积极影响他人的独特平台。

9.4 社交媒体营销策略

品牌经理为了从社交媒体营销中获益，会尝试找出消费者参与的主要动机，其中包括沟通动机和互动动机。优质的品牌信息应该真实、响应迅速且引人注目。消费者不喜欢推销，他们渴望的是真诚的交流。因此，相比接触，他们更喜欢真实的反应。当信息包含有趣的内容且非常引人注目时，人们会自然而然地参与其中。当营销人员策划社交媒体推广方案时，系统的方法提供了建立有效存在的最佳机会（见图 9-7）。

1. 确定社交媒体目标
2. 确定在线个性
3. 确定社交媒体平台
4. 制定社交媒体策略
5. 建立分析反馈回路

图 9-7 建立社交媒体存在

建立社交媒体存在

确定社交媒体目标可以提高社交媒体营销投资成功的可能性。塑造品牌拥护者需要一种不同于吸引消费者互动以提升品牌形象的方式。无论是有意的还是无意的，每个品牌都有自己的个性。为社交媒体选择的个性特点应该与其他平台和营销传播中使用的语气相匹配。这个语气可以是品牌行业权威或专家的语气，也可以是友好、可爱和善解人意的语气。

选择最好的社交媒体平台需要营销团队共同决定。比较好的方法是只选择一到两个社交媒体平台，密切关注这些平台。如果选择了八个或十个平台，每个平台的表现可能都会很差。图 9-8 列出了七个主要的社交媒体策略。

- 内容植入
- 事件营销
- 视频营销
- 意见领袖营销
- 互动博客
- 消费者评论
- 病毒式营销

图 9-8 社交媒体策略

社交媒体的发展需要分析性的反馈回路。数字营销和社交媒体有各种测量标准。营销人员应该不断分析这些测量标准，检查结果，从而确定公司是否朝着目标发展并取得进展。如果没有实质性进展，营销人员应该对实际使用的策略进行调整。第 15 章涵盖了营销活动的评估内容，其中包括社交媒体营销的评估。

内容植入

园丁种下种子，相信它们会发芽，最终开花结果。同样的概念适用于社交媒体营销。**内容植入**（content seeding）是指向客户提供激励以鼓励其分享有关品牌的内容。价格激励措施是最常用的，但不一定要采用。公司可以提供信息或者任何吸引消费者并鼓励他们分享的激励措施。

优惠券、回扣、比赛和其他价格刺激都属于内容植入。最近，Chila‘Orchata 在脸书上发了一篇帖子，人们只要给他们的“周末伙伴”贴上标签，就有机会赢得 Chila 润唇膏。

大多数人喜欢比赛，尤其是当他们认为自己能赢的时候。微软推出 Windows 7 系统时，邀请高中生提交改造电脑实验室的视频。接着，“学校骄傲”（School Pride）活动邀请参观者投票选出最佳视频。为了增加趣味性和鼓励用户分享，微软使用社交图谱，允许网页访问者邀请朋友投票，从而增加某所学校获胜的概率。这种比赛使网站的访问量增加了近 75%。[31]

易保公司举办的活动也引起了社会轰动。该公司没有选择在超级碗广告上花费 400 万美元，而是以 250 万美元的价格购买了比赛结束后的第一个广告时段。广告宣称，一位幸运观众将赢得大约 150 万美元的差价，在广告播出 36 小时内，他将从在推特上发布话题标签“\ ＃EsuranceSave30”的人中产生。这则广告在推特上引起了巨大的反响。易保公司的广告代理商李奥贝纳报告了该活动的数据[32]：

- 540 万条推文使用了“\ ＃EsuranceSave30”话题标签。
- 广告播出的前几分钟内，已经有超过 20 万份参赛作品。
- 推特上的社交浏览次数达到 26 亿次。
- 易保的这条广告在 YouTube 上的点击量为 33.2 万次。
- 易保的推特官方账户新增了 26.1 万名粉丝。
- 电视广告播出的前几个小时内，易保网站的访问量飙升了 12 倍。

营销人员在种子分享计划中新增了一项增值激励措施，即为顾客提供一些独特的东西让顾客觉得自己很特别。索尼的艺人 Pitbull 在他的新专辑通过社交媒体发布之前就赢得了人们的关注。用户只要在脸书或推特上分享一条来自 Pitbull 网站的信息，就可以提前在线收听这张专辑。如果他让三个朋友都点击进入这个网站，就会额外解锁三个附赠曲目。在新专辑发布之前，让客户感觉不一样以及为客户提供独特的东西可以促进人们对专辑的了解。[33]

事件营销

事件营销早在 2013 年超级碗广告发布之前就已经存在。新奥尔良超级穹顶体育馆曾在比赛期间发生过停电事故，这次事故为事件营销制造了宣传机会。停电事故发生后，奥利奥在推特上发文称，“在黑暗中”也可以浸泡奥利奥饼干。这条推文用奥利奥饼干的图片作为背景，奥利奥饼干的不同部位分别置于光线、阴影和黑暗中。该推文迅速蹿红，在发布的 14 小时内被转发了 15 000 次。

事件营销（real-time marketing）是指创建和发布即时营销消息以响应实时事件，并且与实时事件相结合。营销人员仅用五分钟就构思和制作了奥利奥的推文。如此迅速的反应是可能发生的，因为奥利奥所属亿滋国际及其代理机构的营销人员在比赛期间就在纽约成立了“社交媒体指挥中心”。由于有富有创意和技术高超的工作人员在场，团队很快就对停电事故做出反应，生成营销信息并发送出去。[34]

有效的事件营销需要在现场活动之前进行战略规划，而不是灵光一闪。在寻求展示人类对现场活动的情感和反应的同时，营销人员会精心策划，以确保与消费者（或企业）产生共鸣，与品牌的整体品牌形象和整合营销传播计划保持一致。事件营销信息应该与其他广告和社交媒体上的信息相关联。在事件营销之前，营销人员会讨论各种相关问题，有时还会提前准备各种信息和广告来应对现场突发情况。在他人看来像是自发的快速反应，实际上在几周前就已经讨论过甚至设计好了。事件营销还可以在体育赛事现场以外的地方进行。美国东北部出现一场暴风雪，星巴克的营销部门为脸书和推特制定了一项社交媒体计划，将重点放在有关暴风雪的社交对话上。星巴克制作了以雪为主题的广告，将焦点放在温暖的 java 咖啡上。当用户点击“＃暴雪”、“＃暴风雪”和其他相关标签时，推特上就会出现 java 咖啡的广告。[35]

麦当劳也采用了事件营销方法，但是速度较慢。麦当劳的员工每月需要跟踪 250 万～300 万次对话，关注消费者对麦当劳和其他快餐店的看法，以及与公司运营相关的话题。比如，麦当劳的营销团队会关注公司在社交媒体网站上的趋势。当麦当劳推出切达培根洋葱汉堡包时，它的广告突出了该产品的各种特性。然而，麦当劳营销团队注意到，人们谈论的内容主要是培根。因此，他们迅速调整广告，将更多关注点放在培根上。[36]

视频营销

大约有 58%的美国人观看数字视频，其中高达 75%的人为互联网用户。营销专家意识到，YouTube 等视频分享平台为社交媒体营销带来了独特的机遇和挑战。图 9－9 列出了主要的视频营销策略。

- 视频广告
- 发布电视广告
- 信息视频
- 善因视频
- 产品评论
- 博主

图 9－9　视频营销策略

在 YouTube 等网站上投放视频广告的支出已增至每年 46 亿美元，每年增长 20%～40%，增速远远超过其他形式的广告。研究表明，消费者更容易接受在线视频广告。消费者观看在线视频广告的平均时间为 21.4 秒，而观看电视广告的平均时间为 13.6 秒。在线视频广告的完成率为 88%，而电视广告的完成率为 79%。数字广告的回想率和喜爱度更高（见图 9－10）。[37]

视频广告可以放在片前（视频播放前）、片中（视频播放期间）或片尾（视频播放末尾）。其中，视频末尾的广告点击率更高，因为用户已经看完视频内容；视频播放前的广告效果更好；视频播放期间的广告完成率最高。因此，当公司希望产生良好的印象或提高回想率时，往往会选择片前广告；当公司致力于提高品牌认可度或提升品牌形象时，片中广告是更好的选择，因为观众往往会看完整个广告；片尾广告最适合将直复广告与某种类型的行动呼吁相匹配。

多数公司会选择保留 YouTube 视频平台，以便分享各种视频。比如，营销人员会

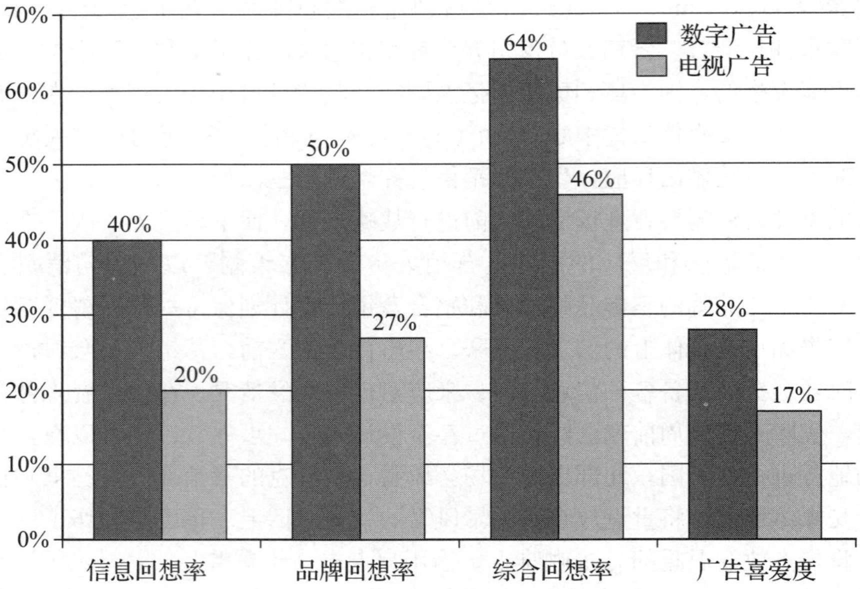

图 9－10　数字广告和电视广告的对比

在视频网站上发布电视广告。大多数超级碗的广告商在比赛前都会在 YouTube 上发布广告全片或片段。通常情况下，电子广告的浏览量会超过实体广告。除了广告本身，广告商还会发布广告的背景场景，或者发布视频解释广告的制作过程。观众会觉得这些很有趣，这种方式通常会增加观众与品牌的互动。

除了视频广告，公司还可以制作其他两类视频，分别是信息视频和教学视频。两种视频的制作采用了类似于品牌内容的策略。这些视频将为消费者提供有用的信息，回答消费者关于品牌的问题。对于消费者而言，产品使用教程，尤其是复杂产品的使用教程的用处非常大。与品牌内容一样，广告商需确保这些视频真实有效，而不仅仅是一种销售噱头。

此外，公司还可以在视频网站上发布与公共关系或善因营销信息相关的视频。例如，金霸王（Duracell）制作过一个视频，在视频中，消防人员和紧急救援人员讲述了他们的故事。布洛芬制作了一个关于梅丽莎·斯托克韦尔（Melissa Stockwell）的视频，该视频讲述了她在伊拉克失去了一条腿。约翰迪尔制作了一个视频，讲述了一个身无分文的墨西哥移民来到美国，现在拥有了自己的企业的故事。这类视频可以提升企业声誉。

多数消费者观看视频是为了调查产品。如今，消费者已转向 YouTube 网站了解评论，而非通过访问亚马逊网站或者品牌官网来寻找评论。作为产品评论的来源，YouTube 越来越受欢迎，原因有三。[38] 第一，任何产品都可以在视频中被评论，而且可以在 YouTube 上找到能想到的几乎任何产品评论视频。第二，视频提供了丰富的视觉和听觉享受。第三，视频是早期用户了解新产品的最佳方式。

向个人付费让其推广品牌已成为视频广告领域的最新策略。这些人被称为**博主**（vlogger），他们创建视频，将其发布在 YouTube 或 Vine 等视频网站上，并建立粉丝群。联合利华等公司的品牌经理付钱给个人，让他们制作和宣传公司品牌的视频。在早期，博主并没有对外声明他们得到了报酬。然而，美国联邦贸易委员会要求他们必须公开声明与公司的关系。薪酬不一定是金钱，一些视频博主可能会得到公司的商品和其他津贴。

意见领袖营销

多数情况下，内容共享是社交营销方案的关键目标。消费者经常忽略公司发布的信息。因此，许多营销团队会寻找个人来分享品牌信息。

意见领袖营销（influencer marketing）是指个人在社交媒体网站上为品牌代言。该策略可以为品牌传播积极的口碑评论，这些评论往往来自在社交圈中被视为思想领袖或意见领袖的人，或者特定领域的专家。许多代理机构专门为潜在的意见领袖与打算采用意见领袖营销策略的品牌方牵线。

个人的影响程度并不总是与他的社交网络规模相匹配。一个人可以有 20 000 名粉丝，但不被视为特定领域的意见领袖。最专业的影响者往往是那些可以引导对话并形成观点的人物。因此，一些名人拥有大量的粉丝，却可能不是意见领袖营销活动的最佳选择。

将品牌信息与意见领袖的目标结合起来是成功的关键。意见领袖往往有扩大粉丝圈的目标。实现这一目标的一种方式就是分享品牌内容，尤其是独家或提前发布的内容，从而被视为意见领袖。例如，在发布新时装之前，营销人员可以让意见领袖提前接触新时装。对于相机而言，意见领袖可以提供美化照片的方法，比如分享如何利用佳能或尼康相机制作特效。同时，意见领袖可以分享佳能主办摄影比赛的信息，或者佳能公司举办的在线特别研讨会。

只有消费者相信意见领袖，而不是将意见领袖看作一名收了代言费的代言人，意见领袖营销方式才能产生效果。一般而言，只要意见领袖对品牌的赞美是真诚的，大多数人都不会反对意见领袖推销一个特定的品牌。例如，Birchbox 与生活类博主艾米莉·舒曼（Emily Schuman）合作，让她在 Instagram 上推广一个化妆盒。艾米莉拥有超过 28 万粉丝，她发起的 Birchbox 活动获得了 1.8 万个赞，并使 5 万多名消费者购买了此产品[39]，其中的大多数消费者都不是 Birchbox 的粉丝，甚至有许多人不熟悉 Birchbox 旗下的产品。

互动博客

博客的力量在于一个不满意的消费者可以向成千上万的人发泄，在某些情况下甚至可以达到数百万人的规模。以前，负面的购物体验可能只会传播给 12～15 人。现在，消费者不再仅仅向朋友和家人抱怨，而是可以通过博客发送给任何愿意观看、倾听或阅读它的用户。反过来，如果一个满意的消费者对一个品牌赞不绝口，他的评论也可能会被成千上万的人阅读。

互动博客（interactive blog）允许访问者发表评论或帖子，这个功能使其成为社交媒体的一个重要组成部分。第 8 章讲到博客是一种单向沟通工具。吸引粉丝并鼓励他们积极参与可以使博客变得更加强大。但是，这种互动也会带来更高的风险，因为这相当于创建博客的公司放弃了对内容的部分掌控。虽然员工可以压制和/或删除负面评论，但这样做会破坏博客的可信度，损害其声誉。公司的营销团队应该诚实地面对任何批评，寻求解决问题和不满的办法。

互动博客有三种不同的类型（见图 9－11）。第一种类型是由公司或品牌创建的博客。操作博客的公司员工可能对负面信息以及客户如何看待企业的信息更加敏感。但是这类博客很难与疑心较重的消费者进行坦诚的互动。

- 由公司或品牌创建的博客
- 由品牌赞助的个人博客
- 个人创建的博客

图 9－11　互动博客的类型

第二种类型是由公司或品牌赞助的博客。美国联邦贸易委员会出台相关新规定，要求由公司赞助的博主必须在博客上声明赞助信息，不管是商品、金钱或者其他赞助方式。虽然这些博主可以自由发表个人意见，但是他们必须对品牌保持积极态度才能维持赞助。同时，网站访问者也可以自由发表评论。但是当他们了解到公司或品牌赞助了该博主之后，往往会缓和他们的观点。

第三种类型是由没有赞助的个人创建的博客，他们喜欢在博客上谈论品牌。出于对某品牌的热爱，他们乐于谈论该品牌，并喜欢与他人进行品牌互动。这类博客与公司没有任何关系，因此访问者愿意诚实发表他们的评论，营销团队可以发现消费者对公司的产品或服务的真实看法。如果博主许可，访问者可以提出问题并征求意见。

消费者评论

口碑代言已经发生了改变。许多提供多种商品或服务的公司都会征求消费者的意见，亚马逊就走在最前沿。亚马逊的每一个产品页面都保留了评论区，客户可以对产品进行评级（一星至五星）和评论。网站会显示评论数量、星级评分。评论会注明是由匿名者还是实名认证者撰写。如果客户想要将自己的名字写在评论中，他必须向亚马逊提供信用卡号以进行身份验证。在购物前阅读评论会使消费者受益。这个系统可能并不完美，因为客户可能会使用假名撰写好评，并鼓励其朋友和家人这样做。同时，客户不能编辑或回复外界评论。

百思买将消费者反馈纳入在线零售业。该公司开设了一个博客板块，供消费者阅读信息和讨论各种话题。对于相机等产品类别，百思买提供了可以讨论相关话题的论坛。在数码相机论坛上，消费者发布他们用相机拍摄的照片。百思买发布了每种产品的顾客评价，其中包括正面和负面的评价。这些评论可能会影响消费者最终的购买意愿。百思买通过提供博客、论坛和评论，为消费者提供了搜索产品和评估产品的途径，帮助消费者在不离开公司网站的情况下做出购买决策。

如今消费者越来越多地使用在线评论，提供在线评论的网站数量迅速增加，如猫途鹰（TripAdvisor）、Zagat、Edmunds、点评网站 Yelp 和 Foursquare。一项 3 404 人的在线调查显示，75％的人认为评级网站上提供的信息总体上公平公正，25％的人认为存在偏见或不公平的信息。更大且更完善的评级网站，如猫途鹰、Zagat、Open Table、Edmunds、Urbanspoon 和点评网站 Yelp 等最受信任。[40]

营销人员需要仔细研究客户评论，因为评论反映了客户对产品的印象，并且涉及产品与竞品之间的比较。这些信息对于企业制定营销计划、进行产品调整和制定服务策略至关重要。随着消费者评论的不断增加，市场营销的挑战将变成如何管理消费者口碑，从而增加品牌资产和提升销量。

病毒式营销

通过数字手段或**病毒式营销**（viral marketing），营销信息可以通过电子邮件或视频的形式发布到个人博客，然后传播到其他博客或网站（如 YouTube），达到从一个消费者传递给下一个消费者的目的。它可以演变成一种宣传形式或口头认可的形式。个体被营销信息“感染”后，又将其传播给朋友。病毒式营销中“病毒”的不同之处在于个人自愿将信息发送给他人。

病毒式营销信息包括广告、超链接促销、在线新闻通讯、流媒体视频和游戏。YouTube 上曾发布过 12 个视频，视频主角是一个男子，他穿着网球鞋、筒袜，背着一个精致的斜挎腰包，在纽约市的不同地方裸奔。这些视频的链接通过电子邮件在人群中不断传播。它们还发布在《赫芬顿邮报》（*Huffington Post*）和高科传媒（Gawker）等热门博客上。其中一个视频还出现在美国有线电视新闻网（CNN）节目《安德森·库珀 360》（Anderson Cooper 360）上。最后，大家发现这些其实是美捷步（Zappos. com）的病毒式营销视频。这场病毒式营销活动主要是想强调美捷步除了卖鞋，还卖衣服，因为在后来发布的视频中，这个男子穿着美捷步的裤子和衬衫。[41]

- 专注于产品或业务
- 确定用户传递信息的原因
- 提供激励
- 个性化
- 跟踪结果并分析数据

图 9-12　病毒式营销成功的关键

图 9-12 提供了成功开展病毒式营销活动的建议。病毒式营销信息应该集中在公司的产品或业务上。同时，营销团队需要了解用户传播视频的原因。

病毒式营销并不总是会成功或产生积极效用。如果能在一年内制作三个病毒视频，大多数品牌经理都会高兴。凯马特就在一年内制作了三个病毒视频，可是销售额反而下降了。凯马特在 YouTube 走红的第一个视频广告“Ship My Pants”的浏览量达到 2 000 万次。没过多久，凯马特又发布了一则广告“Big Gas Savings”，该广告是基于一个俏皮的双关语制作的，浏览量超过 600 万次。最后一则为假日广告“Show Your Joe”，浏览量超过 1 500 万次，在这则广告中，男人和他们的女伴一起演奏《铃儿响叮当》。尽管这三则广告迅速走红，总浏览量超过 4 000 万次，但凯马特的销售额还是下降了 2.1%。

关于病毒式营销信息的影响，研究表明，在接触过病毒式营销信息或视频的用户中，约有 61%的人表达了对品牌的好感，购买意愿增加了 5%左右。当病毒式营销信息由朋友通过社交媒体推荐而不是由公司推荐时，消费者的购买意愿增加得更明显。[42]

在病毒式营销中，公司应该尽量让个人有传递信息的动机。拥有娱乐价值的营销信息是一种激励类型。其他激励类型还有财务激励，例如给予免费的商品或者折扣，给朋友发信息可促使其购买、登录网站或注册电子通讯。除了独特性，激励信息还应该具有个性化特征，使信息更有可能传递出去。

数字营销涌现出多种形式，意味着病毒式营销已经失去一些魅力。一些消费者对于病毒式营销的热情较低，不太愿意转发信息。营销团队可以跟踪病毒式营销活动的结果并分析结果来确定项目是否有效。

在社交媒体上关注品牌

图 9－13 列出了消费者在社交媒体上关注品牌的原因。虽然原因各有不同，但最主要的两个原因是实时了解品牌的活动，以及了解品牌的产品或服务。一般情况下，消费者不会追随一个以销量为目标的品牌。消费者多次购买一个品牌的产品，并且使用产品之后才会成为一个品牌的粉丝。如果消费者对某个品牌不满意，他们就不大可能在社交媒体上关注该品牌。相反，他们可能会在社交媒体平台上投诉该品牌。因此，理解用户追随品牌的原因以及用户参与社交媒体分享的原因，有利于企业开展成功的社交媒体营销活动。

- 实时了解品牌的活动
- 了解产品或服务
- 参与抽奖或促销
- 提供反馈
- 加入粉丝社区
- 购物
- 投诉

图 9－13　消费者关注品牌的原因

9.5　国际启示

社交媒体互动是一种全球现象。大多数脸书用户都居住在美国境外。各种各样的社交网络参与了社会运动和政治革命。它们扩大了各种商品和服务的全球市场，同时改变了众多公司的购买模式。

营销专业人士知道社交网络环境会产生额外的复杂情况，其中值得注意的是语言差异、社会规范和技术问题三大挑战。

在所有营销方案中，语言差异都会使构建信息和传输消息的方式变得复杂。互联网系统允许信息在各个国家自由流动，比如，为西班牙设计的营销方案可能很快出现在中国或希腊，用户可能无法理解营销信息的意图。试图在不同的语言之间呈现一致的主题本身就面临着很大的困难，语言差异加剧了这种困难。解决这一难题的一种策略是强调世界通用的视觉图像，这是一种普遍的、基于情感的方法，旨在挖掘所有受众的感受。

社会规范也是营销人员需要面对的重要考验之一。当一条推文或脸书帖子跨越国界时，有关性别、穿着方式、对女性和少数群体的态度以及其他差异很容易被注意到。通常，寻求打造国际影响力的公司会仔细审查所有信息，以确保广告不会冒犯其他国家的公民。

技术挑战涉及政府或国家基础设施的性质。许多国家的政府都在试图审查各种网站，并且禁止它们出现在本国境内。在其他环境中，糟糕的互联网服务最多只能产生零星的访问。营销专业人士在设计社交媒体方案时应考虑以上问题。

复习题

1. 定义社交媒体、社交网络和社交媒体营销。
2. 社交网络的三种主要形式是什么？请描述每种形式。

3. 最常用的社交媒体网站有哪些?
4. 视频发布如何改变了社交网络的本质?
5. 社交媒体营销计划的主要目标是什么?
6. 什么是社交聆听?
7. 品牌拥护者需要具有哪三个特征才能在社交媒体上成为优秀的代言人?
8. 最常用的社交媒体营销策略有哪些?
9. 描述内容植入。
10. 描述事件营销。
11. 哪三种类型的互动博客支持社交媒体营销方案?
12. 描述病毒式营销。
13. 讨论消费者在社交媒体上关注品牌的原因。
14. 哪些问题使国际化社交媒体营销方案变得复杂?

批判性思维练习

讨论题

1. 假设你负责你所在大学的社交媒体。讨论本章介绍的每个社交媒体平台的优缺点(脸书、Instagram、Pinterest、推特和 Tumblr)。哪两个最重要?为什么?社交媒体应该针对当前的学生还是以后的学生?为什么?

2. 比较脸书、Instagram、推特、Pinterest 和 YouTube 这几个社交媒体网站。讨论它们的相同之处和不同之处。

3. 一家拥有九家餐厅的本地比萨连锁店在设计社交媒体策略时请你帮助。讨论比萨餐厅的主要社交媒体平台(脸书、Instagram、推特、Pinterest 和 YouTube)的优缺点。你认为哪一个最好?为什么?

4. 描述目前客户共享视频的趋势。对于每种趋势,谈谈你个人分享、创作或观看视频的经历。哪一个或者哪些趋势对你有影响?为什么?

5. 为什么 YouTube 近年来获得了相当大的人气?

6. 查看图 9-5 中列出的开展社交媒体营销的原因,基于你在社交媒体上的个人经历以及使用品牌的体会,根据有效程度对各类原因进行排序,第一名为最有效,最后一名为最无效。解释你的排名,并且通过例子解释你的前三个选择。

7. 如今大多数品牌经理都在使用社交聆听。描述本章介绍的社交聆听的功能,并讨论每个功能的相对重要性。你认为营销人员关注社交媒体聊天有多重要?几乎所有的社交媒体评论都是由一小部分消费者做出的。你认为这些评论是否代表了大多数消费者,以及是否代表了大多数消费者对品牌的看法?说明你的理由。如果不代表大多数消费者,为什么品牌还需要关注社交聊天?公司应该根据社交聊天制定营销策略吗?说明你的理由。

8. 你是否曾经根据社交媒体上的评论购买品牌产品?提供具体细节,并说明你的理由。你是否曾经因为社交媒体上的评论而拒绝购买某个品牌的产品?提供具体细节,并说明你的理由。

9. 查看图 9－8 列出的社交媒体策略。从你的个人经历出发讨论每个策略。描述每个策略是否影响了你的购买和你对品牌的看法，并且讨论为什么会产生影响或者为什么不产生影响。提供具体细节。

10. 查看图 9－8 列出的社交媒体策略。假设你是新品牌化妆品的营销经理，目标受众是 18～30 岁的女性。定义每一种策略，并讨论其在这个新品牌的社交媒体营销活动中的适用性。如果你的资金只负担得起两种策略，你会选择哪两种？为什么？

11. 你是否利用了消费者评论来制定购买决策？为什么？消费者评论对消费者是否有价值？

12. 当公司在互联网上发布的信息在消费者中迅速传播时，品牌经理往往会感到兴奋。你认为是什么原因使得品牌帖子迅速走红？讨论图 9－8 列出的社交媒体策略如何导致成功或失败的病毒式营销。在这些社交媒体策略中，哪一种最有可能让产品迅速走红？为什么？

学生项目

创意角

卡洛斯（Carlos）在圣路易斯市中心经营热狗和糕点摊。他认为，热狗、糕点和饮料的独特组合餐可以与快餐店的食物相媲美。同时，他认为社交媒体可以帮助他提高知名度和建立客户群。请你为卡洛斯设计社交媒体营销活动，设计方案需要包括以下要素：

- 社交媒体营销活动的目标（或原因）。
- 卡洛斯应该利用的社交网站。
- 社交媒体策略。
- 可以在脸书上发布的横幅广告。

在开展营销活动时，务必就你的建议向卡洛斯提供合理的理由。

第10章

另类营销

本章目标

本章旨在回答如下问题：

- 蜂鸣营销、游击营销、生活方式营销和体验式营销如何增强营销传播计划？
- 哪些方法可以有效地使用广告植入和品牌娱乐？
- 为什么另类媒体平台的使用不断增长，尤其是视频游戏广告？
- 店内营销和售点陈列是如何演变成有效的传播和销售工具的？
- 品牌社区如何提升品牌忠诚度？
- 哪些方法可以使另类营销方案适应国际营销环境？

本章概要

传统的大众媒体广告面临众多挑战。虽然广告商没有放弃广播、电视、杂志、报纸和户外媒体，但他们知道许多有价值的新媒体渠道已经出现。另类营销方案和另类媒体逐渐兴起。营销人员花费越来越多的资金寻找创新性的方法来吸引潜在客户。无论是针对国内细分市场的广告计划和促销计划，还是针对国外消费者的广告计划和促销计划，都成功地利用了这些新颖的另类营销方案。

本章的内容主要分成四个部分。第一部分确定了另类营销计划的主要类型：蜂鸣营销、游击营销、体验式营销、广告植入、品牌娱乐和生活方式营销。第二部分描述了与另类媒体有关的营销策略。第三部分讨论了店内营销。第四部分介绍了品牌社区。最后，本章总结并分析了这些新潮的另类营销计划和另类媒体的国际影响。

燎原体验活动

许多本地社区的赞助活动为另类营销计划提供了机会，堪萨斯州的威奇托就是一个例子。该社区的燎原体验（Prairie Fire Experience）活动为各个年龄段的人提供了各式各样的活动，包括成人 5 英里赛跑、活力小孩（Sparky's Kids）1 英里赛跑以及趣味赛跑，这些都是燎原马拉松（Prairie Fire Marathon）系列比赛的一部分。参加全程马拉松比赛的人将有资格参加波士顿马拉松比赛。波士顿马拉松比赛已获得美国田径协会（U. S. A. Track & Field，USATF）认证。

这个燎原体验活动的推广材料包括赛外活动的链接，这些赛外活动包括室内卡丁车、激光标签、迷你高尔夫和攀岩。参与者还可以参观当地的几个博物馆和其他景点。Livability. com 选出的十大美食城市中提到了威奇托的当地餐馆，另外威奇托至少有八个主要购物区。

因此，本章描述的许多计划都是可能实现的。此活动对于希望吸引多个受众群体（包括健身爱好者、跑步爱好者、父母及其子女以及想参观新城市的旅游人士）的营销人员具有特别的吸引力。这些营销计划结合了传统广告与另类营销方法。[1]

10.1 另类营销概述

开发另类营销方案需要创造力和想象力。首先，营销人员需要发现消费者与品牌的交互点，或者创造出新的交互点。接着，营销人员需要在交互点上创造引人注目的营销信息。这种有针对性的另类营销能够弥补大众媒体和数字广告的不足。图 10－1 列出了常见的另类营销方案，这些方案很少单独使用。例如，游击营销活动往往与蜂鸣营销和生活方式营销一起使用。一个活动可能同时使用数字广告、社交媒体广告和传统广告。

- 蜂鸣营销
- 隐形营销
- 游击营销
- 生活方式营销
- 体验式营销

图 10－1　另类营销的形式

另类营销（alternative marketing）依赖于蜂鸣营销、口碑营销和生活方式营销的信息，营销人员利用这些信息在消费者放松休息、享受爱好和参加活动的时刻和地点进行营销。我们的目标是把上述营销方法融合到一个能够清晰传递声音和信息的整合营销计划中。

蜂鸣营销

蜂鸣营销已经成为另类营销中增长最快的形式之一，每年的预算支出超过 10 亿美元。**蜂鸣营销**（buzz marketing）或口碑营销强调让消费者传递产品信息，因为朋友、家人或熟人的推荐比广告有更高的可信度。口头热议比付费代言人或品牌支持者所说的话更令人信服。如图 10－2 所示，口碑传播的支持者可以是喜欢某个品牌并向他人推荐的消费者、喜欢某个品牌

- 真正喜欢品牌的人群
- 得到品牌赞助的人群
- 公司或者代理机构的员工

图 10－2　蜂鸣营销方法的类型

并得到公司赞助向他人推荐的消费者，或者谈论某个品牌的公司或代理机构的员工。

喜欢某个品牌的消费者

理想的营销结果应该是消费者打心里喜欢某个品牌，并且向他人推荐该品牌。这些热爱品牌的消费者愿意亲自传递口碑，或者通过社交媒体传递口碑。例如，许多乐队就通过这种口碑营销方式而闻名。那些为乐队传播口碑的消费者通常在酒吧、小型音乐会或巡回演出中观看过他们的演出。再举一个例子，五星健身中心广告的主角是瑞根（Rheagan），她对运动充满热情，并且是该公司的粉丝，因此她会与任何愿意倾听的人分享这种热情。很多公司会在社交媒体平台上搜索那些对其品牌抱有热情且拥有大量粉丝的用户。

得到赞助的消费者

公司有时还会赞助消费者，让其作为代理人或品牌拥护者来介绍公司的新产品、分享公司的信息和宣传特殊活动。当这些消费者或品牌大使喜欢该品牌时，这种方法的营销效果会更佳。在推广品牌时，品牌拥护者可以选择与他人进行一对一交谈，也可以选择举办家庭聚会或街区派对，将产品呈现给朋友和家人。

品牌大使 客户传播者或品牌大使通常是喜欢品牌的典型消费者。营销人员会根据对品牌的热爱程度、影响力水平和社交圈规模来选择品牌大使。一旦被聘用，品牌大使就会向家人、朋友、参考群体和工作伙伴传递品牌信息。一些品牌大使还被要求开展无成本或低成本的草根营销活动，并通过博客或社交网络推广品牌。同时，对于他们与公司的关系，品牌拥护者应该保持坦诚。

在北卡罗来纳大学的入学日，穿着美国鹰（American Eagle Outfitter）衬衫的学生志愿者帮助新生把行李搬进宿舍，同时向新生派发美国鹰的优惠券、水罐和鹰笔。这些学生志愿者都是品牌大使。估计有 10 000 名大学生担任不同公司的品牌大使，其中包括美国鹰、红牛（Red Bull）、纳斯卡赛车（NASCAR）、微软和惠普。作为推广特定品牌的回报，他们会获得该品牌的折扣和/或商品。[2]

迪士尼营销人员通过社交媒体定位特定女性，使其成为“迪士尼妈妈”网络的成员。迪士尼营销人员主要想寻找符合家庭友好主题的妈妈们，她们会使用多个社交媒体平台且有大量粉丝，并积极参与当地社区的线下活动。这些妈妈没有报酬，但是会获得诸如迪士尼乐园家庭旅行的大幅折扣等奖励。每年都会有一群妈妈参加“迪士尼社交妈妈庆典”，这是一个度假与教育相结合的活动。虽然参与者不会被明确告知要在社交媒体上发布什么，但是他们需要提到与该活动相关的内容。去年的庆祝活动产生了超过 28 000 条推文、4 900 张 Instagram 照片和 88 篇博客，其中包含活动讨论、游乐设施评论和小孩与迪士尼角色玩耍的视频与照片。[3]

家庭聚会或街区派对 品牌大使可以举办家庭聚会或街区派对。比如，雀巢普瑞纳（Purina）花费 5 万美元在有 1 000 个家庭参加的聚会上推销一个新狗粮系列——Chef Michael's Canine Creations。普瑞纳识别出家庭收入超过 6 万美元且无子女的消费者，这类消费者特别宠爱自己的宠物。House Party 是一家专门匹配品牌与派对举办者的公司，曾为普瑞纳定位目标家庭。黛安娜·伯勒斯（Dianna Burroughs）在她的曼哈顿西村公寓里举办了一个派对。14 位客人带着他们的狗狗去试吃该系列的菲力牛肉土豆味狗粮。House Party 公司的其他客户还包括雅芳、宝洁、卡夫亨氏、美泰、好时和福特。[4]

BzzAgent 为客户举办派对，并提供品牌大使的营销方案。苏珊娜·埃梅（Suzanne Ermel）是一位 30 岁的失业律师，如今担任 BzzAgent 的品牌大使，负责推广名为 Black Box 的盒装葡萄酒。苏珊娜在超市为该葡萄酒做推广时，如果看到购物者往购物车中放入其他葡萄酒，她会阻止该购物者，并说："不要买这个！Black Box 葡萄酒只贵了几美元，但是你会更喜欢它。"她还补充道："我随机向购买葡萄酒的人推荐 Black Box 葡萄酒。"此外，苏珊娜还邀请朋友到她的家里参加盲品派对，在不提及品牌名称的情况下提供 Black Box 葡萄酒。之后，她征求客人对葡萄酒的意见，再说出葡萄酒的名称。这场关于 Black Box 葡萄酒的蜂鸣营销活动的目的在于"增加试用、促进宣传和影响销售"。[5] 这些活动的关键点在于主办者在其朋友和同事中是有影响力的。

公司员工

公司或代理机构的工作人员也是品牌拥护者。公司或代理机构将决定他们是否以客户的身份出现，或者是否要表明他们与组织的关系。然而口碑营销协会（Word of Mouth Marketing Association，WOMMA）指出，员工应该坦率、明确地表明自己是公司的员工。

几年前，沃尔玛推出了两个普通人——劳拉（Laura）和吉姆（Jim）的博客，他们开着一辆房车穿梭于美国各地，在沃尔玛停车场过夜。他们看似是热爱沃尔玛的客户，后来《商业周刊》曝光吉姆是一个专业的摄影记者，受雇于沃尔玛的公共关系公司爱德曼（Edelman），该博客由此获得了许多关注。由于该博客缺乏透明度，沃尔玛和爱德曼后来都备受批评。[6]

口碑营销协会为那些通过员工、代理机构员工甚至赞助商或代理机构进行口碑传播的公司提供了以下指导原则：

- 关系坦诚——对消费者、品牌拥护者和营销人员之间的关系保持坦诚。
- 意见真诚——诚实地提出有关品牌的意见，无论好坏。
- 身份坦诚——坦诚地表明你的身份。[7]

雇主品牌塑造（employer branding）是另一种新趋势，即公司对外展示其员工为公司工作的感受。过去，人力资源部门会使用这种方法来吸引优秀的员工。后来营销部门意识到可以通过塑造雇主品牌来吸引顾客。通用电气、UPS 和山姆·亚当斯（Sam Adams）都在广告中加入了员工特写。这样的广告似乎成了一种招聘工具，因为人们会谈论公司及其工作环境。员工所展示出来的由于为公司工作而产生的骄傲感和信心向消费者传递了强烈的品牌信息。这些员工真正喜欢公司，因此他们的描述看上去合情合理，这是雇主品牌塑造的一个优点。营销人员知悉员工对公司的评价相当重要，因为那些喜欢公司的员工会分享积极的评论，而积极的评论往往会给消费者留下深刻印象。

蜂鸣营销的阶段

如图 10－3 所示，蜂鸣营销的过程与病毒复制的过程类似。该过程分为三个阶段：

接种期、潜伏期和感染期。[8] 接种期对应的是引入产品；潜伏期对应的是少数创新者或潮流引领者试用产品；感染期对应的是产品被广泛使用。

- 接种期：引入产品
- 潜伏期：少数创新者或潮流引领者试用产品
- 感染期：产品被广泛使用

图 10-3　蜂鸣营销的阶段

在接种期或产品引入阶段，只有少数公司成功部署过蜂鸣营销。大多数情况下，蜂鸣营销在此阶段的效果不佳，除非公司雇用了品牌代理商或品牌大使，否则形成口碑传播几乎是不可能的。研究表明，产品意识形成之后才会有真正的消费者热议发生。这种产品意识通常通过传统广告形成。[9] 然而，如今的社交媒体为开发产品和发展品牌意识提供了一种替代方法。品牌经理可以通过博客和社交网络创造品牌意识和热议，尤其是当他们找到对品牌充满热情的早期试用者，而且这群早期试用者愿意在他们的影响范围内分享这种热情时。

蜂鸣营销的先决条件

除非满足图 10-4 中列出的先决条件，否则广告和消费者热议通常无法创建成功的蜂鸣营销。品牌必须独特新颖，或者比竞争品牌表现得更好。同时，品牌应该脱颖而出，相对于其竞争者具备明显的优势。广告不一定要令人难忘，但令人难忘的广告有助于形成热议。有趣独特的广告可以吸引人们的注意，并鼓励人们交流。促进消费者的参与可以增强口碑传播的效果。

- 该产品必须独特、新颖或者卓越
- 品牌必须脱颖而出
- 广告应该是令人难忘、耐人寻味、与众不同、独一无二的
- 消费者对品牌的涉入

图 10-4　蜂鸣营销的先决条件

炫迈无糖口香糖（Stride Sugarless Gum）开发了一个网站，以弥补其传统广告的不足。炫迈举办了一个广告口号为“炫迈口香糖久到离谱”的活动，邀请消费者分享他们的想法——在一段久到离谱的时间里他们想做什么，然后将包含这些想法的照片发布到炫迈无糖口香糖的迷你网站上。[10]

蜂鸣营销奏效的原因有两个。首先，比起付费广告，人们更相信其他人的意见。其次，消费者喜欢发表他们的意见，分享他们的想法。在蜂鸣营销中，许多人表现出天生的社交欲望，并关心他人的福祉。同时，发表意见可以使一个人建立自我意识感和自我价值感，尤其是当其发表的意见能够让人们对特定产品感到快乐或满足时。

隐形营销

隐形营销（stealth marketing）是另一种形式的蜂鸣营销，指在不暴露推荐者与品牌的真实关系时，通过秘密的活动把产品推荐给消费者。冒充游客的人可能会要求人们用他的相机拍照，然后和他们谈论相机。一个有吸引力的模特可能会购买啤酒或软饮

料，以此向他人宣传它有多好喝。在这两种情况下，公司都会付钱给推广者去宣传其产品的优点。

曾经有一个 6 分钟的隐形营销视频引起了全美的关注，该视频的标题为“发量丰富的新娘发飙了”（“Bride Has Massive Hair Wig Out”），视频的主角是一个年轻的准新娘，她对自己的发型不满意。在婚礼开始前的几分钟，她胡乱地剪掉自己的头发。朋友试图阻止她，但徒劳无功。这其实是一场表演，这个视频是一家广告机构为联合利华的夏士莲护发素制作的。数百万观众误以为这是真的，结果这个视频在推特上被转发了数千次。后来这个故事被转发到博客上，被美国有线电视新闻网（CNN）报道，并成为谈话节目的主题，最后，联合利华说出了这次隐形营销宣传活动的真相。[11]

由于视频的制作相对简单，并且能够提供品牌代言机会，因此隐形营销在网络世界中，尤其是在社交媒体上蓬勃发展。大多数人不愿意传播传统广告和短片，因此隐形营销作为替代方案一直在增长。

一些人认为隐形营销是一种狡猾的方式，试图接近消费者并产生热议。与此同时，口碑营销协会也在强调坦诚的关系和坦诚的身份的重要性。对此，美国联邦贸易委员会（FTC）发布了一份支持口碑营销协会的意见书，表明必须全面披露广告中的任何付费个人信息。由于隐形营销的诱惑仍然存在，所以关于其伦理影响的争论也将持续下去。

游击营销

游击营销（guerrilla marketing）通过使用有限的资源获得即时的结果。杰伊·康拉德·莱文森（Jay Conrad Levinson）创造了其初始的概念。历史上，游击营销是最成功的另类媒体营销之一。它的策略依赖于创造力、良好的人际关系以及尝试非同寻常的方法的意愿。游击营销方案最初针对的是小企业，但是现在许多公司都在利用游击营销策略。游击营销强调结合媒体、广告、公共关系来吸引消费者。

游击营销通过利用另类的策略和渠道来挖掘独特的做事方式。为了取得成功，营销部门必须改变其思维方式。首先，营销部门需要寻找与客户的“接触点”，接触点包括顾客吃喝、购物、闲逛和睡觉的地方。接着，营销团队需要识别在一个或多个地方与客户接触的独特难忘的方式，做到这一点需要想象力和非传统思维。

在美国面包企业 Hostess 破产，产品从商店货架清空之后，其旗下的 Twinkies 蛋糕又重新上市，并采用社交媒体和游击营销策略进行宣传。品牌的忠实支持者在社交媒体上传播着“历史上最甜蜜的回归”的宣传语。游击营销团队、吉祥物 Twinkies 和食品卡车被派送到主要市场。该宣传活动花费 300 万美元，产生了大量订购需求，以至于公司的生产速度都快要跟不上。[12]

图 10－5 将传统营销与游击营销进行了比较。游击营销往往侧重于特定区域或地区，集中于个人传播，而不是国内或国际宣传活动。游击营销的目标通常是创造兴奋点，并通过口头交流和社交媒体传播给他人。游击营销不仅仅是发送消息，还需要与消费者互动，与客户建立联系，引导客户做出反馈来提高成功的概率。这种营销策略会通过显而易见的方式传播到消费者居住、娱乐和工作的地方。最终形成的关系有助于建立品牌忠诚度和产生积极的口碑传播。

传统营销	游击营销
· 需要资金	· 需要精力和想象力
· 面向预算充足的大型企业	· 面向小企业和大梦想
· 按销售额衡量效果	· 按利润衡量效果
· 基于经验和猜测	· 基于心理学和人类行为
· 增加生产量和多样性	· 通过现有客户和推荐增长
· 通过增加客户来实现增长	· 与其他企业合作
· 消除竞争	· 针对个人和小群体发送信息
· 针对大群体发布信息	· 通过营销获得客户认可
· 通过营销带动销售	· "你的营销"，着眼于我们能够如何帮助"你"
· "我的营销"，着眼于"我的"公司	

图 10－5　传统营销与游击营销的对比

游击营销需要积极的草根营销方式，并且要能够产生热议。执行得当的游击营销可以成为强大的营销工具。图 10－6 列出了公司应该采用游击营销策略的六个原因。

· 寻找与消费者的新的沟通方式	· 影响现货市场
· 与消费者互动	· 引发热议
· 让消费者能够看到广告	· 与消费者建立联系

图 10－6　使用游击营销的原因

生活方式营销

生活方式营销（lifestyle marketing）能够帮助公司在更多非传统的、轻松的环境中与消费者建立联系，并识别与目标受众的爱好和娱乐场所相关的营销方法。与消费者建立联系的场所可以是农贸市场、蓝草音乐节、全市范围的车库销售、跳蚤市场、工艺品展示会、改装车比赛以及其他有大量人群聚集的场所。

不管是相对标准的生活方式，还是前卫极端的生活方式，都有潜在的消费群体。能量饮料红牛和能量零食能量棒的生产商向参加足球和棒球比赛的人们提供免费样品，因为观看体育比赛的人通常更愿意尝试这种产品。《封面女郎》向参加时装秀的女性提供化妆品，因为出席该活动的女性往往更关注外表。在生活方式营销中，企业需要先识别消费者寻求放松、刺激、社交或享受的场所，然后开发与目标市场相匹配的营销方案。

体验式营销

体验式营销（experiential marketing）是另一种另类营销方式，将直接营销、人员推销和销售促进统一到消费者体验中，通过特别活动和免费样品等互动手段进行直接营销。体验式营销旨在让消费者参与进来，而不仅仅是为其提供免费样品。i2i 营销公司首席执行官布鲁斯·伯内特（Bruce Burnett）认为，体验式营销"给予消费者质疑的机会，同时获得亲身体验品牌的机会，从而让他们与品牌更亲密，提高转化率"。[13]

凯迪拉克为现有客户和潜在客户开发了一个体验项目，并且仅限受邀者参加。该项目分为三个部分。第一部分是 14 个高尔夫诊所活动，配有大卫·莱德贝特高尔夫学院的高尔夫教学指导和凯迪拉克试驾。第二部分是 13 个不同市场的美食之旅，配有凯迪拉克 SRX 模型车。第三部分是五轨道活动，提供跳跃刀锋赛车学校为期半天的高性能驾驶和教育课程，并且展示一辆超强马力的凯迪拉克 V 系列轿车。受邀者参加了三个模块的体验：障碍突破、变换车道和圈速驾驶。对此，通用汽车北美营销负责人克里斯·佩里（Chris Perry）表示，体验计划很适合凯迪拉克品牌，因为“凯迪拉克的顾客更具创业精神，他们或许对最新技术更感兴趣。同时，他们总是在寻找新的主意和想法，更加外向。”[14]

Jack Morton Worldwide 为美国棉花研究机构开展了一项针对 18～34 岁女性的体验式营销活动。在一次巡回展览中，当代艺术家佐伊·丹斯切尔（Zooey Deschanel）（独立摇滚）、米兰达·兰伯特（Miranda Lambert）（乡村音乐）和贾丝明·沙利文（Jazmine Sullivan）（R&B）演唱了歌曲 The Fabric of Our Lives 和 Dixie。购物中心的购物者能够看到歌手的衣橱放满了棉质衣物。购物者还可以录制个人版的 The Fabric of Our Lives。该宣传活动的预算为 50 万～100 万美元。该展览还为购物者提供了亲手触摸棉织物的机会。[15] 为了增加体验式营销活动为消费者带来积极体验的可能性，公司需要遵循以下步骤：

步骤 1　选择一个清晰明了的细分市场作为目标。

步骤 2　确认合适的时间和地点，让消费者与品牌互动。当消费者能够在情感和理性上与品牌建立联系时，公司可以找机会将品牌融入消费者的生活。

步骤 3　确保体验式营销向消费者清楚地展示了品牌和品牌的承诺。

允许消费者在购买之前享受商品或服务可以极大地提高体验式营销成功的可能性。[16]

10.2　广告植入和品牌娱乐

大多数营销人员认为，让消费者关注产品越来越困难。许多公司为此增加了广告植入和品牌娱乐的支出。每个广告活动都考虑了品牌在特定娱乐平台上的受欢迎程度。

广告植入

广告植入（product placement）是指将一个品牌或产品有计划地植入电影、电视节目或其他节目中，这种方式的目的是影响观众。自 19 世纪 90 年代电影业起步以来，植入式广告一直是电影的一部分。李佛兄弟公司（Lever Brothers）将其肥皂品牌植入早期电影中。20 世纪 30 年代，别克与华纳兄弟签订了一份合同，规定华纳兄弟的电影需要植入别克的 10 张照片。有几家烟草公司付钱给演员来代言和使用这些品牌。有些电视节目比如 Colgate Comedy Hour 也由品牌赞助。

1982 年，在影片《E. T. 外星人》中，Reese's Pieces 糖果被用来诱惑藏起来的外星人。电影上映后，Reese's Pieces 的销售额增长了 65%。[17] 此后，品牌和电视节目的植入式广告持续增长。最近一个月，《美国偶像》以 208 个付费植入式广告领先于所有电视节目。植入式广告领域的顶级品牌是可口可乐。[18] 图10-7列出了植入式广告的前六大品牌和六大电视节目。

前六大品牌（每月出现次数总和）		前六大电视节目（每月出现次数总和）	
· 可口可乐	99	·《美国偶像》	208
· AT&T	76	·《名人学徒》(Celebrity Apprentice)	127
· 雪佛兰	45	·《全美超模大赛》(America's Next Top Model)	88
· 福特	39	·《超级减肥王》(Biggest Loser)	88
· 苹果	32	·《极速前进》(Amazing Race)	69
· 安能（Everlast）	32	·《脱落婚礼》(Shedding the Wedding)	40
· 耐克	32	·《与星共舞》(Dancing with the Stars)	38

图10-7 广告植入的前六大品牌和前六大电视节目

广告商认为，植入式广告会提高人们的品牌认知度和积极态度。在个别情况下，销售额也会有所增加。但是，在大多数情况下，植入式广告并不会对销售额产生直接影响。尼尔森的研究揭示了一些关于植入式广告的数据：

- 在“情感介入型”电视节目中，植入的品牌获得43%以上观众的认可。
- 在享有盛誉的节目中植入品牌，品牌知名度提高了29%。
- 在热门节目中植入品牌，品牌的积极感受提升了85%。[19]

品牌植入的特点是单个受众成本低，尤其是电影。电影放映期结束后，通常会转换为DVD租赁模式。因此，电影可以同时出售给多家媒体或某一高级电影频道。同时，它也可以在电视上点播。这将电影的影响力扩展到电影院荧屏之外，扩展到其他可以多次观看的场所。

哈雷-戴维森聘请Davie Brown Entertainment公司为其在电影、电视、音乐和视频游戏中找到合适的广告植入机会。在哈雷-戴维森的历史上，首次将植入式广告作为其营销策略的核心。哈雷-戴维森的广告和促销总监迪诺·伯纳基（Dino Bernacchi）表示：“我们希望利用植入式广告来使哈雷-戴维森摩托车更加社会化、大众化。而娱乐可以炒作该摩托车所带来的兴奋和刺激，带动人们去了解它。”只有3%的美国消费者拥有摩托车，但其实有1 500万～2 000万人有购买摩托车的欲望。因此，哈雷-戴维森的营销团队认为，战略性的植入式广告可以鼓励潜在消费者去购买。[20]

品牌娱乐

品牌娱乐（branded entertainment）是指将品牌植入电影、电视节目或其他娱乐媒介的故事情节之中，是一种将娱乐和广告融合在一起的方式。[21] 例如，在CTV电视剧The Eleventh Hour的一集里，Nicorette戒烟糖随一个试图戒烟的角色出现。由乔治·克卢尼（George Clooney）主演的电影《在云端》(Up in the Air)突出展示了美国航空公司和希尔顿酒店。克卢尼饰演的角色在美国飞行了1 000万英里，所以他可以在飞机上印上自己的名字，并与美国航空公司的首席飞行员一起乘坐飞机。影片中使用的是真正的美国航空公司的飞机，许多酒店场景都是在希尔顿酒店拍摄的。将这些品牌融入电影故事可以让观众更容易注意到它们。[22]

随着真人秀电视节目的兴起，品牌娱乐也呈增长之势。由于品牌娱乐在真人秀节目中的成功应用，电视节目也开始采用品牌娱乐方式。在小说、戏剧、歌曲和电影中也可以找到品牌娱乐的痕迹。

获取成功

图 10－8 列出了影响广告植入和品牌娱乐成功的主要因素。所涉及的特定媒介或媒体将对广告植入和品牌娱乐的有效性产生影响。植入混乱导致一些电视节目失去影响力，因为节目中展示了太多品牌，没有一个品牌能脱颖而出。除了电视节目，当太多品牌植入电影场景时也会出现同样的情况。

- 媒体
- 支持促销活动
- 消费者对广告植入的态度
- 植入特征
- 监管

图 10－8　影响广告植入和品牌娱乐有效性的关键因素

广告植入和品牌娱乐之所以有效，是因为这两种方式没有“号召性语言”出现。广告植入的目的是提高品牌知名度，以及让消费者产生对品牌的积极感受。当消费者喜爱的演员喜欢某个特定品牌，或消费者喜爱的节目包含某个特定品牌时，消费者更有可能将这些积极情感转移到品牌上。年龄方面，15～34 岁的人群更容易注意到电影或节目中的品牌。地域方面，北美和亚太地区的观众比欧洲的观众更乐于接受植入式广告。此外，当消费者看到他所购买的产品有植入式广告时，可能会更加肯定他的购买决策是明智的，并进一步肯定最初的购买选择。[23]

公司策略

如何将品牌植入电影或电视节目非常重要。当品牌的植入合乎逻辑时，效果是最佳的。换句话说，最有效的植入方式是将品牌自然地融入故事之中，使其成为故事的一部分。而在故事背景中展示的品牌往往人为植入痕迹明显，效果较差。

对于一些公司来说，电影的广告植入方式能够绕开关于儿童和青年的法律法规。一项针对票房排名前 25 的电影的研究显示，25 部电影中有 32％的电影达到了青少年可观看的级别，同时含有烟草产品的广告植入。如果这些公司直接向青少年做广告，会受到许多法规的限制，甚至受到严厉的处罚。[24]

由于以下多种原因，广告植入和品牌娱乐的预算一直在增加。第一，当品牌出现在非广告背景中，其吸引力可能会增加。第二，他人对品牌的看法对消费者来说很重要。对于很多人而言，他人的想法甚至比自己的想法还重要。对于观众而言，电视节目、电影或书籍中的品牌植入让品牌变得合意，甚至充满吸引力。第三，看到他人使用该品牌会使得已经购买该品牌的消费者更加肯定自己的购买决策。第四，对于那些不重视品牌名称和品牌产品的消费者来说，品牌植入可以证明该品牌的优势，可能促使他们考虑购买该品牌。在这些情况下，品牌不必直接用其优点说服消费者，而是通过演员接受和使用产品，或将品牌作为故事的一部分来说服他们。

媒体的观点

对于电影制作人和电视制作人来说，金钱是广告植入和品牌娱乐背后的主要动机。在过去，只会偶尔提及品牌，或者被电影制片人用来在电影中营造现实感。但现在它们产生了额外的收入。广告植入的成本可低至 10 000 美元，而当主演使用该品牌或者该品牌出现在其对话中时，这一成本可以高达或甚至超过 300 000 美元。

总之，品牌植入是一种增加心智份额和建立品牌知名度的绝佳方法。尽管有些人认为某些节目的广告植入已经饱和，但这些节目仍然继续使用这一手段。如果广告混乱问题过于严重，广告植入的使用率可能会下降，但前提是广告植入对消费者反馈和态度的影响也减弱了。

10.3　另类媒体平台

在纽约州北部，穿过纽约州桥梁管理局运营的五座桥之一时，司机需要支付通行费或出示 EZ 通行证。这些收费站的拦车杆上开始出现广告，该广告是一个非常受欢迎的旅游景点做的。负责人南希·朱比（Nancy Jubie）说道："这个广告非常显眼，我们不能错过。"她花了 18 000 美元将公司名称印在拦车杆上长达 3 个月。[25] 许多公司都在寻找不寻常的、意想不到的地方来吸引消费者的注意力。图 10－9 列出了另类媒体的一些形式。

- 视频游戏
- 电影院
- 地铁
- 街道和商场贩卖机
- 楼梯
- 自动扶梯
- 停车场
- 航空公司
- 购物袋
- 衣服

图 10－9　另类媒体的例子

视频游戏广告

广告在视频游戏中十分常见。可以将推广的产品植入电脑单机游戏（单机游戏可在零售店购买），也可将其植入互联网视频游戏。游戏中的品牌植入可以一并享有广告植入和品牌娱乐的所有优势。同时，视频游戏广告可以触及传统媒体难以触及的年轻人。此外，它还具有交互性的特点。因此，视频游戏广告提供了一个有吸引力的市场，广告商每年都会在游戏广告上花费大约 70 亿美元，相关数据如下：

- 75％的美国互联网用户每月在网络游戏上至少花一小时。
- 27％的人平均每月在游戏上花 30 小时。
- 游戏的主要细分市场是 16～34 岁的男性。
- 增长最快的视频游戏细分市场是女性市场。[26]

- 游戏内广告
- 循环游戏内广告
- 互动广告
- 游戏相关网站
- 广告游戏
- 赞助下载
- 手机游戏应用

图 10－10　视频游戏广告

视频游戏广告有多种形式（见图 10－10）。其中，最原始和最普遍的视频游戏广告形式是在游戏中进行品牌植入。例如，竞赛游戏中的广告牌、可口可乐自动售货机、与游戏相结合的麦当劳餐厅都是品牌植入的表现形式。现在制作一款游戏的成本在 2 000 万～3 000 万美元，推出一款游戏的成本高达 100 万～500 万美元，因此游戏生产商非常乐意将广告植入作为一种收入来源。

与游戏相关的网站数量爆炸式增长。广告商没有在游戏中植入广告，而是选择在这些游戏网站上投放广告。虽然游戏网站的准确数量尚不清楚，但预计有 6 000 多家。有些网站每年的访问量高达 700 万次。[27]

许多公司制作了可以在品牌网站上体验的视频游戏。这些品牌的视频游戏统称为**广告游戏**（advergames）。例如，Axe、麦斯威尔、假日酒店、Arby's、31 冰激凌（Baskin-Robbins）、塔可钟和丝华芙（Suave）都提供了广告游戏。广告游戏通常投放在免费的游戏门户网站上，而非为这些广告游戏专门创建一个迷你网站。Blockdot. com 的研究表明，消费者对赞助广告游戏的品牌持积极的态度。具体而言，83%的消费者对赞助广告游戏的公司持积极态度，70%的消费者表示更有可能从这些公司购买产品。[28]

除游戏相关的网站外，社交游戏市场对广告商也很有吸引力。尼尔森的数据显示，游戏已超过电子邮件成为仅次于社交网络的第二大最受欢迎的在线活动。在 8 亿脸书用户中，53%的用户在网站玩过游戏，还有 20%的用户经常玩游戏。[29]

另一种非常流行的方式是利用手机游戏将用户流量引至线下零售网点。例如，美国知名烤翅连锁店 Buffalo Wild Wings 推出一款梦幻足球游戏应用程序，消费者在它的实体店中玩这款游戏才有资格获得奖品。新成立的三明治餐厅 Cosi 要求玩家参观餐厅以确定他们是否为赢家。以上两种情况都表明手机游戏应用程序可将客流带到线下网点，这样他们更有可能购买食物。[30]

好处

IGA Worldwide 的研究表明，如果广告制作精良并且匹配游戏场景，大多数游戏玩家对游戏内置广告持积极态度。该研究指出，82%的游戏玩家认为广告不影响游戏带给人的愉悦体验。将广告植入游戏后，品牌回忆率提升了 44%，正面的品牌属性的关联性也增强了。[31]

在线视频游戏为广告商提供了生成高质量网络指标的机会。广告商可以跟踪在线游戏中广告的曝光时长。在大多数情况下，营销人员能够根据用户信息知道正在观看视频的用户、播放时长及播放频率。此外，根据这些数据，营销人员可以向特定的消费者、人口统计群体、位置画像或玩家类型投放广告。[32]

新的视频游戏技术

除了上述优点，游戏的广告植入也有劣势，即它们很容易被忽视。为了解决这个问题，媒体公司 Massive 开发了一种可以循环或实时变换广告的技术。每次玩家玩游戏的时候，广告商都会植入新的广告和产品。这种变换广告的方式可以提升营销的时效性，保持广告的新颖性。同时，Massive 的广告具有交互性，允许玩家点击以获取更多的信息。还有其他的技术可以根据玩家的游戏操作来衡量他们在游戏中对广告牌或产品植入的观看深度。有些技术可以微调玩家的环境，以便在游戏后期重新播放玩家之前错过的广告。[33]

女性和视频游戏

过去大多数营销人员认为喜欢视频游戏的人群主要为青少年和年轻的成年男性。现在，互联网中心研究（IDC Research）估计，女性占所有游戏玩家的40%。最近的一项估计表明，超过1.3亿女性在玩视频游戏。

女孩导向的游戏如Littlest Pet Shop和Charm Girls，成年女性导向的游戏如Your Shape、Just Dance、Wii Fit Plus和Sports Active等，这些新游戏激发了女性的游戏需求。育碧（Ubisoft）的Imagine视频游戏系列在3年内卖出了1 400万份，该游戏的特色是女生可以扮演芭蕾舞角色，或者开发女性主导的职业。索尼在线娱乐（SOE）的公关总监考特尼·西蒙斯（Courtney Simmons）喜欢和她的三个孩子玩视频游戏。她表示，由于"对女性如何玩游戏缺乏了解"，女性正在被"玩下去"。西蒙斯希望有更多的女性去制作游戏，满足女性的游戏需求。

从营销传播的角度来看，游戏市场的潜力巨大。随着越来越多的女性购买游戏装备，体验为其量身定制的游戏，游戏销售额将会增加。此外，通过游戏中的产品植入或广告信息吸引女孩、年轻女性和成熟女性是一种潜在的、强有力的新方法，有利于在另类媒体中培育品牌知名度和品牌忠诚度。[34]

影院广告

影院广告是在电影放映之前播放的广告。一些广告产品与电影有直接关系，一些则完全无关。影院广告通常连续播放，中间夹杂着新电影预告，使人感觉非常混乱，但这类广告可以将信息传递给等待电影开场的观众。

影院广告鲜少作为整合性广告活动的重心，但惠普推出的光智能高级打印机采用了以影院广告为核心的策略。惠普营销副总裁塔里克·哈桑（Tariq Hassan）表示："我们必须提高知名度，我们必须接触消费者，而影院非常契合这一目标。"惠普的影院宣传活动之一是在17 300家影院的荧幕和影院大厅里的2 600个等离子大屏幕投放30秒的广告。此外，它还在纽约、芝加哥、旧金山、圣迭戈、迈阿密和休斯敦的15家影院实施了互动的"大厅主导"战略。影院大厅变成了布置有横幅、标牌、全息3D亭和打印机展位的品牌活动现场。现场有50 000次产品展示，平均展示时长为6分钟，大厅曝光次数达700 000次。[35]

其他另类媒体

此外，还有许多其他可用的媒体形式。美国各地和州政府为平衡预算，允许在地铁和其他公共设施上投放广告。停车场、楼梯和自动扶梯也可投放广告。航空公司也通过在机票收藏夹和机内标牌上展示广告来增加收入。购物袋、服饰和餐厅菜单也成为另类广告的载体。

由Zehnder Communications策划的"参观南沃尔顿"活动以机场里的另类媒体广告为特色。该活动将广告战略性地投放到整个机场。楼梯、自动扶梯、移动人行道、地板垫和停车场都投放了广告。这个活动的目标是触及机场内不同区域的旅客，希望他们能把南沃尔顿作为度假目的地。该活动所展现的多重视觉图像有助于人们将游览南沃尔顿这一想法从表面的感官认识深化到个人记忆和认知地图的层面。

面部识别技术也被应用于另类媒体的新形式中。采用这种技术的购物中心的数字显示屏可以识别出站在它前面的 20 多岁女性，然后弹出兜售化妆品、鞋子、时尚用品和冰激凌的广告。当一个 50 多岁男性出现在显示屏前时，另一组不同的广告将会弹出。

用于传递广告信息的非传统媒体越来越受欢迎。每当创新营销专家发现新的媒体平台时，就会有一部分广告界人士加入进来。这些方法可以在人们对广告内容的可接受程度较高时快速传递广告信息或者绕过杂乱事物传递给消费者。

10.4 店内营销

消费者有大约 60%的购买决策是在零售店做出的。[36] 除了售点陈列，许多营销部门并不太重视店内营销。投在店内营销方面的资金只占广告和营销预算的一小部分。这意味着一些公司正让机会悄悄流失。

要理解店内广告的潜力，我们可以试着考虑一下影响顾客选购服装的因素。一项调查过约 600 名消费者的研究表明，52%的人表示店内标识、展示或售点陈列会影响他们的购买决策，而且这些影响远远超过平面广告和口碑传播。[37] 图 10 - 11 展示了服装领域中具有较大影响力的广告类型。

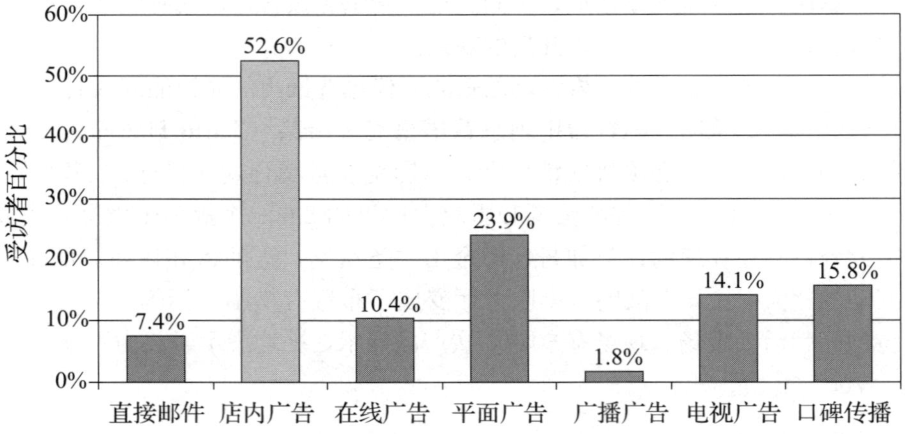

图 10 - 11　最影响服装购买决策的广告类型

店内营销策略

零售商可以通过招牌、显示屏、横幅和移动设备来吸引消费者。色彩、光线和声音的运用是店内营销的重要因素。通过显示屏去展示信息是最新颖和最昂贵的店内营销策略。许多静态标识已被高科技媒体取代。那些贴有损坏的或无法读取的静态标识的购物车，极有可能被装有显示屏的购物车代替。商店里的数字媒体为零售商提供了定制消息的机会。[38]

Airplay America 为美容院制作了沙龙频道，这是零售电视频道和数字广告网络。节目内容主要涉及人物故事和生活方式等。节目播出之后，顾客每次光顾美容院的平均时长变成 30～45 分钟。此外，沙龙频道还提供娱乐节目，节目内容包括全国知名造型师和最新发型介绍，节目中含有产品和服务的广告，大多数广告与美容时尚相关。[39]

沃尔玛也采用了店内营销策略。以前沃尔玛的广告通常出现在店内电视上。随着技术的发展，沃尔玛的营销部门开始在商店内的每个部门和特定的通道投放广告。他们在过道里安装与视线平齐的平板显示器，而不是在天花板上悬挂电视屏幕，大大提高了受众对广告的回忆率。营销人员在终端和其他显示器附近放置数字显示器。这些显示器可以展示与终端相匹配的广告或陈列的商品。在美国，每周有 6 800 万观众收看美国广播公司、哥伦比亚广播公司和美国全国广播公司联合播出的全国电视新闻节目。而沃尔玛每周的购物人数超过 1.27 亿。因此沃尔玛店内电视上的一则广告的潜在受众人数是三家全国性新闻广播公司广告的近两倍。[40] 除此之外，沃尔玛的广告通常是在消费者的购买阶段和考虑阶段被看到的。

售点营销

售点陈列（point-of-purchase（POP）display）是传统意义上店内营销最重要的组成部分，包括任何形式的商品展示广告。零售商通常在靠近收银台、过道的尽头、商店的入口或者其他可能被消费者注意到的地方进行售点陈列。售点陈列包括显示屏、标识、识别设备、宣传设备或用于销售、服务或产品的设备。售点陈列对零售店的销售绩效具有重要的辅助作用。

售点陈列一直是一种增加销售额的高效广告工具。可口可乐称，只有 50%的软饮料销售额来自普通的货架展示，另外 50%来自商店其他地方的产品展示。美国运通发现，30%的消费源于顾客看到“美国运通卡欢迎您”这一标志时产生冲动。

研究表明，使用售点陈列会使销售额平均增加约 9%。实际上，只有大约一半的售点陈列会影响销量。但是，这些有影响力的售点陈列可以使销量平均增加约 20%。因此，售点陈列仍然具有较大的吸引力。[41] 目前，制造商每年在售点陈列上的花费超过 170 亿美元。其中，餐馆、食品店、服装店和鞋类零售店所占比例最大。增长最快的类别为新鲜食品、冷冻食品或冷藏食品和专业服务。[42]

许多制造商把售点陈列看作一种有吸引力的广告方式，它帮助制造商在顾客面前更加突出自己的品牌。有些零售商持不同的观点，他们认为售点陈列应该致力于促进商店的销售，或者致力于吸引顾客到店。零售商更加重视提高商店整体的销量和利润，对特定品牌的销售额的兴趣相对要小。同时，零售商更加喜欢能够教育顾客且提供信息的售点陈列。因此，零售商更倾向于使用符合其营销目标的售点陈列。

设计有效的售点陈列

优秀的售点陈列可以鲜明地展示产品的属性。优秀的售点陈列需要包括价格和其他促销信息，这些信息应该能够吸引顾客停下来查看产品。一旦顾客停下来查看陈列的产品，就有可能购买。

客户一眼就能看明白的简明广告才是真正成功的售点陈列。大多数情况下售点陈列吸引顾客的时间十分有限，如果在有限的时间内无法吸引顾客，顾客就会离开。因此，有效的售点陈列的关键元素包括色彩、设计、产品布局以及其他营销信息。

最好的售点陈列还会整合其他营销信息。例如，售点陈列可以包含品牌标识和当前广告的信息主题。盛世长城广告公司（Saatchi & Saatchi）的一项研究表明，消费者只需 4 秒钟就能做出购买决定。平均而言，一名消费者只会花 3～7 秒钟看一个售点陈列或商店招牌。[43] 将售点陈列与当前的广告和营销信息相结合，可以增加消费者注意到售点陈列的可能性。有效的售点陈列会展示公司提供的各种特殊促销活动。如此一来，客户在浏览售点陈列时很快就能识别出其与当前广告和促销主题的联系。图 10 - 12 列出了一些售点陈列的附加指示。

- 将品牌形象融入售点陈列。
- 将当前的广告及促销活动整合到售点陈列中。
- 售点陈列的内容要具备吸引力。
- 将售点陈列的色调调低，产品和标识等就会更加明显。
- 使售点陈列具备多种功能，方便零售商使用。
- 使售点陈列可重复使用，易于组装。
- 使售点陈列易于储存。
- 定制售点陈列以符合零售店的要求。

图 10 - 12　有效的售点陈列

衡量售点陈列的有效性

制造商和零售商都在努力衡量售点陈列的有效性。它们将售点陈列连接到销售点终端（POS）收银机，以便更容易地收集数据。售点陈列上的代码使 POS 系统能够迅速识别出它们。各个商店可以使用 POS 系统数据来比较使用售点陈列之前和之后的销售额。这些数据还可以帮助零售商的管理团队在销售额下降时确定撤回或更改售点陈列的时间。此外，该技术能够帮助零售商识别对销售额影响最大的售点陈列，以及观察不同商店中不同类型的售点陈列对销售额的影响，从而识别出最有效的售点陈列，将其投放到更多的商店。

从制造商的角度来看，售点陈列数据对售点陈列的改进具有指导作用。这些数据可以用来加强与零售商的合作关系。这些纽带关系可以帮助制造商过滤掉质量差的售点陈列。如果制造商能够开发对双方都有利的售点陈列，零售商会希望继续与其合作。

10.5　品牌社区

品牌社区（brand community）是品牌忠诚和品牌贡献的终极表现。在大多数情况下，品牌背后的象征意义将个人与品牌社区和其他品牌拥有者联系起来。客户和产品之间的互动将产生一种认同感和包容性，这种结合了品牌感觉的共同价值观和经历将促成品牌社区。

品牌社区不是为每一个产品或公司构建的。品牌社区也不能由公司或产品创建，但是公司的营销部门可以促进和加强社区体验。一个拥有强大品牌社区的公司可以保持积极的形象，拥有悠久的传统，占据独特的地位，并且拥有一群忠诚的追随者。[44] 图 10 - 13 列出了一些品牌社区存在的原因。尽管互联网为社区成员提供了互相联系和撰写产品博客的平台，大多数品牌社区还需要一些面对面的互动活动。

- 确认购买决策
- 社会认同和纽带
- 交换故事
- 交换意见并向他人提供帮助
- 反馈和新想法

图 10－13　品牌社区形成的原因

吉普、哈雷-戴维森和苹果都拥有忠实的品牌社区。这些品牌社区的品牌拥有者来自不同的人群。成功的吉普车盛会和露营活动给车主提供了分享驾驶经验、故事和想法的机会。顾客之间的互动大多发生在公司举办的烧烤活动上，或者是工程师或其他员工主持的圆桌讨论中。

参加吉普车露营活动的有些人没有越野驾驶吉普车的经验。在有越野驾驶经验的人群里，有些会选择轻装上阵，有些则选择重型越野车。第一次来到营地的新手都有些胆怯，担心自己不适应。事实上，他们很快就适应了，因为老成员欢迎新成员来到吉普社区。无论个人背景或心理方面有何差异，越野车提供将个人聚在一起的纽带。

哈雷-戴维森也拥有非常成功的品牌社区。几年前，公司的领导团队打造了独特的品牌社区精神，建立了自己的 HOG 品牌社区，为 HOG 会员提供一些好处，比如社区聚会和配件的特别优惠。这些好处只针对 HOG 会员，从而鼓励新车主加入 HOG 品牌社区。

营销人员致力于完善能够让产品拥有者进行互动的社区。图 10－14 提供了营销团队协助创建品牌社区的相关内容。

- 提供会员福利以鼓励新客户加入小组
- 向小组成员提供其他地方无法提供的东西
- 让公司代表参与小组讨论
- 赞助特殊活动和定期会议
- 促进小组成员之间的沟通
- 建立强大的品牌声誉

图 10－14　增强品牌社区意识的方法

建立品牌社区的第一步是赞助活动，引导产品拥有者聚集在一起。如上所述，吉普赞助了吉普车盛会和露营活动。哈雷-戴维森赞助骑行、集会和当地活动。这些活动有助于打造品牌社区精神，加强消费者之间的联系。最终，消费者将产生一种社会认同感。

公司代表应该参与到俱乐部的活动中去。例如，吉普的工程师会参加活动，与客户交流，并向即将开启越野之旅的新车主提供建议、给予鼓励。哈雷-戴维森的管理者包括首席执行官会骑着公司的摩托车去集会上与车主们交谈。

除了赞助活动，品牌社区还鼓励社区成员使用其他交流平台。互联网为品牌拥有者提供了另一个交流平台，他们可以通过博客、聊天室或社交迷你网站相互访问。公司也可以参与这些社交平台。在参与过程中，公司员工应该公开表明自己的身份。公司的参与和真诚的交流能够使品牌社区发展得更好。

公司除了提供平台和方法增强品牌社区意识，还需要开展其他广告和营销活动。能够建立品牌社区的品牌通常具有强大的形象，这些形象必须得到维护。营销人员在广告中应强调以拥有该品牌为荣，凸显品牌独特性和在市场中的地位。

10.6 国际启示

另类营销可用于触及美国境内的少数群体。这里举一个蜂鸣营销的例子。为了提升在拉美裔美国人中的品牌知名度，Clamato 公司向 2 000 名代理商提供了 32 盎司一瓶的 Clamato 和 10 张优惠券。最终，代理商成功吸引了 34 000 名潜在客户，饮料的积极评价从 32%上升至 78%。[45]

其他国家也在尝试另类营销方法。星巴克和百事公司共同制作了一部名为《晴天日记》（A Sunny Day）的短剧。该剧讲述了一个中国农村女孩来到大城市，发现一系列新事物。同时，该剧制作成肥皂剧风格，以短小的日常片段为特色。这部剧专为上海每天乘坐地铁的 220 万人量身定制。就算在地铁上错过了该剧，还可以登录一个专门的网站观看故事片段。在上海地铁里，有 4 000 个平板显示器用以提供列车信息、足球比赛集锦、娱乐新闻和广告。营销人员花钱在这些显示器上做广告，就像在电视上做广告一样。《晴天日记》是上海地铁首次尝试播放的一部迷你短剧，每天播放数集，连续播放 40 周。[46]

其他国家也出现了品牌社区。吉普公司采用品牌社区理念在中国建立品牌形象。第一辆吉普车于 1983 年由美国汽车公司（American Motors）通过北京的一家合资企业引入中国。吉普车的销量有所降低，于是，公司举办了一场营销活动，包括越野、蹦极、远足、攀岩、足球场和越野 ATV 课程，并为卡拉 OK 爱好者提供音乐娱乐活动和唱 K 时段。[47] 这次活动成功吸引了 700 名吉普车车主和 3 000 名参与者。这次活动是为了更新吉普的强势品牌名称，在中国现有的吉普车车主中建立强烈的社区意识。吉普的营销团队希望这些品牌社区的客户能够帮助公司进行正面的口碑传播，为公司带来新客户。

困扰美国广告商的广告混乱问题已遍布全球。美国国内解决这一问题所采用的策略可能适用于全球。其他国家的公司可以采用另类营销方案。国际企业集团也可能采用有创意的另类营销方案。

复习题

1. 本章提到的主要的另类营销形式有哪些？
2. 什么是蜂鸣营销？
3. 哪三种类型的消费者可以传递蜂鸣营销的信息？
4. 蜂鸣营销为什么有效？满足哪些先决条件才能确保其有效性？
5. 什么是隐形营销？
6. 什么是游击营销？它与传统营销有何不同？
7. 什么是生活方式营销？哪种类型的场所适合生活方式营销？

8. 什么是体验式营销？
9. 什么是广告植入和品牌娱乐？它们有什么共同点？
10. 找出本章讲述的另类媒体平台。
11. 描述视频游戏广告的形式，包括广告游戏。
12. 什么是店内营销？它为什么如此重要？
13. 如今使用了哪些新的店内营销策略？
14. 什么是售点陈列？它为什么重要？
15. 新技术如何改变某些形式的售点陈列？
16. 什么是品牌社区？
17. 公司的营销团队应该如何协助品牌社区的发展和成长？
18. 在国际市场上，另类媒体的使用是在增长还是在减少？解释原因。

批判性思维练习

讨论题

1. 选择一个产品类别，你对这个类别的多个品牌有深入的了解，从中挑选一个主要品牌。从品牌的角度出发，讨论该品牌的拥护者、大使或代言人所需要的特征。公司怎样才可以塑造一个强大的品牌形象大使？结合你所选的品牌，讨论蜂鸣营销的每个阶段。你选的品牌目前处于哪个阶段？为你的答案提供证据。结合你所选的品牌，讨论蜂鸣营销的每个先决条件。

2. 用你自己的话来描述图 10－1 中列出的每种另类营销策略。假设你是五星健身中心的营销实习生。从健身中心的角度出发，讨论每种另类营销策略的利弊。如果你的预算只允许使用其中一种另类营销方式，你会选择哪种方式？解释原因。

3. 考虑一下你最近在其他人的推荐下所做的购买决策。你为什么相信那个人的推荐？在这次购买决策中，其他人的建议有多重要？

4. 讨论蜂鸣营销和隐形营销之间的区别。如果你被聘为当地企业的营销经理，你会支持隐形营销活动吗？为什么？

5. 描述游击营销与传统营销之间的主要区别。想象一下，一家小服装店的老板跟你说她想尝试一下游击营销。你认为她为什么需要使用游击营销策略？该营销策略有哪些优缺点？你会建议她采用哪些游击营销技巧？请具体描述。

6. 你能回想起你遇到过的一个生活方式营销活动或体验式营销活动吗？你的反应是什么？该营销方法奏效了吗？为什么？如果和其他消费者一起体验这些活动，你感觉如何？如果你没有经历过生活方式营销活动或体验式营销活动，请考虑一个你认为能够有效使用这些策略的情况和品牌，并解释原因。

7. 找一部你看过的电影或一档电视节目，再次观看。在此次观看中，列出所有植入式广告。观察每则广告是否有明显的植入痕迹，演员是否在电影或节目中使用该品牌，该品牌是否只植入背景中。完成后，讨论效果最优的和效果最差的广告植入，并分析原因。

8. 解释广告植入和品牌娱乐之间的区别。你是否注意到电视节目或电影中的广告植入？为什么？确定广告植入或品牌娱乐的一些成功因素。

9. 你玩电子游戏吗？如果玩，你每月大约花费几小时（包括在线游戏）？你在游戏中注意到哪些广告？广告效果如何？

10. 用你自己的话描述图 10－10 中列出的各种类型的视频游戏广告。假设你是必胜客的营销实习生，从必胜客的角度出发，讨论视频游戏广告的各种方法的利弊。你会为必胜客推荐哪种方法？为什么？

11. 从购买服装的角度出发，对图 10－11 中的每个方案进行排序，名次最高代表最有效，名次最低代表最无效，说明你的理由。

12. 售点陈列会影响你的购买吗？为什么？从个人角度出发，描述对你最有效的售点陈列，说明理由；描述对你最无效的售点陈列，说明理由。

13. 你最喜欢哪个品牌？该品牌是否有品牌社区？查看图 10－14 中列出的增强品牌社区意识的方法。讨论你提到的品牌目前采用了哪些方法，或应该采用哪些方法。

学生项目

创意角

UGG 是一家澳大利亚公司的品牌名称，该公司销售又大又重的羊皮靴。该公司的营销团队想知道是否有可能让关注时尚的消费者考虑购买靴子。营销团队不打算针对追求时尚的消费者做广告，而打算将注意力放在受欢迎的时尚意见领袖身上。他们成功地说服凯特·赫德森（Kate Hudson）和莎拉·杰西卡·帕克（Sarah Jessica Parker）穿上 UGG 的靴子。此外，奥普拉·温弗里（Oprah Winfrey）在她的一个节目中称赞了 UGG 的靴子。随后，靴子变成潮流，零售商的库存很快清空。[48]

UGG 使用独特的另类营销方法获得了成功。访问 UGG 的网站 www.uggaustralia.com，了解该公司及其产品。假设 UGG 想在你的大学开展一场蜂鸣营销活动，公司领导向你征求营销建议。他们现在想招募一些品牌大使宣传品牌，需要你设计一个宣传单来推广 UGG 聘请品牌大使的信息。在设计宣传单之前，你需要先明确品牌大使与 UGG 之间的关系，以及她们将获得什么奖励或报酬。在宣传单设计好之后，你还需要制定一个 UGG 和品牌大使在校园中使用的蜂鸣营销方案。

第 4 篇

整合营销传播促销工具

第11章

数据库营销、直复营销和人员推销

本章目标

本章旨在回答如下问题：

» 数据库营销（包括数据仓库、数据编码和分析以及数据挖掘）在建立和加强与顾客的联系中扮演了什么角色？

» 数据库驱动的营销传播计划如何使得与顾客的互动个性化？

» 数据库驱动的营销计划如何创造销售额、与顾客建立联系？

» 什么时候应该使用直复营销来辅助其他营销方法？

» 针对顾客和交易的人员推销计划包含哪些任务？

» 数据库营销和人员推销计划应该如何适应国际环境？

本章概要

本章将介绍数据库营销、直复营销和人员推销。数据库营销提供了与顾客沟通的关键联系，这有助于提高顾客获取率、顾客留存率和顾客忠诚度。互联网和计算机软件等新技术使得构建和开发强大的数据库营销计划更加容易。

成功的企业不断获得新顾客，并努力留住他们。回头客购买越频繁，花费越多。维持回头客比不断补充新顾客成本更低。人员推销在很多营销成果中起着关键作用。

本章的第一部分研究数据库营销，包括数据仓库、数据编码、数据挖掘以及数据驱动的传播和营销计划。数据驱动的三个营销计划是许可营销、常客计划和客户关系管理系统。数据库用于直复营销，包括直邮、电子邮件、电视节目、电话营销以及其他传统媒体。数据库是人员推销的关键组成部分。最后，本章考虑了这些计划的国际差异。

丝芙兰

很多行业和公司提供忠诚计划，旨在与客户建立稳固的关系，并通过向优先客户提供特殊产品、折扣和其他奖励来鼓励重复购买。亚历克斯·麦克伊恩（Alex McEahern）写道，有效的忠诚计划包括三个关键因素：在产品重复购买率高的行业实施，在加价或利润高的行业实施，以及在竞争激烈的行业实施。[1] 化妆品和更广泛的美容行业为实施成功的忠诚计划提供了丰厚的土壤。

1970 年，多米尼克·曼多诺（Dominique Mandonnaud）在法国创立了丝芙兰公司（Sephora），丝芙兰通过提供有效的忠诚计划获得了巨大的成功。该公司在全球各地都有业务，在美国和 JC 彭尼零售店合作。丝芙兰销售化妆品、护肤品、香水、沐浴和身体用品、指甲配件、工具和刷子，以及男士用品。该公司的网站突出了“丝芙兰科学”项目，该项目旨在确保丝芙兰团队成员拥有识别皮肤类型的技能、皮肤生理学知识，知道如何与不同的客户互动。[2]

该公司成功的一个关键因素是高度复杂的个性化数据程序。《福布斯》指出，丝芙兰在每一个接触点都能提供高度个性化、基于相关数据的优质客户体验，在竞争激烈的市场中培育了忠诚客户。[3]

丝芙兰互动营销副总裁布丽奇特·多兰（Bridget Dolan）表示，公司的秘诀在于忠于客户，并将客户作为每一个决策的中心。为实现这一目的，公司收集有关顾客与现场销售人员互动、交易的电子记录以及从其他接触点获取的顾客信息。[4] 然后，根据每个顾客的需求和偏好量身定制合适的奖励来刺激重复购买。长此以往，丝芙兰的数据库营销使得顾客对公司长期热爱和忠诚。

11.1　数据库营销

数据库营销包括收集和使用顾客数据，以增强与顾客的互动和培养顾客忠诚度。成功的数据库营销强调识别顾客并与他们建立联系。这就需要了解不同顾客的终身价值和保留用户。数据库营销提高了顾客忠诚度。虽然营销人员可以利用数据库计划来销售产品和获得新顾客，但提高顾客留存率和增进联系才是重点。

许多零售精品店已经利用数据库营销的力量。当购物者访问商店时，销售人员可以访问关于他们的偏好、尺寸、以前购买的商品和其他信息的数据。买东西之后要附上感谢信。顾客会收到新衣服到货的通知，并收到参加特别活动的请柬。长此以往，人们对这些精品店的忠诚度越来越高。在某些情况下，离开的顾客会回来购买商品。一个至关重要的因素是：这些计划让客户感到特别，有助于与他们建立长期的联系。虽然发生了销售，但没有驱动数据库计划。图 11-1 显示了与数据库营销相关的任务。

- 建立数据仓库
- 数据库编码和分析
- 数据挖掘

图 11-1　数据库营销的任务

建立数据仓库

成功的数据库营销需要一个高质量的数据仓库来保存客户数据。在构建数据仓库时，IT 部门和营销团队要区分运营数据库和营销数据库。运营数据库包含个人与公司的交易，遵循会计准则。营销部门管理营销数据库，其中包含当前客户、以前客户和潜在客户的信息。营销数据仓库中的数据和分析包括：

- 顾客姓名和地址。
- 电子邮件地址和访问公司网站的电子记录。
- 每笔交易的历史。
- 顾客互动的历史，如查询、投诉、退货。
- 顾客调查的结果。
- 顾客提供的偏好和个人档案。
- 营销推广和营销活动的响应历史。
- 来自知识库营销或 Claritas 的附加的人口统计数据和心理数据。
- 数据库编码，如顾客终身价值和顾客细分的集群。

收集顾客名字和地址通常是数据库开发中最简单的部分。收集将数据仓库转变为强大的营销和传播工具的其他信息可能更具挑战性。

营销团队不断更新地址，因为每年大约有 20%的美国人搬家。个人填写地址变更表格后，美国邮政管理局会将信息发送给所有分支机构，这些信息可向企业出售。向任一分支机构发送数据库名称的公司会收到更新的地址，每次点击仅需几美分。邮件地址每年至少更新一次，根据公司使用数据库的频率和联系的规律性，更新的频率有所不同。

电子邮件、手机和互联网数据

电子邮件地址是高质量数据库的基本要素。互联网和电子邮件为与客户建立联系提供了经济有效的沟通渠道。不论何种数字设备（计算机、平板电脑或移动电话），大多数数据库程序利用数据跟踪来记录和存储网站访问和浏览模式。这些信息使公司针对每个顾客提供个性化网站成为可能。当有人登录网站时，会出现诸如“欢迎回来，史黛西”之类的问候语。跟踪技术系统识别出史黛西，或至少识别出有人在使用她的电脑或手机访问网站。如果史黛西购买了产品或浏览了目录，那么页面内容是为她量身定制的，包含她感兴趣的产品。

购买和沟通历史

有效的数据库计划包括详细的顾客购买历史。数据库操作人员记录公司与顾客之间的每一次互动。当顾客向技术支持部门发送电子邮件，信息就会转移到数据库。任何退货或给客服打电话的人都有活动记录。系统识别加入购物车但未购买的商品。购买和互动历史决定了未来与顾客的沟通，并协助营销团队评估每个顾客的终身价值和其他顾客价值指标。

个人偏好档案

购买和访问历史记录无法提供完整的信息。高质量的数据库营销计划包括有关每个顾客偏好的具体信息的档案。这些个人档案可以通过多种方式构建，包括顾客调查和申请会员卡提供的信息。

每次与顾客联系时，公司都应该将信息连同顾客的回复一起放在数据库中。这些信息提供了关于什么有效、什么无效的丰富信息。它进一步支持为每个顾客定制传播手段，从而增加了成功的可能性。

客户信息公司

通常情况下，人口统计和心理方面的信息无法通过公司内部记录获得。在这种情况下，公司通过与专门收集客户数据的市场研究公司合作来获得数据。知识库营销、Donnelly、Dialog 和 Claritas 就是销售这类信息的公司。

来自网站的数据可以与 Acxiom 和 Datran Media 等公司提供的线下信息相结合。一旦合并，公司将信息存储在网络 cookie 中，以帮助将来实现网站的定制化和个性化以及与顾客沟通。例如，根据收入水平和过去的购买习惯，相邻办公室的两名女性可能访问同一个化妆品网站；一个人可能会看到一瓶 300 美元的 Missoni 香水，另一个人可能会看到 25 美元的普通香水。[5]

地理编码

将地理代码添加到每个客户的记录中，以便将客户地址绘制在地图上，或进行**地理编码**（geocoding），这一过程有助于决策者确定零售店的位置，将营销资源投入特定的区域。地理编码通常将人口统计信息与生活方式数据结合起来，这有助于营销团队为广告选择最佳媒体。

地理编码软件 CACI Coder/Plus 可以识别一个地址所属的顾客群。在 CACI 系统中，一个群体具有某些特征，比如有事业心的年轻单身群体，他们享受美食、购买光碟和个人电脑、阅读某些杂志。零售商可能会针对这一群体发送邮件和提供特别优惠。[6]

数据库编码和分析

数据库编码和分析为个性化传播的发展提供信息，协助开展市场推广活动。常见的数据库编码形式有终身价值分析、顾客集群和位置数据跟踪。

终身价值分析

顾客或细分市场的**终身价值**（lifetime value）估计了个人或细分市场在与品牌或公司的终身关系中所产生的未来利润的现值。[7] 许多营销专家认为，细分市场的价值可以提供更准确的信息，因为它可以计算多个顾客的成本。个人终身价值的计算通常只包含单个顾客的成本。

计算消费者的终身价值所需的数据有收入、成本和留存率。收入和成本通常很容易获得，因为许多公司出于会计需要记录了这些数据。留存率的获得需要一个精确的营销数据库系统。

在终身价值分析中使用的一个关键数据是获取新客户所需的成本。它的计算方法是用总营销和广告支出除以获得的新客户数量。例如，当一家公司花费 20 万美元获得 1 000 个新客户时，每个客户的获取成本为 200 美元。

维持这种关系的成本是另一个重要数据。它测量所有与营销、沟通和维持数据库记录相关的成本。获取这些记录可能会遇到更多的问题，因为这些成本通常是针对某个活动的，这使得将成本分配给单个顾客非常困难。计算机和数据库技术可以将这些成本平均分配或将一部分分配到单个顾客或某个终身价值细分群体上。

得到某个顾客或者某个顾客细分群体的终身价值数据是有意义的。某个顾客细分群体的终身价值（如 1 375 美元）代表这个细分群体中的每个顾客终身平均为公司带来的收入。通过面向顾客细分群体沟通和营销，公司能够增加顾客的终身价值。终身价值分析可以让公司的顾客联系人员和服务人员了解顾客对公司的潜在价值。

顾客集群

营销人员使用不同的编码系统根据各种标准将顾客分成集群。银行可以根据账户数量、账户类型和顾客与银行的其他关系对顾客分组。例如，房屋抵押贷款超过 10 万美元、余额占 30%～60%的顾客可能会成为房屋净值贷款的目标。服装零售商可以根据每次购买的服装类型对顾客分组，然后为不同的群体制定不同的营销计划。购买西式服装的青少年与喜欢新潮时尚的青少年属于不同的群体。

Unified Western Grocers 是一家为 3 000 多家杂货店提供服务的批发合作协会。它根据顾客的共性使用顾客聚类分析将其服务的商店的 19 种广告宣传活动和项目减少到 4 种。分析得出的四个集群是富裕的城市和郊区家庭、中低收入的农村老年人、大量低收入城市家庭和未同化的拉美裔。营销团队为四个顾客群体设计不同的广告和品牌货架摆放。这种方法降低了广告设计成本，并使广告更加有效。[8]

位置数据跟踪

一种新的数据分析形式以移动 GPS 技术提供的信息为基础。手机公司如威瑞森监测客户的位置，并将其与个人信息相结合。这些信息可能对体育产业、餐馆和零售商都有价值。例如，菲尼克斯太阳队（Phoenix Suns）的营销人员利用这项技术来更好地了解观看比赛的球迷。这些信息有助于将特定的企业锁定为潜在赞助商。

威瑞森和其他公司获取位置数据来追踪粉丝在体育场馆内外的活动。整合这些数据然后将其**打乱**（hashed），是一个匿名化数据的过程，使得特定的个体无法被识别。这个过程提供了粉丝在比赛前和比赛后光顾的餐厅和赞助商企业的相关信息。然后，营销团队添加来自 Experian 等公司的个人资料数据，以便按人口统计数据对消费者进行细分。最终，营销团队具备了根据观众在比赛中的实际光顾行为以及设施周围的生意来定位特定细分市场的能力。[9]

数据挖掘

数据挖掘（data mining）包括使用计算机数据分析软件来研究数据从而发现有意义的信息，以及帮助建立联系。数据挖掘包括两个主要活动：建立顾客细分的框架；准备根据历史购买行为预测未来购买行为的模型。

数据挖掘有助于营销团队建立公司最佳客户的框架。反过来，这些框架可以帮助识别潜在的新客户。营销人员利用它们识别出“好”客户，来决定是否对他们进行电话销售，提升其价值。提供不同类型商品和服务的公司会开发多个框架，这些框架有助于确定电话销售的目标人群并确定交叉销售的可能性。

第一地平线银行（First Horizon National Bank）的营销团队采用数据挖掘策略，通过研究消费者群体来扩大公司的财富管理业务。公司抵押贷款业务的现有客户的数据使确定投资服务的潜在客户成为可能。将数据挖掘计划与交叉销售相结合，公司的收入在一年内从 2 630 万美元增加到 3 380 万美元。[10]

零售商美国鹰的营销人员开发了一种数据挖掘方法来分析消费者对降价的反应。这些信息帮助营销团队确定降价时机与降价幅度从而使销量最大化。降价计划是针对单个商店的，因为每个商店的消费者反应不同。[11]

第二种数据挖掘方法涉及开发基于历史购买行为预测未来销售的模型。史泰博的市场营销专家编写了一个模型程序来检查公司目录顾客的购买习惯。该程序识别出经常购买的人的名字，然后发送定制邮件。

所需信息的特定类型决定了数据挖掘的方法。一旦分析了数据中包含的信息，营销团队就会准备专门的营销方案。框架和模型使得营销活动更加有效。针对现有顾客的直邮计划不同于吸引新顾客的计划。这些数据提供了接近每个消费者细分群体的最佳方法的线索。

数据编码和数据挖掘有三个目的（见图 11－2）。首先，它们帮助开展营销传播。营销人员利用这些信息来选择促销的类型、广告媒体以及要呈现给每个顾客群体的信息。其次，它们有助于制定营销计划。最后，公司销售人员可以利用这些信息来确定潜在顾客，并亲自向最具潜力的个人或企业进行电话销售。

- 开展营销传播
- 制定营销计划
- 人员推销
  - 确定潜在顾客
  - 为电话销售提供信息

图 11－2　数据编码和数据挖掘的目的

11.2　数据库驱动的营销传播

建立数据库、编码信息、进行数据挖掘使得利用产出实现与顾客一对一沟通成为可能。个性化沟通帮助建立联系，促使消费者重复购买并且提高忠诚度。他们将公司及其产品从品牌平等性转变为品牌资产。数据库营销计划包含个性化信息以及记录有效和无效的沟通类型的工具。互联网为数据库驱动的营销传播提供了关键技术，特别是许多消费者现在拥有智能手机。图 11－3 强调了互联网在客户沟通中的重要性。

- 它是最便宜的沟通方式。
- 全天候可用。
- 度量分析显示顾客是否阅读信息、何时阅读以及花多少时间阅读。
- 顾客可以随时访问其他信息。
- 可以与客户建立联系。

图 11－3　互联网在客户沟通中的重要性

识别码

数据库驱动的营销计划首先分配个人客户 ID 和密码，允许他们访问网站内容。IT 专业人员将 ID 和密码绑定到每个客户计算机的 cookie 上，以提供个性化页面和优惠。当系统正常工作时，客户不必每次都登录，即 cookie 会自动完成这个任务。例如，当用户访问巴诺书店时，他会收到个性化的问候语，例如“欢迎，吉姆”。当吉姆下订单时，不必输入他的地址或信用卡信息。数据库包含相关信息并会自动显示，这节省了吉姆的时间并增加了他购书的可能性。

公司在销售后会发送一系列专门信息。首先，买方收到确认订单的电子邮件及感谢信。订单打包并发货后，电子邮件中包含买家可以访问的跟踪代码以便查找订单，还包含预估的送达日期。在此期间，有些公司会发送一封电子邮件，告知货物到了仓库。当货物被提取并准备装运时，还会发送电子邮件。客户不应受到太多电子邮件的轰炸，然而大多数人都乐意收到从下订单到货物送达的一系列电子邮件。他们无须访问公司网站去查看订单的进度，节约了时间。

个性化的沟通

有效的数据库驱动的营销计划依赖于顾客简介和其他关于其偏好的信息来帮助实现信息个性化。服装零售商发送电子邮件告知顾客新款即将上架。这些电子邮件不是发给数据库中的每个人，只有那些表示希望收到信息或对新款感兴趣的人才会收到这些信息。这些顾客经常认为他们获得了特殊的“内部”信息。

可以根据顾客简介数据向顾客发送生日祝福。最近，一家牛排和海鲜餐厅向 215 600 名提供了生日信息的顾客邮寄了一张卡片并提供了 10 美元的生日折扣。邮费和折扣总成本为 9 万美元。顾客兑换了大约 40%的卡片。每个过生日的顾客平均带来两个人，这些人不享受优惠。结果该计划为该餐厅赚了 290 万美元。[12]

Fulcrum 最近的一项调查显示，收到企业生日祝福的人中有 74%对企业的看法更为积极，88%的积极反应转化为品牌忠诚度的提升。食品和饮料行业品牌的生日问候得到的回应最积极。包含优惠折扣的生日祝福比没有奖励的生日祝福更有效。显然个性化沟通提供了一种提高品牌忠诚度的有效手段。[13]

定制化的内容

除了个性化的沟通，营销团队还会分析数据来定制内容。网飞跟踪电影爱好者观看、搜索和评分的相关内容。一天中观看电影的具体时间、日期、所使用的设备（智能手机、平板电脑或个人电脑）、个人浏览的位置以及在页面上滚动的位置都会被记录下来。这类信息有助于向人们推荐电影，并有助于在最佳时间将推荐信息发送到个人最常使用的设备上。例如，如果浏览历史表明某人在周五晚上搜索并观看浪漫喜剧，那么将在当天早晨或前一天向他的移动电话或平板电脑发送推荐。网飞估计，75%的观众选择来自这些数据驱动的推荐。[14]

呼入电话营销

通过电话联系客户和通过互联网联系客户的原理相同。服务电话的操作员可以立即看到呼叫者的身份。客户数据显示在呼入电话推销员面前的屏幕上。操作员以个性化的方式对待打电话的人。公司会计算终身价值代码，操作员就知道客户的价值和阶层。操作员询问客户最近一次购买情况、谈论客户偏好列表或其个人档案中提供的信息。操作员个性化地问候和对待每个客户，而不是视为随便打入电话的人。

搜索

数据库营销包括**搜索**（trawling），即为了实现营销目标在数据库中搜寻特定信息的过程。家得宝的搜索项目定位最近搬家的人。该公司的营销团队知道，当人们购买房屋或搬到新地点时，通常需要家装商品。大多数情况下，这些物品能够在家得宝买到。

其他营销人员搜索数据库以查找购买特定产品如新车的周年日期。汽车经销商发送汽车购买周年纪念日的信件，询问客户满意度和购买新车的意愿。零售商可以为在过去三个月内未购物的人或已购买特定商品（例如去年购买了割草机）的个人进行搜索。搜索提供了多样化的方式来与符合特定标准的个人进行沟通。

11.3　数据库驱动的营销计划

数据库驱动的营销计划有多种形式，往往与其他营销活动一起使用。比较常见的有许可营销、常客计划和客户关系管理。

许可营销

消费者对垃圾邮件的强烈抵制仍在继续，许多营销部门转向**许可营销**（permission marketing），只向那些授权的消费者发送促销信息。公司通过互联网、电话或直邮实施许可营销计划。较高的回复率通常来自许可计划，因为只有那些同意的客户才会收到营销信息。当许可营销计划利用数据库技术对客户进行细分时，结果会更好，但并非每个同意许可营销的人都能成为有价值的客户。

图 11－4 列出了实施许可营销计划的步骤。营销人员可以通过提供奖励来获得许可，例如信息、娱乐、礼品、现金或抽奖活动。所提供的信息应主要是教育性的，聚焦公司的产品或服务特征。

1. 获得客户的许可。
2. 为消费者提供有意义的持续课程。
3. 增加激励以继续保持这种关系。
4. 提高许可级别。
5. 利用许可使双方受益。

图 11－4　实施许可营销计划的步骤

增进这种关系需要除了最初的奖励之外的新刺激。营销人员在获得更多深入的客户信息（如爱好、兴趣、态度和观点）后可以增进关系，然后通过提供特殊优惠来调整信息以吸引客户更多地购买。

许可营销成功的关键

当营销团队确保收件人同意参与时，许可营销计划就会成功。不幸的是，一些消费者被欺骗加入许可营销计划。一种常见的骗术是在客户完成在线调查或在线购买商品时自动注册。选择退出需要消费者在网站上取消选中的方框。这种方法增加了注册的人数，但往往导致不良情绪。

许可营销资料应与消费者相关。加入计划的人太多，就会发生人们被无关信息轰炸的情况。这不会产生忠诚度，并且与计划的初衷背道而驰。

最近的一项调查显示，80%的消费者停止阅读公司的许可电子邮件，因为这些电子邮件是劣质的或无关紧要的。68%的人表示电子邮件过于频繁，51%的人表示他们对电子邮件涉及的商品、服务或主题失去了兴趣。总体而言，消费者在没有阅读邮件的情况下平均删除了 43%的许可电子邮件。[15]

为了应对这些挑战，营销人员会监控顾客的响应并定制许可计划来满足顾客的个性化需求。数据库技术通过跟踪响应和浏览行为来实现定制化。当客户通过公司发送的电子邮件提供的链接定期访问网站以阅读最新的时尚新闻时，该行为会触发相关的电子邮件优惠和奖励。没有访问该网站、对时尚新闻不感兴趣的个人会收到不同类型的电子邮件优惠。通过利用数据库技术的力量，公司使许可营销计划对公司和客户都有益。

许可营销刺激物

图 11－5 说明了消费者选择加入电子邮件许可计划的主要原因。其中，赢得抽奖名列榜首。此外，现有客户更有可能查看公司的产品。[16] 吸引他们加入许可营销计划将比吸引新顾客更容易。

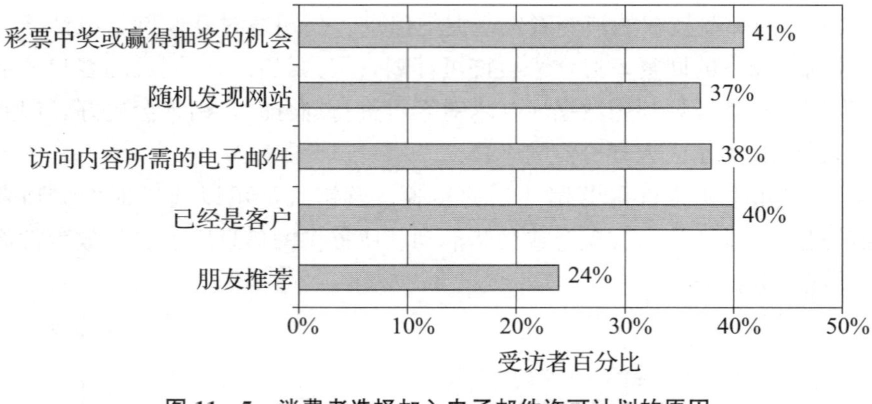

图 11－5　消费者选择加入电子邮件许可计划的原因

图 11－6 展示了一系列促使客户继续参加许可营销计划的动机。如图所示，很多原因使得消费者继续加入这样的计划。[17]

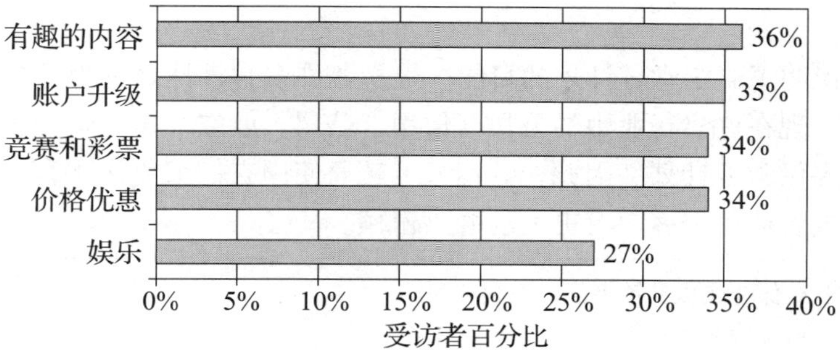

图 11－6　消费者继续参加电子邮件许可计划的动机

许可营销计划有可能在给顾客提供有价值的东西时与他们建立牢固、持续的联系。为了优化许可营销，公司以赋权和互惠为特色。**赋权**（empowerment）意味着消费者认为他们在整个关系中拥有权力，而不仅仅是在刚加入计划时。他们有权做出决定并选择接收什么。

为了使消费者保持积极的态度，应该在整个过程中给予其奖励，而不仅仅是在开始时。这样做会产生**互惠感**（reciprocity）或对公司的责任感。只在顾客加入该计划时给予奖励是一个错误。赋权和互惠导致顾客相信公司重视这段关系，这增加了他们继续作为积极的参与者的机会。

常客计划

公司通过**常客计划**（frequency program）或**忠诚计划**（loyalty program）提供免费或打折的商品或服务。这些诱惑鼓励人们重复购买。在航空业中，常客计划在旅行者累积一定里程数后提供免费机票。当购买总额在指定时间段内达到一定数量时，杂货店会给予一定折扣。

首席营销官理事会（Chief Marketing Officer Council）的研究表明，大约 2/3 的消费者加入了忠诚计划。平均而言，每个家庭参加了 14 个项目，其中积极参与的项目约为 6 个。图 11－7 提供了客户提及的此类计划的福利列表以及每种福利的百分比。[18]

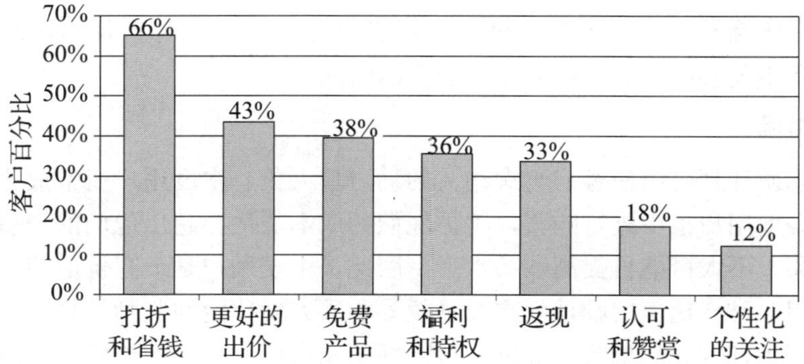

图 11－7　客户提及的忠诚计划的福利

目标

图 11－8 说明了制定常客计划的目的。最初，许多常客计划是为了与竞争对手区分品牌而设立的。现在许多行业中的公司（信用卡公司、航空公司、杂货店、酒店、餐馆等）都倾向于提供常客计划。因此，营销人员转而使用它们来留住顾客、应对竞争对手提供的优惠，或者使每个客户有更大的购买份额。

- 保持或提升销售额、毛利和利润
- 支持交叉销售
- 提升现有客户的忠诚度
- 实现品牌差异化
- 抢先或匹配竞争对手的出价
- 阻止新品牌进入

图 11－8　常客计划或忠诚计划的目的

原则

成功的忠诚计划基于两个原则：增值和互惠。忠诚计划的参与者应该感受到参与该计划获得的价值。当顾客反过来通过额外购买来回报感知价值时，就会产生互惠感。当顾客和公司都从这种关系中受益时，忠诚计划就会继续下去。

最近的研究表明，客户花在参与常客计划上的精力越多，奖励的价值就越大。与必需品相比，许多消费者投入更多精力来获得奢侈品奖励。杂货店的顾客更有可能付出更多精力来获得在当地度假村免费过夜或在餐馆免费用餐的机会，而不是 20 美元的食品礼券。

数据驱动的定制化

收集数据有助于营销团队定制忠诚计划，以满足每个客户的需求。大规模报价可能不那么有效，因为客户觉得他们被“卖”而不是被“奖励”。CVS 药店的营销人员在推出 ExtraCare 忠诚计划时知悉这一原则。参加该计划的个人每周收到一份定制的纸制信函。利用收集的会员的购买数据，可以获得销售商品以及个性化的折扣和优惠券的建议。这些促销优惠不适用于竞争品牌或没有引起会员兴趣的产品，适用于会员定期购买的产品和品牌。用一个喜欢喝可口可乐而不是百事可乐的顾客的话来说：“对我来说，能够获得更多优惠券以购买更多的可口可乐更有意义。我更看重我喜欢的产品的优惠券，而不是我不关心的产品，这是在浪费我的时间。”

最大化激励

有效的忠诚计划可以使客户再次购买的动力最大化。中度用户通常成为常客计划的目标群体。轻度用户很少进行购买，维护他们的成本往往会超出他们的消费。重度用户已经频繁购买，不太可能再提高购买水平。因此，中度用户是最有价值的目标群体。

研究表明，可变比例奖励计划在激励额外购买方面比定期奖励计划更有价值。可变比例奖励计划指顾客间断地收到奖励。他们并不知道何时会得到奖励，也不知道奖励的大小。随机奖励计划应该足够频繁，以鼓励他们持续购买。[19]

许多消费者都有常客卡，但他们可能并不经常使用。一家当地餐馆的营销经理注意到大量客户最近没有使用他们的常用餐者俱乐部（Frequent Diner Club）会员卡。他通过搜索确定了 4 000 名在过去三个月内没有获得积分的常用餐者俱乐部的会员。为了吸引这些顾客重新访问，餐厅给每人寄了一封信，并提供 5 美元的晚餐折扣，这个优惠持续 35 天，邮寄费用为 1 800 美元。结果如下：

- 促销期间每天的平均会员访问次数从 25 次增加到 42 次，促销结束后每天维持在 29 次。
- 促销期间和促销结束后，持卡会员的平均访问量均有所增加。
- 促销期间销售额增加了 17 100 美元，促销结束后增加了 4 700 美元。

花费 1 800 美元，就使大约 600 位三个月内没有在餐厅用餐的顾客重新活跃起来。其中，有 147 位顾客在促销结束后仍在餐厅用餐。[20]

客户关系管理

客户关系管理（customer relationship management，CRM）提供了一种使用数据库来定制产品并与客户沟通的方法，目标是提高销量和利润。成功的 CRM 计划是由技术促进的，通过个性化接触与客户建立长期联系并建立忠诚度。有效的客户关系管理计划不仅涉及数据库的开发和传统销售策略的应用，还涉及沟通和产品的大规模定制。

两个主要的 CRM 指标包括客户生命周期价值和客户份额。生命周期价值的概念已在前面的章节中描述过，它衡量个人或细分市场的潜在购买水平。

第二个指标即客户份额，它基于这样一个概念，一些客户比其他客户更有价值，随着时间的推移，这些客户花在公司上的钱越来越多。**客户份额**（share of customer）是指客户在某个特定公司上的支出占该产品类别总支出的百分比。客户份额衡量客户的潜在价值。问题是，“如果公司在发展关系方面投入更多资金，那么随着时间的推移其产出是多少?”当客户购买特定品牌的某一产品只占该产品购买的 1/4，增加客户份额意味着将该百分比从 25%提到更高水平，从而产生额外的销售收入。最终的成绩是引导客户在一个品牌上实现 100%的购买。[21]

家乐氏的 CRM 数据库拥有 1 800 万人的信息，其中 350 万人已成为家乐氏家庭奖励计划（Family Rewards Program）的一分子。每个家乐氏产品包装都提供一个单独的 16 位代码。会员在线提交代码来换取积分以兑换折扣或免费奖品，如玩具或运动器材。该代码提供产品类型、包装尺寸以及购买该产品的商店等信息。该信息为售出的每件商品创建了一个历史记录，包括购买的时间和地点。这些数据使公司的营销团队能够为特定客户提供与其历史购买行为相匹配的特定优惠。此外，该数据有助于开发更符合消费者偏好和更能促进家乐氏产品交叉销售的营销传播计划。[22]

一般而言，CRM 营销计划可以提高客户忠诚度。如果酒店的登记人员提前知道商务旅客喜欢无烟房、大床和《今日美国》，就可以在客人入住时为其提供。因此，应培训酒店员工使用数据库来提供更好的服务，提高常客的忠诚度。组织的营销部门可以调整这些技巧来满足客户的需求。

除了许可营销、常客计划和 CRM 系统之外，其他营销计划也来自数据库分析。通过使用数据库，可以促进互联网计划、贸易促销、消费者促销和其他营销策略。

11.4 直复营销

直复营销（direct response marketing）或**直接营销**（direct marketing）与数据库营销密切相关，是在不通过其他渠道成员的情况下将产品定位到客户。图 11－9 列出了直复营销的几种形式以及公司使用它们的比例。请注意，直复营销可以针对现有客户以及潜在客户。根据**直接营销协会**（Direct Marketing Association）的统计，大约 60%的典型直复营销预算是为了寻找新客户，另外 40%用于留住现有客户。[23]

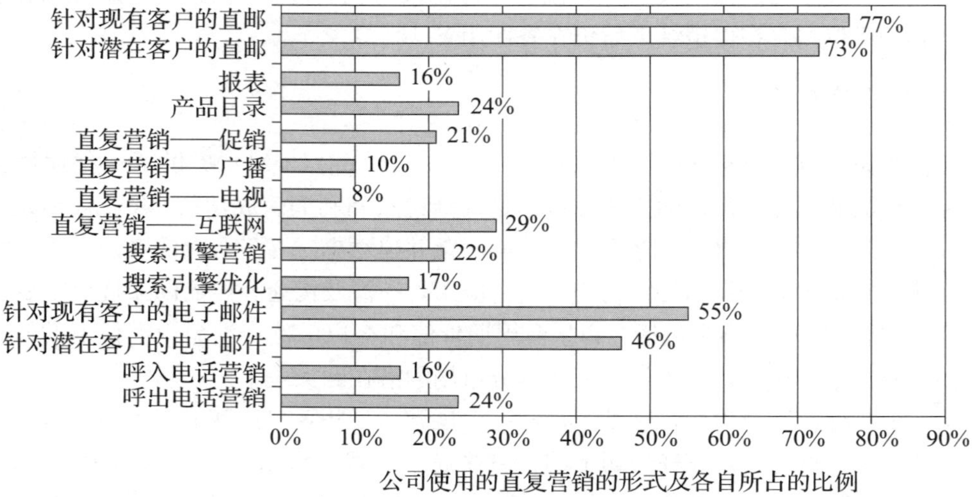

图 11－9　直复营销的形式

许多药企采用直复广告，特别是在电视和杂志上。最近的一项研究表明，这种直复营销是有效的。处方药广告促使近 1/3 的美国人向医生询问特定品牌的药品，82%的人要求医生接受某种处方药。处方药占了 44%的时间，另一种药物占了 56%的时间。有时，医生既会开广告品牌的处方，也会开其他品牌的处方。[24]

个人和公司通过多种方式响应直复营销，例如通过电话、电子邮件、访问零售店或使用 PURL。PURL 的优势是将所有个体的个人数据预加载到网站，然后可以自定义信息和任何报价。它们还协助跟踪个人的现场活动并对报价进行实时更改。[25]

直邮

如图 11－9 所示，直邮仍然是直复营销的最常见形式。直邮可以覆盖消费者和 B2B 客户。邮件列表质量的好坏通常决定了计划能否成功。在编制邮件列表时，公司使用两个资源：公司内部数据库和商业列表。

公司营销部门分析内部列表，并将活跃成员与非活跃成员分开。潜在的新客户会收到不同的旨在吸引重复购买的直邮邮件。向最近没有购买但过去购买过的个人（或企业）直接邮寄优惠券通常比经纪人的冷呼叫邮件列表产生更好的响应率。

商业列表的类型

公司可以购买一个商业列表，作为响应列表或编译列表。**响应列表**（response list）包括已购买或过去曾响应直邮优惠的客户。销售这类列表的经纪人提供有关列表组成的信息以及名单上的客户花费了多少钱。此外，公司可能想获得热门列表（hotlist）。它包含过去 30 天内响应的个人的姓名。热门列表上的人最有可能购买公司的产品。这种类型的列表成本更高——每 1 000 个名字高达 250 美元。定期回复列表可以每 1 000 个名字 100 美元的价格出售。

编译列表（complied list）提供满足特定人口统计特征的消费者的有关信息。编译列表的缺点在于尽管某些人可能符合人口统计类别，但大多数美国购买者不响应邮件优惠。

作为“Eat My Dust”活动的一部分，卡特彼勒的营销团队希望吸引西南地区的潜在买家。该公司从北卡罗来纳州夏洛特市的 Equipment Data Associates 公司购买了 1 700 个过去五年曾购买工业装载机的客户的名字，该公司汇总了超过 87 万美国承包商的详细采购历史。Rhea＋Kaiser's Nichols 设计了一个抽奖活动，中奖者可赢得新产品 Cat 414E。一个引人注目的直邮邮件促使承包商通过在线、邮寄或当地卡特彼勒代理商进行注册。标准回复率低于 1%；“Eat My Dust”直邮的响应率为 18%。[26] 极具针对性的列表起了作用。

产品目录

许多消费者喜欢在闲暇时浏览产品目录。目录具有长期影响，因为消费者会保留并分享它们。目录采用低压力直复营销策略，让消费者有时间考虑商品和价格。许多营销人员认为网上购物取代了产品目录，一些研究表明情况并非如此。超过一半的线上购物者在线上购买之前会浏览目录，超过 30%的人在下订单时手头都有目录。超过 85%的受访者表示，他们先在目录中看中一件商品，然后才去网上购买。[27]

成功的编目需要强大的数据库。许多公司，包括 L. L. Bean 和 JC 彭尼，都创建了面向特定细分市场的特制目录。特制目录具有较低的成本和较高的产出，因为它们可以覆盖各个细分市场。

目录是许多 B2B 营销计划的基本销售工具。目录为采购中心的成员提供了更完整的产品信息以及采购代理的价格。与互联网相结合时，目录有助于与个人客户建立牢固的联系。

大众媒体

电视、广播、杂志和报纸为直复广告提供了另外的工具。直复电视广告时间稍长（60 秒），潜在买家有时间找到笔记下免费电话号码、地址或网站。这类广告通常使用易于记忆的联系信息，例如“1-800-Go-Green”或“www. gogreen. com”。重复联系方式可帮助客户记住。通常以“立即呼叫”提示结束商业广告。

电视还提供各类产品如健身器材和烹饪工具的购物节目。有线和卫星系统已经创立了许多直接响应通道。家庭购物网仍然是最成功的电视网之一。从本质上讲，该频道

24小时都在播放电视购物节目。其他频道还提供珠宝、食品和鞋的购物节目。

直复技巧也可以应用于广播、杂志和报纸。广播的触及率小于电视，但可以设计成与电台风格相匹配的类型。广播广告经常重复免费电话号码或网站，方便消费者联系。

纸质媒体可以分发到不同细分市场。报纸广告包含网站信息和其他快速响应方式。杂志也是如此。二者都包含网站信息和免费电话号码。[28] 响应广告的方式越多，响应率就越高。

互联网和电子邮件

互联网提供了一种有价值的直接营销形式。消费者可以直接回应网站上的广告，直复广告还可以放在搜索引擎上以及电子邮件中。

如图11-9所示，电子邮件是一种常用的直复营销形式。电子邮件提供了一种经济有效的方法来吸引潜在顾客。它通过个性化沟通和针对每个消费者的需求、欲望和愿望提供的营销优惠与现有客户建立联系。对于B2B营销人员而言，让收件人知晓公司，电子邮件比邮政邮件和其他直接营销方式更有效。[29]

通过在搜索引擎上投放广告并使用搜索引擎优化，公司可以直接向特定产品市场中的个人和企业提供直复营销优惠。当一个人输入“苹果树”时，一则针对果树的直复广告成功的概率最大。

直销

在消费领域，安利、玫琳凯、雅芳等公司依靠直销手段经营。销售人员联系朋友、亲戚、同事和其他人，为他们提供小型目录或营销手册。销售人员还会举办派对，邀请朋友和亲戚来观看产品。

Mark是雅芳专为青少年和30岁以下女性设计的侧翼品牌。在推出新系列化妆品时，Mark的营销团队通过雇用40 000名“Mark Girls”在美国做推广，将直销推向数字和社交媒体时代。Mark Girls主要是年龄为18～24岁的女性，她们使用草根营销方法，通过女生联谊会和脸书在宿舍出售Mark化妆品和时尚配饰。该品牌提供个性化的电子精品店、iPhone应用程序和脸书电子商店。克里斯蒂奥纳·曼格姆（Kristiauna Mangum）毕业于俄亥俄州立大学营销专业，担任Mark的销售经理。她管理155名Mark Girls，她们的佣金为产品价格的20%～50%。[30]

电话营销

电话营销以两种方式进行：呼入或呼出。当个人发起对公司的呼叫时，就会发生呼入电话营销。当客户下订单时，可以通过提供其他产品或服务进行交叉销售。有时，客户会打电话进来投诉或讨论问题。直复营销可提供如何解决问题的有关信息。例如，当客户因滞纳金而致电抵押借款公司时，接线员鼓励他注册直接付费项目，这意味着客户不必担心可能出现的邮件延误。

直接营销最不受欢迎的方法是呼出电话营销。新法规要求在呼出销售电话或发短信到手机之前应事先征得客户同意。该法律大大减少了呼出电话营销的使用。成功的呼出计划与数据库相关联，这些数据库可识别之前与公司有联系的客户或潜在客户。只有那些人接受联系。与一年内未购买的客户联系的呼出电话营销计划可能会让他们重新购买。可以打电话询问购买复印机的公司是否有意向购买纸张和碳粉。

11.5　人员推销

人员推销拥有与消费者面对面建立联系的机会。它发生在消费者和 B2B 交易中。除了影响当前客户增加购买之外，人员推销还可能获得新用户。销售人员提供各种服务并努力维持现有联系。人员推销的目标不应仅限于增加销量。与客户建立长期联系始终是一个关键目标。**关系销售**（relationship selling）旨在创造终身客户，而不是单次交易。

图 11－10 列出了销售过程的标准步骤。高质量的数据仓库以及有效的数据库技术提供了人员推销的关键工具。

- 产生潜在客户
- 评估潜在客户
- 知识获取
- 销售演示
- 处理异议
- 结束销售
- 跟进

图 11－10　销售过程的步骤

产生潜在客户

严重依赖人员推销来创造销量的公司往往利用**推荐营销**（referral marketing），这是一种旨在从客户和非客户资源中产生潜在客户的战略方法。图 11－11 列出了主要的推荐类型。

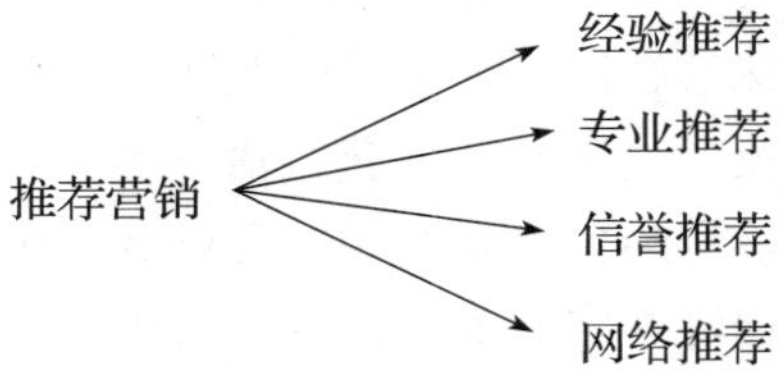

图 11－11　推荐的类型

经验推荐直接来自公司，通常来自现有和以前的客户。公司员工收集满意的客户带来的潜在客户的信息。这些潜在客户很有价值，因为消费者和商业买家对他人的推荐更有信心。销售商和供应商可能会提供经验推荐。起初公司提供周到的服务、优质的产品，并与其他企业建立积极的联系，然后这些企业向公司推荐潜在客户以换取服务或表达感激之情。

在打销售电话时，说出推荐人的姓名有助于销售人员通关。此外，如果有人做了推荐，潜在的客户会更容易接受销售电话，并对销售人员持更积极的态度。这些好处增加了潜在客户成为客户的可能性。

专业推荐由非客户提供。当个人通过第三方了解公司的专业知识、工作质量或特定专业时，就会发生专业推荐。虽然专业知识可以通过口碑传播来分享，但它并不具备经验推荐的特性，因为它不是基于过去的互动产生的。个人或公司可以通过多种方式增强他人对其专业知识的感知。例如，拥有家庭改造专业知识的承包商可以开设一个博客，来提供房屋改造的信息以及讨论房屋所有者面临的问题。该承包商还可以在自己的网站上提供建议，为当地报纸或杂志撰写文章，也可以接受当地广播电台和电视台的采访。个人或公司利用传统媒体、数字媒体和社交媒体来产生专业推荐，目标是提供创建专家形象的信息，从而产生新的潜在客户。

信誉推荐由非客户提供。信誉推荐依靠的是公司在社区或行业中的声誉。它不是基于专业知识，而是基于另外的因素，如快速交付、善解人意的员工、诚信或与特定个人或公司的联系。例如，一家公司可以通过向制造商提供钢铁或其他金属从而建立起可靠的供应商的声誉。像爱玛客（Aramark）这样的公司以向大学、医院和其他类型的企业提供餐饮服务而闻名。社交媒体是传播公司声誉的绝佳工具。为了产生热议和声誉推荐，公司可以利用第 9 章介绍的蜂鸣营销技术，例如意见领袖营销或内容植入。第 2 章讨论的关于建立强势品牌的所有策略都适用于声誉推荐。其目标是建立一个理想的公司声誉，带来潜在客户和咨询。

产生潜在客户的最后一种方法是网络推荐。网络推荐最不吸引人，因为潜在客户对公司的了解有限。当公司员工参与商业组织的社交聚会或通过诸如领英之类的社交媒体进行联系时，可以产生网络推荐。利用购买的列表发送电子邮件也可产生网络推荐。虽然这种方法可以产生一些潜在客户，但通常需要大量的营销工作才能将他们从潜在客户变成可能的主顾。

评估潜在客户

不是每个潜在客户都是可转化的，也不是所有潜在客户都有同等价值。考虑到这一点，评估潜在客户的资格意味着在以下两个维度上评估潜在客户：潜在客户可能产生的潜在收入（即销售潜力）以及通过现有客户获得潜在客户的可能性（即获取概率）。基于以上评估结果，营销人员确定最佳联系方式以及对潜在客户开展什么活动。私人销售电话的高成本意味着只有最佳潜在客户值得进行个人访问。内部销售人员通过电话或电子邮件联络一部分潜在客户，通过邮寄或电子邮件向另外的潜在客户发送营销材料，但销售人员不会主动直接联系这些人。

通过分析销售潜力和获取概率，可以将潜在客户分类，两个维度得分都高的是最佳或者 A 类潜在用户。这类客户通常会接到销售人员的电话。B 类潜在客户通常会由电话推销员通过电话或电子邮件与其联系。C 类潜在客户会收到营销材料，如果感兴趣，他们会进行咨询。可以将在两个维度上得分较低的潜在客户保留在数据库中，跟踪了解其情况，以便将来采取行动。

知识获取

在知识获取阶段，公司的销售人员或销售部门的其他成员收集有关潜在客户的信息。图 11－12 列出了典型信息。在电话销售之前，销售人员对潜在客户越了解，进行销售或获准介绍公司前景的可能性就越大。

- 了解潜在客户的业务
- 了解潜在客户的需要
- 识别潜在客户的需求
- 评估转换供应商的风险因素和成本
- 识别决策制定者和影响者

图 11－12 知识获取信息

销售演示

最初的销售电话的目的为收集信息、讨论投标说明书、回答问题，以最终推销或报价结束交易。[31] 第一次销售电话的效果取决于通话前收集的信息。此外，购买过程也会影响演示。使用的销售演示通常有以下几种：刺激-响应、需求-满足、问题-解决和任务-共享。[32]

刺激-响应（stimulus-response）销售方法或“罐头”推销方法包含旨在引发客户特定响应的特定陈述（刺激）。销售人员通常会记住刺激陈述（推销商品的话）。电话推销员、零售销售员和新的现场销售代表通常使用这种方法。

需求-满足（need-satisfaction）销售方法旨在销售演示的最初阶段发现客户的需求，然后提供解决方案。销售人员应该巧妙提出恰当的问题。他应该了解客户的业务和客户。一旦确定了需求，销售代表就会展示公司的产品如何满足这种需求。

问题-解决（problem-solution）销售方法要求销售企业的员工分析买方的业务。通常会组建一个团队，如工程师、销售人员和其他专家。该团队调查潜在客户的运营和问题，然后提供可行的解决方案。

在**任务-共享**（mission-sharing）方法中，两个组织有共同的使命。它们共享资源以完成任务。这种伙伴关系既是销售关系，又类似于合资企业。

处理异议

在销售演示后，公司和个人做出购买决策之前往往会提出异议或说出顾虑。销售人员对此早有预料，他们会认真回答。图 11－13 列出了处理异议最常用的方法。

- 正面的方法
- 间接方法
- 补偿方法
- “感觉，被感觉，发现”

图 11－13 处理异议的方法

通过正面的方法，销售人员直接回答客户。但是，这样做表明现在客户或潜在客户是错误的。没有人喜欢被告知他是错误的。销售人员应该采用一些技巧，注意不要冒犯客户。

为了避免对抗，一些销售人员采用间接方法，即销售人员永远不会明确告诉客户他是错的。相反，销售人员支持客户的观点，然后提供正确的信息。

当客户的异议部分正确时，销售人员可以使用补偿方法。销售人员可以回答“是的，但是……”然后解释产品的优点或功能，以回应客户的反对意见。

有些客户没有特别的反对意见，但他们担心转换新供应商的后果。对于这种情况，销售代表可以应用“感觉，被感觉，发现”的方法。销售人员允许客户谈论他的恐惧或担忧。作为回应，销售人员可以讲述有相同感受的其他客户的个人经历或体验以及产品如何带来积极体验。

结束销售

通常销售电话最重要的部分是结束，然而它也可能是最困难的部分。当潜在客户或现有客户说“不”时，销售人员会感到挫败。成功的销售人员是擅长结束的人。图 11-14 列出了结束销售的一些常见方法。具体使用哪种方法取决于销售人员的个性、潜在客户的个性以及周围的情况。

- 直接结束
- 试用结束
- 总结结束
- 持续“是”结束
- 假设结束

图 11-14　结束销售的方法

直接结束即销售人员直接询问订单情况。销售人员消除了潜在客户的反对意见并认为潜在客户已准备好购买时，可以使用该方法。

销售人员无法确定潜在客户是否准备购买时，可以使用试用结束的方法。通过这种方法，销售人员可以征求有关客户反应信息的反馈，而无须直接询问销售情况。得到积极的反应时，销售人员可以询问客户是否购买。如果不购买，则应返回至销售演示阶段。在询问订单之前，销售人员还可以总结产品的好处以及它如何满足客户的需求。

有时销售人员会在整个过程中提出一系列问题，确保客户不断回答“是”。如果客户对有关产品优势的小问题回答“是”，那么当要求订购时，客户更有可能回答“是”。

销售人员也可以假设客户会回答“是”，然后问“您想要多少”或“您希望如何送货”。

跟进

购买后让客户满意可以带来重复购买、客户忠诚和积极推荐。质量跟进计划是留住客户的经济有效的方法，比不断寻找新客户的成本低得多。不幸的是，销售人员可能会忽略跟进，特别是销售人员在新销售中可获得佣金，而在后续活动中没有佣金时。在这种情况下，公司必须指定其他员工进行跟进，以确保客户对他们的购买感到满意。

11.6　国际启示

当公司进入国际舞台时，数据库营销面临与整合传播营销计划其他方面相同的挑战。其中包括技术差异、使数据收集和分析变得困难的语言差异和互联网可用性等问题。此外，当地法律可能会限制收集信息的方法以及公司寻求与其他公司共享的信息的类型。

客户可能只相隔几英里，却居住在不同的国家。例如，欧盟由许多相邻的国家组成。因此，必须决定是否针对特定国家开发数据。

许可营销、常客计划和客户关系管理计划受法律规章和文化差异的限制。在某些情况下，它们可能被全然接受。日本的许可营销就是如此。在亚洲文化中，赠送礼物有额外的意义。这可能表明客户和公司之间的密切联系在人员推销中很重要。

直接营销计划应适应当地情况。在某些国家，邮寄系统可能比其他国家更完善。电话系统、互联网接入服务和其他技术也是如此。在某些国家，电视购物节目可能无法实现。在启动国际数据库驱动的营销计划或直接营销计划之前，公司的营销团队需要考虑所有地区的法律、社会、文化、技术和竞争条件。

一些国际公司已经走在数据营销计划的最前沿。例如，俄罗斯高端连锁超市 Land 已经设立交互式店铺（kiosks），为拥有该品牌会员卡的客户创建推荐式的商品清单。[33]

营销人员还会根据国家调整人员推销策略。在进行销售访问之前，必须仔细研究当地的文化和习俗。通常会指派已被当地文化同化的人来帮助销售团队了解特定地区或国家的细微差别，例如问候人的方式、处理性别差异的方式、用餐习惯、时间意识、沟通时的个人空间以及其他影响人际交往的因素。

复习题

1. 哪两项活动是成功的数据库营销计划的一部分？
2. 什么是数据仓库？运营数据库和营销数据库之间有什么区别？
3. 列出与数据库营销相关的任务。
4. 描述地理编码、顾客集群和位置数据跟踪。
5. 定义终身价值。它是如何确定的？
6. 数据挖掘的两个主要功能是什么？
7. 解释如何在数据库驱动的营销传播中使用识别码。
8. 说明在和客户沟通时如何使用客户简介信息。
9. 什么是搜索？
10. 描述许可营销计划。这种方法的主要好处是什么？
11. 有效的许可营销计划的关键是什么？
12. 描述一个常客计划。
13. 什么是客户关系管理？
14. 客户份额的含义是什么？
15. 什么是直复营销？
16. 说明在直邮计划中如何使用响应列表和编译列表。
17. 描述作为直复计划一部分的电视购物节目呈现的两种方式。
18. 描述关系营销和四种类型的推荐营销。

19. 人员推销过程涉及哪些步骤？

20. 确定销售人员通常使用的四种类型的销售演示方式。

21. 销售人员结束销售的方法有哪些？

批判性思维练习

讨论题

1. 假设你是数据库营销机构的客户经理。一个拥有 4 家商店的本地音乐零售商要求你为其开发数据库。数据库中应包含哪些信息？你将如何构建数据仓库以及在何处获取数据？请具体描述。

2. Chic Shaque 在其 14 家商店销售现代时尚品、床上用品、洗浴用品、礼品和家居装饰品。解释终身价值、顾客集群和位置数据跟踪的数据编码过程。对于每种编码方法，描述 Chic Shaque 的营销人员在数据库营销工作中的数据编码过程。

3. Hickory Outdoor 是一家出售钓鱼、狩猎、露营和其他户外活动的设备和用品的零售店，在过去五年中建立了一个客户数据库。营销团队可以使用数据挖掘来改进营销工作。请提出可以使用的数据挖掘方法。你会根据数据挖掘建议使用什么类型的营销计划？可以基于数据库开发哪些其他类型的营销计划？

4. Karen's Formal Dress 是一家专营正装和婚礼服饰的零售商，拥有一个超过 3 000 名购买或租用正装的人的数据库，想制定一个许可营销计划。营销团队应如何鼓励消费者同意接收营销信息？一旦获得客户的许可，如何继续保持这种关系使其对消费者和零售店都有益？描述零售店在许可营销计划中应使用的方法，包括信息类型、发送方式和激励措施。

5. 制定常客计划的主要目的是鼓励客户对企业或品牌保持忠诚。针对以下每个产品讨论常客计划的优点。消费者获得什么类型的奖励才会加入会员俱乐部，获得什么类型的奖励才会继续参与该计划？

a. 当地餐馆

b. 汽车维修服务

c. 印刷服务

d. 服装零售商

6. 假设你是中央联邦信用合作社（Centric Federal Credit Union）的营销实习生，被要求开展直复营销活动。描述如何利用每一种直复营销方法。具体说明在这个活动中你将如何、在何处获得使用的媒体渠道的名称和类型。完成后，根据其对中央联邦信用合作社的吸引力对各种直复营销方法进行排序。证明该排序的合理性。

7. 查看图 11－9 所示的直复营销形式。你过去回复了哪些？哪些最有可能影响你的购买决策？哪些是最不可能的？阐释你去年回复过的每一种形式。

8. 查看图 11－9 中突出显示的直复营销方法。思考以下业务，给每个企业确定最佳的直复营销方法。证明你的选择的合理性。描述你为所选的每种方法设想的直复活动。

a. 鞋店

b. 体育用品零售商

c. 互联网日历和视频游戏零售商（仅通过互联网销售）

d. 为小型企业和个人提供会计和税务服务的公司

9. 回想最近一次涉及销售人员的个人购买体验。描述销售人员在销售电话中如何处理你的问题。销售人员使用了哪种销售演示方法？使用了哪些处理异议的方法？评估异议的处理情况。销售人员使用了哪种结束方法？销售人员结束的情况如何？

10. 用你自己的话来解释推荐营销中的四种推荐方式。假设你是当地注册会计师和公司税务业务的营销实习生。根据每种类型的推荐，讨论令企业获得推荐的可行策略。你讨论的四种策略中哪种最可行？为什么？哪个是第二可行的？为什么？

学生项目

创意角

Lilly Fashions 销售时尚服装。公司的主要目标客户是平均收入为 4 万美元、年龄在 20～30 岁的女性以及一些大学生。公司的营销团队希望利用数据库营销和直复营销。请你设计一则鼓励公司目标市场的女性光临零售店的广告。此外，设计一封发送给目前在数据库中但过去三个月没有购买的消费者的直邮邮件。准备一封电子邮件，将其发送给数据库中的另一些成员，如果他们来商店领取餐券，在他们过生日时可以在当地餐厅免费进餐。这个促销活动是与某餐厅联合开展的，双方分担费用，这意味电子邮件必须提到这个餐厅。

第 12 章

销售促进

本章目标

本章旨在回答如下问题：

- 消费者促销和贸易促销有何区别？
- 各种形式的消费者促销如何有助于消费者光顾商店和将产品推上货架？
- 不同类型的客户如何响应消费者促销活动？
- 什么形式的贸易促销有助于将产品推向零售商的货架并最终推向最终用户？
- 考虑贸易促销计划的制造商有哪些顾虑？
- 哪些问题使得国际促销活动复杂化？

本章概要

有些人可能认为推出高质量的广告计划已经完成了推广任务。事实并非如此，完整的整合营销传播计划包括其他关键活动。本章介绍销售促进计划。**销售促进**（sales promotion）包括所有提供给客户和渠道成员以鼓励购买的激励措施。

促销活动有两种形式：消费者促销和贸易促销。公司直接向现有客户和潜在客户提供**消费者促销**（consumer promotion）。消费者促销活动针对的是实际使用产品的用户或最终用户。他们可能是个人，也可能是家庭，还可能是消费该产品的企业（如果企业没有将购买的产品再次销售出去）。换句话说，公司为消费者市场和 B2B 市场提供消费者促销。

贸易促销仅在分销渠道中使用。**贸易促销**（trade promotion）包括制造商和营销渠道中的其他成员购买商品以进行再销售的支出或激励。向其他公司提供贸易促销有助于将产品推向零售商。

好奇纸尿裤

许多父母可能会说，如厕训练是他们最不喜欢的育儿活动之一。好奇（Huggies）（其母公司是金佰利）通过一系列努力，包括教学协助和营销工作，使这一过程更加顺利。

在教学方面，好奇大宝宝学院（Huggies Big Kid Academy）为进行如厕训练的父母提供资源。该网站包括有关准备情况测验、准备清单、有趣的活动和如厕训练进度表的建议。父母们学习“庆祝第一次冲洗”，并通过“如厕训练主题歌”以及公司的如厕舞蹈计划获得灵感。[1]

在营销方面，公司进行了一次全方位的整合传播营销活动，包括赞助 ESPN 广播电台的棒球大联盟报道以及 Westwood One 在周日晚上的足球广播。该公司定期在各种媒体上投放传统广告。

好奇营销工作的另一个主要内容是促销活动。公司通过报纸插页、杂志以及公司网站提供传统的优惠券。好奇在脸书、YouTube 以及其他社交媒体上提供额外奖励。

在一场与迪士尼公司合作的比赛中，英国的消费者回答“好奇湿度指示器是什么”，答对的人有机会参与抽奖，奖品为“一部 iPad 4＋第一年迪士尼音乐便盆＋好奇初学者包”“20 个迪士尼音乐便盆＋好奇纸尿裤”组合礼包。[2]

为了与帮宝适和其他生产类似产品的企业竞争，好奇开展贸易促销活动。它为塔吉特和开市客等商店提供激励措施，确保好奇品牌得到零售商的高度关注。对消费者和零售商店的激励使好奇连续 20 多年一直走在如厕训练和相关育儿活动的最前沿。

12.1　消费者促销与贸易促销

过去，一些营销专家认为任何形式的促销活动，无论是消费者促销还是贸易促销，都会将注意力转移到价格上从而侵蚀品牌资产。然而，现在许多公司领导者认识到，合理管理的促销可以将品牌与竞争对手区分开来，这有助于建立品牌知名度和改善品牌形象。[3]

营销团队设计促销计划以帮助公司实现整合营销传播的目标并支持品牌的定位。在产品生命周期的早期阶段，促销活动与广告以及其他致力于提高公司知名度的活动相结合，为试用购买创造机会并刺激额外购买。之后，促销活动的目标转向加强品牌、增加消费、抵御竞争或寻找新市场。如上所述，好奇品牌充分利用了促销计划。

本章首先介绍消费者促销，然后介绍贸易促销。虽然二者是分开介绍的，但营销团队会同时设计这两种活动。本章还描述了促销计划针对国际市场应做的调整。

12.2　消费者促销

消费者促销活动的主要目标是诱使消费者走到最后一步即购买。广告激发消费者的兴趣，把消费者带进商店。然后营销人员部署其他策略。除了有助于做出购买商品的最终决定外，消费者促销计划还有助于增加商店流量和提升品牌忠诚度。

在最近的超级碗期间，在比赛结束后的星期二，Denny's 为早上 6 点到下午 2 点进入餐厅的所有人提供免费早餐。每年，大约有 200 万美国人享受这一优惠。有些人为了吃这顿早餐会排队等几个小时。Denny's 首席执行官纳尔逊·马尔基奥利（Nelson Marchioli）表示，这个活动的目标是“重新认识美国与 Denny's”。他补充道：“我们从来没有收到如此之多的感谢，人们都说他们还会回来。”整个促销的成本，包括食品、劳动力和超级碗广告，大概是 500 万美元。作为回报，Denny's 赢得了一些金钱无法买到的东西：强大的正面公关广告。该促销活动获得了价值约 5 000 万美元免费的正面新闻报道。该公司在超级碗结束后的一周内获得了 4 000 万次网站点击，可见这是一个非常成功的计划。[4] 图 12－1 指出了最常见的消费者促销活动。

- 优惠券
- 赠品
- 竞赛和抽奖活动
- 返现和折扣
- 样品
- 红利包装
- 降价
- 叠加和搭售

图 12－1　消费者促销的类型

优惠券

优惠券给消费者提供降价。它可能是零售价格的百分比，如 25%或 40%，或者是绝对金额，如 50 美分或 1 美元。公司每年提供的优惠券总价值超过 5 000 亿美元。消费者平均兑换了约 28 亿张优惠券。0.85 的兑换率为消费者节省了约 49 亿美元，或者说每张优惠券大约 1.94 美元。大约 72%的美国家庭选择兑换优惠券。[5]

优惠券分发

制造商发行了大约 80%的优惠券。大多数优惠券是通过印刷媒体发放的，其中绝大部分是通过**独立插页**（freestanding insert，FSI）或报纸上发布优惠券的栏目分发的，主要在周日发放。随着消费者转向使用数字形式发放的优惠券，该百分比有所下降，通过 FSI 发放的优惠券仍占近 90%。[6] 图 12－2 列出了优惠券分发的多种形式。

- 印刷媒体
  - 独立插页
- 直邮
- 包装内或包装外
- 店内
  - 扫描仪发放
- 数字优惠券
- 员工发放

图 12－2　优惠券分发的形式

由于一些原因，FSI 和印刷媒体仍然很受欢迎。首先，消费者有意识地收集优惠券。其次，优惠券有助于提升品牌知名度。即使没有兑换，消费者也会在优惠券上看到品牌名称。最后，FSI 鼓励消费者下次去商店购物时购买该品牌。消费者更有可能购买提供优惠券的品牌，并在兑换优惠券时记住品牌名称，从而保留在长期记忆中。

数字优惠券的流行度持续提升。大约 15%的美国人口（即 4 500 万消费者）兑换了数字优惠券。数字优惠券的使用者往往更富裕，受教育程度更高。数字优惠券使用者的平均家庭收入为 97 000 美元，1/3 的人获得了大学学位。网站使消费者可以轻松查找和打印优惠券，将其下载到移动设备上或放入会员卡。JC 彭尼、克罗格（Kroger）和西夫韦（Safeway）允许消费者在手机上兑换优惠券。CVS 药店的顾客可以在商店入口处的自助服务机上扫描会员卡，根据他们的购买历史获得即时优惠券和店内特价。易用性刺激了数字优惠券的增长。[7]

优惠券的类型

优惠券可以在零售店中分发，可以在互联网或像 CVS 的商店以数字形式分发，也可以放在包装上或接近包装的地方。在每种情况下，消费者都能够通过即时兑换优惠券计划在商店中使用优惠券。优惠券通常会促进试用购买和购买额外的产品包。许多杂货店会赞助一家公司烹饪食品并提供免费样品和优惠券赠品，这是另一种形式的即时兑换优惠券。

有些公司将优惠券放在包装内，客户无法迅速兑换优惠券，这会鼓励他们重复购买。这些优惠券称为弹回优惠券（bounce-back coupons）。

一些零售商在收银台发放优惠券。在收银机处扫描物品后得到一张优惠券。该优惠券可能是针对竞争品牌的，鼓励消费者下次购买时转换品牌。

为了鼓励购买额外产品，制造商提供交叉优惠券（cross-ruffing coupons），即将一个产品的优惠券放在另一个产品上。例如，法式洋葱蘸酱的优惠券可以附在薯片包装上。交叉优惠券应该用于相关的产品以及消费者经常同时购买的产品。有时，制造商会使用交叉抽奖来鼓励消费者购买其他产品。家乐氏可以在脆米花盒子上放置另一种麦片（如霜雪味麦片或燕麦片）的优惠券。这种策略鼓励消费者购买同一品牌或系列的产品。

优惠券的缺点

有品牌偏好的顾客兑换了大约 80%的优惠券。[8] 一些营销人员认为通过优惠券向愿意支付全价的人提供价格折扣是没有意义的。然而，制造商认为这些消费者可能愿意囤货，这意味着他们不会从竞争对手处购买。这也可能导致消费者使用更多产品。从本质上讲，制造商认识到有品牌偏好的顾客兑换优惠券是大规模分销计划中的“必要之恶”。为了避免向当前顾客发送优惠券，公司可以向非忠诚顾客发送直邮优惠券，从而针对非用户和竞争对手的客户。当优惠券是伪造的以及零售店错误地为不符合要求的产品或者其他公司的类似产品兑换了优惠券，其他缺点也会显露。

赠品

赠品是指消费者在购买产品时获得的奖品、礼品或其他特别优惠。一种形式是消费者为最初的商品或服务支付全额价格，然后收到免费赠品。其他形式可以是为额外购买提供折扣价，比如第二件半价。

赠品的类型

图 12－3 列出了四种主要的赠品类型。免费邮寄的赠品是消费者购买产品所获得的礼品。顾客将购买证明邮寄给制造商，制造商就会将礼品邮寄给顾客。可能需要多次购买才能收到一份礼品，例如三张购买凭证兑换一份礼品。

- 免费邮寄的赠品
- 包装内或包装上的赠品
- 商店或制造商的赠品
- 自己结算的赠品

图 12－3　赠品的类型

信用卡公司使用赠品来吸引客户购买各种产品。消费者不需要提供购买证明，而是激活卡以获得激励，激励包括购物返现、商品和常客里程。

包装内或包装上的赠品通常是小礼品，例如麦片盒中的玩具。消费者必须购买产品才能看到赠品。有时礼品附在包装上，例如购买剃刀所赠送的刀片附在包装上。

商店或制造商的赠品在顾客购买产品时赠送。如快餐店通过赠送玩具的儿童餐吸引儿童。最近，Ulta Beauty 为购物满 19.5 美元的消费者提供了 14 件化妆品礼品。免费礼品包括三色眼影盘、睫毛膏、眼线笔、化妆刷、腮红、唇彩和指甲油。提供赠品的目的是吸引新顾客购买 Ulta Beauty 品牌，并鼓励顾客试用不同的产品。[9]

自己结算的赠品要求消费者为礼品支付少量费用。赠品价格仅为 4.99 美元，消费者还需支付运费、手续费，提交购买盒装 Cheerios 的两份凭证。4.99 美元为赠品的成本，制造商还可以收取运费和手续费，这样实际上由消费者支付了赠品的大部分或全部费用。

成功的赠品计划的关键

成功的赠品计划包括一些共同的要素（见图 12－4）。首先，赠品应该与目标市场相匹配。公司可能会将陶瓷或精美的水晶这类赠品瞄准一个由老年人、高收入人群组成的市场。当目标市场主要由年轻人组成时，迪士尼或儿童电影中的卡通形象或角色更具吸引力。

- 赠品应与目标市场相匹配
- 仔细选择赠品（避免时尚，尝试排他性）
- 选择突出公司产品和提升形象的赠品
- 将赠品和其他整合营销传播工具（尤其是广告和售点展示）结合起来
- 不要指望赠品能够增加短期利润

图 12－4　成功的赠品计划的关键

最好的赠品会提升公司的形象。它们不应是低成本的小装饰品，便宜的赠品会冒犯顾客，破坏公司的形象。当赠品计划与公司的产品相结合，提升公司、产品或品牌的形象时，这个赠品计划就是成功的。[10]

赠品应与整合营销传播计划的其他组成部分结合起来。通用磨坊推出了与《星球大战》相关的可收集的赠品。店内货板展示、FSI 以及 MyBlogSpark.com、StarWars.com 和卢卡斯电影公司（Lucasfilm）在推特上的广告都推广了这项活动。为了提高这次促销的知名度，通用磨坊还为麦片品牌的电视广告添加了一个 10 秒的标签，产品包装内有赠品。[11]

一些营销专家认为，过度使用优惠券会损害品牌的形象。相反，赠品实际上可能会提升形象。因此，选择正确的赠品类型成为关键。赠品可用来促进销售，但是赠品的效果通常不如优惠券。无论如何，赠品提供了一个有价值的消费者促销工具。

虽然赠品增加了价值，提升了品牌，但可能不会增加利润。因此，应该厘清赠品目的和整合营销传播目标之间的关系。从逻辑上讲，赠品的目标与提升形象有关，而非增加利润。

竞赛和抽奖活动

每年，公司在各种游戏、竞赛和抽奖活动上的花费约为 19 亿美元，消费市场和商业市场上都会出现这些活动。[12] 奖品清单在很大程度上决定了这些活动的成败。只有竞赛或抽奖活动的目标群体想要奖品，才能吸引他们参与。

竞赛

竞赛和抽奖活动这两个词经常替换使用，但二者也存在一些差异，主要是法律上的差异。竞赛通常要求参与者参加一项活动，从表现最佳或给出正确答案的群体中选出获胜者。通常，竞赛需要参与者买票才能参加，但在某些地方这样做是非法的。在设计竞赛活动时，营销团队首先需要了解当地的法律。

竞赛的内容和形式多样，参赛者回答问题或赢得比赛来获得奖品。有些比赛只需要运气，有些则需要技巧。例如，麦当劳加拿大分公司面向员工开展了一场独特的竞赛，要求员工使用麦当劳的配料提交他们自己的汉堡包食谱。第一名将获得 10 000 美元，第二名为 5 000 美元，第三名为 2 500 美元，人气奖为 1 000 美元。这场竞赛激发了员工的兴趣，他们的朋友和亲人以及其他人都可以访问发布这些食谱的微型网站，给自己最喜欢的食谱投票。[13]

抽奖活动

抽奖不必要求消费者必须参加某活动。消费者可以按照自己的意愿多次参与，不过公司可以限制消费者每次光顾商店或访问站点只可参与一次抽奖。概率决定了赢得抽奖活动的机会。必须在所有现场展示和广告资料上说明获胜的概率。在抽奖活动中，每个奖项的获胜概率也必须提前公布。

感知价值

消费者并不会参加他们遇到的每一场比赛或抽奖活动，只会参加他们认为有趣或具有挑战性的活动。是否参加通常取决于竞赛或抽奖奖品的感知价值以及获胜的概率。获胜的可能性越大，消费者参与的可能性就越大。

竞赛或抽奖活动的感知价值由两个组成部分：外在价值和内在价值。外在价值是奖品的实际吸引力（如汽车与免费三明治）。感知到的外在价值越大，人们就越有可能参与。内在价值与参与有关。需要技能的竞赛，例如创建食谱或论文比赛，会吸引乐于展示该能力的人参加，外在奖励是次要的。参与者享受竞争和展示他们的能力。这在一定程度上解释了梦幻足球和棒球联赛受欢迎，以及每年春天举办旨在选出优胜者的 NCAA 篮球锦标赛的原因。

美国鹰推出了一项抽奖活动，鼓励消费者在商店的试衣间试衣时或网上购物时参与。在试衣间里，海报提醒消费者将“JEANS”发送至 32453，邀请购买者将他们最喜欢的该品牌服装的照片上传到推特，使用“＃AEOStyle”标签发布。抽奖活动提供了 10 000 美元现金大奖。其他奖品包括 MacBook Gold 笔记本电脑、苹果手表、iPhone 或 iPad。参赛者可立即获得 15 美元的店内购物优惠券，或 75 美元及以上在线购物优惠券。[14]

为了激励消费者持续参与，可以通过小额增量奖励来增加奖品的外在价值。在赛百味的抽奖活动中，赢得软饮料或三明治的消费者更有可能继续参与。刮刮卡往往有效，因为奖励是即时的。

互联网和社交媒体

互联网是举行竞赛和抽奖活动的热门场所。它通过开发互动游戏来挑战参与者的能力，创造了让消费者看到奖品的内在价值的机会。互联网具有数据捕获能力。与其他形式的促销活动相比，互联网竞赛的设置和运行成本更低。

竞赛和抽奖活动的最新趋势包括使用社交媒体。微软、丝芙兰、全国运动汽车竞赛协会（NASCAR）、康卡斯特、福来鸡、Wholly Guacamole 和麦当劳在推特上设立了抽奖活动，还利用推特和其他社交媒体网站招募参与者参加竞赛或抽奖活动。营销人员利用抽奖活动或竞赛来引发品牌的病毒式传播。[15]

竞赛和抽奖活动的目标

虽然竞赛和抽奖活动可以增加客户流量，但问题在于它们能否促进销售。实际上，有些能，有些则不能。营销人员意识到内在奖励往往会吸引消费者。网络游戏的前景令人激动，因为可以开发游戏去创造内在价值。

返现和折扣

返现和折扣是消费者或企业购买产品后获得的现金返还。消费者全价购买产品，邮寄购买证明后，制造商返回一部分现金。返现（refund）针对的是“软商品”，例如食品或衣物。折扣（rebate）针对的是“硬货”，主要是大件商品，比如汽车和电器。

客户仅获得约 30%的折扣。价值在 50 美元及以上的产品的折扣约为 65%。得到折扣的不便性是回复率低的主要原因。关于折扣的常见投诉与“蜗牛邮件”（snail mail）的步骤多和等待时间长有关。许多消费者要等两三个月才能收到退款支票。[16]

折扣计划的效果往往会降低，因为消费者已经开始期待。许多顾客会等制造商或经销商提供折扣时再购买。如果没有折扣计划，他们不会进行新的购买活动，这会延迟购买流程。此外，增加折扣似乎难以刺激额外销售，但停止给予折扣或减小折扣往往会产生直接的负面影响。

返现和折扣被消费者视为新的或最初的促销手段时，会取得最大的成功。当它们成为交易的固定内容时，就成为预期的优惠。为了取得效果，折扣和返现应该改变买方的行为，要么促使更直接的购买，要么促使客户转换品牌。

样品

样品是指向消费者实际交付的供其使用或消费的产品。在 B2B 市场中，可以向潜在客户提供产品样品。服务行业也会提供样品。例如，日光浴沙龙可以提供初次免费参观，以鼓励新客户试用它的设施。提供初次免费咨询时，牙医和律师也是在提供样品。

在一项涉及 1 800 名消费者的调查中，尝试样品的人中超过 1/3 随即购买了该产品，58%的受访者表示会再次购买该产品，近 1/4 的受访者表示他们购买了提供样品的产品而不是原本打算购买的品牌。[17] 因此，样品可以让消费者尝试购买特定的品牌。

- 店内分发
- 直接样品
- 响应样品
- 交叉样品
- 媒体样品
- 专业样品
- 选择性样品

图 12－5　样品分发的方法

样品分发

图 12－5 列出了样品分发的方法。最常见的方法为店内分发，即在商店里提供样品，例如员工烹饪食品，让现场的

消费者试吃。直接样品意味着将样品邮寄给消费者或送货上门。在 B2B 行业，销售人员经常向潜在客户或现有客户提供直接样品，以鼓励他们尝试公司的品牌或新推出的产品。

针对电视、互联网、杂志、社交媒体或其他来源提供的媒体服务，响应的个人或企业可得到响应样品。交叉样品为在销售一个产品时提供的另一个产品的样品，例如将一个免费的干燥片附在衣物洗涤剂的包装上。

媒体样品放在媒体渠道上。最近，爽健（Dr. Scholl）的 Her Open Shoes 鞋垫样品被贴在 *In Style*、*All You*、*Shape* 和 *Glamour* 杂志上。女性可以取下鞋垫体验，并与没有鞋垫的另一只鞋进行比较。活动期间分发了大约 300 万份样品。活动持续一个月后，11%的订阅者购买了鞋垫，近 60%的订阅者表示他们计划购买；大约 57%的订阅者将样品鞋垫从杂志上取下来，其中 37%的人表示他们确实试用了鞋垫。[18]

销售人员向专业人员例如医生提供专业样品，然后医生向患者提供免费的药物样品。公司在诸如州博览会、医院、餐馆和体育赛事等场所分发选择性样品。宝洁公司在曼哈顿分发了 25 个品牌的 40 000 个样品。它在五个街道设立了“弹出箱”（pop-upboxes）来分发样品。造型师在现场分享美容小贴士，一些名人在临时的箱子旁驻足。[19]

样品的好处

产品样品提供了一种有效的方式来介绍新产品、激发兴趣并收集有关消费者的信息。基于互联网的响应样品计划受到了消费者和制造商的欢迎。百时美施贵宝（Bristol-Myers/Squibb）是最早利用互联网分发产品样品的公司之一。该公司将一份免费的 Excedrin 样品寄给需要的人。潜在顾客必须愿意提供他们的姓名、地址和电子邮件信息。除了 12 片装的 Excedrin 样品外，消费者还可获得用于额外购买的优惠券，每个季度收到相关简报。这种形式的响应仅对想要产品的消费者有效。公司通常可以将收集的其他信息添加到数据库。通过互联网申请样品的人中有 70%为了收到样品愿意完成调查。[20]

成功的样品计划

与其他消费者促销一样，样品的发放与整合营销传播计划紧密相关并且以整合营销传播计划为基础。样品鼓励消费者或企业进行试用。向市场推出新产品或产品的新版本时，样品是最有效的。样品有助于将当前产品推向新的目标市场或潜在客户。

大规模样品的成本效益不像定向样品那样高。成功的样品计划包括在合适的时间合适的地点面向正确的受众。例如，香奈儿向 *Vogue* 杂志的 120 万订阅者邮寄 5 号香水样品。*Vogue* 读者的中间收入为 63 000 美元，符合香奈儿品牌的目标受众的定位。样品放在 12 月份的那期杂志上，正好可以作为圣诞礼物的备选项。此次活动结合了一些广告，是一次有效的定向样品活动。[21]

红利包装

当公司在特别的产品包装中放置额外或超出数量的物品时，它就是红利包装。例如，在通常装有 9 节电池的包装中，以 3 节电池或备用 AA 电池的价格提供 4 条肥皂。

典型的红利的范围是包装中正常单位数目的 20%～100%。30%的红利是最常见的。

红利包装的类型

图 12－6 列出了红利包装的主要目标。增加包装的规格或总量可能会导致更多的产品使用。当给包含八块小糖果的包装增加四块糖时，消费者可能会吃得更多，因为增加部分很容易获得。对于具有固定消费率的产品而言，情况并非如此。如果高露洁额外提供一管牙膏，消费者并不会使用更多的产品。实际上，这延迟了再次购买。制造商提供这类红利包装旨在取代竞争对手。手上拥有大量商品的消费者不太可能转换品牌。

· 增加产品使用	· 建立顾客忠诚
· 匹配或取代竞争对手的行动	· 吸引新的使用者
· 囤积产品	· 鼓励转换品牌

图 12－6　红利包装的目标

成功的红利包装的关键

红利包装实际是通过呈现免费商品来奖励客户忠诚。当消费者以前使用过该物品时，红利包装会鼓励消费者转换品牌。在做购买决策时，消费者可能选择提供比正常规格更多产品或特价的品牌。这些包装具有竞争品牌不具备的优势。

红利包装在制造商、零售商和客户中很受欢迎。零售商可以与提供红利包装以鼓励品牌转换和囤积商品的制造商建立积极的关系。零售商可获得优势，因为红利包装通过零售渠道提供“特价商品”或“价值”。客户喜欢红利包装，因为他们认为获得了免费商品。对于竞争激烈的产品，红利包装有助于维持品牌忠诚度并以最低成本减少品牌转换。

红利包装很少吸引新客户，因为他们以前没有购买过这个品牌。获得额外数量会提高购买风险而不是降低购买风险。大多数顾客不喜欢在对产品不满意时扔掉产品。营销研究表明，小红利（20%～40%）会使消费者得出这样的结论：单位价格并没有真正改变。不幸的是，诸如数量翻倍之类的大红利可能会导致消费者认为商家事先将价格提高以补偿额外的数量。在这种情况下，红利包装的规模吸引了消费者的注意，但没有传递预期的信息。[22]

» 降价

降价是暂时降低产品价格。可以在产品上标记降价，例如将一瓶阿司匹林的常规零售价替换为特殊零售价（例如，8.99 美元被替换为 6.99 美元）。生产预先标记降价的标签会迫使零售商降价出售该商品。这确保降价激励传递给了消费者。有时，降价不会显示在产品上，而是在售点展示、标志或货架上显示。

降价的好处

降价刺激了现有产品的销售。它们诱使客户尝试新产品，因为较低的价格降低了购买的财务风险。在品牌同质或品牌忠诚度降低的情况下，降价可以鼓励客户转换品牌。当消费者有品牌偏好时，对消费者喜欢的品牌进行降价会鼓励囤积产品，也可能增加产品的使用量。[23] 由于价格下降而购买额外早餐棒的消费者往往会吃更多。对于除臭剂或牙膏等产品而言，情况并非如此。囤积这类产品只会延迟下次购买，而不会增加使用量。在 B2B 领域，降价也会产生同样的效果。

以下两个理由证明降价是成功的消费者促销活动。首先，它通过省钱吸引消费者。其次，它立即给予奖励。它与折扣、返现、竞赛、抽奖活动和其他促销奖励不同，消费者不必等待就可获得奖励。

降价的问题

虽然降价很容易实施并且通常会增加销量，但它们也会带来一些问题。降价可能会提升销量，但也可能对公司的利润率产生负面影响。每降低 5%的价格，通常至少需要 30%～60%的销量增长才能抵消。

降价计划使得消费者对价格更敏感。与客户响应返现的方式相同，他们要么等待降价促销，要么选择其他恰好正在廉价出售的品牌。此外，经常使用降价可能会对品牌形象产生负面影响。Good Eats 的首席执行官戴维·黑尔（David Hale）指出："深度折扣并不能建立忠诚度或一致性，反而会使你的品牌变得廉价。"[24] 同样，价格优惠计划应纳入公司的整体整合营销传播计划。图 12-7 总结了降价促销的优势和劣势。

优势	劣势
• 刺激销售	• 对利润造成负面影响
• 鼓励试用产品	• 提高价格敏感度
• 鼓励转换品牌	• 对品牌形象造成负面影响
• 囤积和增加使用量	

图 12-7 降价的优势和劣势

叠加和搭售

有时，公司会将两个或多个消费者促销活动合并为一个活动，称为叠加。为了吸引加拿大的中国消费者，纯果乐（Tropicana）将样品与优惠券结合起来。在温哥华举办的中国新年庆祝活动中，公司免费提供样品（50 000 杯橙汁）和 30 000 张优惠券。居住在美国和加拿大的亚洲人通常不会大量使用优惠券；然而，纯果乐加拿大分公司的研究表明，中国人认为橙子是好运的预兆。促销几周后，40%的优惠券被兑现，加拿大华人社区的纯果乐橙汁销量大幅增加。[25]

与其他产品或公司一起开展消费者促销活动称为搭售。公司内部搭售是在一次促销活动中推广同一家公司的两种不同产品。公司间搭售提供了另一种方法，即与另一家公司合作。快餐店经常推出与电影和玩具相结合的搭售活动，以吸引儿童。营销人员应仔细规划独立、叠加和搭售计划，以获得最佳促销效果。

12.3 规划消费者促销活动

在规划 IMC 的消费者促销部分时，营销人员应确保该计划支持品牌形象和品牌定位策略。为此，营销团队应考虑目标受众，可进行有效的研究列出目标受众的核心价值观以及对公司产品的看法，特别是与竞争对手的产品相比。收集此类信息后，营销团队最终确定消费者促销计划。在促销方面，消费者可以分为如图 12－8 所示的四个类别。

· 易于促销型消费者	· 品牌偏好型消费者
· 品牌忠诚型消费者	· 价格敏感型消费者

图 12－8　与消费者促销相关的消费者类别

易于促销型消费者（promotion-prone consumer）会定期响应各种消费者促销活动，喜欢购买正在促销的产品，即促销期间购买。他们往往定期收集优惠券、参加竞赛和抽奖活动、购买红利包装以及响应其他促销优惠活动。相反，对于**价格敏感型消费者**（price-sensitive consumer）而言，即使价格不是做出购买决策的唯一标准，也是主要标准。品牌名称并不重要，这些人不会为此额外支出。他们参与任何降价的促销活动。

品牌忠诚型消费者（brand-loyal consumer）只购买一个特定的品牌，无论提供什么优惠也不会转换品牌。他们为购买所选择的品牌付出了必要的努力。最常见的群体是**品牌偏好型消费者**（brand-preference consumer），他们对一小部分品牌有强烈的依恋。当他们选中的一个品牌促销时，他们就会购买该品牌。无论促销的规模或类型如何，这些消费者都会忽略不偏好的品牌的促销活动。

并非所有的消费者都可归入四种类型。他们可能倾向于四种类型中的一种，但对于不同产品和服务类别，促销响应和品牌偏好也会变化。一个易于促销型的啤酒饮用者可能对比萨品牌非常忠诚，一个品牌忠诚型的葡萄酒饮用者可能对薯片的价格比较敏感。

在策划促销活动时，营销团队应该明白易于促销型消费者会寻找正在促销的品牌。无论是否在促销，价格敏感型消费者都会购买更便宜的品牌。因此，除非促销目标是增加销售额、市场份额或客户流量，否则这两类消费者不太会被消费者促销活动吸引。即使他们被促销活动吸引并购买产品，他们对该品牌的忠诚度也会很低，甚至不会建立忠诚。

品牌忠诚型消费者只参与他们喜爱的品牌的促销活动。向这个群体促销是没有意义的，因为无论如何他们都会购买该品牌。品牌偏好型消费者代表了目标市场的理想群体，特别是促销他们偏好的品牌时。这提升了他们对品牌的忠诚度，并阻止他们从竞争对手那里购买。这还可能使消费者更接近品牌忠诚顾客。

制造商将零售商的目标纳入促销计划。如果零售商不愿意与制造商合作来增加促销优惠，那么推出一个受消费者欢迎的促销活动几乎没有意义。零售商更喜欢有利于自己的促销活动。零售商支持制造商的消费者促销计划的主要原因如下：

- 增加商店流量；
- 增加商店销售额；
- 吸引新客户；
- 增加购买量。[26]

促销计划应围绕 IMC 计划的主题展开，同时应注意开展促销活动的地点以便吸引消费者。应制定与产品、目标市场和零售店相关的具体目标：建立品牌忠诚度是一个长期目标；创造销售额是相对短期的目标。基于价格的优惠通常旨在吸引新客户或增加销量。营销人员还可开展其他消费者促销活动，例如提供高价值赠品以提升公司的形象。

12.4　贸易促销

贸易促销是市场渠道成员设计的激励措施，以吸引其他成员为最终转售购买产品。营销人员将贸易促销的目标群体定位为零售商、分销商、批发商、经纪人或代理商。制造商提供贸易促销来说服贸易渠道的其他成员购买它的产品。批发商、分销商、经纪人和代理商使用贸易促销来说服零售商购买最终转售的产品。

20 年前，贸易促销仅占制造商营销预算的 25%左右，如今达到近 70%。贸易促销通常构成制造商的第二大费用，仅次于销售的产品的成本。贸易促销带来的收入大约占制造商销售总收入的 17%。[27]

贸易促销有助于成功实施 IMC 计划。不幸的是，在其他公司中，负责贸易促销的人可能不参与 IMC 规划过程。这些公司的领导者通常将贸易促销视为将产品放在零售货架上或满足渠道成员要求的方法。因此，在制定贸易促销计划时，很少考虑与 IMC 计划相匹配。

可用的贸易促销工具有多种。公司领导者根据一些因素选择贸易促销技术。这些因素包括业务性质（制造商与分销商）、受影响的客户类型（例如，零售商与批发商）、公司偏好以及 IMC 计划的目标。图 12－9 列出了贸易促销的主要类型。

图 12－9　贸易促销的主要类型

贸易津贴

贸易津贴（trade allowance）为渠道成员提供财务激励，以鼓励它们购买。贸易津贴有多种类型，图 12－10 列出了几种类型，每种都可使公司为渠道中的客户提供折扣或其他降价激励。

- 货单津贴：针对订单支付给零售商的每箱折扣。
- 货位费用：向零售商支付的用于存放新产品的款项。
- 退出费用：向零售商支付的用于从它们的 SKU 库存中去掉一个商品的款项。

图 12－10　贸易津贴的类型

货单津贴

货单津贴（off-invoice allowance）是对订购的每件物品、每箱或每托盘给予的财务折扣。货单津贴可鼓励渠道成员下订单。贸易促销中约有 35%的钱用于货单津贴，贸易促销工具中货单津贴支出最多。[28] 与消费领域的返现、折扣和降价一样，许多零售商不愿意在没有任何形式的贸易津贴时购买商品。此外，销售相同类型产品的公司会争夺有限的货架空间，因此提供贸易津贴存在巨大的竞争压力。

货位费用

货位费用（slotting fee）是最具争议的贸易津贴形式，它是为了存放新产品由零售商收取的款项。如图 12－11 所示，零售商以各种方式证明货位费用的合理性。[29] 首先，零售商花钱将新产品添加到库存中并储存产品。不成功的产品意味着零售商对库存的投资是一笔损失，特别是当零售商在大量商店中存放该产品时。货位费用可以收回部分损失。

- 将新产品添加到库存中的成本
- 重新安排货架空间
- 有助于选择新产品
- 增加盈利

图 12－11　零售商证明货位费用合理性的方式

其次，在零售店中添加新产品意味着零售商需为其提供货架空间。若货架已满了，添加新产品意味着要么去掉某些品牌或产品，要么减少分配给它们的货架空间。在这两种情况下，零售商都需要花费时间和金钱为新产品安排空间。

再次，货位费用有助于零售商选择新产品。通常，超市有 35 000 个 SKU（库存单位）。超市的经理每年评估 10 000～15 000 种新产品。大多数新产品会失败，因此，零售商认为收取货位费用会迫使制造商淘汰高风险产品。面向全国推出新产品的平均总成本在 150 万～200 万美元。[30] 零售商认为，货位费用迫使制造商在推出产品之前对产品进行周密的测试营销。此类测试限制了制造商提供新产品的数量。反过来，这大大减少了新产品失败的数量。

最后，货位费用增加了盈利。许多产品的利润率或加成都很低。货位费用产生额外的资金以支持零售业务。据估计，向零售商提供的贸易促销资金的 14%～27%直接进入零售商的利润。[31]

争论的另一方来自制造商，它们认为货位费用实际上是一种敲诈勒索。许多制造商认为货位费用太高，并且从一开始就是不公平的。这些费用迫使制造商向零售商支付数百万美元，而这些钱本可以用于广告、销售促进或其他营销活动。货位费用会阻止小型制造商的产品进入商店，因为它们负担不起高昂的成本。

退出费用

一些零售商不要求支付货位费用，而是要求支付**退出费用**（exit fee），即从零售商的库存中移除一件产品而支付的款项。制造商引入新规格的产品或新版本，例如，3 升瓶装百事可乐或香草味百事可乐，这种方法可能是有用的。百事公司已经在零售商的货架上摆放了产品。与添加新产品不同，添加新规格或新产品种类的风险较低。如果新版本的产品失败或必须从库存中去掉某一现有产品，零售商不会收取上架前的费用（例如货位费用），而是收取退出费用。82%的零售商会收取货位费用，收取退出费用的零售商很少。[32]

贸易津贴的难题

在向零售商提供贸易津贴时，制造商认为部分降价会转嫁给消费者。但这只发生在半数情况下。虽然消费者可以获得部分价格津贴，但零售商通常会安排竞争品牌，这样随时可以提供至少一项特别优惠。比如，本周百事可乐降价，下周可口可乐提供折扣。这两种产品很少在同一时间促销。一次只提供一个品牌的折扣，零售商总是能为价格敏感型消费者提供价格低廉的品牌。零售商在 50%的时间里向品牌忠诚型消费者收取全价。在实现这些目标的同时，零售商还可从百事可乐和可口可乐那里获得特殊贸易津贴。

为了提高利润率，零售商进行了两项活动：远期购买和转移。当零售商在促销时购买额外数量的产品时，就会发生远期购买。零售商在促销期结束后出售这些产品，就可以节省成本。当零售商在一个正在促销的地点购买产品并将其运送到另一个非促销的地点时，就会发生转移。例如，制造商可能为法国的产品提供每箱 5 美元的货单津贴。转移策略意味着零售商在法国购买过量产品并将其运往欧洲其他国家的商店。为此，零售商要计算可能获得的利润，减去将产品运送到其他地方的成本。与提供的贸易津贴相比，运输成本往往相对较高。因此，不像经常进行远期购买那样，零售商几乎不使用转移。

贸易竞赛

为了实现销售目标和其他目标，一些渠道成员开展贸易竞赛。获奖者可获得奖品或现金，或**额外津贴**（spiff money）。渠道内的每个层级都会举办贸易竞赛，可以在经纪人或代理商、批发商或零售商店之间进行。为了防止竞赛对买家造成不良影响，一些大型组织禁止员工参加供应商竞赛。有影响力的销售人员清楚竞赛所要达到的目标。许多大型零售组织的管理人员不希望他们的买家参与，因为买家要从多达 500～2 500 家商店中做出购买决定，参加比赛可能会导致错误的决定。

近年来，对邮轮度假的需求稳步下降。因此，邮轮公司将广告、消费者促销和贸易促销相结合以吸引顾客。皇家加勒比海国际邮轮公司（Royal Caribbean International）为旅行社提供合作广告计划，包括电视广告、报纸广告以及与潜在旅行者联系的电子邮件模板。

挪威邮轮公司（Norwegian Cruise Lines）在“销售所有航行”促销竞赛中招募了 5 500 名代理，奖项基于预订量。荷兰美国邮轮（Holland America）的每个代理都参加了贸易竞赛，奖品包括免费的有五个阳光客舱的邮轮项目。公主邮轮（Princess Cruise）为预订代理商提供赢得西海岸邮轮迷你套间的机会。在 90 天活动期间，每周都会举行一次巡航。赢取奖品和邮轮的机会使许多代理为了比赛奖励预订邮轮。[33]

贸易激励

贸易激励类似于贸易津贴，二者的不同之处在于**贸易激励**（trade incentive）包括为了获得资金而履行一项职能的零售商或渠道成员。然而，其目的与贸易津贴相同：鼓励渠道成员推广制造商的品牌或增加该品牌的购买量。图 12－12 列出了三种主要的贸易激励类型。

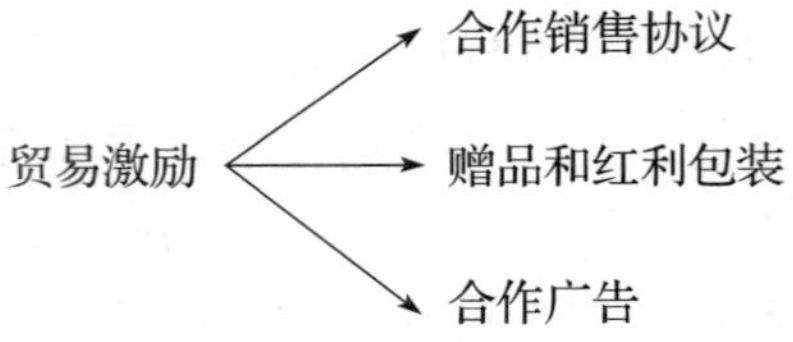

图 12－12　贸易激励的类型

合作销售协议

合作销售协议（cooperative merchandising agreement，CMA）是最综合的贸易激励类型，是零售商和制造商进行双向营销努力的正式协议。CMA 可以用于各种各样的营销工作。CMA 可以在广告中将制造商的品牌作为价格领导者。可以签订一份合作协议，让零售商像重视自有品牌一样重视制造商的品牌，或在一个特殊的货架上展示制造商的品牌。

合作销售协议仍然受到制造商的欢迎，因为零售商为了获得津贴和奖励要履行一项职能，制造商保留对其所履行职能的控制。此外，当价格津贴作为 CMA 的一部分时，制造商知道零售商会将整个价格折扣的一定百分比传递给消费者。CMA 允许制造商与零售商签订年度合同，这些长期承诺降低了在最后一刻实施贸易激励或贸易津贴的必要性。

CMA 也使零售商受益。从零售商的角度来看，主要优势在于该计划允许它们进行日历促销（calendar promotion），零售商通过制造商的贸易激励策划面向消费者的促销活动。签订协议后，零售商可以安排某一特定品牌的促销周，并与其他品牌的促销周错开。日历促销使得总是有一个品牌在促销，并且可以轮换促销的品牌。对零售商来说，通过贸易激励来安排促销使所有品牌的利润率都保持大致相同的水平，无论是促销的还是非促销的，因为它们轮流开展促销。因此，零售商有效地将给消费者的降价转移到制造商手中。商店可能让百威在这个周打折，而喜力（Heineken）在下一周打折。忠诚的啤酒饮用者会选择他们喜欢的品牌，价格敏感型消费者则会选择打折的品牌，商店会对所有出售的啤酒保持合理的加价。

赠品和红利包装

制造商可能会以赠品或红利包装的形式赠送免费商品，而不是向零售商提供价格折扣。例如，在未来 60 天内每购买 20 个纸板箱，制造商将额外赠送一个纸板箱。红利包装对零售商是免费的，如果在某个日期下了订单，或者达到最小订单规模，就可以获得奖励。通常，为了获得免费商品，零售商必须同时满足两个条件：在指定日期下单并达到最小订单规模。

合作广告

最后一种贸易激励是合作广告，即制造商同意补偿零售商一定比例的广告费用，该费用与在零售商的广告中为制造商的品牌做宣传有关。为了获得补偿款，零售商必须遵循广告位置和内容的具体规定，不论什么情况，都不能为制造商的竞争品牌做广告。通常，制造商的产品必须放在显眼的位置。对于如何为产品做广告以及必须使用的特定照片或副本，可能还有其他限制。

在大多数合作广告项目中，零售商根据购买情况收取合作费用，通常是销售额的一定比例。轮胎品牌百路驰（B. F. Goodrich）为所有零售商的购买提供 4.5％的合作广告基金。这笔钱累积一年，然后重新开始。百路驰支付 70％的广告费用。任何媒介都可以用来展示广告，包括广播、报纸、杂志、电视和户外广告。[34]

合作广告计划允许零售商使用制造商的资金来扩大广告计划。在合作广告中，零售商以较低的成本获得额外的广告覆盖面。零售商可以从一个全国性品牌形象中获益，这会吸引新的或更多的顾客到商店。最近，沃尔玛扩大了与主要制造商的合作广告业务，这些制造商为沃尔玛的年度广告预算贡献了 4 亿多美元。在沃尔玛的系统中，制造商在广告中有相当多的创意投入，并且在广告中突出展示而不是扮演次要角色。[35]

制造商也从合作广告中受益。通过与零售商分享广告支出，制造商以更低的成本获得额外的曝光率。更重要的是，几乎所有的合作广告计划都与销售额挂钩。零售商根据一定比例的销售额累积合作广告收入。因此，为了获得合作资金，零售商必须突出推广特定品牌，采购该品牌的产品进行转售。针对消费者和 B2B 产品的各种合作广告会定期出现在各种媒体上。

贸易展览

许多 B2B 营销计划包括贸易展览，这对制造商和零售商都有利。从制造商的角度来看，贸易展览提供了发现潜在客户和销售新产品的机会。与现有客户的联系可以在展会上得到加强。贸易展览经常会提供调查竞争对手的机会。很多时候，贸易展览会让制造商的销售团队直接与 B2B 客户的决策者和购买者见面。贸易展览还可以提升品牌的知名度。

从零售商的角度来看，贸易展览可以帮助买家比较商品，在短时间内与几家潜在供应商建立联系。有时，零售商会就特价进行谈判。贸易展览是买家和卖家在非正式的低压环境中讨论如何有效合作的理想场所。

众多买家参加一些全国性和国际性贸易展览。当制造商寻找重要买家，并试图避免与非买家花费太多时间时，展会就成功了。图 12－13 列出了参加贸易展览的五类买家。许多营销人员试图剔除那些对购买不感兴趣只想学习的人。制造商的代理将精力集中在三个群体上：寻求解决方案者、购买团队和有权力的购买者。提出合适的问题可以识别寻求解决方案者和购买团队。有权力的购买者更难找到，因为他们不想被识别。通常，他们不会在贸易展上佩戴徽章，也就是说供应商无法确定他们是谁。

在美国，很少有交易是在贸易展期间敲定的。买家和卖家见面、讨论甚至谈判，但

• 想要学习的买家：想要浏览、观察和学习但不会购买的买家 • 想要放心的买家：想要证实在过去的购买中做出正确决定的买家 • 寻求解决方案者：寻求特定问题的解决方案并且处于购买阶段的买家	• 购买团队：为了公司的业务寻找供应商的买家团队，通常处于购买阶段 • 有权力的购买者：高层管理人员或有采购权的核心购买代理

图12-13　参加展会的买家类型

很少完成交易。相反，制造商会借机收集名片并后续跟进。对于国际客户，这一程序会有所不同。国际参会者往往是有权进行采购的高管。他们属于图12-13中列出的有权力的购买者。美国的制造商知道，国际参会者通常希望在展会期间而不是之后进行交易。国际参会者在每个制造商的展位上花费的时间更多。为了更详细地收集和研究信息，他们停留的时间更长。支付更多交通费用的国际客户，通常比美国同行想要获得更深入的信息。

随着全球竞争的不断加剧，国际贸易展的参加人数也在增加。国际参会者的增加使得贸易展览中心设立了更多的会议场所、会议中心，甚至是买卖双方见面和交易的场所。

贸易展览在其他方面发生了变化。小范围展览和地区展览正在取代大型的全国性和国际性展览。例如，20世纪90年代，体育用品行业的公司都参加许多贸易展。芝加哥国家体育用品协会世界体育博览会（The National Sporting Goods Association World Sports Expo）吸引了超过90 000名与会者。目前这个数字已经减少到40 000以下。现在，制造商和零售商参加单一体育用品的专业贸易展或者专注于某个地区的区域展览。较小的展览举办成本较低。许多公司领导者认为小型展览提供了更高质量的潜在客户及与客户建立联系的更好的机会，并且提供了更多与现在客户和潜在客户一对一交流的时间。相比之下，在大型展览中，人们很容易迷失在人流中。[36]

12.5　对贸易促销的担忧

成功的营销团队将贸易促销纳入整合营销传播工作。遗憾的是，在许多公司中这种情况并未发生，主要是因为员工的薪酬结构。品牌经理面临定额任务，当销售额落后时，一种快速促进销售的方法是给零售商提供贸易促销。此外，公司领导者通常会根据品牌的销售增长来评估品牌经理。贸易促销成为品牌经理确保持续增长的最简单方式。在高层管理人员采用新评估方法之前，使用贸易促销达到短期目标而不是建立长期形象的模式不会改变。当整合营销传播强调长期视野并且公司的薪酬结构与之匹配时，整合营销传播计划就会成功。

强大的品牌形象使得即使提供较少的贸易促销零售商也会售卖其产品，因为强大的品牌本身可以吸引顾客进店。认为索尼是音响市场中的强势品牌的客户会在电子零售店里询问该品牌。这使得售卖索尼成为零售店的一个优势，即使索尼提供有限的贸易促销激励。

另一个担忧与贸易促销的成本有关。制造商每年花费数十亿美元，这些成本通常以较高的价格转嫁给消费者。据估计，消费产品的每 1 美元中就有 11 美分直接用于促销贸易。[37] 应该将成本保持在合理的水平。制造商应该明智地花钱，而不是简单地与竞争对手硬碰硬。当贸易促销帮助建立联系并有助于实现整合营销传播的其他关键目标时，用于贸易促销的钱会产生最大的长期影响。

不幸的情况出现了，即在提供贸易促销之前，零售商不会采购商品，在食品杂货行业，零售商的大部分购买在贸易激励下进行。不断使用促销削减了制造商的产品利润，产生了竞争压力。如果制造商试图停止或削减贸易促销，零售商会将制造商的产品替换为其他品牌或减少货架空间，以便为提供更优惠价格的制造商提供更多货架空间。

解决这些问题的一种方法是在专注于建立或重建品牌形象的广告上花费更多。此外，营销团队应该确保营销活动符合品牌形象。布赖恩·沙利文（Brian Sullivan）在《营销新闻》（*Marketing News*）中写道："如果它不合适，就不要使用。"[38] 不幸的是，在广告上花更多钱意味着削减贸易促销激励，风险变成了其他竞争对手通过提供更好的贸易促销优惠进入市场并且最终获得了货架空间。然后，循环再次开始。

管理贸易促销计划是营销计划过程中具有挑战性的部分，因为很大比例的营销预算用于贸易促销。有效的整合营销传播计划要在促销组合的所有要素之间取得平衡，并确定贸易促销计划的明确目的和目标群体。只有这样，公司才能在各个层面上展开竞争，而不仅仅是通过一系列贸易促销竞争。

12.6 国际启示

公司调整消费者促销活动以适应特定的国家。由此出现了两个难题：法律和文化。任何优惠券、赠品、竞赛、抽奖或价格变动都必须符合当地法律法规。营销团队在实施国际消费者促销计划之前应调查所有潜在的法律问题。

在文化方面，一些国家的公民可能不赞成某些促销活动。例如，在某些地区，兑现优惠券可能被认为社会经济地位较低，这可能会阻止一些人使用优惠券。参加竞赛或抽奖活动可能违反一些国家的宗教规范。

贸易促销也是如此。关于折扣、津贴、货位费用和退出费用的法律在不同地区有所不同。这些问题也可能反映在文化价值观中。而且，如前所述，世界各地公司的管理者参与贸易展览的方式各不相同。

最后，对促销活动的重视程度有所不同，具体取决于所涉及的公司以及该公司所在的国家/地区。试图在国外开展业务的小公司和大型国际企业集团在采用这些营销策略时都应该适应当地条件。与此同时，目标仍然是确保这些工作与公司的形象和营销传播的整体方法相匹配。

复习题

1. 定义销售促进，描述销售促进的两个主要类别。
2. 列举并描述优惠券的类型。哪个最受制造商欢迎？哪个兑换率最高？
3. 优惠券计划有哪些问题？
4. 什么是赠品？公司可以使用哪些类型的赠品？
5. 成功的赠品计划的关键是什么？
6. 竞赛和抽奖活动有什么区别？
7. 竞赛和抽奖活动中提供的奖品的两个主要组成部分是什么？
8. 互联网和社交媒体在竞赛和抽奖活动中扮演什么角色？
9. 返现与折扣有何不同？
10. 样品的主要类型有哪些？
11. 样品有哪些优势和劣势？
12. 提供红利包装有什么好处？
13. 降价策略有哪些优势和劣势？
14. 什么是叠加？什么是搭售？
15. 与消费者促销相关的四类消费者有哪些？
16. 贸易津贴的主要类型有哪些？
17. 什么是货位费用？什么是退出费用？
18. 贸易津贴有哪些难题？
19. 额外津贴如何与贸易竞赛相关？
20. 贸易激励的主要类型有哪些？
21. 描述合作销售协议。
22. 赠品或红利包装如何用于贸易激励？
23. 合作广告计划如何使制造商和零售商都受益？
24. 描述如何有效利用贸易促销。
25. 制定国际促销计划时必须解决哪些问题？

批判性思维练习

讨论题

1. 青少年和 13 岁以下儿童的细分市场非常重要，因为这个年龄段的人正在养成购买习惯，营销人员希望这些习惯在以后的生活中转变成品牌忠诚。CVS 销售封面女郎和美宝莲等知名品牌，以及 Bonne Bell、Jane 和 Naturistics 等年轻化的品牌。消费者通常不会选择去药店购买化妆品。如果你是 CVS 的营销经理，哪些消费者促销活动最适合吸引青少年和 13 岁以下的儿童到 CVS 的化妆品柜台？你会推荐哪类搭售或叠加？

2. 用你自己的话描述图 12－1 中列出的每种消费者促销的基本概念。假设 Sonic 雇用你当营销实习生。讨论各促销类型对Sonic来说是否适合。针对每种类型，列举一个你认为适合Sonic的例子。

3. 参阅图12-1中的消费者促销列表，根据你个人的使用情况讨论每种类型。你用过哪些？频率是多少？为什么？

4. 为以下产品设计带有可拆式优惠券或赠品的杂志广告。使用优惠券或赠品时，请务必设定有效日期和其他限制，例如每位客户仅可使用一次优惠券和每次购买可使用一次优惠券。在设计之前，你可能需要上网搜索以参考一些优惠券或赠品的样本。

a. 日光浴沙龙

b. Dixie印刷公司

c. Hamburger Haven

d. BriarPatch冰激凌

5. 罗林斯体育器材公司计划在本季度提升棒球手套的销量。该公司打算使用优惠券。讨论对罗林斯来说本章列出的每种优惠券分发方法的优缺点（见图12-2）。罗林斯应该使用哪种方法？为什么？

6. 为了保持强大的品牌形象，露华浓的营销团队决定为每种口红产品提供赠品。针对以下列出的每个目标市场，你建议露华浓使用什么类型的赠品？你会使用哪种赠品？证明你的答案。

a. 女性，年龄60岁以上

b. 青少年，年龄14～19岁

c. 大学生，年龄18～25岁

d. 职业女性，年龄30～50岁

7. 解释竞赛和抽奖活动的区别以及外在奖励和内在奖励的区别。当地高档服装精品店Toggery希望利用竞赛或抽奖来产生商店流量。对Toggery来说，两种方法的优点和缺点各是什么？你会建议Toggery使用哪一种？为什么？简要描述你设想的竞赛或抽奖活动。

8. 你多久参加一次竞赛或抽奖活动？你参与的最后一场竞赛是什么？为什么参与？讨论参加竞赛和抽奖活动时外在奖励和内在奖励的重要性。如果你很少或从未参加过竞赛和抽奖活动，为什么？有什么类型的内在奖励和外在奖励你才会参与？

9. 视频游戏给许多公司带来了主要收入。一家制造商决定使用样品来触及年龄在15～30岁的主要目标市场。可以采用以下两种方法中的一种分发样品：将实际游戏加载到计算机上供目标群体使用；向潜在客户发送游戏的简略版本。哪种方法更好？为什么？使用本章提供的分发样品的方法列表，就这个新的视频游戏而言，讨论每种方法的优缺点。你会推荐哪种方法？为什么？

10. 根据消费者促销的响应方式可以将消费者分为四类：易于促销型消费者、品牌忠诚型消费者、价格敏感型消费者和品牌偏好型消费者。列出对你个人而言符合各个类型的两种产品或服务。例如，购买软饮料时你可能会有促销倾向（你最喜欢的品牌是“特卖品牌”），但是当你买鞋子（耐克、锐步）时，你会非常忠诚。是什么决定了你所讨论的产品符合哪种类型？

11. 根据消费者促销的响应方式，消费者可分为四类（见图 12－8）。用你自己的话解释每个群体的特征。假设你是 Chic Shaque 的营销实习生，Chic Shaque 是一家售卖时装、床上用品、浴室用品、礼品和家居装饰的零售商。对于每个消费者促销群体，列出你认为最佳的消费者促销活动。解释原因。在你列出的四类消费者促销活动中，你会推荐 Chic Shaque 使用哪种？为什么？

12. 采访三个曾在国外生活的人，了解在这些国家使用消费者促销活动的情况。列出那些使用频繁的和未使用的促销活动。向全班介绍你的发现。

学生项目

创意角

访问 Springfield Cardinals 棒球队的网站，从以下特殊日期中选出两个，为其设计广告。确保每则广告都包括一个消费者促销活动，可以是网站上提到的，也可以是你自己想出来的。

开幕日

母亲节

季后赛

父亲节

劳动节

夺冠庆典

第13章

公共关系和赞助计划

本章目标

本章旨在回答如下问题：

» 公共关系与公司的营销活动之间存在什么关系？
» 公共关系职能如何与所有内部和外部利益相关者建立更好的联系？
» 公司可以将哪类积极的形象塑造计划作为公共关系计划的一部分？
» 在发生负面事件时，公司可采取哪些措施来预防或减小形象损害？
» 营销人员如何将赞助计划与公共关系工作联系起来以加强客户基础？
» 事件营销在引发客户兴奋和品牌忠诚方面可以发挥什么作用？
» 公司如何使公共关系、赞助和事件营销适应国际环境？

本章概要

传统的促销组合包括广告、促销、人员推销和公共关系。组合中的前三个要素已经讲过了，本章讲述第四个要素：公共关系以及与之相关的赞助计划和事件营销。

公共关系、赞助计划和活动有助于整合营销传播计划。从公司信笺和文具的外观到广告、促销品、新闻稿中的信息以及任何赞助计划，每一次营销活动都会出现一致的信息。目标仍然是确保公司的整合营销传播计划的每个组成部分都以一个声音说话。将这一目标扩展到公共关系和赞助是营销团队的一项重要任务。

本章首先讨论了整合营销计划中公共关系功能的本质。其次，概述了赞助计划和事件营销策略，展示了公司如何与现有客户、新潜在客户、供应商和其他人建立高质量的联系。成功的、积极的公共关系和赞助项目提升了公司的形象，公司的品牌也因为更受欢迎而更加知名。最后，本章总结了与公共关系工作有关的国际问题。

为州际电池公司赢得颜色

什么是用一种颜色？在赛车世界中，州际电池公司使用绿色、红色和白色，获得了巨大的声誉。与有效的赞助和其他营销活动相结合时，就产生了品牌认知度、品牌忠诚度和品牌粉丝。州际电池是北美地区首屈一指的替代品牌电池。

20 年前，州际电池公司董事长诺姆·米勒（Norm Miller）和乔·吉布斯（Joe Gibbs）建立了合作伙伴关系，赢得了比赛的胜利和营销成功。它开始实施州际电池全美比赛（Great American Race）赞助计划，这是一项越野驾驶活动，沿途停靠 44 个城市，从而与批发商、经销商、消费者和媒体建立了联系。州际电池公司的广告和赞助经理查理·布里姆（Charlie Brim）表示，其目标是以一个真正的草根媒体计划在消费者市场中打造品牌。随着计划的结束，州际电池公司进入另一个舞台：NASCAR 车赛。

起初，比赛在较小的场地举办，目的是触及目标观众——机械师和零件经销商，他们大多是男性。那时，乔·吉布斯已经到达了橄榄球教练奖的巅峰——他带领的华盛顿红皮队（Washington Redskins）在超级碗比赛中获得了两次胜利；然而，他始终对赛车保持着极大的兴趣。米勒与吉布斯建立起非常成功的伙伴关系。该团队首先达到 Sprint Cup 水平或 NASCAR 车赛的顶级水平。与冠军车手戴尔·贾勒特（Dale Jarrett）合作取得了无数胜利。

为了在电视和赛道上脱颖而出，州际电池公司的汽车被包装成明亮的荧光绿色，与明亮的红色数字 18 形成鲜明的对比。绿色一直是该公司电池的主要颜色。当时，绿色与坏运气联系在一起，所以这个决定十分大胆。凯尔·布施（Kyle Busch）是车队的主力车手，他已经成为这项运动中最成功的车手之一。

州际电池公司在 NASCAR 车赛中举办招待活动。场地附近的帐篷可容纳 650 名客人。经销商、批发商、全国客户（包括本田、丰田等汽车厂商）、包括 Firestone 和开市客在内的零售商、潜在的零售加盟商、公司员工以及其他公司合作伙伴被邀请来享受食物、饮料，并与州际电池公司高管和比赛员工交流。州际电池公司的员工和志愿者负责管理帐篷，而不是交给独立的供应商。游客可以在活动现场拍照，并可获得乔·吉布斯和凯尔·布施的亲笔签名。乔·吉布斯的合作伙伴如玛氏、联邦快递、家得宝、丰田在不同的赛道与州际电池公司开展促销活动，包括为彼此的客户和客人提供住宿。

几年前，州际电池公司在一辆白色汽车上印刷大而明显的公司图案。图中是一个冲破引擎盖的电池，就好像电池是汽车的主要能源一样。现在，这一形象出现在公司各种营销材料中，包括路线车背面的贴标、日历、小册子、零售现场的招牌、名片、各种活动的横幅、广告、公司网站和旅游展示车。

州际电池公司最终决定减少比赛赞助，重新分配赞助资金。该公司与玛氏达成协议，分担年度比赛的费用。在一些活动中，白色的州际电池包装出现在汽车上，而在其他活动中，M&M's 巧克力豆、士力架、绿箭或其他玛氏产品的设计包装出现在汽车上。州际电池公司将减少赞助节省下来的部分资金用于全国性的电视、广播、数字和移动媒体广告，以吸引非 NASCAR 车赛的车迷和消费者。其他赞助包括小范围参与 JGRMX 的摩托车越野赛和超级越野赛的团队（由乔·吉布斯的儿子科伊·吉布斯（Coy Gibbs）拥有），目标是更年轻的客户，以及与冠军迈克·爱德华兹（Mike Edwards）一起参与全国改装式高速汽车协会（NHRA）的 Pro-Stock 组别赛。这些赞助计划和事件营销利用了公司及其合作伙伴的关键优势。在州际电池公司和 NASCAR 的案例中，乔·吉布斯和诺姆·米勒之间的私人关系帮助公司成长并取得了成功。

13.1 公共关系

好莱坞有句老话："没有不好的宣传。"对于一个想让公众知道自己名字的坏男孩演员来说，这可能是真的；然而，在市场营销和传播领域，糟糕的宣传可能比没有宣传更恶劣。许多商业组织花很多时间来应对负面评论，同时努力开发积极的、引人注目的信息和主题。

公共关系（public relations，PR）部门负责管理宣传以及与公司有联系的群体的其他传播工作。公共关系部的有些职能与营销部相似，其他职能则完全不同。二者可以合作和协商，但各有其独特的角色。为了说明这一点，考虑一下墨西哥旅游局（Mexico Tourism Board）为增加旅客所采用的双管齐下的方法。该活动的一个组成部分是品牌宣传，口号是"你以为你知道的地方"。该活动的另一项内容是公共关系部门的工作人员计划开展一些工作，扭转美国新闻媒体报道的墨西哥充斥毒品和暴力的形象。这两个项目试图改变美国人对墨西哥的看法。[1]

一些专家认为，公共关系应该是营销部门的一部分，就像广告、贸易促销和消费者促销受营销经理的指导一样。一些人则认为，公共关系活动各不相同，无法在营销部门中有效运作。相反，公共关系部的成员应该担任营销部的顾问。还有一些人认为，应该设立一个新的部门"传播部"，来监督市场营销和公共关系活动。

内部和外部公共关系

由谁来处理各种公共关系活动是公司领导需要做出的一个重大决定。可以由内部公共关系员工或部门管理，也可以聘请公关公司完成特定的项目或管理公关职能。当一个公司保留公共关系代理时，通常由公司员工负责内部的公共关系，因为大多数公关公司只处理外部的公共关系。

选择广告代理公司使用的决策标准也适用于选择公关公司。与公关公司建立信任关系并清楚地说明公司对代理机构的期望是重中之重。

公共关系的工具

负责公共关系的员工使用许多工具，包括公司通讯、内部消息、公共关系发布、与股东的通信、年度报告、各种特殊活动以及越来越多的社交媒体场所。连公司休息室里的公告牌都在向内部利益相关者传递信息。

对公关公司来说，目标就是获取**点击数**（hit）或在新闻报道中提及公司的名称。就其影响而言，点击数可以是积极的、消极的或中性的。每次点击都增大了消费者在新闻相关的背景下看到公司名称的机会，这可能会提高品牌或公司的知名度。代理机构还应考虑所描绘的公司形象的类型。更谨慎的策略可能是在确保提到公司时是积极的形象，并能在加强公司整合营销传播主题的情况下寻求更少的点击数。

公关公司的人员应该熟悉客户采用的整合营销传播方法，致力于提出强化主题的想法。公关公司可策划特别的事件、活动和新闻发布，以强化客户公司的声音。

13.2 公共关系职能

公共关系活动不是标准的营销职能。营销部门主要关注顾客和通向这些顾客的渠道成员，比如批发商和零售商。公共关系部门则关注内部和外部利益相关者，包括员工、股东、公共利益群体、政府和社会。图 13－1 列出了公共关系的五项关键职能。无论是内部员工还是雇用的公关公司的员工，他们都要执行这些职能。

· 确定内部和外部利益相关者	· 开展积极的形象塑造活动
· 评估企业声誉	· 预防或减小形象损害
· 审核企业社会责任	

图 13－1　公共关系职能

确定利益相关者

公司传播活动中每个接收者都很重要。任何与公司有联系的成员都应该得到明确统一的回应。**利益相关者**（stakeholder）是在组织活动中有既得利益的个人或团体。既得利益可能包括：

- 作为普通股股息支付的利润；
- 贷款机构寻求获得的贷款还款；
- 公司的销售或公司的购买；
- 支付给员工的工资；
- 社区福利；
- 特殊利益主题。

从本质上说，各种各样的名目会让人们或其他公司相信他们与公司的活动有利害关系。公关关系员工观察利益相关者，并在适当的时候与他们定向沟通。图 13－2 列出了公共关系部门监管的主要内部和外部利益相关者。

· 员工	· 媒体
· 工会	· 当地社区
· 股东	· 金融社区
· 渠道成员	· 政府
· 顾客	· 特殊利益群体

图 13－2　利益相关者

与这些利益相关者的沟通是至关重要的。为了确保一致性，公司领导者制定了符合整合营销传播计划和公司形象的传播策略。应确保传递给每个利益相关者的信息总体保持不变。然后，可以定制信息以满足不同受众的不同期望。通过定制内容、风格和渠道，每个利益相关者群体都可收到与其产生最佳共鸣的信息，这些信息与其他信息保持一致。

公共关系部门除了向利益相关者发送信息外，还研究每个群体的行为和意见。当态度、新观点或重大关切发生变化时，公共关系部门随时准备做出反应。该部门负责确保与这些公众的所有传播活动都能始终如一地展现公司的信息和形象。

内部利益相关者

有效的管理者了解高质量的内部沟通的价值。员工提供了一个与组织外的人沟通的强大渠道。他们可以提升或损害公司的声誉。员工对别人说的话比公司自己讲的话更可信。口碑传播包括员工的非正式声明，会影响购买和投资决策。[2]

员工会收到源源不断的公司信息。有许多人并不在营销和公关部门工作，他们应该知道公司想通过整合营销传播计划实现什么，即使只了解基本信息。那些与营销部门关系最密切的人，比如服务客户的员工，将更加敏锐地意识到整合营销传播计划的本质，包括公司的信息主题应该如何传递给员工。

为了与员工有效沟通，公共关系部门与人力资源部门合作。针对员工的出版物和传播活动应与公司向客户和其他人展示的形象和信息保持一致。当公司宣传员工随时准备协助客户时，公关团队应确保员工了解该信息。员工行为应该反映传递给客户的宣传主题。人力资源部门负责寻找和雇用那些被这种方法吸引的人。绩效评估和奖励应有利于人们加入公司整合营销传播计划。这种强调提供有关公司活动的高质量信息的做法应该用于每个公共关系活动和赞助计划。

外部利益相关者

外部沟通仍然是一项艰巨的任务，因为公司对外部公众如何看待组织活动几乎没有影响力。外部利益相关者包括媒体、当地社区、金融界、政府和特殊利益群体。公司无法控制这些群体的言论以及他们如何解释信息。公关机构应不断传播积极的信息，并对负面的宣传或投诉快速做出反应。

一个完整的整合营销传播计划负责向内部和外部利益相关者传递每一条信息。每个接触点都提供了展示质量信息的机会。营销部门与现有客户和潜在客户建立联系。公共关系部门处理了大量没有建立或没有计划的接触点，这项工作同样重要。一个计划外的接触点，比如一个新闻故事或一个人在社交聚会上与公司的员工交谈，可以让公司建立积极的形象，或将所有负面信息的影响降到最小。处理计划外的接触点很有挑战性。继续调查公司周围发生的事情，是让成员满意的关键之一，同时要努力使公司免受负面宣传的影响。

评估企业声誉

公司的声誉是脆弱的却有价值。受欢迎的公司和品牌名称能在经济繁荣时期增强企业实力，在危机或问题发生时保护企业。公司的声誉影响消费者决定购买哪个品牌。投资者根据公司声誉来选择要投资的公司。这些评估也会影响到潜在员工决定是否申请某个特定组织的职位。

企业丑闻、会计欺诈、经济和金融衰退削弱了消费者的信心。爱德曼信任度晴雨表（Edelman Trust Barometer）的报告显示，56%的受访者表示他们不相信企业会做正确的事情。[3] 公司的行为以及组织内个人的行为都会影响公司的声誉。图 13－3 指出了可能影响公司形象的活动。

破坏形象的活动	塑造形象的活动
· 歧视	· 给员工赋权
· 骚扰	· 慈善捐赠
· 污染	· 赞助当地活动
· 误导性沟通	· 销售环保产品
· 欺骗性沟通	· 再就业辅导项目
· 冒犯性沟通	· 支持社区活动

图 13－3 影响公司形象的活动

评估和管理公司的声誉与推广产品同样重要。然而，只有不到一半的美国公司有专人负责公司声誉。许多公司领导者对消费者、投资者、员工和公众对公司的看法或言论几乎一无所知。如果公司领导者不了解人们对公共关系的看法，公司就无法有效地实施公共关系计划。

当公关人员进行调查和访谈来了解公众对组织的看法时，评估就开始了。监管在线聊天、推文和社交媒体可以得到额外的信息。这些工作可以在公司内部完成，也可以由公关公司来做。研究有关公司声誉的外部和内部观点，可以使人们对公司有更全面的了解。

审核企业社会责任

企业社会责任（corporate social responsibility）是指一个组织有道德、有责任和对社会需求做出反应的义务。它意味着公司采取积极的行动为了社会的更大利益而努力。全球化和公众对企业透明度日益重视导致企业越来越重视社会责任。波士顿大学企业公民中心（Center for Corporate Citizenship）主任布拉德利·古金斯（Bradley K. Googins）表示："不同品牌之间的区别最初是质量，然后是技术。现在，真正回到声誉上来。问题在于你想和谁做生意以及消费者和产品之间的关系如何。"[4]

对 28 个国家的 10 000 多名成年人进行的调查得出以下有关企业责任的信息[5]：

- 78%的人表示透明度是必需的，不是公司可以选择的。
- 72%的人希望公司反对不公正。
- 71%的人认为公司有责任做更多的事情而不仅仅是创造利润。
- 67%的人认为企业和政府一样应为推动积极的社会变革负责。
- 63%的人认为大公司比一些国家更有能力引发社会变革。

商业专家认为，具有社会责任感的公司更有可能生存下来并得到长期发展。从事积极活动的公司通常会带来高质量的宣传和客户忠诚度。那些致力于消除不公平行为、污染、骚扰和其他负面行为的公司不太可能遭到起诉。此外，不满意的员工或消费者对这类公司的负面评价也更少。合理地管理这些活动可以树立积极的企业形象。

企业社会责任、**目标营销**（purpose marketing）或**亲社会营销**（pro-social marketing）成为一种新趋势，包括关注公司价值观、行为和信仰的广告。这些信息表明公司以一种对社会负责的方式运作。例如，外衣和运动装备品牌巴塔哥尼亚（Patagonia）就注重社会活动，而不是在传统广告上投入。巴塔哥尼亚营销副总裁乔伊·霍华德（Joy Howard）表示："我们的使命是解决世界上的问题。"最近，该公司鼓励消费者通过修补衣服而不是购买新衣服来促进可持续发展。巴塔哥尼亚另一项倡议关注拆除美国各地的水坝以促进河流恢复。巴塔哥尼亚的高管认为，通过"企业来帮助解决环境问题"非常重要。[6]

开展积极的形象塑造活动

为了正面影响消费者和其他利益相关者对公司的看法，许多公司从事公益营销和绿色营销。这些有计划的活动使人们认为组织是一个致力于履行社会责任的企业公民。公共关系部门以新闻稿的形式发布信息，举行新闻发布会，突出这些积极的、塑造形象的活动。

公益营销

为了产生商誉，**公益营销**（cause-related marketing）计划将营销活动与慈善机构联系起来。美国企业每年支付超过 15 亿美元以获得在公司广告和营销计划中展示非营利组织的名称或徽标的授权。[7] 非营利组织和营利性企业之间的此类合作协议假定消费者更愿意购买支持公益的公司的产品。营销人员参与公益营销活动以与消费者建立更紧密的联系，并使消费者和企业转向品牌忠诚型。Cone Communications 和 Roper Starch Worldwide 的调查显示：

- 78%的消费者更有可能购买与他们关心的公益事业相关的品牌。
- 54%的人愿意为与他们关心的公益事业相关的品牌支付更多。

这些好处促使公司开展公益营销活动。不能给商业赞助者带来积极利益的关系不会持续太久。在选择公益事业时，市场营销和公共关系团队主要关注与业务相关的问题。支持这些工作会产生更大的信誉。

菲亚特克莱斯勒（Fiat Chrysler）的 Ram 卡车部门与 Famers and Hunters Feeding the Hungry（FHFH）合作，猎人捐出他们的一些猎物给饥饿和不幸的人。拉姆的广告公司 Richards 集团设计了四则电视广告，突出了猎人艰苦的生活及与 FHFH 的关系。平面广告是针对户外运动爱好者设计的。这些广告宣传了卡姆卡车，也强调了公司在为饥民提供食物方面的贡献。

对非营利组织的好处　公益营销可以帮助非营利组织。商业世界和非营利组织的竞争加剧，越来越多的非营利组织为捐款和礼物而竞争。与企业的战略关系可以促进对非营利组织的捐赠。通用磨坊旗下的优诺（Yoplait）发起的一项活动为苏珊·科曼乳腺癌基金会（Susan G. Komen Breast Cancer Foundation）筹集了 1 000 多万美元。以"救死回生"为口号，每有一个消费者归还一个优诺盖子，通用磨坊就捐赠 10 美分。[8] 这种关系直接增加了优诺的收入，也为基金会做了积极的宣传。

大多数时候，企业领导者选择他们希望支持的非营利组织。而有时候情况正好相反。国际鸟类救援研究中心（International Bird Rescue Research Center）的创始人艾丽丝·伯克纳（Alice Berkner）获得了一笔小额资助，用于测试主要的洗碗皂是否能清洗因石油泄漏而受伤的鸟类。结果表明宝洁的 Dawn 洗涤剂效果最好。当伯克纳为支持这项公益事业第一次与宝洁接触时，宝洁拒绝了她。之后，在一次严重的石油泄漏事件中，志愿者利用 Dawn 清除掉覆盖在鸟类身上的黑色原油。随后媒体进行了广泛报道。目前，宝洁每年向该研究中心捐款约 10 万美元。卡普兰·泰勒集团（Kaplan Thaler Group）制作的一则电视广告显示，一只小鸭子、企鹅和海豹正被人们用 Dawn 洗涤剂清洗。没有画外音，只有乔·珀迪（Joe Purdy）演唱的歌曲 Wash Away。屏幕上的文字显示，Dawn 帮助拯救了数千只被漏油事故所困的动物。[9]

公共关系和公益营销之间存在着复杂的联系。公司需要宣传才能从公益营销中获益。然而，如果过度宣传，人们会认为公司做公益只是为了商业利益。此外，当公司支持一项不相关的公益事业时，消费者可能会认为公司只是想从非营利组织的声誉中获益。这可能会导致一些人停止购买公司的产品，或者认为公司希望掩盖不道德行为。

许多消费者对企业向各种慈善机构捐款的动机持怀疑态度。在一项针对英国消费者的调查中，绝大多数人表示，公司应该把资金花在与公益事业相关的传播上。2/3 的人认为这个数额不应该太大。大多数受访者表示，他们的购买决定受到公司支持的公益事业的影响。因此，有必要让人们了解公司与公益事业相关的活动，然而，这样做需要在宣传和可能被视为企业扩张之间保持一种微妙的平衡。[10] 尽管大多数人都明白企业一定会从这种关系中获益，但当他们认为企业利用了与非营利组织的关系时，往往会对公司产生负面看法。

绿色营销和环保活动

绿色营销（green marketing）包括开发和推广环保的产品。大多数消费者支持绿色营销。一项调查显示，58%的美国人试图节约用电，46%的人会回收报纸，45%的人回收瓶子或罐子，23%的人购买用回收材料制作或包装的产品。[11]

虽然消费者说他们支持绿色营销和环保产品，但只有当所有因素都被认为是公平时，他们才会实际购买这些产品。大多数消费者通常不会为了环境而牺牲价格、质量、方便、可用性或性能。咨询公司科尔尼（A. T. Kearny）的合伙人戴维·唐南（David Donnan）说："每个消费者都说我想保护环境，我在寻找环保产品。但是，如果价格上涨一两美分，他们就不会买了。人们说的和做的不一致。"[12]

为了从绿色营销中获益，公司的营销团队需要识别最受环保产品吸引的细分市场。在美国，可以根据购买绿色产品的倾向和对环境问题的态度将消费者分为五类。只有 9%的美国消费者被归为"真正的绿色环保主义者"，另有 6%被归为"背后的绿色环保主义者"。真正的绿色环保主义者是积极的环保主义者，他们支持环保产品，购买绿色品牌。背后的绿色环保主义者购买环保产品，但在政治上并不活跃。其他三个群体对环境保护的承诺较少或没有承诺。[13]

在确定对绿色营销的重视程度时，管理者会问三个问题：公司的客户群中有多大比例适合绿色营销？品牌或公司是否可以从绿色路线的竞争中脱颖而出，成为领先者？公司目前的目标市场是否会因为采用绿色营销方式而被疏远?

促进绿色活动　几乎所有的公司都说它们是环保组织，并在公司网站上发布有关环保活动的信息。不同公司宣传这些活动的程度差别很大。[14] 可口可乐试图保护环境，但大多数人并不知道该公司的努力。可口可乐投资了各种回收项目，设计可回收包装，由于担心这些信息可能会降低产品对一些消费者的吸引力，可口可乐没有宣传。

另一种方法是首先促进产品的直接、有形的利益，而将环境利益作为次要因素。丰田推出普锐斯时强调燃油效率，告知消费者会降低油耗。虽然普锐斯是一款环保、节油的混合动力汽车，但宣传活动仅提到了这一功能，没有强调。公司营销人员认为，真正的环保人士会购买混合动力汽车；对于那些非环保主义者来说，这一功能并不重要，因为这款车拥有较高的燃油效率。

一种新方法是在品牌线内开发绿色产品。李维斯（Levi Strauss）出售由再生塑料瓶制成的时髦牛仔裤。耐克生产的 FlyKnit 鞋使用纱线而不是皮革鞋面。鞋子更合脚，并且减少了浪费。在这两种情况下，公司都试图吸引环保型消费者。[15]

一些公司将环保活动整合到整体业务设计和营销中。当主要客户群由真正的绿色环保主义者和背后的绿色环保主义者组成时，这种方法可以达到最佳效果。美体小铺（Body Shop）、巴塔哥尼亚、Honest Tea 和 Seventh Generation 都采用了这种方法。Honest Tea 把社会责任融入公司的每一项活动，从生产过程到产品营销。该公司以可降解茶包、有机成分和社区合作伙伴为特色。其营销计划强调对环境和社会问题的关注和支持。

Seventh Generation 生产含有天然成分的清洁产品长达 20 年。尽管有环保意识的消费者都很熟悉这个品牌，但其他人很少听说。为了提高知名度，该公司聘请明尼阿波利斯的创意广告设计机构 Carmichael Lynch 为其制作平面和电视广告，宣传该品牌的安全和绿色成分。该活动的目的是向消费者介绍产品和保护环境的重要性。[16]

漂绿　大多数商业领袖认为他们的公司应该参与保护环境和开发绿色产品。然而，营销重点各不相同。有博主曝光了声称生产绿色产品的公司，指出这些公司并没有这么做。当这些信息出现在博客和其他社交媒体上时，假装环保或“漂绿”会损害公司的声誉。诚实和透明是环境友好型整合营销传播计划的两个重要组成部分。

预防或减小形象损害

公共关系的另一项职能是**损害控制**（damage control），包括对公司失误、消费者不满以及不合理或夸大的负面报道所引发的负面事件做出反应。负面宣传和负面事件会迅速损害公司形象。花数年时间打造的强大公司形象可能很快被摧毁。黑客入侵客户信用卡数据后，目标商店的销售额暴跌。几次病菌爆发导致 300 多人患病后，Chipotle 的销售受到影响。在这两种情况下，一些公司永远失去了客户，一些公司的客户迟迟没有回来。

坏消息往往传得很快，产生负面宣传的并不总是媒体。有时负面的口碑传播来自顾客、员工或其他与公司有关的人。互联网使个人有可能在很短的时间内叙述糟糕的经历，并面向数千人发表负面评论。

损害控制适用于两种情况。第一种情况发生在公司犯了一个错误，或者引起消费者或公众的合理不满时。第二种情况发生在出现不合理或夸大的负面新闻时。维护组织的形象和处理损害控制有两种形式：积极预防策略和反应性损害控制策略（见图 13－4）。

- 积极预防策略
  - 赋权
  - 增强
- 反应性损害控制策略
  - 互联网干预
  - 危机管理计划
  - 道歉策略
  - 印象管理技巧

图 13－4　预防或减小形象损害的措施

积极预防策略

积极预防意味着不能等到造成损害的宣传出现后才做出反应，许多公司要求员工提前将未来负面新闻的影响降到最小。积极主动的方法有助于从一开始就防止负面宣传出现。这类方法包括授权和增强。[17] **授权**（entitling）是努力对事件的积极结果负责。**增强**（enhancement）是努力在公众眼中增大事件理想结果的影响。

当一个公司名称与一个积极的事件联系在一起时，就会发生授权。例如，获得奥运会金牌的个人或团体的官方赞助商将公司的名称与这些人的体育成就联系在一起，尽管他们不为公司工作，但广告可能暗示公司助力这些人取得了成功。[18] TD Ameritrade 的一场广告宣传活动讲述了七名运动员的故事，展示了他们的奥运征程以及坚韧精神。广告的主题是 Ameritrade 可以帮助投资者实现长期目标，就像这些运动员在奥运会上一步一个脚印地实现目标一样。[19]

当市场营销或公共关系部门暗示相对较小的事情是大事件时，就会出现增强。任何“购买国货”的计划都被宣传为爱国主义和对经济（以及当地工作者）有利，旨在提升销售这些商品的公司的形象。新闻稿指出，“购买国货”这一特征有助于向消费者强调这些优势。

反应性损害控制策略

公司领导者经常必须对无法预见的事件做出反应。在这种情况下，管理者会努力减小有害的负面宣传的影响。公司可以用来减少负面宣传的反应性损害控制策略包括网络干预、危机管理、道歉策略和印象管理（见图 13－5）。

- 网络干预
- 危机管理
- 道歉策略
- 印象管理

图 13－5　反应性损害控制策略

网络干预　公司试图通过**网络干预**（internet intervention）来对抗网络口碑。社交媒体和博客有利于消费者传播负面口碑，吐槽糟糕的体验。世界各地的消费者都在讲述有关公司或产品的令人憎恶的故事。个人可以在网上发表任何言论，甚至是描述各种行业、公司或品牌的不公正言论。

网络渠道允许人们发泄情绪，这可能会损害公司的声誉。福特、百事、丰田、西南航空等公司使用软件并指派员工监测互联网帖子、社交媒体评论和推文。即使有些技术工具，监测一家公司的所有相关信息仍然是一项艰巨的任务。每天涉及的贴子可能有数百个，员工必须迅速决定进一步调查哪个帖子。微软高级营销经理马库斯·施密特（Marcus Schmidt）提出：“如果你看到很多人开始转发，就一定要关注。”

可口可乐的软件识别出一位苦恼的消费者发的推文，这位消费者无法参与 My Coke

奖励计划兑换奖品。这位消费者的简介显示他有超过 1 万名粉丝。可口可乐社交媒体负责人亚当·布朗（Adam Brown）在推特个人主页上发布了道歉声明，并表示愿意提供帮助。于是这位消费者获得了奖品。后来，他把自己在推特上的头像换成了自己拿着一瓶可乐的照片。布朗指出："我们明白了一点，如果你不回应，你就不会被视为一个真正的品牌。"[20] 并不是所有的活动都需要正式的回应。不过，社交倾听能让公司领导层了解人们在说什么、想什么。

危机管理　在**危机管理**（crisis management）计划中，公司要么接受指责去道歉，要么以强有力的方式驳斥指控。危机可以被看作一个问题，也可以被视作一个机会。通常，危机具有提高公司地位和改善形象的潜力。

几年前，百事公司曾面对在其产品中发现皮下注射针头的谣言。管理团队很快用照片和视频做出了回应，证明这样的事情是不可能发生的，因为瓶子在装满之前瓶口是朝下的，之后播放了一个骗子将针头插入瓶子的镜头。这个快速有力的回答消除了负面宣传，百事也得以就灌装方法的安全性发表了一份强有力的声明。

不幸的是，一些公司领导者只会让事情变得更糟，就像丰田对汽车质量问题的最初反应那样。不断的否认并没有被公众接受，尤其是当问题不断出现时。得知丰田的管理团队已经意识到这些问题却没有试求纠正时，许多人感到愤怒。最终，丰田汽车公司总裁丰田章男（Akio Toyoda）被传唤到华盛顿，在众议院监督和政府改革委员会面前作证。

丰田意识到自己的形象被迅速侵蚀，公众对公司的抗议日益高涨，于是通过印刷媒体、电视和社交媒体网络发起了一场全面的公关活动。整版报纸广告和几家电视广告称，丰田暂停了生产，随后发布了道歉信息，一定会度过危机。与此同时，丰田设立了一个社交媒体响应室，员工负责监控在线对话，对消费者的担忧做出回应。[21]

道歉策略　另一种反应性损害控制策略是**道歉策略**（apology strategy），当调查显示公司有过错时，公司应该使用这种策略，迅速真诚地道歉。道歉应该包括图 13-6 中列出的五个要素。[22]

1. 表达愧疚、不安和后悔
2. 发布承认不当行为和接受处罚的声明
3. 拒绝不当行为
4. 赞成正当的行为并且承诺不参与不当行为
5. 提供赔偿或忏悔以纠正错误

图 13-6　道歉策略的要素

公司会在轻微违规或者公司或个人无法否认责任的情况下道歉。这是一种与公众建立情感联系的有效策略。消费者不太可能对承认错误的公司保持愤怒。当他们认为道歉是真诚的、发自内心的时候，通常会原谅公司，有时在事后对公司持更积极的看法。

在一些门店爆发大肠杆菌疫情后，快餐店 Chipotle 采取了道歉策略。它改进了食品安全系统，并与一家外部供应商签订了每季度审核餐厅的合同。公司领导者希望消费者知道他们对发生的事情感到后悔，并尽一切努力确保不再发生类似事件。当美国疾病控制中心（Centers for Disease Control，CDC）表示大肠杆菌问题已经得到解决时，公司立即开展了一场声势浩大的综合广告宣传活动，包括户外、广播、电视、印刷和数字广告，以重新赢得消费者。营销专家认为，在这种情况下，公司能做的最好的事情就是立即承认错误。不回应或不承认错误更容易被人们牢记。[23]

印象管理 试图投射某种类型的形象或**印象管理**（impression management）包括试图有意识或无意识地控制在真实或想象的社会互动中投射的形象。[24] 为了维护或提升形象，个人和公司试图影响自己向他人展示的身份。可以用一种最大化积极特征同时最小化所有消极因素的方式来描述个人或公司。

任何威胁个人形象或公司身份的事件都会造成困境。当面对负面事件时，公共关系员工会齐心协力减小负面影响或使其最小化。当困境无法避免或隐藏时，个人或公司会采取减少潜在有害后果的补救措施，包括表达无辜、借口、辩解和其他解释。

表达无辜意味着公司领导者提供信息的目的是说服其他人（客户、媒体和政府）相信公司与事件的起因无关。他们会说："这不是我们造成的，是别人造成的。"

借口是一种旨在让公众相信公司及其领导者对当前的困境不负有责任或者困境无法预见的解释。因此，公司不应该被追究责任。领导者可能会说："这完全是不可避免的。这是个人的随机行为。"

辩解包含使用旨在降低与困境相关的消极性程度的逻辑方法。一种形式是使事件看起来微不足道。另一种形式是公司不得不按照过去的方式运行（"我们将部分生产流程外包，因为如果我们不这样做就会破产，我们的员工也会失业"）。

其他的解释可能想说服个人事件的原因并不代表公司或个人的真实情况。换句话说，这起事件是一个例外，客户不应该对公司过于苛刻。你会听到这样的评论："这是一个特殊事件，并不代表我们做生意的方式。"[25] 嘉年华邮轮公司的凯旋号发生火灾，3 200 名乘客和船员被困五天。除了宣称这是一起个别事件，公司还邀请了 10 名 Instagram 活跃用户乘船游览，就他们的经历发表评论和照片。[26]

每个公司的管理团队、营销部和公共关系专家应该敏锐地意识到事件对公司形象造成巨大损害的速度。管理者可能会采取积极预防和反应性损害控制措施，以确保公司在负面宣传中生存下来，减小长期形象损害。

13.3 赞助

为了建立品牌忠诚度和培养对公司的其他积极感受，许多营销领导者利用赞助和事件营销。这些计划为潜在客户、现有客户、供应商和其他人聚集在一起创造了机会。参与赞助活动或特殊事件的人对活动产生了好感，这些积极的态度很容易转向提供资金的公司。[27]

赞助的形式

赞助营销（sponsorship marketing）是指公司出钱赞助某个人、某个团体或某项活动的一部分。公司可以赞助众多团体、个人、活动和事件。企业赞助各种各样的对象，从当地的少年棒球联盟和足球队到全国的音乐巡演、NASCAR 车手和体育场馆。

北美每年的赞助支出超过 210 亿美元；在全球范围内，这一数字接近 600 亿美元。[28] 图 13 - 7 列出了支出细目。体育赞助约占所有赞助的 70%。因为体育赛事很受欢迎，经常吸引大批观众。除了现场观看比赛的观众，还有很多人通过电视收看。因此，受欢迎的运动员通常是有效的代言人。如果可能，公司应该做个人或团队的独家赞助商，这比有多个赞助商时更容易被记住。

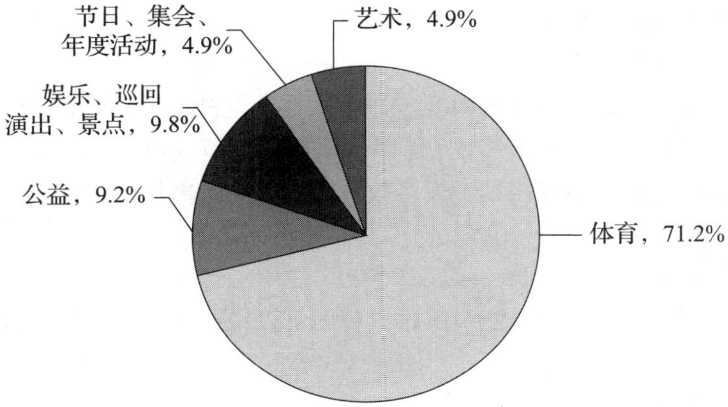

图 13 - 7　赞助营销支出

赞助成为福特 F 系列超级载重卡车整合广告和营销活动的重要组成部分。尽管整合宣传活动包括电视广告、平面广告和在线聊天，但活动的核心内容是赞助托比·基思（Toby Keith）的巡回演唱会——“美国最硬汉的巡回演唱会”。福特 F 系列卡车在音乐会上非常显眼，舞台上摆放着以卡车为主题的布景，至少一辆 F 系列卡车。除了巡回演唱会，福特还赞助了一场 Monster Jam 卡车秀和一个职业斗牛士。它还赞助了美国未来农民协会（Future Farmers of America）、美国季度马术协会（American Quarter Horse Association）和达拉斯牛仔队（Dallas Cowbcys）。[29]

许多品牌经理不投资大型体育项目，而是投资耐力比赛，如 Tough Mudder、斯巴达勇士赛（Spartan Race）和 CrossFit Games。安德玛（Under Armour）、Wheaties 和 Advil Tough 赞助了 10～12 英里的 Tough Mudder 障碍挑战赛。更严格的斯巴达勇士赛还有时间限制。CrossFit Games 拥有一系列极难的项目，来自齐名的狂热的健身训练计划。锐步是斯巴达勇士赛和 CrossFit Games 的冠名赞助商。该公司之所以选择这些独特的体育赛事，是因为参与者和观众比普通人更有可能是社交媒体达人。[30]

一些组织已经从赞助体育活动转向赞助文化活动，如古典乐团和爵士乐队、著名画家的艺术展、舞蹈团和各种戏剧表演的演员。并非每个公司都适合采用文化赞助。如果产品是卖给富裕消费者的，文化赞助会取得更大的成功。因此，金融机构往往成为这类表演者和演出的主要赞助者。过去，一些机构提供资金却没有得到认可。现在，营销人员将公司名称与文化活动紧密联系起来以借助慈善事业的力量。这包括在活动中显示公司名称，并且作为安排艺术家出席活动的实体，品牌或公司名称要定期提及。此外，赞助商通常会在演出时获得可提供给重要客户的席位。

社交媒体和博客

一种新的形式包括赞助博客。科琳·帕迪利亚（Colleen Padilla）今年 33 岁，是两个孩子的母亲，也是热门网站 ClassyMommy（classymommy.com）的创立者，她已经对近 1 500 种产品进行了评估，包括微波炉晚餐、任天堂 Wii 游戏机和婴儿服装等。她的网站每月可吸引 6 万访客。公司急切地将产品寄给她去测试，如果她喜欢，会在网站上发表积极的评论。当她不喜欢某件物品时，不会发表相关内容。帕迪利亚会告诉粉丝该品牌是否经她测试过。她还会发布一些带有品牌特色的视频。

对于一些博主比如德鲁·贝内特（Drew Bennett）来说，产品赞助已经成为有利可图的生意。起初贝内特每天拍照发博客，如今在他的网站 BenSpark.com 上评价赞助产品。他为赞助公司撰写了 600 多篇文章，每个帖子的收入通常在 5.35～10 美元。每当读者从贝内特的网站转到品牌网站，大多数赞助商会向贝内特支付 11～68 美分。

赞助目标

衡量赞助计划的直接影响可能很困难。赞助可以设计用来完成各种目标。赞助可以设法：

- 提升公司形象。
- 提高公司的知名度。
- 使公司在竞争中脱颖而出。
- 展示特定商品和服务。
- 帮助公司与现有客户和潜在客户建立更密切的联系。
- 销售过剩库存。

Green Turtle 餐厅通过赞助计划建立了知名度和积极的形象。这家公司通过赞助阿梅莉亚（Amelia）的“爱心骑行能手”活动为乳腺癌患者筹款。400 名骑手中约有 200 人在餐厅登记，300 人参加餐厅的赛后派对。该活动为慈善机构筹集了 2.8 万美元。餐厅的一名员工说：“这些活动和赞助把人性中好的一面用到了市场营销中。在触及客户方面，这比广告更有影响力。”[31]

13.4 事件营销

事件营销与赞助营销类似。二者主要的区别在于赞助营销涉及个人、团体或团队。**事件营销**（event marketing）发生在公司支持某一特定事件时。此外，事件营销和生活方式营销密切相关。这两种方式通常都包括设置展位或展览，并在事件中保持有形的存在。

赞助合适的活动可以提升公司的品牌知名度，有助于与供应商和客户建立更紧密的联系。参加或观看活动的员工士气会得到提升。赞助当地的活动，比如特奥会，通常会产生免费的宣传效果。这些事件增强了公司在当地社区的形象。

与赞助一样，许多事件营销都涉及体育赛事。有的事件与生活方式有关。由李维斯赞助的牛仔竞技表演、由当地企业举办的音乐会或由当地医院举办的健康展览会都属于事件营销。

事实证明，事件营销在西班牙裔消费者中尤其成功。它是建立品牌知名度和品牌忠诚度的很好的方法。考克斯传媒（Cox Communications）的雷纳塔·弗朗哥（Renata Franco）指出："拉美裔更以社区为中心，事件营销效果很好。"当考克斯传媒赞助一场西班牙语活动时，公司聘请了双语品牌大使，他们可以跟参与者交谈。[32]

选择赞助和事件

选择赞助或事件涉及几个步骤。为了确保最大的收益，公司员工应遵循图 13－8 中列出的步骤。

- 确定目标
- 使受众与公司的目标市场相匹配
- 促进赞助或事件
- 在事件中做广告
- 追踪结果

图 13－8　选择赞助或事件的步骤

确定目标

在参与赞助或事件之前，公司领导者要概述传播目标。针对奖励客户的目标，营销人员寻找主要客户会喜欢的赞助或事件。有些目标是内部导向的，尤其是那些旨在提高员工参与度或鼓舞士气的目标。这些都可以通过寻找内部成员喜欢的机会来实现。外部导向的目标包括保持市场份额、建立更强大的品牌、提升产品或公司的形象、增加销售。

使受众与公司的目标市场相匹配

在选择赞助或事件时，营销团队要将受众与公司的目标市场相匹配。当公司的主要客户是女性时，赞助主要观众为女性的音乐演出中的歌手效果最好。营销主管还会考虑个人参与者形象或团队形象与公司形象之间的关系，参加高档活动（如钢琴比赛）的选手可能会得到燕尾服或礼服公司的赞助。

促进赞助或事件

广告和公共关系发布有助于促进赞助和事件。公司员工会付出更多努力联系从该事件中受益的利益群体。诸如特奥会之类的活动需要做商业广告、与媒体接触，并设法联系到参赛者的父母。州际电池公司对 NASCAR 的赞助包括在广告和公共关系工作中强调合作关系。

在事件中做广告

赞助商坚持在事件的每一则广告和宣传册上都标明公司的名称、标志和其他产品信息。许多比赛和事件的在场者把节目单作为纪念品。把赞助商的名称和信息放在节目单上会产生一个寿命更长的广告。赞助企业通过将公司名称与事件营销计划联系起来，使品牌名称的曝光度最大化。营销团队与事件管理团队密切合作，确保公司的名称在与事件相关的所有材料中得到特别的关注。

追踪结果

有的事件和赞助被证明比其他的好。为了找到最好的机会，营销团队追踪结果。除了销售，员工还可以监控给在场者提供了多少刊物、分发的样品数量或赞助商展台的访客数量。此外，在活动前后会对品牌知名度或品牌形象进行测量，以发现是否提高了知名度或建立了更好的形象。

维多利亚的秘密推出 Pink 品牌时，在春假期间进行了一场独特的事件营销推广。接触目标是 18～24 岁的女性。活动从迈阿密海滩上一个三层楼高的粉色盒子开始。在为期五天的倒计时中，广告、互联网帖子、街头发放宣传单的员工队伍、航标、附近酒店的海报以及公关新闻稿都让人兴奋不已。很多休春假的人在粉色盒子附近停留，他们被请去看时装表演和现场音乐会。音乐会结束后，员工们分发了维多利亚的秘密 Pink 礼品卡，公司还举办了夜场派对。这一独特的营销活动刺激了 Pink 品牌和维多利亚的秘密品牌的销售。公司的营销团队发现，在迈阿密地区 Pink 品牌的销量显著增长，其他品牌的销量也快速增长。[33]

广告研究基金会（Advertising Research Foundation）的一项研究显示，参加品牌赞助活动的消费者的购买意愿从 11%上升到 52%。进一步的研究表明，大约半数情况下购买意向会转化为销售。[34]

交叉促销

与活动赞助商或其他相关公司的交叉促销有助于提升赞助的影响力。**交叉促销**（cross-promotion）营销活动围绕特定主题将公司和活动联系在一起。eBay 与索尼和 31 冰激凌合作打造了一个名为“Camp eBay”的活动。在夏季，消费者通常会去户外，不太可能待在屋里上网。因此，eBay 的营销团队决定走近消费者。Camp eBay 是该公司首次尝试的事件营销活动，旨在提高 eBay 的知名度，教育不使用该网站的人。该计划还鼓励现有买家和卖家在夏季更加活跃。

Camp eBay 计划从购买一辆翻新的校车开始。它在六个人流量大的地区开启移动营销之旅：印第安纳波利斯 500 英里比赛（Indy 500）、CMA 粉丝节（CMA Fan Fest）、eBay 直播、芝加哥味道（Taste of Chicago）、俄亥俄州博览会（Ohio State Fair）和明尼苏达州博览会（Minnesota State Fair）。校车教室吸引了 52 000 人参加时长 30 分钟、讨论如何使用 eBay 的课程。参与者获得的徽章可兑换索尼和 31 冰激凌提供的奖品，奖品总价值 85 000 美元。此外，eBay 在清晰频道娱乐（Clear Channel Entertainment）的 20 个场地搭建帐篷，举办了近 400 场音乐会。该事件营销带来的影响是 45%的现有用户增加了购买量，促销期间销售额增长 2%，活动结束后增长 9%。[35]

赞助计划和事件营销在过去十年中越来越受欢迎，因为它们可促使公司与消费者一对一互动。未来，与其他媒体特别是互联网、社交媒体联系在一起的赞助计划和事件营销将会增加。摇滚音乐会、船展、音乐会以及其他更专业的节目可能会出现。许多营销专家认为，以个性化方式与客户建立联系而非直接开展电话销售是有价值的。事件营销和赞助计划建立了多种类型的联系。

13.5 国际启示

由于以下几个原因，公共关系职能在国际舞台上越来越有价值。

第一，越来越多的国际公司需要确保在其开展业务的国家人们积极看待该公司。

第二，恐怖主义和战争的影响使许多国家之间的敏感性更显著。任何在外国开展业务的公司都会有一名公共关系员工负责监控新闻报道和其他事件，以便公司能对负面新闻做出反应。

第三，当虚假信息被传播时，公司有时会因负面宣传遭受损失。

许多赞助现在也涉及国际活动。一些比较明显的例子出现在体育运动中，最著名的是赛车和足球。运动品牌阿迪达斯与 NBA 签署协议，成为 NBA 在全球的官方供应商。此次赞助是阿迪达斯的一项重大工作，因为 NBA 的商品在 100 多个国家的逾 10 万家门店销售。[36]

指导国内赞助计划的原则同样适用于国际赞助计划。为了在国际环境下准备充分有效的赞助计划，营销团队会雇用一名被当地文化同化的人，来确保语言的正确使用、赞助的合法性以及不违反当地的文化规范。随着世界变得越来越小，国家、公司和个人之间的互动越来越多，跨国赞助应该会继续增长。

复习题

1. 描述公共关系部门的作用。它与营销部门有什么关系？这两个部门应该被称为“传播部门”吗？为什么？
2. 什么是利益相关者？
3. 说出组织中的主要内部利益相关者。
4. 说出组织中的主要外部利益相关者。描述每个人对公司的主要利益。
5. 什么是企业社会责任？它与公关活动有什么关系？
6. 什么是公益营销？公司领导者如何创建有效的公益营销计划？
7. 什么是绿色营销？不同的公司如何推广环保活动？
8. 什么是漂绿？
9. 公共关系团队可以使用哪些反应性损害控制策略？
10. 描述授权和增强功能。
11. 道歉策略的五个要素是什么？
12. 有哪四种形式的印象管理技巧用于处理负面事件？
13. 什么是赞助营销？
14. 描述一个事件营销计划。为了取得成功，什么必须与事件联系在一起？
15. 什么是交叉促销？它与事件营销计划有何关系？

16. 国际公司如何运用公共关系计划和赞助？

批判性思维练习

讨论题

1. 观看电视新闻：阅读当地新闻报道，或访问互联网获取有关本地或全国性公司的故事。报道是正面的还是负面的？新闻报道或文章是否会影响你对公司的态度？

2. 找到一个展示公司或品牌负面信息的新闻广播或新闻文章。描述有关新闻广播或新闻文章的信息。该公司应如何回应负面报道？解释你的答案。

3. 当地社区一家规模较小但备受好评的银行的一名副总裁被一名女员工指控性骚扰。应为本章所列的每个内部和外部利益相关者准备哪些类型的沟通？与哪些利益相关者联系是最重要的？为什么？

4. 对于在外地销售 99%产品的制造公司而言，当地社区是否很重要？当地人对制造商的评价是否和客户满意一样重要？解释你的答案。

5. 假设你是当地服装精品零售店的营销实习生。列出对零售店来说公益营销的好处。在你的社区中找出商店应该参与的两个公益活动并解释原因。服装零售商应该参与绿色营销吗？为什么？至少列出一种商店参与绿色营销的方式。

6. 你支持哪些公益活动或者哪些公益活动对你是特别的？你知道哪些公司赞助或支持了这些公益活动？如果不清楚，看看是否可以找到包含该信息的刊物或网站。为什么你认为公司应该支持特定的公益活动？公司从赞助中获得了哪些好处？

7. 当星巴克在公共图书馆内开设第一家咖啡店时，卖咖啡 10%的收益用于支持图书馆的运营。描述此类赞助对星巴克的好处。会给图书馆带来哪些好处？一些消费者认为这种类型的赞助不合适，因为它涉及一个营利性公司在公共图书馆销售产品。查看各种控制损害的方法。图书馆应使用哪种方法来减少批评并预防所有负面影响？证明你的选择。

8. 用你的话描述道歉策略的步骤。假设当地零售商的计算机系统遭到黑客攻击并且大量信用卡号被盗。讨论道歉策略的每个步骤，解释这家本地零售商的行动或信息。

9. 管理人员往往是公共关系部门最难触及的群体。为了鼓励员工完成部门目标，管理人员经常使用备忘录或口头信息进行沟通。这些信息可能与整合营销传播主题冲突。例如，为了削减成本，管理者可能向所有员工发送备忘录，告知他们仅使用标准生产流程。通过口头沟通，员工了解到任何违反政策去满足客户需求的人都会立即受到训斥。管理者的行动表明，尽管他希望员工提供客户服务，但实际上他们最好不要做任何未经授权的事情。很快员工就会得到这样的信息：管理层只关心成本，而不关心客户。员工将任何关于客户服务的广告信息都视为笑话。给员工写一份备忘录，以支持整合营销传播提高客户服务质量的目标，同时提醒他们需要遵循标准操作流程。你还有什么办法可以确保发送给员工的信息不会自相矛盾？

10. 大学的资金短缺导致许多大学领导考虑使用赞助来创造收入。你如何看待你的大学有各种公司赞助的体育场馆和运动队？讨论学校使用企业赞助商为体育运动提供资金的利弊。

学生项目

创意角

Circle K Ranch 近 20 年来一直在销售、训练马匹并为马匹提供食物。然而，由于经济低迷，Circle K Ranch 各项业务均出现下滑。在与当地大学的一些营销学生交谈时，Circle K Ranch 的创立者凯西·柯朗克（Kathy Kroncke）想知道如何使用公益营销、赞助、事件营销来提高公司的知名度和形象。最近，她在服务列表中添加了骑马，并开发了一个穿过当地州立公园的 10 英里骑行项目。尽管研究表明人们对骑行的兴趣很大，特别是 15～40 岁的女性，但业务并没有达到她的预期。为 Circle K Ranch 设计公益营销计划、赞助计划和事件营销计划。完成这些计划后，选择你认为最适合 Circle K Ranch 的计划。同时设计一则以该计划为主题的报纸广告。你还会使用哪些其他方法（传统方法和非传统方法）来宣传所选的方案？

第 5 篇

整合营销传播伦理、规制及评估

第 14 章

规制及伦理问题

本章目标

本章旨在回答如下问题：

- 哪些机构和法律对营销传播起到规范作用？
- 夸大、欺骗与证实之间存在何种联系？
- 监管机构可以采取哪些措施纠正传播实践中的欺骗行为？
- 三大行业监管机构如何帮助消费者及其他企业避免受到广告和商业实践的伤害？
- 人们针对广告和营销实践提出了哪些伦理上的批评？
- 哪些营销策略会引发伦理问题？
- 营销人员如何在他们的活动和行为中运用多变的伦理框架和伦理计划？
- 哪些国际问题影响关于合法和合乎伦理的营销活动的探讨？

本章概要

一个整合营销传播计划最终要确保传播计划符合伦理及法律的要求，并且对活动进行有效的评估。本章将对这些话题进行探讨。

长期以来，营销及营销传播领域受到了公众、特殊利益群体及政府的密切关注，这并不令人意外。在营销和销售中，人们花钱购买东西。许多个体和组织都对大众的信任和社群的福利表示关切。当企业出售可能伤害人或以其他方式造成危害的产品或服务时，批评和法律制裁很可能会随之而来。

本章探讨了两个存在内在联系的话题。第一部分描述了营销和营销传播的法律环境。第二部分则阐述了伦理、道德及社会责任方面的观点，这些与营销、广告及促销相关。参与营销计划的成员既要考虑法律条文——法规和其他法律约束，也要考虑法律的精神。营销人员要在个人原则和组织准则的指导下开展工作，以确保自己的行为既是合法的，也是合乎伦理的。

锐步赔付2 500万美元

多年来，运动鞋行业在人们的批评和关注中发展，出现了有关鞋价高、制鞋使用国外劳动力，以及为购买最时尚、最前卫的鞋子家长和孩子承受巨大社会压力的抱怨。

最近，锐步遭遇了其他争议。在塑身鞋市场上，其 EasyTone 和 RunTone 系列采用了一种圆形的鞋底。新百伦（New Balance）及斯凯奇也生产类似的鞋子。这些公司称消费者穿上这种鞋走路会不得不动用更多肌肉来保持平衡。锐步在美国卖出了 500 万双塑身鞋，在其他国家卖出了 1 000 万双。短时间内，塑身鞋发展成为一个 11 亿美元的市场。

锐步在 EasyTone 和 RunTone 系列的广告中给出了具体说明。广告中，一位超级健美的女士信誓旦旦地对观众说，穿上 EasyTone 运动鞋走路，塑臀（臀大肌）效果比常规运动鞋好。一位评论员想知道锐步如何证实这一说法。

不久，美国联邦贸易委员会要求锐步赔付 2 500 万美元，裁定该公司发布了未经证实的广告。联邦贸易委员会消费者保护局局长戴维·弗拉德克（David Vladeck）说："联邦贸易委员会想让全国的广告公司明白，它们必须履行一定的责任，确保关于健身用品的宣传要有坚实的科学支撑。"

锐步始终坚持关于塑身鞋的观点，声称"我们坚定地支持 EasyTone 技术"。一位发言人说，它是受到平衡球训练的启发而诞生的第一个塑身类产品，接受处罚并不意味着公司同意联邦贸易委员会的指控。提及来自 EasyTone 消费者的热烈反馈，企业高管说他们将致力于 EasyTone 系列产品的进一步开发。[1]

锐步并非唯一受到联邦贸易委员会处罚的企业，斯凯奇也因类似产品的广告和营销被罚 4 100 万美元。联邦贸易委员会认为，两起指控中涉事企业的产品宣传均具有误导性。

14.1　营销传播规制

为防止企业不公平地利用消费者和其他企业获利，美国联邦政府颁布了相当多的法律。许多州对营利性企业和其他组织进行严格规范。监管机构负责联邦和各州法律的实施。本节介绍美国政府在企业营销实践方面的立法和法规（见图 14－1）。

· 食品药品监督管理局（FDA）	· 联邦贸易委员会（FTC）
· 烟酒枪炮及爆裂物管理局（ATF）	· 美国邮政管理局（USPS）
· 联邦通信委员会（FCC）	

图 14－1　政府监管机构

政府监管机构

政府监管机构发挥电子眼的作用，监测潜在的违法行为，其中一部分与营销有关。

例如，食品药品监督管理局（Food and Drug Administration，FDA）负责管理、监督产品的包装和标签，同时监测食品包装的广告和药品广告。当然，它的首要责任是保障食品质量和药品安全。

联邦通信委员会（Federal Communications Commission，FCC）管理电视、广播和电话业，负责授予（和撤销）电台及电视台的经营许可，另外也掌握着对电话公司的管辖权。它无权管控通过大众媒体传播的广告内容，更无法控制产品发布广告，却监管面向儿童的广告。根据联邦通信委员会对电视台的规定，儿童广告的时长在工作日不得超过每小时 12 分钟，在周末不得超过每小时 10 分钟。最近，维亚康姆（Viacom）同意交纳 100 万美元罚款，因其在尼克国际儿童频道（Nickelodeon）上播放的广告在一年中违反该规定 600 次。[2]

美国邮政管理局管理邮寄的营销材料，调查邮件斯诈案和其他欺骗性营销活动。而当烟酒的销售、分销及广告存在争议时，则由烟酒枪炮及爆裂物管理局（The Bureau of Alcohol，Firearms and Explosives，ATF）裁决。

联邦贸易委员会

通常来说，联邦贸易委员会（Federal Trade Commission，FTC）负责监测可能涉及欺骗或误导的营销策略。该机构经《联邦贸易委员会法案》（Federal Trade Commission Act）于 1914 年设立，主管营销传播事宜。该法案的初衷是成立一个执行反垄断法、保护企业的联邦机构，因此联邦贸易委员会在管理广告和营销传播上的权力很小，除非广告被认为涉及不公平竞争而影响了自由贸易。

不公平和欺骗性营销活动

1938 年，美国国会通过了《惠勒里亚法案》（Wheeler-Lea Amendment），作为《联邦贸易委员会法案》第五条的修正案，以增强和扩大联邦贸易委员会的权力，杜绝虚假、误导性广告。该机构获得了必要时终止不公平或欺骗性广告、征收罚款的权力。法律规定，联邦贸易委员会有权向法院提起诉讼来执行法律，并确保违反者遵守联邦贸易委员会的裁决。

即便一家公司没有明确的欺骗意图，它也可能违反该法案。当存在以下情况时，广告或传播就被认为是欺骗性或误导性的：

1. 很多人或某“典型人物”对产品的理解是错误的或与实际不符。
2. 该错误理解导致人们或“典型人物”做出购买行为。

消费者可能受到广告、邮件、公司资料、标签、包装、网页材料及销售人员的口头或书面陈述的误导。政府需要处理诸多欺骗行为。

14.2 欺骗与夸大

夸大可以合法地出现在广告和营销信息中。当一家公司夸张地描述其产品或服务时，就是**夸大**（puffery）。根据联邦贸易委员会和法院的说法，夸大和声明的区别在于，夸大并不能构成一个事实陈述，声明则提供了可以被证实或证伪的事实陈述。公司可以采用夸大的陈述而不必证实它们；声明则必须以某种方式得到证实或证明。

与夸大有关的表述有“最友好的”“最好的”“最棒的”“最优质的”。一家公司可能这样做广告——“我们的品牌是最好的”或“我们家的招牌菜只用最好的食材”。吉列 ProGlide 剃须刀的广告声称该产品是“一个男人能得到的最好的（剃须刀）”。斯米诺（Smirnoff）的一则广告以“世界上最受欢迎的伏特加”为题，星巴克宣称“最好的咖啡，为最好的你”。法院和监管机构将这些表述视为夸大。但它们认为，消费者其实希望公司经常在广告中使用这些表述。

“最好的”一词通常被认为夸大，“更好的”则可理解为暗含着一种比较。最近，联邦贸易委员会、商业改进局国家广告处及法院对上述用语进行调查。棒约翰的宣传语“更好的馅料，更好的比萨”被认定为夸大，“只有最好的番茄才为汉斯所用”也未能幸免。

还有另一种情况，浦氏（Progresso）在广告中说“发现浦氏更好的味道”。该宣传语受到金宝汤公司的质疑。浦氏的法律团队认为“更好的味道”并没有构成夸大。金宝汤的代表则声称，味觉测试可用来判定一种食物的味道是否真的比其他食物好。法院对此表示赞同，要求浦氏要么修改广告用语，要么证明浦氏的汤确实更好喝。[3]

许多食品商开始使用“营养”、“新鲜”、“天然”和“地方风味”这样的词，以避免受到联邦贸易委员会针对广告中健康声明的审查。这些模糊的词语没有明确的营销意义，而且消费者是接受的。Technomic 的副总裁达伦·特里斯塔诺（Darren Tristano）评论称：“消费者对菜单上传统的健康声明的反应往往并不理想，因为健康声明和更差的口味联系在一起。新形容词应该围绕‘这种食物对你来说更好’的理念来设计。”[4]

营销声明的证实

证实（substantiation）意味着一个广告声明或承诺必须用数据、事实或有说服力且可靠的证据来证明。无法证明则可能引起诉讼或政府行为。证实的概念不适用于夸大。

使用代言人的广告要能真实反映代言人的体验或观点。当一则商业广告中有专家代言时，其陈述一定要基于该领域专业人员开展的合法测试。

除非广告中另有明确、突出的说明，否则所有营销声明必须如实反映消费者使用产品或服务可能经历的事情。几年前，舒洁湿纸巾的一则广告声称其产品更加柔软。舒洁提供了真实的消费者触摸测试作为证据。工程和实验室测试表明，舒洁纸巾含有 24% 以上的棉质、柔软的纤维。由此，舒洁证实了其宣传语。但证实并非总是那么容易。为了提高证实被联邦贸易委员会和法院认可的可能性，公司领导者通常采用以下原则[5]：

1. 联邦政府假定消费者只是粗略地看广告，不太注意附加细则和限定词。因此，把一个限定词藏在广告底部，或是在广告中的某处使用“经常”“通常”“一般情况下”这样的词语通常不被视为证实。

2. 证据必须是关于被测试的产品，而不是与之相似的产品，无论二者有多相似。

3. 证据应当来自产品相关领域的专家或得到他们的认可，并且专家认为其是有效、可靠的。由企业开展的研究或在网上找到的资料不被接受。

4. 联邦贸易委员会和法院会考虑证据的完整性。如果有一个实验支持该公司的声明，但由其他独立组织开展的四个实验却得出不同的结论，则该证据将被认为是无效的。

联邦贸易委员会严禁不公平的或欺骗性的营销传播，不论是哪种传播类型。营销人员必须通过有说服力、可靠的证据来证实声明。不幸的是，在夸大和必须被证实的声明之间存在灰色地带。人们会提起诉讼，政府机构则需要处理诉讼和涉嫌违法的行为。这些机构及其裁决对个人营销实践及公司行为有着重大影响。

调查如何启动

针对误导性或欺骗性广告的调查可通过多种途径启动。诉讼的来源可以是：消费者、企业、美国国会或媒体。

以上每个主体都可以对不公平行为或欺骗性行为提出质疑。联邦贸易委员会的调查一开始是保密的，这对调查机构和企业起到了保护作用。

同意令

当联邦贸易委员会认为某行为已构成违法时，会发布一项**同意令**（consent order）。签署同意令的企业领导者同意终止争议性行为，但并不承认其过失。

安达泰（ADT）因公司安防系统的三位代言人与联邦贸易委员会签署了同意令。这些代言人以独立专家的身份出现在美国国家广播公司（NBC）《今日秀》（Today Show）、其他电视节目、新闻广播和宣传安达泰 Pulse 安防系统的博客上。广告中，这些代言人被塑造成独立专家的形象，其实他们收取了安达泰公关部的报酬，其中一人收了 30 多万美元，一人收了超过 20 万美元。另外，这些代言人都免费享受安防监控系统。根据同意令，安达泰需要澄清买通专家一事，从品牌的网站和博客上撤下那些“独立评论家”的评论和代言，并披露所有与安达泰有利益关系的评论或代言。[6]

14.3 联邦贸易委员会和解协议

通常情况下，企业领导者倾向于与联邦贸易委员会达成和解协议，而非签署同意令。罗德与泰勒（Lord & Taylor）百货 Design Lab 系列的推广活动就是如此。该活动包括在电子时尚杂志上刊登软文，50 位时尚博主在多家社交媒体平台上发帖。而博主们无一表现出受雇于罗德与泰勒，那篇软文也没注明是罗德与泰勒花钱买的广告。与联邦贸易委员会达成的协议禁止罗德与泰勒误导人们以为“付费软文”的来源是独立、客观的，另外博主们必须承认他们是收了罗德与泰勒的钱才宣传时尚单品的。[7]

行政诉讼

联邦贸易委员会的调查大多以签署同意令或和解协议结束，当二者都无法达成时会提起**行政诉讼**（administrative complaint）。那时，就会走类似庭审的正式诉讼程序。双方需提交证据、证词。在行政听证后，由法官做出判决。当法官判定构成违法行为时，会发布一项停止令（cease and desist order）。这项命令要求企业立即终止有争议的行为，且今后应避免类似的做法。对行政法官的裁决不满的公司可以向联邦贸易委员会全体委员会上诉。

全体委员会将举行听证会，在企业陈述证据、证词后给出判决。对全体委员会的裁决依然不满的企业可以继续上诉至**美国联邦上诉法院**（U. S. Court of Appeals），甚至最高级别的**美国联邦最高法院**（U. S. Supreme Court）。具体流程见图 14－2。对于上诉企业来说，最大的风险在于在这种情况下消费者可以寻求赔偿。这意味着所有被认定违法的企业都可能被判以民事处罚。

1. 调查
   - 同意令或联邦贸易委员会和解协议
2. 行政诉讼
   - 停止令
3. 全体委员会听证
4. 美国联邦上诉法院
5. 美国联邦最高法院

图 14－2　联邦贸易委员会的调查流程

法院和法律渠道

当某公司违反了联邦贸易委员会发布的停止令，或其行为造成了严重的不良影响亟须采取行动时，联邦贸易委员会就会启用法院系统制止不公平的和欺骗性的广告、营销传播活动。National Consumer Council（NCC）的案件就属于后者。NCC 是一家总部位于加利福尼亚州圣安娜的减债谈判公司。联邦贸易委员会调查发现，一旦客户与 NCC 签订减债协议，NCC 就会鼓动客户停止偿债，此后的六个月内却不与债权人正常开启谈判，直到债权人被激怒而不愿与其谈判。其间，客户已经将欠款转给了 NCC，而这部分钱却被 NCC 当作服务费和月费扣除。许多客户对 NCC 扣款一事浑然不知。最终，这些客户发现 NCC 不仅损害了他们的信用评级，而且使他们在债务的泥沼里陷得更深，几乎所有人被迫宣告破产。由于 NCC 行为的严重性，联邦贸易委员会从联邦法院获得限制令，要求 NCC 立即关停，同获限制令的还有为 NCC 提供电话营销、会计及管理服务的伦敦金融集团（London Financial Group）。[8]

联邦贸易委员会还与州、联邦检察长等保持合作。联邦贸易委员会、奥兰治县地区检察官和加利福尼亚州检察官就 Body Wise 国际公司的虚假、欺骗性广告及违背此前与联邦贸易委员会签署的同意令一案展开调查。针对 Body Wise 的非议包括产品 AI/E-10 所宣称的疗效。Body Wise 国际宣称 AI/E-10 可以预防、治疗并治愈癌症、艾滋病及哮喘等疾病，并通过医师施托夫博士（Dr. Stoff）的证言证实了这一说法。联邦贸易委员会经调查发现，每卖出一瓶药，施托夫就收到一笔特许权使用费，并且他无法为其任何说法提供医学证明。联邦贸易委员会禁止 Body Wise 国际再进行此类宣传，同时禁止施托夫为 AI/E-10 的测试及研发背书。在最终的和解协议中，Body Wise 国际同意向联邦贸易委员会支付 200 万美元的民事罚款和 150 万美元的其他罚款。最终协议还包括对施托夫博士罚款 358 000 美元。[9]

更正性广告

当欺骗性或误导性广告的后果较为严重时，联邦贸易委员会会要求企业准备**更正性广告**（corrective advertisement）。如果联邦贸易委员会的成员认为仅叫停虚假广告还远远不够，就会发生这种少见的情况。当联邦贸易委员会认为消费者会相信虚假广告时，可以要求企业制作更正性广告，使消费者不被误导。

联邦贸易委员会曾要求诺华公司（Novartis Corporation）发布更正性广告。该裁决是基于 Doan's 止痛片的虚假广告。调查期间，联邦贸易委员会成员认为 Doan's 关于其功效较竞品更好的声明没有得到证实。联邦贸易委员会要求诺华公司马上停止播放对比性广告，并在更正性广告中发布声明："尽管 Doan's 是一款有效的止痛药，但没有证据表明 Doan's 比其他减缓背部疼痛的止痛药药效更好。"诺华公司被要求花费 800 万美元发布更正性广告，在一年内将除了 15 秒的广播广告之外的所有广告进行更正。诺华公司的领导者对该命令感到不满，于是向联邦法庭起诉，然而，联邦法庭支持联邦贸易委员会的命令。[10]

贸易管理规则

联邦贸易委员会可以采取的终极措施是适用于整个行业的**贸易管理规则**（trade regulation ruling）。委员会通常会举行一场公众听证会，接受口头或书面的论据，接着针对某行业内所有企业做出裁决。与联邦贸易委员会的其他裁决一样，不满的企业可向美国联邦上诉法院提出对裁决结果的质疑。

个人博客的兴起导致博主对产品的评价激增。一般而言，博主发表正面的评论会得到报酬或收到免费的商品。例如，博主杰茜卡·史密斯（Jessica Smith）曾被赠予福特福莱克斯汽车一个月的使用权及一张免费油卡以换取她的正面评论。微软曾送给博主一台装有微软最新操作系统的笔记本电脑。联邦贸易委员会在调查后发布了一项裁决，要求发表产品评论的博主必须披露自己与广告主或产品存在的任何关系，如产品是否免费，他们是否以某种方式获取报酬。这项裁决同样适用于在脱口秀或推特上宣传产品的名人。[11]

针对零售商发行的礼品卡也有类似的行业贸易裁决。许多零售商向没有立即使用的卡收取休眠费，还为某些卡设置了有效期。消费者在购买时对这些信息毫不知情。联邦贸易委员会发布了一项裁决，要求发行礼品卡的所有商家必须在卡上突出显示有关费用或有效期的信息。[12]

14.4 营销行为的行业监管

美国联邦监管机构无法监管所有的行业活动。行业监管机构虽没有法律权力，却减轻了联邦贸易委员会及法律系统的负担。以下三个最常见也最知名的行业监管机构均属于商业改进局（Council of Better Business Bureaus，CBBB）：国家广告处（National Advertising Division，NAD）、全国广告审查委员会（National Advertising Review Board，NARB）及儿童广告审查组（Children's Advertising Review Unit，CARU）（见图 14－3）。

- 国家广告处（NAD）
- 全国广告审查委员会（NARB）
- 儿童广告审查组（CARU）

图 14－3　广告业的自律监管机构

商业改进局

商业改进局为消费者和企业提供资源。消费者和企业向其投诉不道德的商业行为或不公平的待遇。该局汇总了针对单个企业的所有指控。搜寻某公司合法性或运营情况信息的顾客可以联系商业改进局。该局会提供一份包括该公司所有指控的详尽书面报告，从而揭示顾客所关心的公司的本质。商业改进局有助于确保个人和企业不与问题公司打交道。

国家广告处

广告或营销传播某些方面的诉讼由商业改进局国家广告处负责处理。国家广告处审查具体的营销声明，国家广告处的律师负责收集信息、评估与诉讼相关的数据以判定广告主能否证实其声明。如果不能，国家广告处就会与广告主进行磋商，使其修改或终止广告。企业的营销声明得到证实，国家广告处就会驳回该诉讼请求。

个人和企业会控诉那些不公平的广告。大多数诉讼来自品牌的竞争者，针对的是对比性广告。小部分诉讼并不直接针对竞争者，而关注误导性广告的结果，超模弗莱娅·贝亚·埃里克森（Freja Beha Erichsen）代言的美宝莲睫毛膏平面广告就是这种情况。广告中，埃里克森的睫毛看起来格外浓密。根据广告所透露的信息，这是因为美宝莲“拥有专利技术的超音速刷头，可快速打造浓密、纤长美睫”，睫毛可实现八倍浓密。但广告底部的小字表明埃里克森的眉毛因植眉得到了美化。

国家广告处在审查该广告后，裁定其为“确实虚假”，因为埃里克森“不做植眉而只用睫毛膏无法实现浓密妆效”，因此应停播该广告。美宝莲品牌的拥有者欧莱雅集团辩解称，广告的底部是在解释该模特的眉毛是植入的。国家广告处在回应中表示，“不言而喻的是，与广告中的主要信息相矛盾或对主要信息造成实质性改变的信息披露不足以避免消费者获取不准确的信息”。[13]

对美宝莲的决议体现了国家广告处的力量，也是国家广告处的典型建议。在国家广告处建议中止或修改广告的 95%的案例中，涉案公司都自愿遵守决议。国家广告处并非法律实体，这意味着公司不必非得遵守其决议。

全国广告审查委员会

当国家广告处无法解决某起诉讼或广告主对国家广告处的决议提出上诉时，案件就会交由全国广告审查委员会处理，这是一个由广告专家和杰出公民组成的组织。当全国广告审查委员会认为企业的广告无法得到证实时，它就会以类似联邦贸易委员会发布同意令的方式要求企业终止该广告。全国广告审查委员会是一个自律机构。当被指控的企业或公司拒绝接受全国广告审查委员会的裁决时，该案件将被移交至联邦贸易委员会或最合适的联邦监管机构审理。

全国广告审查委员会曾调查过一起美汁源（Minute Maid）与纯果乐的纠纷。美汁源被要求修改广告，因为其广告声称，相较于纯果乐，消费者以 2∶1 的比例偏爱美汁源。纯果乐对此提出诉讼，并在国家广告处的听证中胜诉。美汁源不同意国家广告处的裁决，向全国广告审查委员会上诉。美汁源抱怨称国家广告处的决议给对比性广告带来了不必要且不公平的负担，因为所有与竞争者相关的声明都必须得到证实。全国广告审查委员会对国家广告处的决议表示支持，并发令要求美汁源服从裁决。[14]

很少有案件上诉至全国广告审查委员会。在两年的时间里，国家广告处做出的 339 项决议中只有 19 项上诉至全国广告审查委员会，其中，16 项维持原判，3 项部分维持原判，部分被推翻。[15]

如果企业对全国广告审查委员会的决议不满或拒绝服从决议，接下来的上诉程序将由联邦贸易委员会接手。全国广告审查委员会很少将案件转交给联邦贸易委员会。

儿童广告审查组

儿童广告审查组调查并监测所有媒体中面向 12 岁以下儿童的各种形式的广告，同时监控针对 13 岁以下儿童的网站的网络隐私行为。儿童广告审查组的运作类似于国家广告处。

除了处理有关儿童广告的诉讼，儿童广告审查组开始筛选面向年轻人的广告。儿童广告审查组每年审查 300 多则广告。筛选工作使儿童广告审查组在广告开始制作之前能够发现其潜在的问题。儿童广告审查组还发布了一系列准则帮助广告主策划儿童广告。图 14－4 强调了这些原则。[16]

- 玩具广告不应该让孩子产生不合理的期待。广告中的玩具应该看起来或表现得和孩子玩它时一样。
- 广告不应该模糊幻想和现实的界限。
- 广告应该明确、清晰地说明玩具附带的物品和没有附带的物品。
- 需要在家长的监管下使用的物品的广告必须在家长的看管下观看。
- 产品和广告内容必须适合儿童。

图 14－4 儿童广告审查组发布的儿童广告准则

12 岁以下的儿童没有成人那么强的推理能力。于是，儿童广告审查处强调广告主要对广告负责。玩具广告必须呈现孩子真的玩这个玩具的画面，要传达出广告中的幻想和孩子实际玩玩具时的区别。当一些玩具配件出现时，广告必须明确说明配件不是玩具自带的。蹦床等物品的广告还必须提示“请在家长的看管下观看”。

自律监管的优势

行业诉讼旨在控制营销传播环境，减少法律诉讼。如图 14－5 所示，行业监管机构相对于联邦贸易委员会更有优势。这些机构审理案件的速度通常更快，涉案企业所需的花费也更少，另外还有律师和广告经验丰富的专家参与听证。尽管联邦贸易委员会的法官可能对广告业有一些了解，但较商业改进局的相关人员而言知识面较窄。

- 成本更低
- 更快做出决议
- 律师和广告经验丰富的专家参与听证

图 14－5　通过商业改进局来监管广告业的优势

有效的管理是主动的，而不是被动的。企业领导者可以努力为企业塑造一个有社会责任感的形象。相比于不停地应对来自愤怒的消费者和监管机构的审查，这显然是更好的解决方法。

14.5　整合营销传播与伦理

很多情况下，广告或营销行为可能是合法的，但在伦理上是存疑的。本节将探讨各种营销和广告策略，并阐述与之相关的伦理框架和回应。

伦理和道德构成了指导人们在商业世界中活动的关键准则。**道德**（moral）是个人持有的关于什么对、什么错的信念或原则。**伦理**（ethic）是个人和组织用作指导原则的道德准则。伦理和道德方面的许多观点影响着营销、广告和营销传播领域。主要的观点和批评如图 14－6 所示。

1. 广告导致人们购买超出自己支付能力的东西。
2. 广告过度强调物质主义。
3. 广告增加了产品和服务的成本。
4. 广告固化了人们对男性、女性和少数群体的刻板印象。
5. 广告常常让不安全的产品，如酒精和烟草，看起来很有吸引力。
6. 广告时常会让人感到不适。
7. 面向儿童做广告是不道德的。

图 14－6　关于广告的伦理问题

伦理与广告

一些评论家抱怨说广告导致人们购买超出其支付能力的东西。这一批评与广告过度强调物质主义紧密相关。例如，许多商业广告强调奢华、社会地位和成为第一个购买某商品的人的优越感。那些为广告辩护的人指出消费者应该理智消费。

广告被指责增加了产品和服务的成本。这一观点已持续多年。广告专家指出，如果消费者未注意到产品，可能不会购买，因为消费者不知道产品的存在。此外，广告扩大了潜在消费者的基数，还可能促进重复购买。额外的销量非但没有使价格上涨，反而实现了规模经济和更低的价格。

固化刻板印象

许多社会评论家提出，广告及其他形式的媒体固化了人们对于男性、女性及少数群体的刻板印象。这引发了一些问题。例如，社会细分和刻板印象是不是一回事？在“政治正确”一词频繁出现的时代，关于“可接受”界限的争论不断。在营销中，市场细分的类别包括年龄、种族、性别、社会地位和收入。当向不同类别的个体进行营销或描述时，广告主是否还用着不再合适的陈词滥调？

广告可能将一个细分市场描述为一维的数字，而反映不出特定性别、种族或年龄段的复杂性。青少年可能被描绘成反叛、无忧无虑的样子。亚裔美国人可能在广告中以技术专家的形象出现——知识渊博、聪明，擅长算术或有天赋，他们通常出现在面向企业的产品或技术产品的广告中。从营销角度来看，根据共同兴趣将人们分成更小的群体可能容易得多。但以这种方式代表或误导消费者是不道德的，抑或仅仅是一个实际问题？

宣传不安全产品

人们已经将营销和酒精、香烟及其他可能有害的不安全产品联系在一起。18 岁之前，美国青少年平均观看过 10 万多个啤酒广告。性与带有幽默成分的社会接纳相结合，使得广告中的产品十分吸引人。酿酒业和营销的批评者认为，许多啤酒广告在鼓励未成年人饮酒，还在不应当饮酒的群体中建立品牌忠诚度或实现品牌转换。偶尔过量饮酒会导致未成年人在几个月内对酒类上瘾，因为他们的心理、生理及情感不太成熟。问题就变成了：一些公关广告是真的试图减少未成年人饮酒，还是只用来安抚政府和批评者？

烟草制品也是如此。在政府禁止电视播放烟草广告后，营销人员想出了一系列使某些产品被提及的策略。不久，Virginia Slims 网球赛和万宝路杯赛（Marlboro Cup Racing）的赞助受到了严格审查，因为解说员在报告成绩和结果时说出了产品的名称。

令人不适的广告

即使成人用品可以通过各种媒体呈现，它们也需要得体的广告和营销策划。女性卫生用品、男性性功能障碍药物、避孕套及其他成人用品可能出现在几乎所有场所。营销人员应该选择合适的媒体，制作使人感到舒适的广告。

在国际上，这种责任更大。在许多伊斯兰国家，个人卫生用品或与性相关的产品的广告会令人感到不适。在开展任何类型的营销活动前，公司领导者应当对文化差异进行研究。

另一个伦理问题是广告中对性的使用。营销人员必须认真思考使用的度。当一家公司在广告中挑战这个度时，伦理、道德和良知应当起到指导作用。

面向儿童做广告

面向儿童做广告的伦理接受度是营销领域一场持续已久的争论。儿童代表着巨大的消费力和购买力，每年超过 200 亿美元。评论家对于触及儿童的广告策略表示质疑。

临床心理学家、《爱是回家的路》（*The Shelter of Each Other*）的作者玛丽・皮弗

(Mary Pipher) 认为："没有广告是糟糕的，但每天 400 则广告会给孩子们灌输自恋、权利和不满。"[17] 针对儿童的广告会采取多种策略，包括通过图片和标志建立品牌认知，凸显玩具和收藏品，利用电视节目和电影搭售商品。围绕小黄人、麦当劳叔叔和愤怒的小鸟开发的产品从食品、玩具到衣服。

既然有那么多直接向儿童推销以及给他们父母施压的场合，许多企业领导者认为"在他们还小的时候就得到他们"是最好的。然而，从社会的角度来看存在问题，即那些易受影响的幼小心灵是否应当承受如此多的信息。

14.6　营销与伦理

伦理困境不只出现在广告中。很多时候，一个营销计划与营销传播领域真实发生的事情之间存在某种联系。图 14-7 总结了其中一些问题。

· 品牌侵权	· 垃圾邮件和浏览器缓存
· 专业服务的营销	· 埋伏营销
· 赠礼和贿赂	· 隐形营销

图 14-7　营销中的伦理问题

品牌侵权

品牌管理已经向伦理发出了挑战。**品牌侵权**（brand infringement）是一个长期存在的问题，发生于一家企业创立的品牌名与某个流行或成功的品牌十分相近时。例如 Korrs 啤酒被法院认定故意侵权，品牌名称遭到废止。另一家被法院要求撤销名称的侵权公司是 Victor's Secret。

当一个品牌成熟到可能被视为一类产品的代称时，如舒洁代指纸巾，施乐代指复印机，品牌侵权问题就变得更加复杂。邦迪在 20 世纪 70 年代遇到这一问题，要求其营销团队确保产品被大众认知为"邦迪牌创可贴"，以免竞争对手使用其名称。

不道德行为的一种新形式为域名抢注，抢注者靠转售域名来谋利。[18]

专业服务的营销

宣传医生的服务或新药是合乎伦理的吗？多年来，律师、牙医和其他医生都因担心被视为唯利是图的人而不做广告。最近，这种趋势已经朝反方向发展。举例来说，一名皮肤科医生在宣传"皮肤再生"时，只会简单提到它是医疗实践的一部分。评论家认为，这将药品带入了商品销售领域，这样做带有欺骗性质。

有的广告鼓动那些因事故、糟糕的医疗护理或不良药物而受到损伤的人拨打免费电话，了解他们如何才能获得赔偿。有的广告还怂恿消费者通过宣告破产来摆脱坏账。医疗广告的批评者认为，律师们正在追赶同一辆救护车，以期解决问题收取巨额费用。

医药公司在新药品的广告宣传上花费数百万美元。关于治疗性功能障碍药品的讨论不绝于耳。不幸的是，许多年轻男性是出于娱乐目的而购买、使用那些药物。有的药物还被宣传为可治疗不安腿综合征和其他不常见的疾病。营销评论家抱怨说广告和促销手段会鼓励对药品的滥用。

草药、补充剂和其他未经测试的产品的营销也引起了人们的关注。有企业宣传其产品对体能、性耐力和精神敏锐度的益处。还有企业使用未经证实的减肥报告。

医生、医药公司和律师有权推销他们的服务，伦理问题则涉及如何向公众呈现这些服务。

B2B 营销中的赠礼和贿赂

向其他企业营销时，建立密切的私人关系通常是非常普遍的，这体现在个人销售电话中，还体现在诸如展销会等其他场合。赠礼和贿赂代表了两种更严重的伦理问题。

采购代理和买方公司的其他成员通常是礼物、餐饮、娱乐和免费旅行的接受者。从个人伦理的角度来看，接受私人礼物进而影响企业决策的行为受到质疑。国际奥委会在选择奥运会举办地时就面临这个问题。

与接受礼物紧密相关的是行贿或受贿，这些可能涉及获得政府合同或建立业务联系。不送礼，可能无法得到或很难得到相关许可。在德国和法国，政府竟然允许企业将贿款以税收减免的方式冲销。

垃圾邮件和浏览器缓存

对营销人员而言，技术是一把双刃剑。一方面，它催生了通过关键信息快速触及客户并与他们持续保持联系的新技术。另一方面，它可能使人感觉受到侵扰。浏览器缓存和其他设备的使用让那些从事网络工作的人面临伦理困境。

人们对垃圾邮件怨声不断。即便有针对反垃圾邮件的法律，还是有人会收到不想要的邮件。美国中西部的一所大学每天会收到约 10 万封电子邮件，其中约 95 000 封是垃圾邮件。这应该被视作一种伦理问题，还是单纯的实际问题呢？不论如何，发送垃圾邮件依然是有争议的行为。

浏览器缓存技术令企业网站可以追踪浏览器的活动和消费者访问的其他网站。这项技术使企业能够提供定制化、个性化的网页内容以迎合消费者的兴趣。哈里斯互动的一项调查显示，95%的消费者认为企业知道“我是谁”“我的购买历史”“过去的问题或投诉”“偏好和账单记录”是有价值的。[19] 而同时，许多消费者表达了对隐私问题和企业用收集到的信息做什么的关切。涉及的主要问题有：

- 应该允许互联网公司收集这种信息吗？
- 应该允许该公司将此类信息出售给其他公司吗？

问题的答案涉及两个范畴：法律和道德。以这种方式收集和传输消费者的信息可能是合法的，但依然存在伦理问题。营销人员需要源源不断的高质量信息，他们努力平衡这一需求与侵犯隐私权的伦理后果。平衡失败则可能会对企业和网购者产生长期影响。

埋伏营销

埋伏营销（ambush marketing）即“品牌试图在不购买授权的情况下将自己与某支队伍或某项赛事联系在一起”。随着它的兴起，企业在体育赞助和运动员代言方面投入的费用日益增多。[20] 官方赞助通常要花费数百万美元。因此，一些企业尝试采用其他方法，即在不购买官方赞助权的情况下充分利用大型体育赛事。

想要了解埋伏营销的潜在影响，参见图 14－7。波士顿的 Chadwick Martin Bailey 对个人进行调查，请他们回忆冬奥会的官方赞助商。在图 14－8 中，浅灰色竖条表示花费 4 000 万美元成为官方赞助商的企业。深灰色竖条表示的企业不是官方赞助商，尽管许多消费者认为它们是。有的企业故意令人混淆。图 14－9 呈现了埋伏营销的主要类型。

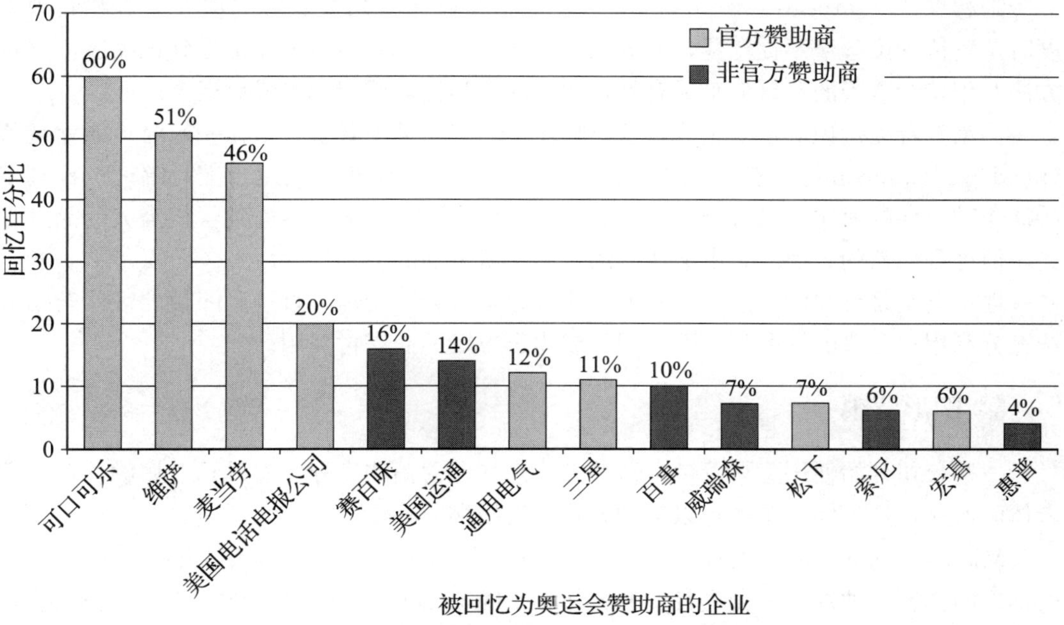

图 14－8　被回忆为奥运会赞助商的企业

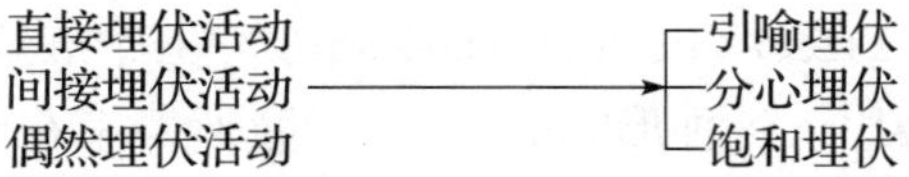

图 14－9　埋伏营销的类型

直接埋伏营销（direct ambush marketing）发生于企业为利用某重大体育赛事而有意设计广告或营销活动的时候。企业试图看起来像一个官方赞助商却未注明它是否为赞助商。维萨是奥运会的官方信用卡赞助商。美国运通不是官方赞助商，然而在奥运会期间和之后，美国运通的电视广告中出现了夏季奥运会现场的场景，以及广告语“你不需要维萨卡”。

威瑞森也不是奥运会的官方赞助商，但该企业投放的广告声明它的确赞助了美国速滑队。结果 7%的奥运会观众认为威瑞森是赞助商，而其他企业为此付了 4 000 万美元的赞助费。[21]

间接埋伏营销（indirect ambush marketing）发生于企业表明或暗示与某项体育赛事的联系时。间接埋伏的三种方法是引喻埋伏、分心埋伏和饱和埋伏。

组织利用**引喻埋伏**（allusion ambushing）给人留下一种印象，让人认为它是赞助商。在 2008 年夏季奥运会期间，耐克投放了一系列与 8 有关的广告，数字“8”在举办地中国是好运的象征。广告中没有丝毫关于奥运会或参赛运动员的内容。

分心埋伏（distractive ambushing）包括企业在临近某重大体育赛事时设计促销活动或事件。在某届冬季奥运会上，非官方赞助商万事达每天都会派两辆餐车到温哥华繁忙的十字路口分发咖啡和可可。万事达卡的标志在温哥华市中心的杯子和餐巾纸上随处可见。

饱和埋伏（saturation ambushing）发生于企业在重大赛事期间加大广告和营销力度时。宣传中虽丝毫不提比赛，但观众在比赛期间和比赛前后都经常看到该品牌。这种方法对于持续数天的赛事似乎最有效，如美国大学生篮球锦标赛或奥运会。[22]

当消费者无意识或不受企业直接影响而将品牌与某项赛事联系在一起时，**偶然埋伏**（incidental ambushing）就出现了。在最近的大学游泳比赛和奥运会上，解说员提到了游泳运动员穿的速比涛（Speedo）LZR Racer 系列泳衣。速比涛得到了相当大的品牌曝光，但这是偶然的，而不是由速比涛的营销团队策划的。

埋伏营销是合法的，然而，有人会质疑它是否合乎伦理。直接和间接的埋伏营销方法充分利用了赛事的知名度，而不用为成为官方赞助商支付费用。

隐形营销

一些公司开始使用隐形营销。这种方法是热点营销的变种，通过私人接触诱使消费者体验产品，殊不知推销者正以某种方式获得报酬或补偿。

Michael Alan 集团首席执行官、《游击营销傻瓜书》（Guerilla Marketing for Dummies）的作者乔纳森·马戈利斯（Jonathan Margolis）认为隐形营销的风险大于收益。他说：“策划让人以为自然发生的事是有风险的。”[23] 隐形营销接近于欺骗，如果消费者发现那不是真的，可能会对品牌产生负面看法。

街头游击营销协会（Street Guerilla Marketing）主席杰森·范特伦特利恩（Jason van Trentlyon）认为，相比于各种形式的广告，“隐形营销在给公众更真诚的影响方面有着更大的潜力”。人们被持续的广告轰炸淹没，广告很难吸引他们的注意力，想传递具体的品牌或产品信息也就更难了。因此，范特伦特利恩认为，隐形营销提供了一种围绕品牌制造热点的合法途径。[24]

虽然联邦贸易委员会没有特别针对隐形营销，但博主和社交媒体平台的类似做法遭到了挑战。联邦贸易委员会最近的一项裁决要求任何为特定品牌代言的人必须披露其这样做是否有报酬。有的营销人员认为这项裁决适用于隐形营销。其他人则持否定态度，因为隐形营销构成一对一的对话，这无异于向朋友谈论自己喜欢的品牌。隐形营销或许是合法的，但仍存在问题，营销人员在实施之前应当慎重考虑。

14.7　应对伦理的挑战

伦理准则的基础和框架来源于几个方面，包括哲学、法律、宗教和常识。

有一种人生哲学追求快乐最大化而痛苦最小化。这种观点代表的是**享乐主义**（hedonism）。评论家认为，人生通常不只有对快乐的简单追求和对痛苦的规避。**内稳态**（homeostasis）是对平衡的本能渴望。人们终其一生努力平衡各种欲望。

法律提供关于对错以及什么是可接受的、什么是不可接受的准则。法律体系告诉人们能做什么、不能做什么。但要记住，法律体系不都是一样的。

许多宗教或信仰体系都信奉一条被认为金科玉律的哲学：己所不欲，勿施于人。道德的行事始于善待他人。尽管如此，特定的宗教意识形态仍大相径庭。关于孰对孰错仍存在许多分歧。当他人的宗教观点与你的出现冲突时，尊重、宽容、讨论、妥协、和解应当成为伦理准则。

一般而言，最重要的准则大概是伦理行为、道德正确性和社会责任感全部归于常识。可以用两种方法来分析伦理观念。第一种是得出常识性结论的逻辑推理。如果一个人的良知总是被忽视，那么随着时间的推移，他可能会变得沉默；然而，大多数人在做事情时都是知道对错的。第二种是直觉。大多数人在内心深处都认为他们知道某件事在什么时候是合适的或不合适的。在伦理问题的推理过程中，一个人的内在思想和本能反应是不可忽视的。

伦理计划

许多个人和团体通过建立伦理培训计划、伦理规范和伦理咨询体系来响应这个重视伦理大环境的需要。这些尝试旨在协助企业中面对伦理挑战或困境的员工、经理、主管及其他人。

伦理培训计划

伦理培训会在几个场所进行。道德教育作为成长的一部分始于家庭，还有的始于世俗环境或宗教组织。那些在大学就读的人接受更进一步的指导。国际商学院协会（Association to Advance Collegiate School's of Business，AACSB）是商学院的主要认证机构，多年来高度重视伦理指导。

许多企业正将伦理主题纳入新员工培训计划及管理者培训体系。有些是自创的，有些则由组织领导者与专业组织、附近的学院或大学合作开发。

伦理规范

伦理规范有两种形成方式。第一种在专业组织中出现。营销领域内两个重要的组织是美国市场营销协会（American Marketing Association，AMA）和美国广告学会（American Academy of Advertising，AAA）。美国市场营销协会的道德规范可在该组织的网站（www.marketingpower.com）上找到。

第二种发生在组织内部。许多企业已经制定并修订过伦理规范。图 14 - 10 展示了常见的伦理规范组成。

- 规范的目的，包括：（1）规范行为；（2）激励员工。
- 如何执行规范。
- 序言通常包括对愿景的陈述，为员工勾画出企业所追求的理想蓝图。陈述应当涵盖组织的价值观及原则。
- 如何向内部员工宣传规范。
- 一张原则清单。
- 如何向选民和公众宣传规范。
- 需要的话，列出一张规则清单。
- 规范如何能被人们欣然接受。
- 关于规范如何建立的陈述。
- 大多数时候，价值观、原则和规则是根据重要程度排序的。

图 14 - 10　伦理规范的组成

伦理咨询体系

许多个人和组织就伦理困境提供咨询意见。有的采用“道德热线”，员工可以拨打该热线以讨论伦理问题。这些组织提供的服务不尽相同。其中一些提供额外的指导，一些则提供伦理咨询，旨在培养内部伦理顾问以及制定伦理规范。

伦理和社会责任问题以个人和团体的行动、决策为基础。任何进入营销及广告领域的人在任职之前和工作期间都应仔细考虑哪些行为是他可以接受的，哪些是不可接受的。

“告密者”指愿意公开指控某组织违法或不道德行为的人。选择成为告密者是艰难的，因为这会导致事业遭受挫折，个人也容易受到法律诉讼和其他报复行为的影响。不采取行动也代表了一种选择。一个人的良知和信仰体系为何时、怎样回应道德问题提供了终极指导。

14.8　国际启示

在营销、促销和广告领域，每个国家都有自己的一套法律，规定了何为合法、何为违法。营销部门应当确保清楚地理解这些法律法规，并努力遵守。

法律体系各不相同。英美法系是基于当地习俗、传统和先例的。以法律史、先前判例和民族习俗为指导，法官在做出法律裁决时通常拥有更多的自由裁量权。

许多欧洲国家采用的大陆法系以一套广泛的法律原则为基础，裁决基于经过很长时间才确立下来的法律规范。这给予法官较少的自由裁量权。

在国际市场营销中，道德推理也遵循着类似的模式，不能以为某个伦理和道德体系可以被另一个国家完全接受。举例来说，关于社会中男性和女性角色的观点就存在很大差异。任何国际范围的营销计划都应雇用专人进行文化融合，帮助个体理解其他国家的伦理准则。

复习题

1. 列举监管营销计划的政府机构。
2.《惠勒里亚法案》在广告行为的监管上扮演着怎样的角色?
3. 广告或信息什么时候会变得虚假或有误导性?
4. 什么是夸大? 夸大在什么时候是合法的?
5. 什么是证实? 企业如何确定通过了证实测试?
6. 哪四个主体可以启动联邦贸易委员会的调查?
7. 联邦贸易委员会调查虚假声明或欺骗性广告的步骤是什么?
8. 什么是同意令?
9. 什么是行政诉讼?
10. 更正性广告的目的是什么?
11. 贸易管理规则是什么? 它与联邦贸易委员会的裁决有什么不同?
12. 商业改进局和国家广告处的关系如何?
13. 全国广告审查委员会的主要职责是什么?
14. 儿童广告审查组是如何运作的?
15. 定义伦理和道德。
16. 简述关于广告的伦理问题的类型。
17. 什么是品牌侵权?
18. 关于专业服务的营销，已经提出哪些类型的伦理问题?
19. 描述与互联网营销相关的伦理问题。
20. 描述埋伏营销的类型。
21. 什么是隐形营销? 它是如何引发伦理方面的争论的?
22. 列举三种可以用来帮助营销人员应对伦理挑战的伦理计划。

批判性思维练习

讨论题

1. 在食品标签方面，营销人员在产品宣传和内容真实性之间走钢丝。“低钠”、“无脂肪”、“不加糖”和“清淡”等字眼可能给人一种“食品是健康的，但并没有完全披露事实”的印象。你多长时间看一次包装标签并根据其内容进行购买? 下次去杂货店，仔细检查写有前述词语的标签，并将它们与其他品牌进行比较。这些品牌产品的有关成分的含量是否真的低于其竞争者?

2. 重新阅读“欺骗与夸大”一节。找出三个欺骗或夸大的广告案例。区分二者有多困难? 一个广告什么时候不属于夸大，而是带有欺骗性的?

3. 减肥是联邦贸易委员会密切关注的行业之一。从杂志、报纸或电视上找出有关减肥的三则广告。它们做出了何种声明? 你相信这些声明是真实、合法的吗? 作为一名消费者，你如何区分什么是真的、什么是具有欺骗性的？

4. 在家长和教育工作者中，直接面向儿童的广告仍是一个热门话题。许多人觉得，广告以儿童为目标是不公平的，会激发他们的物欲。一个孩子在3岁之前就知道了许多品牌，例如麦当劳。你对儿童广告持什么观点？当前的监管是否足够，还是应该更严格？

5. 针对广告的一种批评称它导致人们购买超出自己支付能力的东西。在美国，每年都有一些人宣布破产，通常是因为他们已经超支。你认为广告导致人们购买超出自己支付能力的东西，还是广告只是满足了人们的物欲？解释你的答案。

6. 广告的确增加了商品和服务的成本，一种常见的辩解是广告为人们提供了关于产品可用性的信息，使消费者做出更明智的决策。你认为这种辩解合理吗？为什么支持广告重要的观点？你能提出哪些支撑广告价值的其他观点？

7. 回顾你最近看过或听过的广告，指出你认为令人不适的一则广告。为什么它令人不适？如果它令人不适，你认为广告主为什么还要投放？你认为令人不适的广告可能有效吗？为什么？

8. 你对酒精和烟草广告的看法如何？酒精和烟草企业拥有和其他产品制造商一样的广告宣传自由吗？你认为让儿童看到酒精或烟草广告很危险吗？它会影响儿童使用这些产品的欲望吗？

9. 你应该看过律师和专业医务人员的广告。谈谈你对这些广告的看法。你认为律师的广告会增加诉讼和破产的数量吗？为什么专业医务人员要做广告呢？广告会影响你对他们专业性的看法吗？为什么？

10. 什么是埋伏营销？描述品牌可以采用的每一种埋伏营销。你对埋伏营销持什么看法？它是不道德的吗？为什么？你认为何种形式的埋伏营销是合法的？为什么？

11. 什么是隐形营销？你认为隐形营销是一种合乎伦理的营销活动吗？为什么？在何种情况下，一个品牌采用隐形营销是可以接受的？

12. 你认为伦理是可以习得的，还是一个人所固有的内在属性？为什么？假设一家企业聘请你给它的员工讲授伦理。论述享乐主义、内稳态、法律、宗教和常识的概念，因为这些与同新员工研讨伦理问题有关。如何将伦理培训计划、伦理规范和伦理咨询体系作为培训课程的一部分？

学生项目

创意角

2005年，Solidax ADX研发于美国，最近被瘦身协会（Weight Loss Institute）评为“市面上最佳的瘦身产品”。Solidax ADX以辛弗林、吡啶甲酸铬和醇酯为基础，用以抑制食欲、提高新陈代谢和消耗能量。不同于其他瘦身药物，它对中枢神经没有副作用。在实验室中进行的人体瘦身控制实验证明Solidax的成分是有效的。[25]

Solidax ADX的生产商注意到最近联邦贸易委员会对竞争品牌虚假和欺骗性广告的调查，因而想设计一则有效且不会受到联邦贸易委员会调查的平面广告。基于以上信息，请为Solidax ADX设计一则平面广告。

第 15 章

整合营销项目评估

本章目标

本章旨在回答如下问题：

- 哪三类评估工具可用于评估整合营销传播系统？
- 营销团队如何使评估方法与整合营销传播目标相匹配？
- 哪种形式的信息评估可用于评估整合营销传播计划？
- 定位广告文案测试（PACT）系统提出了哪些评估标准？
- 在线评估系统如何协助广告主管评估公司线上活动的质量？
- 哪种类型的行为评估可用于评估整合营销传播计划？
- 如何调整评估方案以适应国际业务？

本章概要

19 世纪一位著名的百货商店老板约翰·沃纳梅克（John Wanamaker）最早利用广告吸引顾客去他的商店。他曾说："我知道我花在广告上的钱有一半是浪费的，但我从不知道浪费的是哪一半。"评估广告的效果越来越困难。当今环境下，由于广告活动的成本较高，公司高管往往要求呈现可衡量的结果。对广告客户经理和其他筹备广告的人而言，他们所面临的挑战仍然是提供广告活动成功的证据。

为了满足对问责制日益强烈的要求，研究专家和媒体专家花费时间、精力以寻求新的、精确的衡量标准。这些被称为**度量指标**（metric）的衡量标准试图准确地描述营销传播计划的有效性，要做到可能并不容易。

本章讨论了可用于评估整合营销传播计划组成部分的方法。三类评估工具可用于评估整合营销传播系统：信息评估技术、在线评估指标和调查对象行为评估。

Sands Research公司前沿的神经营销

如果有一个主题出现在本书对所有广告机构成员的采访中，那应该是公司高管要求呈现明确和有说服力的证据，告诉他们营销和广告活动的确有效。商店客流量、网站点击量、优惠券兑换和销售的增加等有形指标提供了行为证据。但很多时候，其他因素会影响这些结果，而且在广告投放和相应的行为结果之间会出现延迟。

广告机构一直在寻求改进营销信息的开发和传播的方法。实时数据能反映广告捕捉并保持受众注意力的情况，这一发现使得营销人员的洞察水平上升至新的高度。Sands Research是一家领先的神经营销公司，由其董事长兼首席科学官史蒂夫·桑兹（Steve Sands）博士领导。该公司开创了认知神经科学技术的应用，为洞察消费者对电视和平面广告、产品包装和数字媒体的反应提供独特见解。通过将其技术与前后问卷相结合，Sands Research就消费者对广告主发布的营销材料的参与情况提供了全面、客观的分析。

最近，桑兹博士宣布了一项将神经科学用于市场研究这一快速发展的领域取得的突破。Sands Research采用高密度的脑电图传感器阵列，以每个传感器每秒1万次的速度捕获全脑的脑电波活动。从本质上讲，这意味着这家公司具备研究信息对吸引人们注意的作用以及追踪人们对信息的关注高峰期的能力。

研究表明，当广告迅速吸引人们注意时，它们往往在运作期间产生更多的“高峰”时刻。注意的高峰时刻会增强人们对广告的积极情绪，并可能影响人们对它的记忆。高峰可能发生于：

- 重要消息发布时；例如，某重大价格促销活动的宣布。
- 煽动性事件发生时，通常是那些以消极情绪开始一个笑话或故事情节的事件。
- 故事中出人意料的时刻或发生转折时。
- 高潮或点睛之笔出现时。

这些新技术的价值也许要通过理解有三个不同的记忆系统可能涉及对一个人对品牌的看法而得到提升：知识记忆，情感或情景记忆，以及身体体验和身体感觉的行为或程序记忆。研究表明，这些记忆可能存储于大脑的不同部位。因此，一个理性的、言语的记忆可能得到了报告，而感性的或情景的记忆可能没有。这或许解释了为什么广告中音乐和视觉线索对人的影响较小。

这些技术的作用尚未完全实现。但至少，Sands Research可以帮助广告主创造一个从分镜头脚本到广告运作都极有可能吸引人们注意的广告。另外，一个激动人心的营销测量新时代或许正在有条不紊地推进中。[1]

15.1 评估工具

三类评估工具有助于评估营销传播（见图15-1）。**信息评估技术**（message evaluation technique）检测广告、优惠券或直销宣传单所传递的信息及其物理设计。信息评估流程包括对广告中的演员的研究。信息评估项目审查与广告相关的认知成分，例如回忆和再认，以及情绪、态度和行为的意向回应。

- 信息评估技术
- 在线评估指标
- 调查对象行为评估

图 15－1 评估营销传播的主要工具

在线评估指标（online evaluation metric）对在线广告和社交媒体宣传活动进行检测。互联网提供了一套不适用于传统媒体的独特的度量指标和技术。举例来说，**点击率**（click-through）代表点击品牌信息并直接进入品牌网站的个体数量。停留率衡量的是导致用户接触广告（点击广告或只是鼠标经过广告）的广告曝光比例。停留时间衡量的是用户接触某个特定广告的时间。

除此之外，营销人员还可以追踪网站上的其他浏览行为和社交媒体上的蜂鸣活动。互联网提供了高度准确、实时监测消费者反应的度量指标。

调查对象行为评估（respondent behavior evaluation）计算可见的顾客行为，包括店铺访问、查询或实际购买。评估优惠券兑换数量、网站点击量和销售变化等数据。

提供证明广告有效的证据十分重要，这使得人们更加重视调查对象的行为。更高的销售额、商店客流量的增长、网站每日点击量的增加、社交媒体的热点活动和其他基于数据的结果吸引了许多管理者。与此同时，信息评估、在线度量指标和行为反应有助于营销主管和广告团队取得短期成果并实现长期成功。

15.2 方法与整合营销传播目标相匹配

营销人员应选择与要测量的目标相匹配的评估方法。[2] 旨在提高顾客对品牌的兴趣和回忆率的广告活动将以顾客认知水平为度量指标进行评估。通常情况下，这意味着营销团队会在广告发布之前、期间和之后测量认知度。其他时候，目标则集中在顾客行为上。兑换率可衡量优惠券活动是否成功。可按如下层次分析一个广告或整合营销传播计划：

- 短期结果（销售额、兑换率）；
- 长期结果（品牌认知度、品牌忠诚度或品牌资产）；
- 对特定产品和品牌的认知；
- 情感反应（喜爱公司及积极的品牌形象）。

有时可能出现过分强调短期结果而不考虑营销活动或营销计划长期影响的诱惑。公司的营销团队努力保持同一种声音，随着时间的推移传递至各项活动。

根据整体的营销和广告目标，营销主管考虑评估广告活动的各种选择。评估程序的选择发生于活动发起之前。刊登在商业杂志中的广告会包含一个编码、一个特别的电话号码或一个特别的微型网站来追踪响应。发放优惠券和赠品及其他促销活动中，每个物品上都印有编码以识别来源。

总的来说，在启动整合营销传播计划前精心策划，可以使活动的评估更简单、更准确。广告或营销宣传单的评估可能会很复杂，因为很多因素会影响测量结果。例如，某零售商可能会投放一系列报纸和广播广告来增加商店的客流量。为了测量这些广告的效果，该零售商记录了宣传活动之前、期间和之后的客流量。客流量会受各种因素如天气的影响，如果下了两天雨，客流量将会变小。此外，主要竞争对手可能在同一时段内进行特卖活动，这也会影响客流量。电视节目如某热门连续剧的季终，甚至是当地高中的特别节目（毕业典礼、学校话剧）都可能会产生影响。换句话说，许多外部因素可能会影响结果。在审查广告计划时，营销人员应考虑这些因素。

一次分析通常无法充分评估一个营销传播事件对公司形象的影响。尽管目前客流量较小，但广告可能已经存储于消费者的长期记忆中，或许会在之后产生影响。一则广告可能在一定程度上令人尴尬或不适。店主或许会认为是天气而不是糟糕的广告设计影响了效果。公司领导者在评估整合营销传播计划时要同时考虑短期结果和长期结果。

15.3 信息评估

对广告传播的评估或测试发生于开发过程的每一阶段。其中包括广告制作前的概念阶段，在这个阶段进行的测试往往需要征求一系列专家或“普通人”的意见。广告可以在设计阶段完成后、开发之前进行测试。

虽然广告和营销方案可以在创作前测试，但大多数广告机构只会进行少量的前测，这主要是由于缺乏可靠的测试结果。Richards 集团的埃琳娜·佩图科娃（Elena Petukhova）表示，她的公司并不严重依赖于前测，因为这种形式存在误差。消费者习惯于看到制作完成的广告，看一则广告的草图或模型可能导致较低的分数。因此，Richards 集团更多依赖于对制作后的广告进行评估。[3]

如图 15－2 所示，个别企业和广告公司主要采用三种方法来评估广告信息：广告追踪研究、文案测试和情绪反应测试。每种方法适用于不同的环境、广告方法和整合营销传播目标。一种很有前景的广告评估新方法运用了认知神经科学。

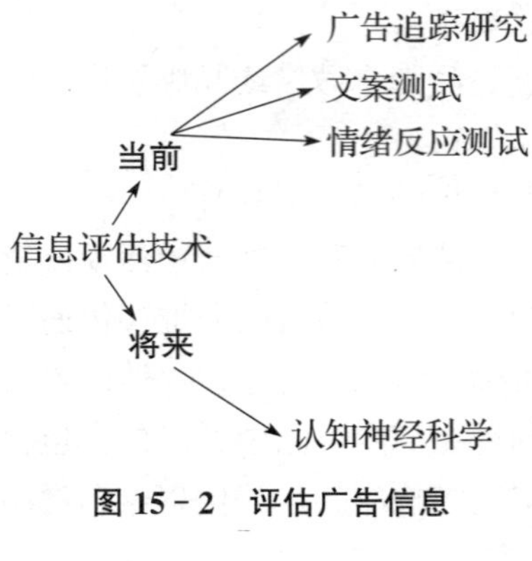

图 15－2　评估广告信息

广告追踪研究

一种常见的评估方法是由一家大型的广告研究公司来追踪广告，如尼尔森 IAG（Nielsen IAG）或明略行。追踪研究考察的是已发布的广告。这种市场调查方法可以监测一个品牌的表现和广告效果，营销人员在特定时间间断或连续地进行测试。广告追踪研究提供了一套全面的衡量标准，包括媒体影响力的效果（即支出水平）、媒体购买的有效性以及广告的信息和执行质量。广告追踪监测的是一条信息较于竞争对手和随着时间变化的相对作用。

尼尔森 IAG 提供广告追踪服务。该公司基于超过 21 万集电视节目和 25 万则广告，提供实时追踪品牌和广告表现的联合数据库。除电视广告，还可进行互联网广告和影院内宣传的评估。尼尔森 IAG 每天进行数千项调查，测量观众对电视节目的参与程度，以及每则广告在网络和有线电视频道上的效果。[4]

广告追踪方法

广告追踪研究中，调查对象会观看一小段广告或电视广告的一些定格画面，广告中的品牌名称已隐去。研究人员会询问调查对象能否认出该企业，以测量品牌和广告再认。然后，他们让调查对象识别出广告宣传的品牌，以测量未提示品牌知名度。那些不能准确识别赞助商的人会收到一份品牌清单，并被要求识别正确的品牌，以测量提示品牌知名度。除了再认和未提示品牌知名度、提示品牌知名度之外，追踪研究也测量：

- 可记忆性；
- 喜爱程度；
- 未提示/提示信息记忆；
- 未提示/提示活动记忆。

杂志广告主也可以采用类似的技术。Mediamark Research & Intelligence's Ad-Measure 追踪人们对 200 本杂志中每一期广告的记忆和反应。Affinity 提供了一项与之竞争的服务，即对 125 本杂志进行广告测量的美国杂志研究印刷广告评级（American Magazine Study Print Ad Ratings）。[5]

当 mcgarrybowen 公司为汉堡王发起一场宣传活动时，员工便参与到广告追踪中来估算品牌的印象分。汉堡王和它的主要竞争对手都被以印象分衡量。调查对象被问到："总体而言，你对这个品牌有好感吗?"活动开始前，汉堡王的印象分为 24.4 分，而麦当劳的印象分为 48.9 分。活动期间，汉堡王的得分升至 45.1，最后跌至 38.4 分。与此同时，麦当劳的印象分降至 34.8 分。通过在活动之前、期间和之后对这些结果进行评估，汉堡王和 mcgarrybowen 的营销人员能够获得更准确的活动效果衡量结果，从而塑造一个更积极的连锁餐厅形象。[6]

报告卡和基准

Richards 集团的戴夫・斯内尔（Dave Snell）指出，尼尔森 IAG 提供的信息给出了一个持续的"报告卡"和"基准"。在新广告活动的第二周或第三周，广告追踪研究提供了新广告表现情况的两类信息。首先，它表明了新广告与该品牌竞争对手相比表现如何。其次，它显示出该广告与以前的宣传活动相比表现如何。

尼尔森 IAG 还为一家公司建立了一个基准，因为它衡量了成年累月的广告表现。这些基准数据在新活动启动时尤其重要。广告商将新的信息与以往的信息在不同维度上进行比较，以确保广告按预期运作。与竞争对手或类似产品的广告相比，先前广告所体现的基准提供了一个更好的性能指标。

追踪服务帮助广告主确认广告何时开始失效。每两周测量一次效果，并将结果绘制出来，以此表明广告何时开始失去作用。那时，广告代理机构及客户可以转向一个新的宣传活动，重新启用以前的广告或者修改当前的广告。

Richards 集团的埃琳娜·佩图科娃指出，广告追踪的缺点是无法提供诊断。数据显示了广告相比于竞争对手、以往广告的表现以及未来一段时间内的表现，但不会找出广告表现不佳的原因。其他类型的研究会对广告失败的原因进行探讨。本质上，广告追踪研究表明了广告何时失效或不起作用，但不会告诉代理机构该做什么。

文案测试

信息评估的第二种形式是**文案测试**（copytest），评估的是已完成的或处于最终开发阶段的营销方案。文案测试引发人们对主要广告信息和呈现形式的反应。长期以来，电视广告和平面广告都是采用文案测试程序进行评估。线上平面广告和视频广告很少进行文案测试，但这种趋势正在发生改变。ARS 集团执行文案测试的首席执行官杰夫·考克斯（Jeff Cox）表示，公司约 75%的客户在开发期间至少会测试部分数字广告。[7]

常见的文案测试技术包括组合测试、剧院测试和在线测试。**组合测试**（portfolio test）展示的是一组包括被评估广告在内的平面广告。**剧院测试**（theater test）则展示了一组包括被研究广告在内的电视广告。测试的参与人员并不知道哪个广告正在接受评估。这两种技术都对现实进行了模拟，即消费者通常会受到多种信息的影响，例如电台或电视台连续播放一系列广告，或报纸上的几则广告出现在同一页上。这些测试也使研究人员能够将目标广告与其他营销信息进行比较。为了让这些方法产生最优的结果，展示的所有营销方案必须处于相同的开发阶段，如制作前的广告或已完成制作的广告。

Ameritest 公司专门从事文案测试，近期对卡乐星（Carl's Jr.）的广告做了测试。广告中，模特夏洛特·麦金尼（Charlotte McKinney）身穿比基尼走过农贸市场，最后吃起了纯天然汉堡包。文案测试显示，27%的人表示看到广告后会去卡乐星或哈迪斯（Hardees），这明显低于快餐厅广告的平均水平（43%）。52%的人认为该广告令人不适，51%的人说广告令人讨厌，43%的人对卡乐星的印象更差了。文案测试得到的唯一的正面反馈是 94%的人记住了这是卡乐星的广告。[8]

互联网文案测试可以取代组合测试和剧院测试。在线文案测试的成本较低，并且可提供即时结果。明略行以包括文案测试的在线测试程序为特色。通常情况下，广告公司的客户每年会进行 5～8 次文案测试。这些测试传递了有关广告在理想情况下深层次潜力的信息。开展在线测试时，消费者看广告比看电视节目、广播节目或阅读杂志更专注。因此，在广告得到观看者的完全关注时，文案测试结果就是对广告潜力的衡量。

文案测试追踪的是已经发布的广告。明略行通常通过 150 名调查对象研究一则广告。涉及的定量问题如下：

- 突破能力；

- 品牌信息和形象；
- 对广告和品牌的记忆水平；
- 享受水平；
- 广告传播了什么信息；
- 想要表达的信息传播得如何；
- 可能出现的反应，如购买可能性；
- 广告的说服力；
- 观看者对广告和品牌的参与。

测试情绪反应

除了这些测量方法，明略行还准备了一个逐秒记录的情绪反应表，以反映观看者对电视或网络上将要播放的广告的感受。观看电脑上的广告时，调查对象通过移动鼠标来表达他们的感受——一个方向代表积极感受，另一个方向代表消极感受。将这 150 个情绪反应测试叠加到一张图上，客户可以看到广告播出期间调查对象的感受和情绪变化。这一信息很有价值，因为它显示了情绪转变的节点。虽然这个测试不会测量情绪水平，而是测量情绪的变化，但这些数据为广告代理机构提出假设或形成有助于广告制作的最佳思路提供了充足的证据。

逐字评论

明略行和其他代理机构为客户提供的最终信息是调查对象的逐字评论。明略行通过大量开放式问题使调查对象参与其中，从而深入了解他们的思考过程。每位调查对象都用自己的话表达了关于广告的想法。逐字评论告诉广告代理机构人们对广告的看法，既包括积极的反应，也包括消极的反应。广告代理机构想知道顾客在广告中看到了什么及其所获取的信息。调查对象的评论提供了这类信息。

如前所述，广告追踪并不会得出一则广告表现不佳的原因或修改的依据。文案测试程序只会得到其中一些信息。广告创意人员据此可以决定下一步的方向。通过使用连续的广告追踪和广告文案测试，一家广告代理机构可以根据广告的表现为特定客户建立基准，深入了解对某个特定的产品类别和品牌而言哪些是有效的，哪些是无效的。

关于文案测试的争议

关于文案测试的一些争议仍然存在。许多广告主和营销人员坚信，与情感和意动（行动激励）方法相比，这种方法更加理性。为了弥补这种潜在的不足，一些研究公司在文案测试程序中增添了情感测试。

一些营销人员进一步认为，广告制作前的文案测试遏制了创作脱颖而出的广告所需的创造力。最近，为耐克、大众、百威和塔吉特工作的创意人员被允许跳过广告设计的文案测试阶段直接投入创作中。广告代理机构韦柯为欧仕派古龙水开展“你的男人闻起来像男人”宣传活动，该品牌所属公司宝洁允许韦柯完全跳过概念测试阶段。此外，欧仕派的宣传也被简化为只由宝洁的一名主管审批。[9]

除非客户坚持进行制作前的文案测试，否则广告代理机构直接投入制作，在广告发布后进行测试。一些广告主认为，文案测试往往会引导创意人员设计出可信和易理解的广告信息，说明产品的优势，向焦点小组或专家小组成员展示。实际上，焦点小组中的许多消费者对如何创作有效的广告知之甚少。大多数创意人员认为，让消费者作为广告质量的最终评判者是毫无意义的。

虽然很多营销人员不赞成使用文案测试，但出于责任，大多数人认为还是必要的。文案测试机构 ARS 集团的 CEO 杰夫・考克斯认为："文案测试可能会阻碍创意，但市场和世界上最大的广告主看到了这样做的价值。"[10] 在做出支持高成本广告活动的决策时，广告代理机构和公司主管需要证据证明投资是有效的。广告公司也可以通过了解在特定市场中什么更有可能获得成功来利用文案测试的结果完善未来的广告和宣传活动。

情绪反应测试

许多广告试图激发消费者的情绪反应。情绪广告基于这样一个概念：人们会记住引发其积极情绪的信息。对广告持积极态度的消费者对产品的态度也会更积极，这进而会导致购买量增加。[11]

测量广告对情绪的作用具有挑战性。最简单的方法是在一个人观看营销传播片段后询问其感受和情绪。另一种方法是**温度监测器**（warmth monitor），它依赖于这样一种观念，即当人们看到某个广告或产品时，其态度是积极的。为了测量温度，调查对象被要求在观看广告时操纵控制杆或鼠标，朝一个方向移动代表更暖，另一个方向代表更冷。[12]

在线温度监测器可以有效调查 1 000 人或更多人的反应和意见。人们在观看流媒体视频上的广告时，可以用鼠标将标签从 1 移动到 10。当他们喜欢自己看到的东西时，就将标签移动到 10。看到不喜欢的东西，就将标签移动到 1。完成数据收集后，一个图表将被叠加在广告上，显示出人们喜欢的和不喜欢的东西等信息。互联网的优势在于允许调查对象在自己方便的时候评分。如果需要一个焦点小组来讨论广告，可从参与者中选择调查对象。焦点小组访谈可在线上举行。[13]

测量情感反应的一种创新方法是生物特征识别研究，包括测量对广告和营销信息的生理反应。Innerscope 公司专门从事**生物特征识别研究**（biometric resarch）。该公司首席执行官兼首席科学官卡尔・马尔奇（Carl Marci）表示："Innerscope 坚信，无意识的情绪反应能够引导人的注意力，加强学习和记忆，最终达成我们的客户所关心的行为。"Innerscope 让调查对象待在起居室，电视机上的一个设备能追踪眼球运动，发现调查对象对刺激物的注意程度。同时，调查对象戴着一条特殊的腰带，可以收集与人的心跳、排汗水平、呼吸和身体运动有关的数据。通过整合这些生物指标，Innerscope 以观看者的情绪和无意识反应来测量他们在广告播放时每秒的情绪参与程度。[14]

时代华纳在曼哈顿建立了一个 9 600 平方英尺的媒体实验室，既自己使用，也出租给客户以进行生物特征识别研究。该公司对基本的焦点小组访谈收取约 5 万美元，对生物特征识别研究收取 12 万美元。实验室的生物特征识别区域可以测量人们对广告的生理反应。摄像机可以追踪眼球运动，双向镜使客户可以观察调查对象。[15] 生物特征识别测量的是真实的情绪反应，而不需要调查对象通过某种温度监测器告诉研究人员他们的反应。人们使用温度监测器时可以谎报自己的感受，而身体对广告的反应却很难伪造。

认知神经科学

近年来，**认知神经科学**（cognitive neuroscience）领域取得了重大进展，出现了一种追踪大脑活动的脑图像测试方法。如本章开头的案例所述，它可以追踪大脑中电波的变化。一项运用认知神经科学（心理生理学）的研究表明，调查对象的脑电波显示，他们对可口可乐或百事可乐的偏好与一个人在口味盲测中的选择相同。神经科学家贾斯廷·米奥克斯（Justin Meaux）说："你可以看到，偏好在大脑中有可测量的相关物。"澳大利亚神经科学家理查德·西尔伯斯坦（Richard Silberstein）对大脑进行了生理测量，指出成功的广告往往会引起更高水平的情感投入和长期记忆编码。[16]

请考虑一则开发中的性暗示广告。焦点小组的一个成员可能喜欢这则广告，却隐藏了这种感觉，并说这是性别歧视和不恰当的。他做此反应可能是出于对社会认同的渴望。在同一广告的文案测试中，即使调查对象与研究人员不是面对面的，他也可能给出社会认同的答案。在使用情绪监测器的研究中，个体可能不会移动鼠标来报告他的真实想法。广告中对性的负面污名通常会影响自我报告的反应。生理唤醒测试，如认知神经科学，可能为测量一个人的真实反应提供了更好的指标。许多广告研究人员认为生理唤醒测试比情绪反应测试提供的信息更准确，因为生理唤醒更加真实。[17]

该领域的最新研究由 EmSense、Neuro-Focus、Sands Research 和 OTX Research 等公司进行。这些公司用可测量脑电波和生物数据的便携式设备来开展实验。可口可乐采用这种方法来选择在超级碗上播放的广告。可口可乐公司制作了十几个广告，都通过 EmSense 的设备评估。当消费者观看广告时，EmSense 的设备就会对脑电波进行测量，并监测呼吸、心率、眨眼和皮肤温度。可口可乐的研究人员通过这些生理指标来决定使用哪个广告。他们还对广告进行了一些修改，以唤起更高水平的情感。[18]

菲多利（Frito-Lay）运用神经科学来测试产品包装。公司的营销人员发现，画着马铃薯和其他更健康原料的米色哑光薯片袋与亮光的薯片袋相比，前扣带回（大脑中与罪恶感相关的区域）活动较少。

菲多利的首席营销官安·穆克吉（Ann Mukherjee）说："脑成像测试可能比焦点小组更准确。"在一个焦点小组否决了奇多（Cheetos）的广告后，菲多利采用神经科学的方法测试了广告。广告中，在洗衣店一位妇女为了报复某人，把橙色的零食放在一台装满白衣服的烘干机里。焦点小组的成员表示，这一恶作剧让菲多利看起来很卑鄙。神经科学测试却发现，女性普遍喜欢这则广告。[19]

认知神经科学揭示了人对信息的生理反应。它显示出大脑活动发生的位置，一定程度上显示了活动水平。它可以识别出调查对象被信息吸引的时间，还能显示一个人何时只盯着广告中的标志和美女。这种方法通过神经元放电量来确认积极情绪和消极情绪以及情绪强度，使科学家（和营销人员）能够理解正在处理的信息、在哪里处理信息以及个人对广告或营销方案的反应。尽管认知神经科学的发展仍处于初级阶段，但它在评估广告和营销活动方面有无穷的潜力。

15.4 评估标准

前面提到的每个评估项目都需要质量评估标准。**定位广告文案测试**（positioning advertising copytesting，PACT）是一个有用的项目，由 21 家一流的美国广告机构创办，用于评估电视广告。[20] PACT 研究了对电视广告开展文案测试所涉及的问题，其测试原则适用于所有类型的信息评估系统及所有类型的媒体。图 15－3 列出了测试书面或口头营销方案时要遵循的九个主要原则。

- 测试程序应当与广告的目标有关。
- 测试之前，研究人员应当就如何使用测试结果达成一致。
- 应当采用多种测试方法。
- 测试应基于人们对传播的反应的一些理论或模型。
- 必要的话，测试程序应当允许多次广告曝光。
- 在选择测试中的备选广告时，应确保每则广告与被测广告处于相同阶段。
- 为避免出现偏差，应当对测试进行控制。
- 测试的样本应当是目标样本的代表。
- 应当证明测试程序的信度和效度。

图 15－3　PACT 的文案测试原则

任何测试程序都应与被测的广告目标相关。对于一个用以促进试用购买的优惠券促销活动来说，营销人员会对文案进行评估来测定其促进销售的能力。而对品牌态度的评估需要使用不同的方法。

在选择测试方法时，研究人员应该就如何使用测试结果达成一致。他们还应该就测试的设计达成一致，以获得预期的结果。这在广告开发的准备阶段尤为重要，因为许多测试是用于确定最终是否要制作某广告的。

研究小组应当设定一个及格线，以便在测试后使用。这可以防止偏差影响对广告潜在效果的测试结果。许多广告公司在新广告投放到更大的区域之前会进行市场试点。回忆法用于确定目标市场的人是否记得看过该广告，应当包含一个预设的及格线。换言之，设定一个可接受的百分比，如 25%的人应当记得该广告，从而使活动得到推进。未达到该百分比的广告就未通过测试。

多种测试方法的采用使得对广告和宣传活动的评估更加准确。一则设计精良的广告可能无法通过某个特别的测试程序，但在其他测试上的分数很高。身为营销传播目标的消费者和企业采购人员是一群复杂的人。不同的人对同一广告的感知也不尽相同。因此，广告主通常会努力开发多种测试方法，确保在广告或活动能否成功并达到预期目标方面达成更大的共识。

测试应基于人们对传播的反应的一些理论或模型，这可使测试尽可能准确地预测人们的反应。提高广告发布产生预期效果（访问网站、逛商店或进行购买）的可能性成为测试的目的。

许多测试程序只基于一次曝光。虽然很多时候这对于研究目的而言可能是足够的，但有时需要多次曝光才能获得可靠的测试结果。对于复杂的广告，可能还需要多次曝光。人类的大脑在一次观察中只能理解有限的信息。营销团队应确保一个人能够理解信息，从而确定是否达到了预期效果。

为了掩盖被测广告，通常会将其与其他广告一起进行测试。将某营销测试方案与其他的放在一起，会使调查对象不知道哪个正在接受评估，从而避免个人偏见影响判断。为确保得到有效的结果，所有广告应处于开发过程的相同阶段。

要采取适当的控制措施，避免偏差和外部因素影响结果。研究人员经常使用实验设计来控制外部因素。进行实验时，研究人员尽可能保持条件不变，一次只使用一个变量。在剧院测试中，温度、一天中的时间、房间灯光、电视节目和展示的广告都应该是一样的。研究人员可能会向男性观众展示计划，接着是女性观众。通过改变一个变量（性别）可以看出，在一个受控的环境中，男性对广告的感知是否与女性不同。

与所有研究程序一样，抽样程序很重要。所用样本应当是目标人群的代表。为西班牙裔美国人设计的平面广告应该采用西班牙语问卷或访谈形式进行测试。

最后，研究人员应证明测试是可靠和有效的。可靠意为“可重复”。换句话说，如果对同一个人进行了五次相同的测试，他每次都应以同样的方式做出反应。如果某调查对象在一次测试中是“情绪激动的”，而在第二次显示广告时是“中立的”，研究人员会怀疑测试是否可靠。

有效意为“可推广”。有效的研究成果可以推广至其他群体。例如，当一个焦点小组的女性认为一则广告很有趣，然后一组男性也做出相同的反应，那么关于幽默有效的研究结果就更加有效了。如果这些结果可以推广到不同年龄和种族的人身上，将是一个更有价值的结果。很多时候，一则广告可能是可靠的，或在同一组中是可重复的，但对其他消费者群体或企业采购人员而言却是无效的或不可推广的。

PACT 原则可以在广告代理机构设计短期广告的效果测试时提供帮助。它们还可以帮助营销人员理解更重大、更长期的问题，如企业的品牌忠诚度和品牌认同。其目标是生成记录公司所做工作的数据。当这种情况发生时，公司及其广告团队可以获得很有价值的信息。

15.5　在线评估度量指标

当前的技术使公司领导者可以追踪个人如何访问网站。为了确定社交媒体的有效性，营销人员对通过社交媒体访问的百分比进行追踪。如果竞赛、优惠券发放或其他促销活动是通过社交媒体进行的，公司的营销团队就可以计算点击率，从而反映出社交媒体广告或营销计划的价值。点击率、停留时间和停留率仍然是评估在线广告的作用的常用方法。

为了评估来自互联网的数字营销传播，除了点击率，其他指标提供了可用于评估数字营销活动的数据。图 15－4 显示了测量网站流量和评估数字营销活动的方法。

网络指标
- 访问量（点击量）
- 访客数量
- 新旧访客
- 网页浏览量
- 每次访问的网页浏览量
- 在页面和网站上停留的时间
- 入口和离开页面
- 跳出率

转化和活动指标
- 点击率（CTR）
- 平均点击成本（CPC）
- 转化率
- 平均转化成本（CPC）
- 平均订单价值（AOV）
- 平均访问收入（RPV）
- 购物车弃置

图 15－4　数字指标的例子

网站流量可通过多种方式计算，访问（或点击）次数是一个常用的指标。调查人员统计出访客的数量，并识别那些访客是新访客还是回头客。虽然获得新访客很重要，但回头客的数量提供了一个衡量人们对网站感兴趣程度的指标。其他指标包括网页浏览量、每次访问的网页浏览量以及在页面及网站上停留的时间。这些指标显示了参与水平。某人在一个网站上停留时间越长、浏览网页越多，就越有可能做出购买行为。

入口和离开页面显示了人们进入和离开一个网站的位置。网站的大部分流量不是从主页开始的。数字营销活动通常会用一个微型网站将访问者带到一个网站，从而让网页与数字广告相匹配。离开页面作为指标而言是非常关键的，因为它们显示出可能需要修改的页面。网站上每个页面的跳出率也值得关注。跳出发生于一个人从同一个页面进入和离开时。一个有 60%跳出率的网站页面可能会引起关注，因为这表明人们没有找到他们想要的内容，立即离开了页面。

转化和活动指标可以帮助营销人员快速评估某个网站的表现以及某个营销活动是否符合预期。例如，可以进一步考察点击率这一指标，看有多少看到数字广告的人点击并访问了网站，平均点击成本（CPC）也应纳入考虑。

转化率和平均转化成本的数据使营销人员能够比较数字营销活动和不同的网页、横幅广告设计。营销人员还可以考察平均订单价值（AOV）和平均访问收入（RPV）。

购物车弃置是一个关键指标。它测量了将物品加入购物车却不完成订单的消费者比例。较高的弃置率表明某些地方出了问题。

销售漏斗效率

与传统媒体相比，数字世界的另一个优势是销售漏斗效率的测量。销售漏斗是一个通过公司销售流程吸引潜在客户的倒置金字塔。顾名思义，它的顶部很宽，因为所有参与的客户都可以进入，最终，最强的潜在客户被引导到底部，转化为成功的销售。图 15－5 显示了一个假设的销售漏斗。[21]

例如，斯科特设备公司可以在某个数字广告网络上投放一则横幅广告。公司可以确定看到横幅广告的人数（广告印象的数量）。假设该横幅广告产生了 10 000 个看法或印象。在看到横幅广告的 10 000 人中，有 2.7%点击进入该网站。登录网站后，72%的人浏览了不止一页。其他指标具体说明了人们浏览过哪些页面、浏览了多久以及访客在网站上选择的准确路径。访问网站的人中，有 28%将物品加入购物车，其中 61%完成了

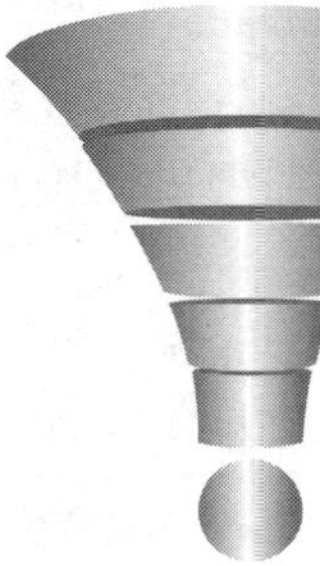

图 15-5 销售漏斗效率

支付。大多数公司希望人们进行额外购买，因此会鼓励他们创建一个账户。虽然个人电脑上的浏览器缓存可以追踪回头客，但创建账户能更准确地监测人们的行为。销售漏斗效率使营销人员能够比较多个数字营销活动或广告设计，从而判断哪个最有效。

网络评论

一种新型的在线评估手段可以评估和监测网络评论。WiseWindow 公司提供的软件（Mass Opinion Business Intelligence，MOBI）可以快速分析发布在网络上的大量观点。MOBI 持续、实时地提供有关消费者对品牌、企业或广告活动的看法的信息，这些信息几乎瞬间来自数百万个网站。起亚（Kia）、百思买、维亚康姆、思科系统（Cisco Systems）和财捷（Intuit）都利用该软件分析客户、员工和投资者的观点。

盖洛德酒店（Gaylord Hotels）采用一种叫作卡拉桥（Clarabridge）的分析软件来调查顾客对公司高档度假村网络的感受。根据情绪分析，盖洛德酒店的营销团队得出结论：客人来访的前 20 分钟是最为关键的，公司有五种方法可以提高客人向他人推荐酒店的可能性。网络评论分析显示，带一位新客人去某个地点而不是仅仅指出地点或在地图上向他们展示很重要。盖洛德酒店首席运营官戴维·克洛佩尔（David C. Kloeppel）表示："如果我们能完善（网络访客）体验的前 20 分钟，我们就能提高客人的总体满意度。"[22]

社交媒体指标

图 15-6 呈现了组织用于测量流量、参与和转化水平的社交媒体指标。虽然打造一个庞大的关注人群很关键，让消费者参与到社交媒体网站中也很好，但最终是转化水平决定了一个社交媒体营销计划成功与否。

流量指标	参与指标	转化指标
• 浏览量（受众总数）	• 提到	• 点击率（CTR）
• 新的喜欢者/订阅者/关注者	• 分享——转发/锐推	• 转化率
• 流失的喜欢者/订阅者/关注者	• 喜欢	• 平均转化成本（CPC）
• 位置	• 评论	• 平均订单价值（AOV）
• 访问的时间/日期	• 页面停留时间	• 平均访问收入
	• 每天/月的访问量	• 漏斗效率
	• 跳出率	

图 15-6 社交媒体指标

流量指标衡量了社交媒体网站的流量水平，测量通常从总访问量开始。计算新的关注者或新访客的数量提供了很有价值的信息；然而，流失的访客数量也同样重要。当一个社交媒体网站失去的人数比获得的多时，有些方面需要做出调整。流量测量还提供了访客的位置、一天中的时间以及一周中访问次数最多的一天。

其他指标表明了人们对品牌的社交媒体平台的参与水平。分享、转发、锐推、喜欢和提到表明一个人喜欢他所看到的内容并将其传播给其他人。社交媒体提供了双向交流的平台。评论的类型和程度是对参与的度量。许多社交媒体和数字研究公司专门提供**热点得分**（buzz score）或**品牌热点**（brand buzz），这就解释了特定时段内一个品牌在社交网络上被提到的次数。尽管提到的次数是一个品牌在社交媒体中受欢迎程度的指标，但情绪得分更为重要。情绪是指热点是消极的还是积极的。营销人员应意识到这两种反应都应被监测。当积极的热点出现时，员工可以加入讨论，感谢粉丝的支持，甚至以某种方式奖励他们。当消极的热点出现时，营销团队应做好迅速应对的准备，以防止热点快速蔓延。

社交媒体转化未必会导致销售。转化率提供了关于访问网站以获取更多信息、下载或观看视频以及提交请求以获取更多信息的用户的信息。不管是期望何种转化行为，点击率和转化率都能让人们深入了解社交媒体引导人们做出期望行为的能力。营销人员使用这些指标能够计算出成本和收入。营销人员对销售漏斗效率数据进行测量，以了解哪些社交媒体渠道产生了最佳转化率并形成了忠实用户。

15.6 行为评估

本节的第一部分涉及信息评估，重点在于洞察人们的想法和感受。一些营销人员主张销量是唯一有效的评估标准。一则广告可能很有趣、令人愉快，但如果销量没有增长，它就是无效的。同样的道理也适用于其他营销传播工具，如消费者促销、贸易促销和直接营销。

虽然有形的结果应该是所有营销计划的底线，但并非所有传播目标都应该用销售数据来衡量。即便旨在提高品牌知名度的营销计划不会导致销量立即增长，品牌知名度较低的公司的领导者可能对传播计划的受关注程度和易记性最感兴趣。

用销售数据衡量优惠券型消费者促销活动的结果比衡量电视广告的结果更容易。因此，有效的促销评估包括对信息和行为要素的检查。本节描述公司使用的一些典型的行为度量指标（见图 15-7）。

- 销量
- 评估广告
- 响应率
- 兑换率
- 市场试点
- 购买模拟测试

图 15-7　常见的行为度量指标

销量

衡量营销活动结束后零售业销售额的变化相对简单。零售商从通用产品代码（UPC）和扫描仪数据中收集信息。每个商店每周都会有这些数据，某些情况下每天都有。许多零售店在营销活动期间可以随时获取实时销售信息。

扫描仪数据使公司领导者可以对销量进行监测，并协助零售商和制造商考察营销计划的作用。同时，外部因素往往会影响销量。在一个多媒体广告计划中，很难确定是哪个广告促使顾客采取行动。一家主打秋季夹克系列的公司可能会受到寒流的影响。如果是这样，促使顾客购买的原因是广告还是天气？在研究销售数据时，运用贸易促销和消费者促销计划的公司应考虑促销和广告的影响。销量是衡量有效性的一个指标，但是它可能会受到其他因素的影响。

评估广告

如图 15-8 所示，由于几个原因，广告可能是整合营销传播计划最难评估的部分。如前所述，区分广告和其他因素的影响可能是有难度的。广告会产生短期和长期的影响，消费者和企业会在不同的情境中看到广告。一则广告或一次营销活动对销售的直接影响难以被准确解读。

- 其他因素的影响
- 广告的延迟作用
- 消费者在商店里改变了想法
- 品牌是否在消费者的激活域内
- 品牌资产的层次

图 15-8　广告难以被评估的因素

广告通常有延迟作用。很多时候，消费者会看到广告并被劝说购买产品，但直到他们真正需要该产品时才会购买。Calvin Klein 的一则有效的广告可能会让一位女士产生购买一条新牛仔裤的想法。不过，她并没有亲自购买，而是在几个月后的生日到来前暗示丈夫。可是她的丈夫也许会购买另一个品牌的牛仔裤或其他礼物。所以，她要么等待另一个特别的时机让丈夫给买牛仔裤，要么自己购买。

很多时候，消费者基于一则广告做出购买决定，但当他们到达零售商店时却改变了主意。一个竞争品牌可能正在打折，想要的品牌已经售罄，或销售人员劝说顾客购买另一个品牌。在上述情况中，广告在某一个层面上是成功的，但在购买前受到了其他因素的干扰。

此外，广告中的品牌可能不在消费者的激活域内。但听到或看到广告时，品牌就进入了激活域。因此，即便一个人最初没有考虑这个品牌，当将来有需求或消费者对当下的选择不满意时，也会想到该品牌。

广告有助于提高品牌知名度和品牌资产。虽然广告可能不会马上导致销量发生变化，但广告可能会建立品牌资产，进而影响未来的购买。

响应率

营销人员研究直接反应广告、直邮或其他营销活动的反应率，但仍要注意，一些营销工作不会导致销量立即发生变化。顾客会通过免费电话、电子邮件、网站或社交媒体平台进行咨询。为测量响应率，公司对营销方案进行编码，并使用专门的电话号码或微型网站。如果有人访问某个微型网站或拨打邮件上列出的免费电话，营销人员就会知道哪个宣传活动奏效了。

加拿大旅游业委员会（Canadian Tourism Commission）测试了电视、广播、直邮和网上的直接反应广告。每则广告使用不同的网址供观看者访问以获取更多信息。对于游客来说，这没有明显的区别，因为每个网址都会把他带到指定的加拿大旅游业微型网站。加拿大旅游业委员会可以追踪某人浏览的广告和他使用的网址。这使计算每个直接反应广告的访客数量成为可能。[23]

许多广告现在都添加了二维码，消费者可以通过手机访问。一些二维码链接到公司的网站，一些则提供折扣活动或信息。营销部会统计有多少人扫了二维码，还会收集用过它的人的信息。

兑换率

营销人员通过研究各种兑换率来评估行为的有效性。公司对优惠券、赠品、返现、比赛、抽奖和直邮邮件进行编码。嵌入的编码使营销人员可以将当前活动的兑换率与以前活动的兑换率进行比较。这样就可以评估营销材料的各种设计，例如三种不同版本的直邮邮件或电子邮件。不同类型的营销活动也可以被评估。举例来说，营销人员可以比较优惠券、折扣或返现的兑换率。

对贸易促销和消费者促销以及直复计划而言，兑换率提供了比销售更准确的衡量标准。正如前文所述，优惠券促销后的销量变化可能并不完全是优惠券促销的结果。外部因素可能导致了销量的变化。兑换率准确地测量了有多少人对营销活动做出反应。

市场试点

市场试点可使公司领导者在开展全国或国际活动前能够在小范围内评估营销活动的影响。营销团队可以在一个环境下测试营销传播计划的几个要素。如果市场试点取得了成功，全国性营销活动有效的可能性就会提高。在开展全面的国际营销活动前，市场试点可以测量营销活动在另一个国家实施的效果。市场试点计划用于评估：

- 广告；
- 消费者促销和贸易促销；
- 价格策略；
- 新产品。

市场试点为分析和改变营销工作提供了经济有效的方法，避免了数百万美元花在可能无法实现其目标的事情上。在推进更大范围的计划之前，可以修改广告，调整促销活动，重新讨论定价政策。例如，麦当劳测试了新的广告，广告宣传了更清洁的餐厅和更友好的服务。该宣传活动的目标是突出麦当劳为改善店内服务和“得来速”服务所做出的努力。两档电视节目和一档电台节目在坦帕和西雅图制作并播出。市场试点的反应为麦当劳的营销团队和广告代理机构提供了有关广告作用的信息、应修改的部分信息以及该活动是否应在全国范围内开展。[24]

与其他测试相比，市场试点具有类似于实际购买的优势。确保市场试点选择的地点与目标人群匹配是关键。针对老年人的产品应该在老年人高度集中的地区展开研究。

如果有可能，市场试点活动应当类似于全国性或全面的营销计划。一段较长的时间间隔可能导致一家公司得出不同的结果。营销人员应努力确保市场试点可以提供一个实际营销计划的镜像。

一个市场试点活动可能会短至几天，也可能长达两三年。太短的测试可能难以产生可靠的结果。而如果市场试点的时间过长，国家的市场形势可能会发生变化，因此试点市场可能不再是一个代表性样本。更加糟糕的是，竞争对手可以研究发生了什么，这让他们有时间对拟议的营销活动做出反应。

竞争者的反应 竞争公司通常采用以下两种方式来回应市场试点计划。一种是，为了混淆测试结果，一些人在市场试点区域内引入了一种特殊的促销。这可能会减少被测试产品的销量，使活动看起来不如实际那么有吸引力。另一种是不介入试点市场，而是准备一场反营销活动。采用这种策略的公司在全国性试点发起时就已经准备好了，其影响可能是市场试点的结果并不能预测将会发生什么。

扫描仪数据 扫描仪数据能够快速提供市场试点活动的结果。这些数据有助于确定市场试点结果的可接受性。一家公司可以在不同的试点市场设计不同版本的营销活动。扫描仪数据帮助营销人员比较每个试点市场的销售情况，以确定哪个版本最有效。例如，在第一个试点市场，该公司可能只进行广告宣传。在第二个试点市场，优惠券被添加到广告计划中。在第三个试点市场，广告活动与赠品计划结合。来自每个区域的结果帮助营销团队了解哪种类型的营销活动效果最好。

市场试点提供了在更真实的环境中测试传播理念的机会。市场试点可以测试贸易促销和消费者促销、直接营销和其他营销传播工具。在评估广告时，准确度并不高，因为销量的变化需要更长的时间，而市场试点计划的时间可能不够长，无法衡量其全面影响。在任何情况下，市场试点都为评估具体的营销特点和更普遍的传播活动提供了宝贵的方法。

购买模拟测试

市场研究人员可以用购买模拟测试代替市场试点。购买模拟测试提供了一种成本-效益的方法来测试购买行为。Research Systems Corporation 专门从事购买模拟研究，通过在受控的实验室环境中研究消费者行为对广告的作用进行测试。

在一些测试中，研究人员询问消费者是否愿意以各种方式购买产品。在实验室实验结束时，调查对象可能会被问及购买意向。然而，在这些情况下，意向是自我报告的，可能是对未来购买行为不太准确的预测。Research Systems Corporation 不会征求消费者的意见，不会让他们描述自己的态度，不会询问他们是否打算购买产品。相反，Research Systems Corporation 开发了一个模拟的购物体验。调查对象可以选择商店货架上的各种产品。完成模拟购物练习后，调查对象落座并观看包含各种广告的电视预告，就像在家看电视节目一样。研究人员把要测试的广告和其他广告放在一起，这样调查对象不会知道被测的是哪个广告。

预习结束后，调查对象参加第二次购物练习。然后，研究人员将第一次购物时选择的产品与第二次的选择进行比较。品牌选择的转变至少有一部分是由于广告效果，因为它是唯一的变量。

这种方法具备采用测试程序而不依赖感觉和态度的优势。除此之外，这意味着 Research Systems Corporation 的程序可以在国际和国内市场上运行。[25] 在某些文化中，调查对象倾向于取悦询问自己感觉和态度的调查人员。于是，他们给出了礼貌的和为社会所接受的答案。调查对象也可能试图提供他们认为调查人员想要的答案。通过研究购买行为而不是征求意见，调查对象可以自由地做出更直接的反应。

总之，可用于测试响应行为的系统包括响应率、在线指标、市场试点和购买模拟测试。营销人员将这些计划与其他计划结合使用，并运用先前描述的信息评估技术。这些方法不是在封闭环境中使用的。所产生的数据和所发现的结果是通过多个仪器和多组调查对象的测试得到的。通过这种方式，营销部门经理和广告代理机构提高了通过面向消费者的广告、赠品、优惠券和其他营销传播策略实现短期和长期目标的可能性。

15.7 国际启示

本章介绍的许多技术已在世界范围内应用。整合营销传播计划应采用多种方式进行评估，包括国内结果、其他国家的结果以及作为一个整体组织的结果。

个人广告和促销计划应在其所出现的国家测试。由于广告内容的标准不同，必须根据当地文化和购买习惯进行评估。

很多时候，营销人员会评估跨越国界的广告和促销计划。例如，在欧洲发起的一项宣传活动不仅要在法国、西班牙和意大利等国进行评估，同时还有作为一个集体如欧盟的评估。对态度的测量可能很难收集数据。由于这些国家都使用欧元，销售额更容易被评估；然而，当地的情况会影响通货膨胀率和其他统计数据。

建议与当地的广告机构签约，从而了解其他国家最可行的技术。在一些国家中，使用优惠券可能被视为贫穷，用户对于兑换优惠券或是秘而不宣，或是感到尴尬。在那些情形下，签约有助于根据文化规范来研究结果。

许多跨国集团通过区域办事处来评估广告和促销工作。环太平洋地区的信息会与来自欧洲、非洲和其他地区的信息相结合。评估的目标是确保一个整体的形象，主题是世界性的。

复习题

1. 哪三种评估工具可用于评估整合营销传播系统？
2. 哪些常见的整合营销传播目标与评估方法相匹配？
3. 什么是信息评估？
4. 什么是广告追踪研究？它有助于营销团队对什么进行评估？
5. 描述文案测试计划中组合测试和剧院测试的应用。
6. 描述温度监测器和生物特征识别研究。它们是评估什么的？
7. 描述认知神经科学作为一种评估广告和营销计划的方法的优点和应用。
8. 有助于广告主策划优质广告和宣传活动的 PACT 原则是什么？
9. 哪些在线评估指标可用于分析营销传播？

10. 哪些社交媒体指标可用于分析营销传播？
11. 定义访问量、停留率和停留时间。这些指标是如何用于评估营销传播的？
12. 可用于测试广告和其他营销方案的行为评估的主要形式有哪些？
13. 如何监测人们对营销信息的行为反应？
14. 市场试点可以评估哪些项目？
15. 描述购买模拟测试。
16. 对国际营销计划的评估有哪些不同？

批判性思维练习

讨论题

1. 说明信息评估技术、在线评估指标和调查对象反应评估的不同。讨论每种方法的重要性并阐述麦斯威尔咖啡可以如何运用每种方法来评估广告。

2. 用你自己的语言描述以下每一种信息评估技术：广告追踪研究、文案测试和认知神经科学。如果维多利亚的秘密的营销团队想要评估他们最新的电视广告，它的广告代理机构可以如何运用每一种信息评估技术？你会采用这三种方法中的哪一个？为什么？

3. 采访你的 5 个朋友或亲人，让每个人写下喜欢的两则广告及原因，再写下不喜欢的两则广告及原因。最后，让他们写下令他们感到不适的一则广告及原因。请其他学生阅读该清单并比较这三种广告。你在每种广告中发现了哪些共同要素？发现了哪些不同？

4. 回顾认知神经科学的相关内容。你对于运用认知神经科学有什么看法？除了包含性内容的广告外，再说出认知神经科学比情绪反应测试或文案测试产生更好的结果的两种情况。解释原因。

5. 回顾图 15－4 中呈现的及本章讨论过的数字指标。假设你是 Chic Shaque 的营销实习生，你的上司要求你确定排在前三的网络指标以及排在前三的转化和活动指标。你会选择哪些？解释你的答案。

6. 使用以下数据计算横幅广告活动的销售漏斗效率的适当百分比。横幅广告的平均点击率为 0.5%。访问/印象有 40 000 次，点击量为 450 次。网站上有 260 件商品可供浏览，购物车有 225 件商品，196 件曾被购买。另外，156 人创建了账户。营销人员最关心的是什么？为什么？

7. 销售数据在评估整合营销传播时重要吗？营销人员应如何运用兑换率、响应率和商店流量等硬数据来评估营销传播？从问责制角度看，行为度量对整合营销传播效果有多重要？

8. 一家服装制造商在贸易促销上花费了 600 万美元，在消费者促销上花费了 300 万美元。你将如何测量这些支出的影响？如果雇用一个机构来管理这些支出，你会坚持让公司采用何种测量方法？

9. 在一些亚洲国家，谈论自己是不合适的。因此，人们通常不好意思回答有关感觉和情绪的问题。那些回答问题的人往往会提供粗略的答案。描述这种情况下购买模拟测试的优势。在亚洲国家，广告代理机构还能采用其他什么方法来评估感觉和情绪？解释你的选择。

学生项目

创意角

百事公司和星巴克的领导者担心淡水和清洁水的供应减少，两家公司联合推出 Ethos Water。该产品的销售范围已然扩张，目前在各大杂货店、便利店和药店出售。Ethos Water 的目标是确保全世界的儿童都有干净的水喝。访问 Ethos Water 的网站 www. ethoswater. com。为面向你所在地区大学生的杂志设计一则平面广告。如果由你负责评估刚刚创作好的广告，你将采用什么评估方法？为什么？如果由你负责评估 Ethos Water 的网站，你会使用哪些指标？为什么？

图书在版编目（CIP）数据

广告、促销与整合营销传播：（第8版）/（美）肯尼思·克洛，（美）唐纳德·巴克著；王艳等译. --北京：中国人民大学出版社，2021.6
（工商管理经典译丛·市场营销系列）
ISBN 978-7-300-29384-4

Ⅰ.①广… Ⅱ.①肯…②唐…③王… Ⅲ.①广告－市场营销学 Ⅳ.①F713.8

中国版本图书馆CIP数据核字（2021）第093407号

工商管理经典译丛·市场营销系列
广告、促销与整合营销传播（第8版）
［美］肯尼思·克洛 唐纳德·巴克 著
王 艳 等 译
蒋 晶 校
Guanggao、Cuxiao yu Zhenghe Yingxiao Chuanbo

出版发行	中国人民大学出版社		
社　　址	北京中关村大街31号	**邮政编码**	100080
电　　话	010－62511242（总编室）		010－62511770（质管部）
	010－82501766（邮购部）		010－62514148（门市部）
	010－62515195（发行公司）		010－62515275（盗版举报）
网　　址	http://www.crup.com.cn		
经　　销	新华书店		
印　　刷	北京宏伟双华印刷有限公司		
开　　本	787 mm×1092 mm　1/16	**版　　次**	2021年6月第1版
印　　张	21.5 插页1	**印　　次**	2025年3月第3次印刷
字　　数	478 000	**定　　价**	75.00元

Pearson

尊敬的老师：

您好！

为了确保您及时有效地申请培生整体教学资源，请您务必完整填写如下表格，加盖学院的公章后以电子扫描件等形式发我们，我们将会在2～3个工作日内为您处理。

请填写所需教辅的信息：

采用教材			□ 中文版 □ 英文版 □ 双语版
作　者		出版社	
版　次		ISBN	
课程时间	始于　年　月　日	学生人数	
	止于　年　月　日	学生年级	□ 专科 □ 本科 1/2 年级 □ 研究生 □ 本科 3/4 年级

请填写您的个人信息：

学　校			
院系/专业			
姓　名		职　称	□ 助教 □ 讲师 □ 副教授 □ 教授
通信地址/邮编			
手　机		电　话	
传　真			
official email（必填） （eg：×××@ruc. edu. cn）		email （eg：×××@163. com）	
是否愿意接受我们定期的新书讯息通知： □ 是 □ 否			

系/院主任：______________（签字）

（系 / 院办公室章）

____年____月____日

资源介绍：

——教材、常规教辅资源（PPT、教师手册、题库等）：请访问 www. pearsonhighered. com/educator。（免费）

——MyLabs/Mastering 系列在线平台：适合老师和学生共同使用；访问需要 Access Code。（付费）

地址：北京市东城区北三环东路 36 号环球贸易中心 D 座 1208 室（100013）

Please send this form to：cece. zhangl@pearson. com

Website：www. pearson. com

中国人民大学出版社　管理分社

教师教学服务说明

中国人民大学出版社管理分社以出版工商管理和公共管理类精品图书为宗旨。为更好地服务一线教师，我们着力建设了一批数字化、立体化的网络教学资源。教师可以通过以下方式获得免费下载教学资源的权限：

- 在中国人民大学出版社网站 www.crup.com.cn 进行注册，注册后进入“会员中心”，在左侧点击“我的教师认证”，填写相关信息，提交后等待审核。我们将在一个工作日内为您开通相关资源的下载权限。
- 如您急需教学资源或需要其他帮助，请加入教师 QQ 群或在工作时间与我们联络。

中国人民大学出版社　管理分社

教师 QQ 群： 648333426（工商管理）　114970332（财会）　648117133（公共管理）
教师群仅限教师加入，入群请备注（学校 + 姓名）

联系电话： 010-62515735，62515987，62515782，82501048，62514760

电子邮箱： glcbfs@crup.com.cn

通讯地址： 北京市海淀区中关村大街甲 59 号文化大厦 1501 室（100872）

管理书社　　人大社财会　　公共管理与政治学悦读坊